U0627892

广西社会科学院新型智库出版资助项目

21世纪海上丝绸之路

文化旅游圈研究

Research on Cultural Tourism Circle of the 21st Century Maritime Silk Road

袁珈玲 等 著

中国商务出版社
CHINA COMMERCE AND TRADE PRESS

图书在版编目（CIP）数据

21 世纪海上丝绸之路文化旅游圈研究 / 袁珈玲等著
. —北京：中国商务出版社，2021.12
ISBN 978-7-5103-3760-4

Ⅰ．① 2… Ⅱ．①袁… Ⅲ．①海上运输—丝绸之路—
文化史—研究 Ⅳ．① K203

中国版本图书馆 CIP 数据核字（2021）第 237885 号

21 世纪海上丝绸之路文化旅游圈研究
21 SHIJI HAISHANG SICHOU ZHILU WENHUA LÜYOUQUAN YANJIU

袁珈玲 等　著

出版发行：中国商务出版社
地　　址：北京市东城区安定门外大街东后巷 28 号　　邮编：100710
网　　址：http://www.cctpress.com
电　　话：010-64269744（事业部）　　　　64212247（总编室）
　　　　　64266119（零　售）　　　　　　64208388（发行部）
邮　　箱：bjys@cctpress.com
印　　刷：廊坊市海涛印刷有限公司
开　　本：787 毫米 ×1092 毫米　1/16
印　　张：18.75
字　　数：327 千字
版　　次：2022 年 2 月第 1 版
印　　次：2022 年 2 月第 1 次印刷
书　　号：ISBN 978-7-5103-3760-4
定　　价：75.00 元

CCIP 版权所有　侵权必究　盗版侵权举报可发邮件至 cctp@cctpress.com
本社图书如有印装质量问题，请与本社印制部联系（电话：010-64248236）

前　　言

　　21 世纪海上丝绸之路倡议是中共中央总书记、国家主席习近平在访问东盟时提出来的共同发展愿景。这一倡议以构建人类命运共同体为目标，以"五通"为核心，得到了沿线各国的积极响应，促进了中国与沿线各国的政策沟通、设施互联、贸易互通、资金融通和民心相通，在为中国与沿线国家的经济合作开辟新纪元的同时，也推动了沿线国家和地区文化、艺术、宗教等方面的交流与融合。文化旅游圈是基于区域合作基础上形成发展的。中国及海上丝绸之路沿线国家历史文化遗产丰厚，资源独特，文化旅游品牌新颖。构建 21 世纪海上丝绸之路文化旅游圈，打造 21 世纪海上丝绸之路文化旅游线路，有利于挖掘沿线国家海上丝绸之路物质文化遗产和非物质文化遗产，实现文化遗产的保护与活化的双赢。同时，增强与沿线国家的政治互信，促进沿线地区间的民心相通，更有助于维护国家的安全外交战略。本书聚焦南海海上丝绸之路海洋文化的历史渊源，系统梳理了海上丝绸之路沿线 32 个国家的文化旅游资源与现状，并在构建海上丝绸之路文化旅游圈理论体系的基础上，全景式地展示这个领域的发展潜力，创新性地提出构建 21 世纪中国与海上丝绸之路"1+4"多元化多圈层文化旅游圈的总论，并提出包括"五通""四个对接"在内的有创意的对策建议，对推动海上丝绸之路文化旅游圈建设意义重大。

目　录

第一章　21 世纪海上丝绸之路文化旅游圈的提出及研究意义

第一节　研究背景与问题提出

一、古代海上丝绸之路的由来

"丝绸之路"原指中西丝绸贸易陆上通道，最早于 1877 年由德国地质学家李希霍芬提及[①]，1913 年法国汉学家沙畹首次提出"海上丝绸之路"[②]。古代海上丝绸之路是指 1840 年以前中国与海外国家之间的经济、政治和文化交往[③]，仅限于海上的往来，包括贸易、文化、宗教、人员、外交等。有观点认为，"海上丝绸之路"是利用传统航海技术开展东、西方交流的海路网络，形成于秦汉时期，发展于三国隋代时期，繁荣于唐宋时期，衰落于明清时期。首先，在线路范围上，根据古代丝绸之路的演变格局，通常把海上丝绸之路分为三大航线：一是由中国沿海港口至朝鲜半岛和日本列岛的航线，称为东洋航线。二是由中国沿海港口至东南亚诸国的航线，称为南洋航线[④]。董志文认为，秦汉时期海上丝绸之路航线有东方航线——中日航线（包括横渡朝鲜海峡航线和北路航线），西方航线——印度洋航线（包括"徐闻、合浦南海道"远洋航线和"东汉—罗马"

[①]　李云.海上丝绸之路与徐闻的历史渊源 [J].丝路视野，2017（35）：4-5.

[②]　陆芸.近 30 年来中国海上丝绸之路研究述评 [J].丝绸之路，2013（2）：13-15.

[③]　龚缨晏.关于古代"海上丝绸之路"的几个问题 [J].海交史研究，2014（2）：1-8.

[④]　陈万灵，何传添.海上丝绸之路的各方博弈及其经贸定位 [J].改革，2014（3）：74-83.

远洋航路）①。2000 多年前，始于中国徐闻港、合浦港等港口的海上丝绸之路打通了沿线各国的贸易网络通道②，也就是人们常说南海航线的形成，主要以南海为中心，所以又称南海丝绸之路③。当时，出海的船只从合浦港和徐闻港出发，沿越南海岸南下，穿越马六甲海峡北上进入孟加拉湾，沿印度海岸线南行至斯里兰卡，然后从斯里兰卡返回。三是西洋航线，由中国沿海港口至南亚、西亚和东非沿海诸国的航线。唐代时，在我国东南沿海称为"广州通海夷道"的海上航路，是已知的最为古老的海上航线，也是我国海上丝绸之路的最早叫法。相对于东海航线，南海航线长、支线多，连接的国家与地区更为广阔，是海上丝绸之路的主要航线。南海航线以南中国海为中心，中国的主要起点在广州。

隋唐以前，海上丝绸之路只是陆上丝绸之路的补充。到唐宋时期，由于我国开通和延伸了通往东南亚至非洲大陆的航路，海上丝绸之路便成为我国对外交往的主要通道④。在宋元时期，中国造船技术的发展及指南针的航海运用，促使中国与世界 60 多个国家有着商贸往来。以郑和七下西洋为标志达到了鼎盛时期。⑤郑和下西洋时曾拜访了爪哇、苏门答腊、苏禄等 30 多个国家和地区，最远曾达东非、红海。若以现代国家来看，郑和船队到过的国家包括越南、柬埔寨、泰国、菲律宾、马来西亚、印度尼西亚、文莱、新加坡、孟加拉国、印度、斯里兰卡、伊朗、阿曼、沙特阿拉伯、也门、索马里、肯尼亚等。⑥郑和之后的明清时期，由于实施海禁政策，我国的航海业开始衰败，这条曾为东西方交往做出巨大贡献的海上丝绸之路也逐渐消亡⑦。

从古代海上丝绸之路港口发展演变史看，中国境内主要有广州、泉州、扬州、宁波、福州等港口。广州从 3 世纪 30 年代始，已成为海上丝绸之路的主港，明

① 董志文 . 话说中国海上丝绸之路 [M]. 广州：广东经济出版社，2014：13–14.

② 吴伟峰 . 汉代广西文物所反映的海上丝绸之路与文化交融 [J]. 广西文博，2017（1）：2–10.

③ 马红 . 21 世纪海上丝绸之路：历史回溯、现实意义与连云港融入 [J]. 丝路经济，2017（9）：74–79.

④ 林华东 . "海上丝路"的影响与启示 [N]. 人民日报，2014–10–19.

⑤ 王锋 . 从海上丝绸之路的极盛时期看郑和下西洋的时代意义 [J]. 郑和研究，2005（2）：1–3.

⑥ 肖宪 . 郑和下西洋的船队 [J]. 群言，2020（9）：50–53.

⑦ 李思成 . 海上丝绸之路：比陆上丝绸之路更悠久 [J]. 科学大观园，2015（7）：70–71.

初、清初处于"一口通商"局面①；宋末至元代，泉州大港因明清海禁走向衰落。福州成为沟通唐中期至五代时期中国与海外文化交流和商贸往来的重要通道②。在技术上，古代海上丝绸之路是木帆船时代中国与外国之间的海上交往通道。在合作领域上，古代中国与外国之间的合作主要是商品贸易、官方外交和文化交流。2000多年来，中国与海外的交往一直以和平的方式进行，不同于1500年之后欧洲人的海外扩张，通过政府的殖民霸占来实现。在性质上，古代海上丝绸之路是在以中国为主的朝贡体系中建立起来的古代航路，是一条合作之路，中国从未通过海上航线去征服别的国家，建立殖民地。

二、21世纪海上丝绸之路的界定

为进一步深化中国与东盟的合作，中国国家主席习近平于2013年10月出访东南亚国家期间，提出共建"21世纪海上丝绸之路"的倡议。2015年3月，国家发展改革委、外交部、商务部联合发布的《推动共建丝绸之路经济带和21世纪海上丝绸之路的愿景与行动》（简称《愿景与行动》）指出：支持福建建设21世纪海上丝绸之路核心区，加大海南国际旅游岛开发开放力度。以点带线，以线带面，串起连通东盟、南亚、西亚、北非、欧洲等各大经济板块的市场链。③由于东盟国家地处必经之地，将是21世纪海上丝绸之路倡议的首要发展目标。东盟国家联盟包括越南、老挝、缅甸、柬埔寨、泰国、印度尼西亚、马来西亚、菲律宾、新加坡和文莱10国。21世纪海上丝绸之路将使亚欧非各国互利合作迈向新的历史高度。

什么是"21世纪海上丝绸之路"？21世纪海上丝绸之路主要是指新世纪中国与东盟之间的合作，以及中国与南亚、西亚、东北非和欧洲等国的合作。21世纪海上丝绸之路建设，是在恪守联合国宪章的宗旨和原则、遵守和平共处五项原则基础上建立起来的平等关系，两者的共同之处就是倡导和平之路、合作之路、友谊之路。核心都是以和平外交为主，具有合作、共赢、包容等特点。《愿

①　马明达.广州应担起海上丝绸之路申遗重任[N].信息时报，2009-09-16.

②　海上丝绸之路促进了世界多元文化[EB/OL].（2014-03-21）.http://www.fjsq.gov.cn/FZ-DetailPage.aspx?key=4471B13BC24B4F43B38111B5AFDCE797.

③　背景资料：21世纪海上丝绸之路[EB/OL].（2015-02-10）.http://fj.people.com.cn/n/2015/0210/c369655-23861343.html.

景与行动》明确 21 世纪海上丝绸之路的重点方向是从中国沿海港口过南海到印度洋，延伸至欧洲，以及从中国沿海港口过南海到南太平洋[①]。在"一带一路"倡议提出约 4 年之后，国家对 21 世纪海上丝绸之路重点方向的规划逐渐细化成形。2018 年 6 月出炉的《"一带一路"建设海上合作设想》（简称《设想》）勾勒出 3 条"蓝色经济通道"，分别是：中国—印度洋—非洲—地中海蓝色经济通道；中国—大洋洲—南太平洋蓝色经济通道、经北冰洋连接欧洲的蓝色经济通道[②]。中国—印度洋—非洲—地中海蓝色经济通道将连接中国—中南半岛经济走廊，衔接中巴、孟中印缅经济走廊[③]。中国—大洋洲—南太平洋蓝色经济通道则将与印度尼西亚、澳大利亚、新西兰等国家产生更多联系。首次在正式文件中提出的经北冰洋连接欧洲的通道，将为我国未来海上贸易的繁荣和产业升级带来新的商机。[④] "一带一路"首先是一条由沿线节点港口互联互通构成的、辐射港口城市及其腹地的金融贸易网络和经济带，港口、道路的互联互通基础设施建设在 21 世纪丝绸之路建设中居于基础地位。[⑤]《设想》提到，"一带一路"将实施一批蓝色经济合作示范项目，与沿线国家共同规划开发海洋旅游线路[⑥]。

三、古代海上丝绸之路与 21 世纪海上丝绸之路的比较

（一）古代海上丝绸之路与 21 世纪海上丝绸之路的异同

古代海上丝绸之路是古代中国与外国交通贸易和文化交往的海上通道，由民间产生，并占主导；受时代诸多客观因素限制，其地理范围有限。古代的海上丝绸之路是市场经济的产物。当时海上丝绸之路的商贾是在以物易物为主导

① 徐国庆 ."一带一路"倡议与印度对非政策 [J]. 晋阳学刊，2019（3）：68-78.
② 祁怀高 . 中美在西太平洋的海权博弈及影响 [J]. 武汉大学学报（哲学社会科学版），2019（5）：5-15.
③ 李振福 . 西北偏"北"：西北航线的中国价值 [J]. 中国船检，2017（10）：24-26.
④ 张永锋 . 勾勒"蓝色引擎"新蓝图 [J]. 中国远洋海运，2017（7）：2-12.
⑤ 刘宗 . 21 世纪海上丝绸之路建设与我国沿海城市和港口的发展 [J]. 城市观察，2014（6）：5-12.
⑥ 张永锋 . 勾勒"蓝色引擎"新蓝图 [J]. 中国远洋海运，2017（7）：5-12.

时期经商的开拓者，他们踏出了一条海路，开发了泗水、马六甲、阿曼左法尔等地临海居住地。从这个意义上讲，海上丝绸之路也脱离不了基本的经济规律，它是在人类社会生产力极其低下、市场要素严重缺乏下的"市场经济"的产物，其基本特征就是没有政府干预[①]。21世纪海上丝绸之路是政府有意识、有目的、有组织地发起的，它不是一个单纯的地理通道的概念，而是"一带一路"的重要组成部分，是一项对接各国发展战略的涉及多层次、多领域的框架和系统工程，不受地理范围限制。古代海上丝绸之路无论是民间活动还是政府活动，出发点都是考虑"自己"。21世纪海上丝绸之路是2013年10月国家主席习近平访问东盟时提出的倡议，是站在平等、互利的高度上提出来的，考虑的是世界合作共赢，不谋求占主导地位。

（二）航线高度重合，日益向东南亚等航线拓展

根据古代海上丝绸之路的演变格局，如前所述，通常把历史上海上丝绸之路分为东洋、西洋和南洋三大航线。而21世纪海上丝绸之路航线大体分为三段：东南亚航线、南亚及波斯湾航线、红海湾及印度洋西岸航线。中国至东南亚航线包括东盟10国，中国至南亚及波斯湾航线节点国家包括孟加拉国、斯里兰卡、印度、巴基斯坦、伊朗等国家。[②]中国与红海湾及印度洋西岸航线节点国家包括埃及、苏丹、肯尼亚、坦桑尼亚、莫桑比克等国家[③]，该地区经济发展相对落后。

由此分析，21世纪海上丝绸之路日益向东南亚航线、南亚及波斯湾航线、红海湾及印度洋西岸拓展，所连接的国家和地区与古代海上丝绸之路所途经的国家和地区高度重合。[④]从狭义上看，21世纪海上丝绸之路是通过沿线港口及其机制建立起来的国际贸易网，包含了沿线国家的海洋经济合作关系，依据是

[①] 蔡鹏鸿. 为构筑海上丝绸之路搭建平台：前景与挑战 [J]. 当代世界，2014（4）：20–23.

[②] 陈万灵，何传添. 海上丝绸之路的各方博弈及其经贸定位 [J]. 改革，2014（3）：74–83.

[③] 高金田，武琳. 中国与"21世纪海上丝绸之路"水产品产业内贸易影响因素研究 [J]. 中国海洋经济，2018（2）：3–22.

[④] 龚缨晏. 关于古代"海上丝绸之路"的几个问题 [J]. 海交史研究，2014（2）：1–8.

中国航海鼎盛时期所到达最远的地方。众多文献认为航海鼎盛的明代郑和"七下西洋"最远到达东非的莫桑比克[①],之后,清代时期政府采取"禁海"政策直至鸦片战争爆发时期。因此,这条海路又能与陆地丝绸之路进行衔接,与亚洲大陆贯通,对中国与南亚、西亚交流起着重要作用。从广义上看,21 世纪海上丝绸之路包括了三个重要的方向:一是从中国东部、南部港口经南海、穿印度洋抵达欧洲,二是从中国沿海港口过南海到南太平洋,三是孟中印缅经济走廊到印度洋的通道及东北亚到北极航道。从战略意义上说,这几条航道是中国"一带一路"倡议的核心区域,是中国南向海洋战略的主要推进区域。[②]

（三）21 世纪海上丝绸之路沿线国家的合作内容更丰富多彩

21 世纪海上丝绸之路的提出不是复兴古代海上丝绸之路,而是构建和平与和谐海洋之路,连接中国与东南亚、南亚、欧洲、中东和非洲的更广的"一带一路"倡议的海上互联互通之路,表明中国有浓厚兴趣加强与沿线国家的全方位互联互通。它对于全球经济,尤其是中国与各国的资源共享,社会互助以及文化交流意义重大。21 世纪海上丝绸之路倡议促进了中国与东盟国家的贸易互通,在为当前中国与东盟国家的经济合作开辟新纪元的同时,也推动了东南亚地区文化、艺术、宗教等方面的交流与融合,有助于打造优势互补的产业链,提升产业价值。尤其当今在信息化、全球化时代背景下,21 世纪海上丝绸之路除了贸易和文化交流交往外,还增加了信息技术合作、反恐合作、金融合作、旅游合作等。更为重要的是,两者在内在性质及精神层面上有共同性。21 世纪海上丝绸之路倡议的提出,从历史纵深中走来,融通古今,连接中外,赋予了古代海上丝绸之路崭新的时代内涵。为此,应站在构建利益共同体和命运共同体的高度,促进与周边国家共同发展。[③] 21 世纪海上丝绸之路为向印度洋、南太平洋方向的延伸提供了重要支撑。由于海上丝绸之路建设涉及几十个国家和地区的参与

---

① 陈万灵,何传添.海上丝绸之路的各方博弈及其经贸定位 [J].改革,2014（3）:74-83.

② 宋一兵,温志洪.旅游视域的广州海上丝绸之路研究述评——兼论中国南向地缘旅游战略的历史渊源 [J].南海学刊,2016（4）:90-97.

③ 张建国.21 世纪海上丝绸之路建设面临的困难及对策建议 [J].新经济,2014（11）:20-21.

和联通，沿线区域地缘政治关系错综复杂，除了域外大国的直接插手，加上各国利益诉求不一，实施效果存在很强的不确定性。

（四）21世纪海上丝绸之路文化旅游圈的提出

21世纪海上丝绸之路文化旅游圈是在研究古代海上丝绸之路沿线各国人民交往和文化往来的基础上，依据《愿景与行动》描绘的美好蓝图，加强与海上丝绸之路沿线国家的文化旅游合作，共同构建人类命运共同体。它是在区域文化旅游合作基础上形成发展的，最终目标是实现区域内长期、稳定、快速的发展，是旅游经济发展到一定阶段的产物，是旅游圈和文化圈有效相结合的产物。中国与东南亚、南亚、西亚、东北非和欧洲等海上丝绸之路国家具有良好的文化联结与发展愿景，文化背景相近、贸易往来密切，共同的发展需求成为区域文化旅游圈形成的基础。在这个历史文化背景下，21世纪海上丝绸之路沿线文化旅游圈正在重新整合，不同文化旅游圈存在资源互补与文化旅游交融，亟须建立文化联结与价值传递，形成以丝为点，以路为线，以文为面，以旅为乐的文化旅游圈。构建21世纪海上丝绸之路文化旅游圈，创造了与沿线国家人文和民间交往的机遇，带来了文化、影视、体育+旅游等全方位合作的契机，为海上丝绸之路（简称"海丝"）文化旅游圈的价值整合及理念传递创造了机会，以"海丝"文化作为民族关系和区域关系的纽带，可以将中国梦、中国政治主张和精神文明传递给世界各地，成为世界了解中国的窗口。

第二节 研究目标、意义和研究范围

一、研究目标

（一）21世纪海上丝绸之路文化旅游圈以构建人类命运共同体为目标

当今世界，人类命运共同体的理念受到国际社会的广泛关注和高度认同。构建中国与东南亚、南亚、西亚、东北非和欧洲命运共同体非常必要而且迫切。21世纪海上丝绸之路沿线国家所面临的资源环境和发展阶段不同，发展程度差

异大、需求不尽一致。但建设过程充满机遇与挑战，只有增进 21 世纪海上丝绸之路沿线各国之间的战略互信和对话合作，开展多层次、多领域的合作，与沿线国家和地区构建人类命运共同体和经济共同体才是化解或降低风险的有效途径。只有遵循政策沟通、设施联通、贸易畅通、资金融通、民心相通，才是塑造人类命运共同体的根本，而文化、旅游、商贸是构建经济共同体的三大支柱，文化与旅游是一对孪生体，商贸与旅游相互依赖，三者相互影响。在古代海上丝绸之路上航行的主要是商人和传教士两大群体，本质上就是商贸之旅和文化之旅，因此推动海上丝绸之路文化旅游合作，也要文商旅并举，形成相互交融、相互合作、相互推进的局面。海上丝绸之路途经东盟、南亚、西亚、东北非、欧洲等主要文明带，在这一文明带中我国沿海地区拥有广交会、东盟博览会等享誉国际的商贸平台以及东盟旅博会、海博会等专业性平台，海上丝绸之路旅游合作与文化交流以及经贸往来紧密结合，有利于更好地形成经济合作共同体，这是建设海上丝绸之路文化旅游圈的发力点和突破口。从全球经济的发展来看，建设命运共同体已经成为各国和地区的共识，现在需要做的是在巩固共识的基础上，聚焦命运共同体建设，推动理念转化为行动，将愿景转化为现实。建设21 世纪海上丝绸之路文化旅游圈是一个谋求合作共赢的倡议，具有重要的战略意义 ①。

（二）21 世纪海上丝绸之路文化旅游圈以 "五通" 为核心

"一带一路" 倡议率先提出推进以 "五通" 为核心的互联互通，在此基础上推进与海上丝绸之路沿线国家的互联互通建设。

1. 加强政策沟通，促进区域经济整合

"政策沟通" 是 21 世纪海上丝绸之路文化旅游圈建设的重要保障，也是沿线各国实现互利共赢的根本前提。政策沟通的目标就是促成沿线国家形成趋向基本一致的政策和规则。海上丝绸之路沿线国家在经济社会发展方面存在较大的差异性。如从人文发展指数来看，有 30% 左右的国家未加入 WTO，对市场规则的理解不一致；都有不同的文化背景。发展环境的不同，决定了各国发展

---

① 刘赐贵. 发展海洋合作伙伴关系，推进 21 世纪海上丝绸之路建设的若干思考 [J]. 国际问题研究，2014（4）：1–8.

目标和发展方式选择的差异。目前，在政策沟通方面，中国和沿线国家都做了努力，已取得较好的成效。但是进一步推进海上丝绸之路文化旅游圈建设，有必要在总结部分国家合作经验的基础上，健全长效化的政策沟通机制及政策沟通平台。加强与海上丝绸之路沿线各国产业政策、贸易政策、货币政策等宏观经济政策的沟通、协调与对接，必要时各方可通过协商共同制定推进区域经济发展的总体规划和发展战略，为促进区域经济融合创造条件。

2. 加快基础设施建设，实现道路联通

基础设施互联互通是构建21世纪海上丝绸之路文化旅游圈的基本前提，基础设施建设对于加快经济发展至关重要。据OECD测算，到2030年，全球基础设施需求将达50万亿美元，如此巨大的资金需求缺口，仅靠各国政府公共部门支出难以支撑。[①] 海上丝绸之路沿线国家在这方面有共识，也有合作需求。近年来，中国已经与"海丝"沿线国家有许多基础设施建设合作的项目，比如正在建设中的印度尼西亚雅万高铁，在中国国家开发银行的金融支持下进展迅速，但这仍然不能满足需求。中国有必要以构建21世纪海上丝绸之路为契机，以亚洲基础设施投资银行为平台，在现有APEC互联互通、东盟互联互通、孟中印缅走廊、中巴经济走廊的基础上，与21世纪海上丝绸之路沿线国家一起打通欧亚交通网、泛亚铁路网东南亚走廊，构建欧亚海陆立体大通道。以海上丝绸之路连接亚太、欧亚与东盟，做到三个互联互通合作进程相互促进、协同增效。

3. 深化经贸合作，实现贸易畅通

贸易畅通是建设海上丝绸之路的重要内容，是促进相关国家经济繁荣与区域合作的重要途径。近年来，中国与海上丝绸之路相关国家贸易往来不断扩大，积极落实自由贸易区战略，对相关自贸区伙伴和最不发达国家降低关税，促进贸易畅通。越来越多的国家和民众正在共享中国—东盟区域经济增长所带来的红利。"一带一路"为促进贸易和投资自由化便利化，建设开放、包容、普惠、共赢的经济全球化做出了巨大贡献。

4. 推动金融合作，实现货币流通

资金融通是21世纪海上丝绸之路文化旅游圈建设的重要支撑。2017年5月，

---

① 赵江林.21世纪海上丝绸之路与区域基础设施互联互通[EB/OL].（2015-11-20）. https://www.ydylcn.com/zjgd/329087.shtml.

中国财政部与阿根廷等 26 国财政部核准了《"一带一路"融资指导原则》。根据这一指导原则，各国将共同支持"一带一路"建设等。同时，推进与相关国家和地区的基础设施和金融合作等项目建设。

5. 加强人文交流，实现民心相通

21 世纪海上丝绸之路文化旅游圈能否建成，关键在于人文交流与合作能否取得突破。民心相通是"海丝"五大合作重点之一。一方面要加强同沿线国家的人文交流，联合举办各类文化节事活动。另一方面要积极发挥华侨华人在海丝建设中的独特作用，借助华商经济金融实力，助力海上运输通道和陆上基础设施互联互通。

二、研究意义

（一）有利于挖掘沿线国家的历史文化遗产

1. 有利于提升文化遗产对沿线国家旅游的影响力

海上丝绸之路有两千多年的历史，是举世闻名的古代海上贸易通道，在中外贸易、文化交流史上曾写下辉煌的一页。21 世纪海上丝绸之路倡议作为"一带一路"的重要组成部分，正在成为举世瞩目的文化符号，而海上丝绸之路背后所依托的亚洲、欧洲、非洲经济贸易和人文交流的历史文化遗产越来越成为市场关注的热点，不仅局限于东方文化对西方文化的吸引，还拓展到东西文化交融过程以及古代文化对现代世界的广泛吸引。海上丝绸之路文化遗产丰富，许多文物古迹的文化品位很高。除史书和专著的记载外，民间也流传着与这条蜿蜒漫长的海上商道有关的许多故事、传说，以及有关人物的事迹。印度尼西亚巴厘岛著名舞台剧《巴厘阿贡》讲述的正是中国公主和巴厘国王的故事，故事代表了巴厘岛的文化传统，最能体现中国和巴厘岛源远流长的中华友好交往历史。海上丝绸之路沿线国家涉及 600 多个民族，是旅游活动中最具吸引力的要素。例如南海神庙，是我国仅存的最古老的海神庙，庙宇古朴雄伟。历代皇帝每年派官员代表举行祭典，庙内尚存唐、宋、明代碑刻 30 多块，其中有不少关于海上丝绸之路的资料。南海神庙前曾是海上丝绸之路商船的启航和登陆的码头。每年的农历二月十三日，是南海神庙的庙会，当地人民至今仍有赶庙会祭祀南海神的习惯，热闹非凡。许多文物也体现了民族文化与世界文化的交流。

例如：被称为岭南佛教丛林之冠的光孝寺，从东晋起至宋代有不少印度、南亚的高僧来寺庙传教和译经，对中外文化交流有较大的影响；广州的怀圣寺和光塔也是早期伊斯兰教的东方圣地；南越王墓出土文物中的汉代银盒、饰物"金花泡"等海外舶来品，反映了通过海上丝绸之路中外文化技术的交流。加强海上丝绸之路文化遗产研究，对促进沿线各国经济文化友好往来，拓展睦邻友好，扩大互利共赢意义重大。

2. 有助于实现文化遗产的保护与传统文化保护的双赢

联合国设立世界遗产名录的目的，是更好地保护濒临灭绝的世界遗产。一方面，海上丝绸之路文化遗产保护主要是保护海上丝绸之路文物要素和自然要素共同生存的文化景观。它不仅仅局限于保护古遗址、古寺庙等静态的文物，还要保护那些动态和活态的文物，比如人们居住的场所、大遗址群、文化线路等，还要重视民间文化遗产的保护。海上丝绸之路文化线路通常会覆盖大量的文化遗产，文化线路成功申遗将会使这些文化遗产同时受到更多的关注与保护。海上丝绸之路文化线路申遗的过程，也是重新发现文化遗产价值的过程。这些文化遗产更将成为一种强有力的文化载体，并且极大丰富、提升沿线城市的历史文化品位。将海上丝绸之路线路作为文化遗产进行申遗，有利于保护大量的文化遗产。一旦海上丝绸之路申遗成功，必将进一步促进中西方文化交流，提升我们国家的文化软实力，让世界上更多的人通过海上丝绸之路了解中国的文化。另一方面，有利于传承和保护传统文化。文化遗产申遗需要审视海上丝绸之路文化遗产间历史上的联系，需要回顾一定区域的人类活动历史，这是一个对传统文化的回顾与发现的过程，有利于传统文化的传承和保护。同时又能产生爱国主义教育、历史人文知识传播以及艺术审美享受等效果，对促进社会全面进步和提升人的综合素质起到重要作用。

（二）有利于打造 21 世纪海上丝绸之路文化旅游线路

一方面，要塑造海上丝绸之路文化旅游品牌，确保旅游文化资源的可持续利用和发展。成功的旅游产品是与重大的文史研究成果紧密相连的，旅游开发讲究有看头、有搞头和有甜头。古代的海上丝绸之路是和平之路，而和平是当代世界人民追求的梦想，从这点来看，海上丝绸之路的文化旅游就很有吸引力。从福建、广东、广西和海南而言，四个省（区）具备开发 21 世纪海上丝绸之路文化旅游品牌的基本条件。海上丝绸之路旅游资源丰富，陆海空交通便捷、城市商贸发达、旅游设施比较先进，要打造海上丝绸之路的品牌，就要突出广州、泉州、北海、福州、三亚作为历史文化名城所包含的丰富内容，又可通过旅游活动展示和弘扬优秀的传统文化，扩大广州古城、泉州古城在国内外的影响，有利于拓展对外文化交流，建设国际化大都市和世界知名的旅游目的地。

另一方面，文化体验是人们旅游的重要动机。文化旅游是一种展示各种不同文化特质的旅游活动，有利于增强不同文化群体成员彼此间的友谊，满足人们相应的文化需求。而在旅游过程中，能够增强人们对旅游资源的保护意识，起到海上丝绸之路文化遗产保护"润物细无声"的功效。[①] 同时，文化旅游有利于海上丝绸之路文化遗产的历史再现，提高旅游区的知名度。遗产旅游促进了这些国家或地区的社会可持续协调发展。丝绸之路申遗成功，是我国第一个跨国联合申报世界遗产的项目，属于文化线路类型。成功申遗的文化线路更能吸引游客，促进文化线路所涉区域的旅游业发展。海上丝绸之路旅游资源独特，文化品位高。海上丝绸之路的遗迹、文物，是开发海上丝绸之路文化旅游的良好基础，通过文化与旅游的融合，海上丝绸之路沿线国家文化资源将获得一次被旅游市场再认知的机会。这是一个非常现实的选择。21 世纪海上丝绸之路文化旅游圈建设是海上丝绸之路沿线国家文化交流的有力载体。由于 21 世纪海上丝绸之路的重点区域包括东南亚、南亚、西亚、东北非、欧洲，不同国家和地区有着各自深厚的文化。以文化旅游为突破口，可最大限度地利用各地的资源优势，取长补短，共建繁荣。建设 21 世纪海上丝绸之路文化旅游圈，将以海上丝绸之路文化旅游为主题，开拓多式多样的文化旅游项目，形成一批新的文化旅游拳头产品，丰富和充实文化旅游的内容，进一步增强旅游业的生命力。同时，21 世纪海上丝绸之路文化旅游圈建设可以结合遗产保护，以"文化线路"为纽带，与沿线国家的自然景观和文化遗产融合在一起，形成一个融建筑、遗址、历史城市和文化景观于一体的文化遗产综合体，将为人类文明发展做出新的贡献。

---

① 邓颖颖，蓝仕皇.南海文化遗产保护及其旅游开发利用研究——基于 21 世纪海上丝绸之路建设背景 [J]. 贵州市委党校学报，2017（1）：57–62.

（三）有利于增强中国与沿线国家的政治互信

缺乏互信源于各方相互缺少沟通和相互猜疑。中国提出海上丝绸之路的倡议，就是坚持"亲、诚、惠、容"，以"开放、合作、创新"为共同发展理念，走互利共赢之路，不断增进政治互信，共同为提高各国人民的福祉而努力。海上丝绸之路沿线国家很多正处于社会和经济结构转型时期，社会发展水平存在巨大差异，在安全和发展方面不确定性因素众多，有的国家面临或刚经历政治转型，部分国家基础设施落后、经贸法规薄弱、市场容量不足、投资条件有限。沿线某些国家与中国存在领土争议与地缘政治矛盾，如越南等东盟国家与中国存在南海岛屿的主权争议，在短期内难以获得根本性解决，从而使这些国家参与21海上丝绸之路建设的意愿大打折扣。又如，印度与中国存在地缘政治矛盾，担忧两国共建21海上丝绸之路将提升中国在南亚的影响力，因此很有可能会对中国这一倡议产生一定的防范心理，未必会积极参与其中。印度和巴基斯坦之间还存在颇为深刻的矛盾。中国在一些沿线国家投资建设的基础设施建设项目可能因为所在国局势变化等被暂停。国与国之间的差异、国家的内部建设、国家之间的政治经济与安全矛盾，无疑增大了共同推进21世纪海上丝绸之路文化旅游圈建设的难度。

在这种情况下，海上丝绸之路沿线各国更应该通过加强和扩大人文交流，以史为鉴，求同存异，携手共建21世纪海上丝绸之路。文化旅游是民间交流最好的形式之一，往往是推动政府间增强互信、改善关系的重要桥梁和先导。中国56个民族有机会与海上丝绸之路沿线各民族广泛接触交流，有利于沿线国家不同宗教、不同信仰、不同阶层和职业的人员相互了解，消除隔阂，增进和巩固传统友谊。同时，通过文化旅游，开展以跨国旅游为表现形式的民间交流，有利于促进增强互信，增进友好往来，维护中国与沿线国家的长期和平与发展。海上丝绸之路文化旅游圈建设涉及东南亚、南亚、西亚、东北非和欧洲的30多个国家和地区，这些国家多为技术匮乏、经济不发达的亚太新兴经济体，与海上丝绸之路沿线国家共同构建文化旅游圈，将为这些国家共谋发展、共同繁荣，促进经济发展与民生进步提供新的契机。沿线国家积极参与21世纪海上丝绸之路文化旅游圈建设，在增强政治互信的同时，一方面可以有效利用中国雄厚的外汇储备、强大的基建能力和先进的技术水平，在中国的参与和配合下，完成耗资巨大的基础设施建设工程，带动当地的旅游基础设施和配套设施建设，实质成为撬动所在国经济发展的利器。另一方面，有助于沿线国家分享中国和平崛起与经济发展带来的红利，推动沿线各国在文化旅游领域的交流与合作，推动区域经济合作与一体化的进程，增进沿线各国互利共赢，共同发展。

（四）有利于促进沿线国家和地区间的民心相通

文化自觉和文化互通的建设是深化民心相通的重要内容。只有在理解多元文化的基础上，才能构建起各国所认可的秩序和体系。海上丝绸之路文化旅游圈倡议搭建与沿线国家文化旅游合作的平台，为文化旅游的开发提供长效的合作机制。海上丝绸之路文化线路体现了沿线国家和地区之间历史上的交流与合作及其历史渊源。这种历史渊源的探索能增进沿线国家间、地区间的历史认同感，并促进其关系发展。历史上中国向海上丝绸之路沿线国家输出的优秀传统文化有：各族群方言（如粤语、闽语、壮语等）、儒学、医药、生产工艺、建筑艺术、绘画艺术，以及包括航海技术、农业技术、音乐戏剧、建筑文化等，有些文化深深地扎根于异国。在文化对话和交流中，中国也通过海上丝绸之路吸收了东南亚、南亚和欧美国家的一些优秀文化，这些文化也在沿海港口城市中生长，或与中国本土文化融合。这些文化力的形成，对各国之间消除偏见、减少分歧、增进共识发挥了不可替代的作用。由此，中国与海上丝绸之路沿线国家的这些文化认同感以及多年来文旅合作的基础，已成为沿线各国推动民心相通的重要领域，也为推动各国全方位文化旅游合作提供了新的机遇。借助文化的互联互通逐步实现民心互通，推动各国文化和旅游领域的交流合作向更宽领域、更深层次发展，最终实现从文化互通到民心互通的目标，从而引领各国结成共同发展繁荣的命运共同体，这是推进民心相通的重要路径。

（五）有助于维护国家的安全外交战略

党的十九届五中全会提出，统筹发展和安全，建设更高水平的平安中国。要把坚持总体国家安全观，实施国家安全战略，筑牢国家安全屏障放在重要的位置抓紧抓实。维护国家的根本利益是任何国家安全目标的基本方向，我国的国家安全目标就是要坚持"和平、安全、合作、繁荣"的周边外交策略，维护安定的国内环境与和平、稳定的亚太地区环境。由于历史的原因以及中国与东盟国家在政治、经济上存在着分歧，加上美国视中国为主要潜在的竞争对手，加速在我国周边布局棋子，这些分歧和复杂的环境影响着中国与东盟的政治关系，不利于我国海上丝绸之路的推进。同时，海上丝绸之路建设中仍面临南海权益争端、反华排华、恐怖主义等一些国家安全问题的威胁，这势必影响我国的国家安全。中国周边安全环境总体上相对稳定，但在各种力量新旧格局变动中，不确定因素增多，面对错综复杂的国内国际形势，中国要想从根本上摆脱美国遏制，赢得长远的安全利益，有效破解西方国家对华遏制战略，就必须改善和发展中美关系，巩固与深化亚太地区发展中国家的友好关系，消除国家的安全隐患。同时，海上丝绸之路倡议所蕴含的一些人文理念可起到淡化政治与安全分歧的作用，有助于缓解中国周边国家安全上的忧虑，推动构建更广阔领域的互利合作共赢关系，为地区的长久稳定与繁荣发展创造新的机遇。

三、研究范围

由于21世纪海上丝绸之路沿线涉及国别多，省（区）也多，范围广，本书以古代海上丝绸之路南线和21世纪海上丝绸之路延伸区为研究对象。依据《愿景与行动》提出的航线，21世纪海上丝绸之路航线是指海上主要以重点港口为节点建设海上运输大通道，即指"一带一路"所规划的五条线路中的南线，主要线路为泉州—福州—广州—海口—北海—河内—吉隆坡—雅加达—科伦坡—加尔各答—内罗毕——雅典——威尼斯。[①]具体国家和地区如下：

（一）沿线国家范围

21世纪海上丝绸之路沿线有32个国家，约40亿人口，占世界总人口的63.49%，生产总值约16万亿美元，占全世界生产总值的22.32%。[②]这是一个人口众多、地域广阔的沿海经济带、文化带，沿线国家众多。根据国家21世纪海上丝绸之路倡议方针，21世纪海上丝绸之路沿线国家除中国外，主要包括东盟10国（越南、泰国、柬埔寨、缅甸、印度尼西亚、马来西亚、老挝、菲律宾、新加坡、文莱）、西亚8国（伊朗、阿联酋、沙特阿拉伯、土耳其、科威特、

[①] 杨学明. 系统提升历史文化街区品牌内涵实证分析——以福州三坊七巷为例 [J]. 商业经济，2019（10）.

[②] 刘佳骏. 海上丝路构建区域合作大格局 [N]. 经济参考报，2015-07-16.

伊拉克、阿曼、也门）、南亚 5 国（巴基斯坦、孟加拉国、印度、斯里兰卡、马尔代夫）、东北非 6 国（埃及、坦桑尼亚、肯尼亚、苏丹、莫桑比克、埃塞俄比亚），以及欧洲的希腊和意大利。根据确定的国别，本书逐一介绍其人文旅游资源及发展情况。

表 1-1　21 世纪海上丝绸之路沿线国家

序号	地区	国家
1	东南亚板块	越南
2		泰国
3		柬埔寨
4		菲律宾
5		印度尼西亚
6		马来西亚
7		缅甸
8		老挝
9		新加坡
10		文莱
11	南亚板块	印度
12		巴基斯坦
13		孟加拉国
14		斯里兰卡
15		马尔代夫
16	西亚板块	伊朗
17		阿联酋
18		沙特阿拉伯
19		土耳其
20		科威特
21		伊拉克
22		阿曼
23		也门

序号	地区	国家
24	东北非板块	埃及
25		坦桑尼亚
26		肯尼亚
27		苏丹
28		莫桑比克
29		埃塞俄比亚
30	欧洲板块	希腊
31		意大利

（二）中国沿线地区范围

依据古代海上丝绸之路南线始发港在不同时期的作用不同，结合《愿景与行动》对国内各省（区）的定位，福建省是21世纪海上丝绸之路核心区，广东要发挥开放合作区带动作用，广西定位为"一带一路"有机衔接的重要门户，海南是国际旅游岛，以此确定国内研究对象为福建、广东、广西、海南四省（区），以点带面，以期能发挥示范效应。

第三节　选题价值

一、理论价值

（一）构建21世纪海上丝绸之路文化旅游圈研究的理论体系

文化旅游圈是在区域合作基础上形成发展的，为了圈域内长期稳定快速发展，通过打造圈内的文化旅游精品线路，促进区域内人文旅游资源和文化产品的双赢，整合分散的文化旅游要素，使之成为一个集聚的产业。[1] 文化旅游圈的发展并非一成不变，需要借鉴不同的文旅发展模式，构建适合自身区域的发展模式。本书研究将以跨学科的视角，把核心—边缘理论、"点—轴"渐进式

---

[1]　陈帅.中国—南亚旅游经济圈视角下的中印旅游合作与发展研究[D].昆明：云南财经大学，2015.

扩散理论、圈层结构理论、旅游体验理论、产业融合理论和区域旅游合作理论结合起来,分析研究沿线国家和地区海上丝绸之路文化旅游圈建设的必要性和可行性,并试图构建"海丝"文化旅游开发的理论框架,充实文化旅游圈的理论研究基石,拓展文化旅游理论的研究视野。另外,针对制约文化旅游合作开发中存在的问题,从旅游开发和旅游合作机制方面为其解决问题提出系列对策建议,将有助于完善这一理论研究的短板,充实区域旅游合作的研究内容,从而促进文化旅游圈相关理论体系的构建。

(二)构建 21 世纪海上丝绸之路文化旅游圈的开发体系

跨区域、跨国界的文化旅游合作是国际旅游发展的新趋势,21 世纪海上丝绸之路沿线国家旅游资源丰富,与中国旅游产品存在互补性,但由于基础设施落后,尚未形成一个成熟的旅游市场体系,迫切需要一个完善的文化旅游圈带动区域旅游发展。但目前文化旅游合作多停留在联合声明和论坛的形式上,没有转化为具体的实施方案。另外,随着旅游者追求高品质的出境游,而方便快捷的出境旅游方式愈发引起关注,推动 21 世纪海上丝绸之路文化旅游圈发展已经成为该区域旅游合作的必由之路。

本课题拟在国家"一带一路"倡议背景下,通过研究海上丝绸之路的历史背景和发展现状,梳理海上丝绸之路沿线国家文化遗产和文化旅游资源,探析文化旅游合作潜力和发展的相关问题,丰富"一带一路"理论研究体系。党的十八届三中全会提出"推进丝绸之路经济带、海上丝绸之路建设,形成全方位开放新格局"①,这是我国一项重要的战略决策。始于 2000 年前的"海上丝绸之路",是历史上联结东西方重要的海上通道,它将古代亚洲、欧洲和非洲的古文明联结在一起,不仅有着深厚的文化底蕴,而且海上丝绸之路沿线国家和地区的亚热带和热带滨海旅游资源丰富,还遗存有古建筑、古墓葬、古船、古遗址和古石刻等,这是开发文化旅游资源的宝贵财富。面向 21 世纪,沿线各国充分利用各自文化旅游资源和产品的差异性、互补性,并将中国和东南亚国家沿海城市串联起来,通过海上互联互通和城市合作机制等途径,将沿线的自然和文化旅游资源串联起来,最终形成"21 世纪海上丝绸之路文化旅游圈"。这

---

① 史文深 . H 船员培训机构发展战略研究 [D]. 青岛:青岛科技大学,2019.

将是理论研究的一个创新之处，有利于共同建设中国—东盟海上丝绸之路旅游目的地和邮轮旅游集散地，拓展国际客源市场，不仅造福中国与东盟，而且能够辐射南亚、西亚和东北非及欧洲。

二、应用价值

目前联合国世界旅游组织（UNWTO）正致力于将海上贸易通道"海上丝绸之路"打造成文化旅游路线。挖掘和整合我国海丝文化旅游资源，打造中国—东盟自贸区升级版，不仅对打造海丝文化旅游品牌，而且对弘扬祖国优秀的传统文化、加强与沿线国家的文化旅游合作等都有着重要的意义。

第一，整合、开发与利用海上丝绸之路历史文化资源，有利于构建海上丝绸之路文化旅游圈。首先，海上丝绸之路有众多的文物景点和丰富的历史文化内涵，是发展文化旅游的宝贵资源；其次，开发海上丝绸之路文化旅游资源，可以提高我国沿线地区旅游的文化内涵、文化品位、文化形象。

第二，中国及海上丝绸之路沿线国家文化遗产丰厚，资源独特，文化旅游品牌新颖，以海上丝绸之路为主题，开拓形式多样的文化旅游项目，可以形成一批新的文化旅游拳头产品，丰富和充实我国及海上丝绸之路沿线国家文化旅游的内容，进一步增强旅游业的生命力。

第三，闽粤桂琼四省（区）提出打造海上丝绸之路文化旅游品牌，既可突出该区域的厚重历史文化背景，又可通过旅游活动展示和弘扬优秀的传统文化，扩大该区域在国内外的影响，有利于拓展对外文化交流。

第四，通过开发邮轮旅游，展示多姿多彩的区域文化特色，吸引游客游玩、考察、体验，使客人延长在当地逗留、消费的时间，可带动相关产业发展，也能带旺当地与旅游相关的城市和邻近的地区的经济发展。

第二章 海上丝绸之路文化旅游圈的理论体系

第一节 文化旅游圈的概念和范围

一、文化和旅游

（一）文化和旅游的关系

1. 文化和旅游的含义

文化有广义和狭义之分，广义涵盖面较广，被称为大文化，是物质文化、精神文化、制度文化和行为文化的总体概况。狭义的文化专注于精神创造获得及其结果，被称为小文化，是精神文化中最核心的部分。根据《牛津词典》和1991年世界旅游组织对旅游进行的定义，旅游具有暂时性、异地性、非就业性以及综合性等特征。

2. 文化与旅游的关系密切

文化和旅游是一种互利关系。旅游是文化的载体，文化是旅游的本质特征。文化是旅游的基础、旅游的内容，文化让旅游有了核心，而旅游让文化得到范围更广地传播、更好地传承。两者必须实现有效融合，你中有我，我中有你。旅游业是文化性很强的经济事业，文化为旅游吸收游客，提高吸引力，旅游为文化提供观众。文化吸引物是旅游目的地吸引物的关键组成部分，现代旅游业逐渐超越传统的大众旅游运行模式，向更广阔的文化方向发展。

（二）文化在旅游开发中运用

旅游是文化的形和体。忽视文化，只能使旅游在质上徘徊于低层次和浅薄状态。没有文化灵魂的旅游是二维的、平面的，只有将文化因子挖掘得淋漓尽致，将文化与旅游紧密结合起来，旅游才能呈现出三维甚至多维的触感，才能够紧紧抓住人们的目光。

二、文化旅游的内涵和类型

（一）文化旅游的内涵

文化旅游这一概念是由美国学者罗伯特·麦金托什提出来的，文化旅游是以旅游者为旅游客体，对以信仰、艺术、语言、风俗、历史、传说和自然遗产、人文遗产等为旅游客体的旅游资源的观察、鉴赏、体验和感悟，从而得到的一种文化享受的旅游活动。它是通过旅游实现感知、体察人类文化具体内容的行为。[①]文化旅游是旅游与文化的深层次结合，它以独特的文化资源为核心吸引力，具有民族性、艺术性、神秘性、体验性、互动性等特点。主要是旅游者通过自身对文化的需求，它注重的是一个求和，其表现于旅游者在进行有效感知。寻求文化享受已成为当前旅游者的一种风尚。在大文化产业中，微电影全产业链、中医药文化、文化体验中心、农业主题公园、艺术小镇等多数与旅游有关。文旅产业是指与人的休闲生活、文化行为、体验需求密切相关的领域，主要是以旅游业为龙头的娱乐业、服务业和文化产业等多元融合形成的经济形态和产业系统。文旅产业的变革既要看到产业格局的变化，也要看到产业自身的变革。

（二）文化旅游的类型

文化旅游可分为八种类型：历史类、近现代类、民俗风情类、游乐体育类、宗教艺术类、求知科学类、旅游专题线路、文化活动类。历史类有古迹遗址、宫殿城堡、古典园林、文物等表现形式；近现代类有公园广场、各种地方性和标志现代建筑；民俗风情类有民间传统工艺、工艺品、服饰、特色小镇和典型民俗村寨，名菜名食、地方特产；游乐体育类有各种游乐场所、主题公园、著名体育运动场所；宗教艺术类有宗教建筑、艺术园区、影视文化基地；求知科学类有各种博物馆、动植物园、修学旅游的场馆和设施、工业农业旅游的场馆和设施、军事旅游的场馆和设施、科学考察旅游的场馆和设施、探险旅游的场

---

① 郑伊琳，邹亮.自媒体时代下旅顺太阳沟景区文化旅游营销策略研究[J].现代商贸工业，2019（12）.

馆和设施；旅游专题路线类，包括文化历史专线、艺术专线、主题定制专线、节庆节事活动、宗教活动、文化艺术节、体育运动等。文化活动类通常包括企业文化活动、校园文化活动、社区文化活动等，具体活动有知识竞赛、体育竞技、电子游艺、专题讲座、摄影比赛、书法比赛、文艺演出、健美操、旗袍秀等等。

三、文化旅游圈的概念和范围

旅游圈构建是国内旅游地合作空间结构的最重要形式，其研究由来已久。旅游圈是旅游空间结构理论的表现形式之一，是一定区域内各种旅游要素间相互联系、相互作用而形成的区域空间组织形式。[①]旅游产品结构、旅游服务结构和旅游市场结构的互补性是旅游圈构建的基础。它是由各种要素构成的圈，是一个开放性的动态系统，具有辐射、扩散的动态特点，呈现出经济协作圈、地理圈、交通网络圈、文化圈等层次性特征。文化旅游圈是一个文化交流圈和综合交通圈。文化旅游圈的基础及功能模型，必须具有以下功能：一是文化传承和创新功能，二是区域旅游资源整合功能，三是旅游品牌形象提升功能。旅游空间结构理论是文化旅游圈构建中重要的一环。文化旅游圈是基于区域合作基础上形成发展的，最终目标都是实现区域内长期、稳定、快速的发展。网络型发展模式是旅游空间结构模式发展的高级形态，更有利于文化旅游圈的发展目标。

第二节　文化旅游圈的相关理论

一、核心—边缘理论

核心--边缘理论由美国著名经济学家弗里德曼最早提出。1966年，弗里德曼、缪尔达尔和赫希曼三位学者结合区域间经济增长和信息交互等理论，共同撰写了《区域发展政策》，书中对核心—边缘理论的产生和推演进程进行了详

---

① 石伟，李慧."民族文化圈"区域旅游开发模式研究——以湘桂黔边"侗族文化旅游圈"为例 [C]// 首届中国民族旅游论坛暨中国人类学民族学研究会民族旅游专业委员会成立大会论文集，2010：140–151.

细的论述，并得出一个结论：核心地带和边缘地带共同构成区域的空间系统，即某个城市或者某个城市群以及相邻地块构成了一个地区的核心地带。城市与边缘的分界往往是由城市地带和相邻的地带之间的密切程度决定的。而核心地带往往是城市经济涨幅最快、工业和商业最发达、科技含量最高的地区，主要包含了大都会区域或者大型城市、区域性的中心城市、次区域中心城市以及地方服务中心。相对于核心地带，边缘地带各方面的发展层次要低一些。区域性的空间系统，通过不断的创新和创造，推动了区域经济的发展。同样的，区域旅游也会有核心地带和边缘地带，而且旅游地域规模级别和层次越高就越明显。由此构成了旅游核心—边缘的空间结构。[①]

二、"点—轴"渐进式扩散理论

"点—轴"渐进式扩散理论是我国著名地理经济学家陆大道先生在克里斯塔勒、赫格斯特兰和佩罗克斯三位学者提出的中心地理论、空间扩散理论和增长极理论的基础上，结合区域发展战略提出来的。陆大道先生认为，区域范围内的经济增长极需要在一段时间培育后慢慢形成。最早的增长极是一些分散的点，随着经济的发展，这些点之间的联系逐渐增多。点与点之间的相互连接构成了"点—轴"渐进式扩散理论中的轴线，对附近区域有很强的经济吸引力和凝聚力。[②]从空间关系的角度看，旅游"点—轴"渐进式扩散的结果，将会形成旅游点—旅游轴—旅游集聚区旅游圈的空间结构。[③]

三、圈层结构理论

圈层结构理论最早是由德国农业学家杜能于 19 世纪 20 年代提出的，他认为城市与周边地区存在密切联系，以目标城市为中心逐步向周边扩散发展。到 20 世纪中期，狄耿生又提出关于城市地域层次的理论，即城市是由核心地域、近郊地域以及城市边缘的开阔地带所构成的，这三个部分由城市中心向外依次分布。圈层结构的核心认为无论是城市还是边缘彼此相互联系，但是关键的力

---

① 保继刚，楚义芳.旅游地理学 [M].北京：高等教育出版社，1999：24-47.
② 陆大道.关于"点—轴"空间结构系统的形成机理分析 [J].地理科学，2002（1）：1-6.
③ 陆大道.论区域的最佳结构与最佳发展 [J].地理学报，2001（2）：127-135.

量归功于城市，城市不仅有很强的吸引力，还能辐射带动周边其他区域。同时，城市对其他区域的带动作用并不是一致的，一般来说与城市越远的地区受到辐射带动的作用越低，这就是"圈层结构效应"。之后，国内各省市在编制旅游业规划时常会引入圈层结构理论。在实践过程中，旅游经济圈更多是由政府主导的，以城市为中心辐射带动一定范围的旅游协作区。

四、旅游体验理论

旅游体验理论是美国未来学家阿尔文·托夫勒提出来的，这是旅游学科中较为核心的基础理论之一，研究旅游者在旅游的过程中，通过互动和体验获得的旅游经历、消费体验以及在旅游的过程中主体和客体之间的关系和作用。在旅游发展的初级阶段，旅游者关注规模性、便利性和安全性。随着旅游需求不断变化，更强调旅游者对产品和服务的参与感。托夫勒在《未来的冲击》中提到"体验产业会成为未来经济发展的支柱"[①]。派恩和吉尔默认为体验经济"是以提供体验产品作为主要经济产品的形态"[②]。旅游产业逐步迈入体验经济时代，带动了文化消费和旅游个性消费的发展，为旅游者提供了更多的体验互动项目，满足个性化游客的需求，促使旅游产业发展进入一个崭新的阶段。

五、产业融合理论

20 世纪 70 年代，发达国家产业发展出现融合态势。从高新技术产业逐步渗透到服务业、农业和工业等领域，创造出了大量的新业态和新产品。1963 年，罗森伯格（Rosenberg）最早提出了"技术融合"的概念，主要强调生产技术的关联性对未来产业融合发展的重要性。之后，学者们对产业融合进行定义，即产业融合是科技变革、产业发展和社会进步的必然趋势，是一种更高形态的产业发展模式。[③]

从严格意义上来看，旅游产业并不是一个单独的产业，在国内外学者们看来，

---

① 阿尔文·托夫勒. 未来的冲击 [M]. 蔡中章，译. 北京：中信出版社，2006.

② 派恩，吉尔默. 体验经济 [M]. 夏良业，鲁焊，等译. 北京：机械工业出版社，2002.

③ 胡汉辉，邢华. 产业融合理论以及对我国发展信息产业的启示 [J]. 中国工业经济，2003（2）：23–29.

旅游产业大多归纳到了文化产业中,然而,旅游产业与文化产业也有不同的地方。它不是影视产业,也不是博览产业。旅游产业与文化产业是相互关联、相互影响并能相互作用的。如影视、动漫、娱乐、演艺等都与旅游产业发展密切关联。[①]

六、区域旅游合作理论

目前关于区域旅游合作的研究尚处于起步阶段,加强对这方面的探讨,有助于指导区域旅游的规划与开发。区域旅游合作所依据的理论基础有劳动地域分工理论、资源禀赋上的互补理论、区域旅游产业联合竞争优势理论。从实践角度研究,未来区域旅游合作在空间形态上呈现跨区域合作特点鲜明的走向。[②]总之,区域旅游合作的形式和内容呈现出多元化的特征。主题共享、景点联合、行业串联、资本合作将是今后发展的主要趋势。

区域旅游合作的影响因素主要有自然环境、社会环境、经济环境和政策环境。自然环境对区域旅游的影响体现在地理区位和气候等方面,但影响程度不同。经济发展水平对区域内旅游市场规模影响大。经济发达的区域旅游投资资金充足,旅游消费能力强,反之则少。社会环境对区域旅游发展的作用有一定的影响因素。对于少数民族地区而言,区域旅游开发与当地居民的生活方式产生强烈冲击。应考虑当地居民传统文化保护的原真性。政策环境对区域旅游发展影响较大。以上驱动因素因不同作用程度的组合,形成了区域旅游的六种发展模式,分别是资源驱动型、市场驱动型、资源—市场合作驱动型、资源—市场中心驱动型、交通驱动型和政策驱动型。[③]资源驱动型旅游资源丰富的区域,以三峡旅游为代表。市场驱动型旅游需求旺盛,经济发达,有一定的人文旅游资源,周边旅游市场强大,以珠三角为代表。资源—市场驱动型,区域中心城市集中,周边地区旅游资源丰富,交通便捷,以长三角和环渤海地区为代表。交通驱动型,政策依赖性强,国家政策为主导,以大湄公河次区域合作和粤港澳大湾区为代表。

① 麻学锋,张世兵,龙茂兴.旅游产业融合路径分析[J].经济地理,2010（4）:678-681.

② 王雷亭,王学峰,潘华丽,等.国内外区域旅游合作进展综述[J].奉山学院学报,2003（5）:92-96.

③ 黄雪莹.资源—市场合作驱动下区域旅游发展机制研究[D].北京:北京交通大学,2014.

资源驱动型模式，旅游资源相对集中，具有相似性，可利用相似的主题形成主题线路，但未形成内生市场动力。市场驱动型模式，休闲、旅游已成为居民的一种生活方式，内生市场动力强劲。政策驱动型模式，这里的隐含条件是区域应具备一定的旅游资源、旅游市场和交通的发展基础，如涉及中国、越南、缅甸、柬埔寨、老挝五国的大湄公河地区旅游开发，就是政策驱动的结果。政府政策干预驱动，旅游业是关联性很强的综合性产业，其发展依赖于各行各业的推动和配合，没有政府的宏观调控是不可能协调统一促进发展的。旅游资源和旅游基础设施是旅游产品的核心要素，具有公益性和公共性特征，政府调控成为必要手段。区域旅游合作首先是政府行为，如旅游市场联合促销活动、旅游节庆活动的联合举办、资源优势互补是区域旅游合作的重要驱动力。资源的整合就是通过整合类型和相似度极高的旅游资源，吸引更大的市场，获得在更大空间上的发展。

第三节　文化旅游圈相关理论的运用与发展

一、文化旅游圈的打造路径

（一）促进文化资源提炼化

文化资源不是旅游资源，需要提炼和评估。对于诸如世界文化遗产、古村古镇等此类的具有很高历史价值、艺术价值、审美价值的文化是提炼的重点。对于如民间饮食文化、舞蹈戏曲、工艺美术、风俗习惯等看似普通，却容易活化和进行旅游互动的资源，可以作为旅游开发的重点。有些遗址遗迹虽然有历史考古价值，却不具有很强的旅游吸引力，不是旅游开发的重点。文化类产品的核心是"悟"，游客对于体验文化、认知文化的要求极高，甚至旅游动机受文化驱动。景观、民俗、美术、博物、科技、节庆等多元文化的融合体验游项目更受游客追捧。

（二）促进文化产品化

文化旅游产品是围绕着文化主题，从空间、景观、氛围、业态、体验入手，并结合旅游六大要素来打造。以清明上河园为例，清明上河园的文化旅游产品设计集中展现宋代诸如酒楼、茶肆、当铺、汴绣、官瓷、年画等现场制作，打造多元化的市井文化商铺，丰富的文化表演和民俗文化活动①，感受古人生活习俗。文化产品是创意的产物，其生产越来越依赖于技术。虚拟技术、人工智能、物联网、区块链等技术应用到文化领域，促成了文化产品和文化产业的脱胎换骨，比如 AR 可以在现实空间展示虚拟景象，把真实与虚幻融合到一起。5G 面世，将为物联网提供强大的技术支撑，赋智于物。区块链技术可以对文化产品全程提供版权保护。

（三）促进文化旅游产业化

"文化＋"是文化要素与经济社会各领域更广范围的融合创新，文化创意产业不仅在文化产业内部跨界融合，也在和工业、数字内容产业、城市建设、现代农业等相关行业跨界融合②，或是跨平台融合。

文化旅游产业化的典型案例就是"印象刘三姐"。文化旅游产业涉及影视、会展、文化演艺、旅游商品、手工艺品、动漫游戏等，而这些领域又可以激发创新创意，衍生出新的商品市场，增强产业活力，文化产业升级态势明显。

（四）促进文化资源旅游化

在历史遗迹活态化方面，利用虚拟现实等高科技手段，让历史遗迹动态化、历史故事鲜活化，实现旅游者与历史遗迹的跨时空对话。在非物质文化遗产产品化方面，充分挖掘民歌、节庆、民间技艺等非物质文化遗产资源，融入旅游要素，实现非遗保护与传承③。在文化场馆旅游化方面，通过虚拟旅游、场景再现、沉浸式体验等高科技方式，提升旅游者文化体验，促进文旅交融。④

（五）促进文化电商化

文化电商就是把所有的电商都变成现有文化，然后再做电商。挖掘旅游文

---

① 文化旅游打造路径和开发模式 [EB/OL].（2017-06-17）. https://www.sohu.com/a/148837288_99912828.

② 林琳.传统文化产业走向新型电 [N].广州日报，2018-12-27.

③ 刘民坤.吴诗帆.形融意合 [N].广西日报，2019-06-27.

④ 刘民坤.吴诗帆.形融意合 [N].广西日报，2019-06-27.

化、传统文化、城市文化，中心聚焦点就是文创电商。目前，中国国家博物馆着力发展文创产业电商化，文创电商将成为未来最主流的商业形态。未来十年，文创电商轻奢化将成为新的趋势。

二、文化旅游圈开发模式

（一）物质文化遗产旅游开发模式

物质文化遗产包括历史文物、历史建筑、人类文化遗址等物质文化遗产。综观物质文化遗产文化旅游开发模式，通常有如下类型：文化遗产保护式观光开发、古城古镇古村古寨原生自然式开发、文化主题园重塑式开发、文化演艺舞台化开发、文化旅游地产嫁接式开发、文化博物馆展览式开发等。

（二）非物质文化遗产旅游开发模式

非物质文化遗产是指各种以非物质形态存在的与群众生活密切相关、世代相承的传统文化表现形式，包括口头传统、传统表演艺术、民俗活动和礼仪与节庆、有关自然界和宇宙的民间传统知识[①] 的文化遗产。非物质文化遗产是人类的宝贵财富，是国家的宝贵资源，如何开发利用非物质文化遗产意义重大，有利于丰富旅游产品类型，满足旅游者越来越高的体验需求。

表 2-1　非物质文化遗产旅游开发模式

模式	类型	内容
民间文学非物质文化遗产旅游开发模式	1. 通过编辑、出版的方式将民间文学转化为旅游商品，从而实现民间文学本身的商业化经营。 2. 与表演艺术类非物遗产相结合，通过改编，使民间文学以一种更符合旅游者口味形式展现出来，实现其旅游产品的转化。 3. 将民间文学融入旅游景区的开发规划中，提升景区的文化品位和档次。	1. 将目的地的民间传说、神话故事等编辑成册出版，或转制成 VCD/DVD 商品形式出版。 2. 一是改编成影视剧，如 "阿诗玛"。二是变成歌舞剧。三是改编成故事。将非遗文化通过景观设计融入其中，从而增加景区、景点的文化内涵。 3. 运用现代科技如 VR 技术等实地虚拟呈现，以迎合现代旅游审美与体验需求。

---

① 谭月. 体验视角下重庆非物质文化遗产的旅游有形化利用研究 [D]. 重庆：重庆师范大学，2015.

模式	类型	内容
表演艺术类非物遗产旅游开发	表演艺术类非遗产旅游产品转型模式。	1.空间结合。将文化精髓中的历史传说、歌舞、戏剧、手工技艺等经过加工和包装后搬上舞台，变成形式多样的主题表演与活动空间上的结合。 2.时间结合。将舞台剧的表演时间与旅游活动的开展进行有效的对接。 3.服务对象结合。表演艺术的场馆成为游客旅游景点之一。
传统工艺与技能类非物遗产旅游开发模式	1.旅游商品开发模式，是非物质文化遗产中最具创造性、生产性的遗产类型，具有较高的审美、教育、科研与实用价值。 2.博物馆模式。有生态博物馆开发体验式展销模式。	1.对工艺美术类非遗产有形化和物质化的物品进行集中收集和展示。 2.民间工艺品越来越受到人们的青睐，如传统的农业灌溉技术作为独立的非物质文化遗产来进行开发。
民间信俗类	主要包括民间信仰和相关传统习俗，属于核心层文化内容，不适宜开展大规模的旅游开发。	如关公信俗、冼夫人信俗、保生大帝信俗、观音信俗、妈祖信俗、汤和信俗、悦城龙母诞、波罗诞等。
仪式及节日类	1.仪式类非物遗产的旅游开发。这种模式开发难度较大。 2.综合开发模式。要对传统节日的所有文化内涵如节日服饰、地方饮食进行深入挖掘，尽可能地转化为游客购买的旅游商品。	1.仪式类，如祭神、祭海、祭彩、祭船、祭天、祭地等。 2.节日类，如人日节、宾阳炮龙节、壮族三月三、毛南族分龙节、京族哈节、钦州跳岭头节、盂兰盛会、广府庙会、南海（阳江）开渔节、开耕节等。
文化空间类遗产旅游开发模式	1.生态博物馆。 2.民俗村。 3.文化生态保护区。	可借鉴生态博物馆的理念，通过政府引导、居民自主生产经营、游客体验消费方式，确保"生态区"内非物质文化遗产能够沿袭其传统时间、规模和形制，在旅游这一外力驱动下，原汁原味在生态博物馆内保护并传承下来。

资料来源：雷蓉，胡北明.非物质文化遗产开发模式分类研究[J].商业研究，2012（7）：210-216.据此及其他网络资料整理。

第三章　中国海上丝绸之路的形成和文化旅游资源概况

第一节　海上丝绸之路的历史演变

历史上，陆上丝绸之路和海上丝绸之路就是中国同中亚、东南亚、南亚、西亚、东非、欧洲经贸和文化交流的大通道。[①]"海上丝绸之路"远比"陆上丝绸之路"的历史更悠久。从最早海运蚕丝去朝鲜，直到鸦片战争，有 2500 多年的历史；通达的范围也更广，从先后开辟的各条航路看，已经航达亚、非、欧、美四洲，并且都是直达。[②]从海上丝绸之路发展历程看，大致分为五个历史阶段：秦汉时期为"海丝"形成期，魏晋时期为"海丝"发展期，隋唐时期为"海丝"繁盛期，宋元时期为"海丝"鼎盛期，明清时期为"海丝"由昌盛到衰落期。东洋、南洋和西洋三大航线是历史时期海上丝绸之路的三条线路。15 世纪初，中国明代著名航海家郑和七次远洋航海，每次都到达印度尼西亚群岛，足迹遍及爪哇、苏门答腊、加里曼丹等地，留下了两国人民友好交往的历史佳话，许多都传诵至今。[③]

一、秦汉时期："海丝"形成期

（一）先秦和南越国时期：海上丝绸之路的基础

先秦和南越国时期岭南地区海上交往为海上丝绸之路的形成奠定了基础。

---

① 王超.当今全球政治伦理的困境与变革——基于历史唯物主义视角的思考 [J]. 马克思主义研究，2019（1）：130–139.

② 李长久.重建丝绸之路经济带 [N]. 经济参考报，2013–10–17.

③ 李长久.重建丝绸之路经济带 [N]. 经济参考报，2013–10–17.

早在距今 6000 年左右，岭南先民就可以建造独木舟在附近的海域活动。[①]生活在南海周边的古越人属水居部族。通过对海船和出土陶器研究发现，先秦时期的岭南先民已经在南中国海乃至南太平洋沿岸及其岛屿劳作，其文化间接影响到印度洋沿岸及其岛屿。也有专家认为，海南岛黎族祖先有部分是从东南亚漂流南海进入岛上的。根据出土遗物以及结合古文献的研究表明，南越国已与海外有了交往。输出品主要是漆器、丝织品、陶器和青铜器，输入品为"珠玑、犀（牛）、玳瑁、果、布之凑"。主要的贸易港口有番禺（今广州）和徐闻（今徐闻）。[②]"番禺"，古越语意为咸村，为古越人原始聚落。1982 年，南越王墓出土的银盒等珍贵文物，见证了当时的贸易实况。广西合浦汉墓出土了大量的琉璃杯、琥珀、玛瑙、水晶灯精美文物。经专家考证，这些舶来品的原产地在印度、欧洲、非洲等地，而在苏门答腊、爪哇、婆罗洲等地出土的瓷器，则与合浦汉墓出土的汉代中原产品一样。[③]汉代的合浦不仅是陆上丝绸之路和海上丝绸之路的连接点和枢纽，也是中原通往东南亚、南亚的交通枢纽，是汉代对外开放的重要窗口。当时的汉代使团从长安出发，先走陆路，到达湖北荆州，后经水路，顺长江，入湘江，过灵渠，再通过北流河、南流江可以顺利到达合浦，最后从合浦扬帆出海。[④]

（二）秦中晚期和东汉：海上丝绸之路的形成

汉武帝灭南越国之后，于元封元年（前 110 年）设立珠崖郡（今海南岛东北部）、合浦郡（今南宁、玉林以南及钦州、北海，广东湛江、茂名等地）。[⑤]同时开辟了东西方通向印度的航线，摆脱印度次大陆的中转，实现了古罗马和中国的直接通航。《汉书·地理志》记载："自日南障塞、徐闻、合浦，船行可五月，有都元国；又船行可四月，有邑卢没国；又船行可二十余日，有谌离国；步行可十余日，有夫甘都卢国，船行可二月余，有黄支国，民俗略与珠崖相类。

---

① 陶红亮.海上丝绸之路的开辟和发展 [J].海洋世界，2017（5）：70-73.

② 姜波.海上丝绸之路上的贸易品往来 [EB/OL].（2014-08-18）. http://www.scio.gov.cn/ztk/wh/slxy/31210/Document/1378140/1378140.htm.

③ 李庆新.从考古发现看六朝时期的岭南与南海交通 [J].史学月刊，2006（10）：12-19.

④ 魏恒，董文锋，陈贻泽，等.春风拂桂海天阔 [N].广西日报，2017-04-23.

⑤ 廖晨宏.古代珍珠的地理分布及商贸状况初探 [J].农业考古，2012（1）：221-225.

其州广大，户口多，多异物，自武帝以来皆献见。有译长，属黄门，与应募者俱入海市明珠、璧琉璃、奇石异物，赍黄金杂缯而往。"①该书明确记载徐闻、合浦、日南是海上丝绸之路的始发港。航线的起点是日南，这是当时中国最早的边界，在今越南中圻，郡至朱吾；另一个起点是合浦郡，今雷州半岛，郡治徐闻。航线中点是夫甘（缅甸的蒲甘古城）②，终点是黄支（印度东海岸的建志）。这说明早在公元前 2 世纪，中国已开通了联系东南亚、印度的海上丝绸之路。因航海条件所限，汉代海上航船多沿海岸而行，合浦与位于雷州半岛南端的徐闻便成为海上贸易的重要中转港口③。孙省利、李星认为，徐闻作为西汉时期海上丝绸之路的始发港，比联合国教科文组织所认定的中国海上丝绸之路史提前 1300 多年，从而确定海上丝绸之路与西安为起点的陆上丝绸之路的始发时间大致相同，因海上丝绸之路是中国从海上交通与海外各国的通商文化之路，是海洋文化的重要体现和标志，由此找到了海洋文化在广东最早的史书记载和历史遗址。④ 另据《汉书·地理志》《后汉书·西南夷列传》和《大秦传》所载，秦汉时南海丝路航线有 4 条：一是由广州至今越南、柬埔寨航线，二是由广州至今印度尼西亚爪哇或苏门答腊航线，三是广州至今印度、斯里兰卡航线，四是由广州至波斯湾转罗马帝国航线。这些航线皆经广东西南、雷州半岛、海南岛西侧和北部湾海域⑤，标志着横贯亚、非、欧三大洲的海上丝绸之路的形成。此时也出现了一些比较重要的商业城市，例如番禺、徐闻、合浦等。史料记载，徐闻始置于汉武帝元鼎六年（前 111 年），乃合浦郡治，自汉武帝元鼎六年建制至南齐武帝永明十年（493 年），约 600 年间，徐闻郡县之治设在境内的讨网村⑥。内陆交通方面，利用南流江—北流江—西江—漓江—灵渠—湘江北上。

① 张开城 . 21 世纪海上丝绸之路建设的广东响应 [J]. 南方论刊，2014（7）：9–13.
② 李金明 . 月港开禁与中国海上丝绸之路的发展 [J]. 闽台文化交流，2011（4）：45–50.
③ 廖晨宏 . 古代珍珠的地理分布及商贸状况初探，[J]. 农业考古，2012（1）：221–225.
④ 孙省利，李星 . 徐闻南珠产业在 21 世纪海上丝绸之中的战略地位 [J]. 新经济，2014（31）61–66.
⑤ 司徒尚 . 海上丝绸之路与我国在南海传统疆域的形成 [J]. 云南社会科学，2001（6）：72–76.
⑥ 孙省利，李星 . 徐闻南珠产业在21世纪海上丝绸之路中的战略地位 [J]. 新经济，2014（31）61–66.

岭南与内地的水路和陆路交通联系密切。

二、魏晋南北朝时期：海上丝绸之路发展期

这一时期东吴、东晋、宋、齐、梁、陈等更注重向海洋发展，加上造船、航海技术的进步以及航海经验的积累，为海上丝绸之路经济发展提供了条件[①]。孙吴政权黄武五年（226年）置广州（郡治今广州市），加强了南方海上贸易。226年，大秦（罗马帝国）商人秦论从海上到达东吴，这是保存在我国史籍中的第一位有名可考的罗马商人从海上到达中国。[②] 魏晋以后，开辟了自广州起航的沿海航线。经海南岛东面海域，直穿西沙群岛海面抵达南海诸国，再穿过马六甲海峡，直驶印度洋、红海、波斯湾。[③] 这条航线穿越印度洋和阿拉伯半岛。此时，广州成为海上丝绸之路的起点。对外贸易涉及15个国家和地区，不仅包括东南亚诸国，而且西到印度和欧洲的大秦（罗马帝国）。主要的输出品是丝绸。输入品有珍珠、香药、象牙、金银宝器等。南北朝时期，执政者对内加强对江南水路的开发，对外重视海上交通和贸易。其中，南海道是经中国南海向西进入印度洋的通道。东海道是中国通往日本列岛的必经之路，其中继站主要是朝鲜半岛的辰韩（百济）[④]。那时，中国南方与斯里兰卡之间交往密切，前往印度求法的中国僧人也取道海路。[⑤]

三、隋唐时期：海上丝绸之路的繁盛期

隋统一后，加强了对南海的经营，南海、交趾为隋代著名商业都会和外贸中心，义安（今潮州市）、合浦也是占有一定地位的对外交往港口。唐代经济发展，政治理念开放兼容，外贸管理体系较完善，法令规则配套，有利于海上丝绸之路的拓展和畅通。[⑥] 广州崛起为世界性港口，据《新唐书·地理志》所记："广州通海夷道"，从广州出发，经南海到达西亚、东非至欧洲，中外交流频繁，

---

① 许尔君. 海上丝绸之路的历史、现实与未来 [J]. 泰山学院学报，2016（9）：107–121.

② 李长久. 重建丝绸之路经济带 [N]. 经济参考报，2013–10–17.

③ 李长久. 丝绸之路经济带让古丝路焕发新生 [J]. 大陆桥视野（上），2013（12）.

④ 李长久. 丝绸之路经济带让古丝路焕发新生 [J]. 大陆桥视野（上），2013（12）.

⑤ 徐素琴. 海上丝绸之路的发展历程 [N]. 南方日报，2014–01–05.

⑥ 李长久. 丝绸之路经济带让古丝路焕发新生 [J]. 大陆桥视野（上），2013（12）.

南海诸岛至此正式归入唐帝国疆域，确立了主权。海上交通北通高丽、新罗、日本，南通东南亚、印度、波斯诸国。特别是出发于广州往西南航行的海上丝绸之路，经历 90 多个国家和地区，航期 89 天（不计沿途停留时间），全程共约 14000 千米，是八九世纪世界最长的远洋航线。[①] 自唐玄宗开元二年（714 年）设市舶使后，市舶使几乎包揽了全部的南海贸易，为地方和中央开辟了可观的财政来源。唐代天宝十年（751 年），广州通海夷道，从广州起航，经越南沿海、马六甲海峡、孟加拉湾、印度洋、阿拉伯海、波斯湾至巴格达。[②] 762 年，阿巴斯王朝奠都巴格达后，其海外交通迅速发展，每年都有不少阿拉伯商船沿着这条海上丝绸之路来到广州贸易。这些商船终年川流不息。而到阿拉伯贸易的中国商船则直接驶往阿曼、斯拉夫、波斯沿岸、巴林沿岸、乌巴刺和巴士拉等国（巴士拉为今伊拉克古代港口）。[③] 输出商品有铁、宝剑、马鞍、麝香、沉香、肉桂等。输入商品除了象牙、犀角、珠玑、香料等占相当比重外，还有各国特产。在晚唐五代王审知时期，福州在对外贸易方面已经小有成就，福州与朝鲜、印度、苏门答腊等国家经常有商旅往来，在交往过程中，各种象牙、犀牛角等商品在福州市场上频频出现，也常见到外国使节到福州交流学习、互通有无。出口商品仍以丝织品和陶瓷为大宗。海上丝绸之路的繁盛，对唐代社会的变革以及中外文化交流的发展起了相当重要的作用。

四、宋元时代：海上丝绸之路的鼎盛期

（一）宋代海上丝绸之路的持续发展

宋代，我国西北陆上丝绸之路交通被西夏政权切断后，南海丝绸之路的地位上升。当时的造船技术和航海技术明显提高，处于世界先进水平，中国商船的远航能力大为增强[④]，私人海上贸易在政府的鼓励下得到极大发展。陈大震《南海志·船舶》称，与广州有贸易往来的国家和地区达 140 个，与广州通商的国家多达 50 多个。大量文物显示南海诸岛海域为丝路航线所经。《岭外代答·

① 许尔君. 海上丝绸之路的历史、现实与未来 [J]. 泰山学院学报，2016（9）：107–121.
② 李金明. 唐代中国与阿拉伯海上交通航线考释 [J]. 广东社会科学，2011（2）：114–121.
③ 徐素琴. "海上丝绸之路"的发展历程 [N]. 南方日报，2014–01–06.
④ 钟海. 古代海上丝绸之路的兴与衰 [J]. 珠江水运，2015（19）：85–86.

外国门》列举大食（今伊朗一带）、阇婆（在今印度尼西亚）、三佛齐（唐称佛逝，后称巨港，在今印度尼西亚）等地都有航线至广州。马瑞临《文献通考》载，麻逸国（今菲律宾）北宋时首次航海到广州。这样，南海诸岛获得海上丝绸之路交通枢纽地位，中沙群岛海域为新辟至菲律宾航线经过海区。中南半岛上的交趾、占婆、真腊与中国山水相连，海陆两路相通。南海诸国中，交趾与宋代建立了朝贡关系。时任福建市舶提举赵汝括的《诸蕃志》记载，从广州出海，顺风半月达到占婆，从泉州到占婆需要 20 多天。前往真腊，从泉州出发，顺风需要一个多月。宋代与东南沿海国家绝大多数时间保持着友好关系，广州成为海外贸易第一大港。[①] 由大食国 "乃至中国之境。其欲至广（广州）者，入自屯门（今香港屯门）；欲至泉州者，入自甲子门（今陆丰甲子港）"[②]。这就是当时著名的中西航线。《诸蕃志》一书中提到，泉州除了原来已有的东南亚贸易航线外，还增加了爪哇东部与中部等地的航线，特别是记载了通往菲律宾等地的航线。[③] 这说明海上丝绸之路在南宋又有了新发展。当时的泉州港正进入繁盛时期，自宋哲宗元祐二年（1087 年）设立市舶司后，市舶司制度至宋代已逐渐完备，国内商人可直接从泉州出海贸易。外国商船可分别进入泉州或广州进行贸易。南海 1 号沉船是海上丝绸之路与世界海洋发明史的里程碑，不仅让世人领略引领潮流的宋代经济的繁荣景象，而且把国人带入波澜壮阔的海上时代。三佛齐是南海最强大的国家之一，也是海上丝绸之路由南海进入印度洋的必经之地和货物中转站，与广州和泉州海路往来有比较固定的航线。阇婆位于今印度尼西亚爪哇中部，亦称莆家龙，也是宋代海上丝绸之路的重要国家。其国泛海东可至昆仑（南海诸国的总称），西至大食，西北泛海 47 天可至交趾、广州。淳化三年（992 年），其国王派遣史淳（音）前来朝贡，进献象牙、珍珠等珍异之物。宋代海上丝绸之路的持续发展，大大增加了朝廷和港市的财政收入，一定程度上促进了经济发展和城市化生活，也为中外文化交流提供了便利条件。

---

① 小重山 . 丝绸之路上的历史文化遗产 [J]. 风景名胜，2018（7）：38–56.

② 王元林，熊雪如 . 历史上深圳地域与海上丝绸之路渊源初探 [J]. 深圳大学学报（人文社会科学版），2016（3）：20–33.

③ 李金明 . 月港开禁与中国古代海上丝绸之路的发展 [J]. 闽台文化交流，2011（4）：45–50.

（二）元代海上丝绸之路的繁荣发展

元代海上丝绸之路发展进入鼎盛时期。元代与中国交往的海外国家达 220 多个，数量上是南宋《诸蕃志》的 4 倍多。中国贸易的船只在南印度和中国之间的海路航线上独占鳌头。虽未开辟新航线，但因福建泉州港地位上升，取道中沙、东沙航线更为繁忙。元代潮州成立录事司，港市也颇兴旺。泉州是海上丝绸之路三大主港之一。宋元时期泉州海外贸易发达，有大量阿拉伯和波斯商人侨居于此。

五、明清时期：海上丝绸之路的衰落期

进入 14 世纪，洪武七年（1374），明廷下令撤销了自唐代以来就存在的市舶司，仅保留广州一地，维持基本官方往来，泉州由高峰一下跌入谷底，迅速走向衰落，繁华千年的海上商路从此停止。明永乐三年（1405 年）七月，中国人历史上最壮丽的一次出海——郑和下西洋首航，200 余艘船舶自苏州刘家河下海，开启了一段漫长的航程。经越南、爪哇、苏门答腊、满剌加、锡兰，至古里终点。28 年间，郑和七次奉旨率船队远航西洋，航线从西太平洋穿越印度洋，经 30 多个国家或地区，其航程之长、船舶技术之高、吨位之大、航行人数之多，无可匹敌。据马欢所著《瀛涯胜览》一书记载，郑和第四次下西洋时船队人员达 27550 人。船队已综合运用物标导航、罗经指南、天文定位、计程计速等航海技术，定量航行达到新的水平。[1] 纵观世界航海史，明代中国的航海处于世界航海史的领先地位，而广东成为当时海上丝绸之路的主角，从广东起航或经广东放洋出海的远洋航线已扩展到全球。[2] 明中叶以后，随着新航线的开辟，亚、非、欧和拉丁美洲的国家和地区的商人纷至广州进行贸易，其中尤以西欧殖民国家葡萄牙、西班牙最频繁。

从积极的方面讲，郑和下西洋的七次大规模远航，提高了中国在国际上的威望。美国著名历史学家保罗·肯尼迪在《大国的兴衰》一书中对郑和船队七次远洋航行的评价是："应当指出，中国人从不曾抢劫和杀戮，这与葡萄牙人、

---

① 李长久. 重建丝绸之路经济带 [N]. 经济参考报，2013–10–17.

② 乔培华. 广州海事博物馆文案设计之要素 [J]. 广州航海高等专科学校学报，2007（3）：46–49.

荷兰人和其他入侵印度洋的欧洲人不同。"[1] 房仲甫等在《海上七千年》一书中指出："郑和下西洋，从事的是和平外交，带来了中外交往的空前发展，促进了中外政治、经济和科学文化的空前发展，促进了中外政治、经济和科学文化的交流，对世界的文化发展做出了贡献……"[2] 自明代始，福州港便逐渐取代泉州港的官方港口地位，福州海上丝绸之路出发点主要是长乐港口，至清代，福州被辟为中国"五口通商"口岸之一。海上贸易的繁荣，带动了福州城市商业文化的递进，福州名街三坊七巷至今保留有当时作坊、店铺与商行会馆杂陈的街市遗迹，海上丝绸之路带动福州"使西南洋诸口咸来互市"的繁荣景象。

明清时期，我国虽然大部分时间实行海禁，但独留广州一口对外通商，所以南海丝路畅通无阻，且开辟了几条发自广州的新航线。这些航线基本上以西沙为中心展开，在西沙东西两侧形成两条常用航线。东侧一条称"外沟航线"，西侧一条称"内沟航线"。[3] 这两条航线至今仍在使用，如由新加坡直航香港，基本上走外沟，而内沟航线起于东西竺（即宋代上下竺）沿海岸岛马来群岛，横渡泰国湾，再沿柬埔寨、越南海岸一直到岘港，转海南岛西南海域至广东沿海各港。明清时南海周边很多国家或为中国藩属国，或为葡、荷等国殖民地，这些航线开辟和使用者主要是中国政府和中国人民[4]。

第二节　沿线地区闽粤桂琼人文旅游资源

人文旅游资源主要是指由人民生活、民族风情、文化艺术、历史文物、社会环境及物质生产构成的人文景观，从而成为旅游者游览观赏的对象。文化遗产包括物质文化遗产、非物质文化遗产、文献遗产三个方面。其中物质文化遗产包括不可移动文物、可移动文物、复合性遗产，如历史文化博物馆、纪念馆、美术馆，线形遗产、文化景观、历史文化名城名镇名村、红色遗产等；非物质

---

① 李长久. 重建丝绸之路经济带 [N]. 经济参考报，2013-10-17.

② 李长久. 重建丝绸之路经济带 [N]. 经济参考报，2013-10-17.

③ 司徒尚纪. 海上丝绸之路与我国在南海传统疆域的形成 [J]. 云南社会科学，2001（6）：72-76.

④ 司徒尚纪. 海上丝绸之路与我国在南海传统疆域的形成 [J]. 云南社会科学，2001（6）：72-76.

文化遗产包括口头传统、传统表演艺术、民俗活动和礼仪节庆、传统技艺、传统知识如中医药知识、历史地名、文化空间等；文献遗产以历史古籍文献、历史档案、地方志、家谱等为主要内容。文化遗产是人文旅游资源的基础，是一个国家和民族历史文化成就的重要标志。建筑遗产和活态遗产也是与此类似的一种分类方法。文化遗产吸引物是旅游发展的重要组成部分。活态文化、建筑遗产和文化景观都是大部分旅游目的地的重要吸引物。古代海上丝绸之路在沿线各国留下了丰富而宝贵的活态文化遗产。这些活态的文化代表着人类文化遗产的精神高度，构成了中华民族深厚的文化底蕴。

一、福建

福建是海上丝绸之路的重要起点，中西文化长期在这里交流汇聚，遗留下大量罕见的海上丝绸之路文物古迹和文化遗存。"海丝"文化遗产主要分布在福州、泉州、莆田、漳州4个沿海地区城市，"海丝"文化遗产廊道主要以福州、厦门、泉州3个旅游城市、19个主要历史街区和海上丝绸之路的重要文化遗址共同组成 ①，并且与福建的文化遗产廊道相结合，共同形成文化圈。仅泉州市就有全国重点文物保护单位32处。同时，泉州也是闽南文化主要发祥地和闽南文化遗产的富集区，具有闽南文化、海洋文化等文化特征，拥有口传、宗教、建筑和传统技艺等在内的大量非物质文化遗产。泉州现有南音、水密隔舱、船制造技术、传统木结构营造技艺、妈祖信仰5个世界非物质文化遗产项目，还有31个国家非物质文化遗产项目。这些"海丝"文化遗产真实记录了曾被誉为"东方第一大港的刺桐港"的原貌，呈现出种类齐全、强聚分布、内容丰富、保存完整、时间跨度大等特征。

（一）福州市

1.海洋交通和海港设施史迹
海洋交通运输体系包括海港、码头、航标建筑、造船厂、仓库、祭祀建筑、

---

① 朱梦影.福建海丝文化遗产旅游廊道构建研究[J].广西经济干部管理学院，2018（1）：44–56.

贸易管理机构、驿站、桥梁、道路、海防设施等。[①]福州海港设施类史迹包括琅岐凤窝古渡口、福清海口镇渡口、闽安邢港古道、东岐码头、迥龙桥、圣寿宝塔、平潭古沉船等。建于唐末、位于马尾区的闽安镇为东南沿海知名的千年古镇，有海上丝绸之路相关的文物点 10 个。世界航海史的重大事件就是郑和下西洋，东岐码头史迹是郑和祭拜妈祖的地方，圣寿宝塔史迹的瞭望塔是郑和船队出入太平港的航标塔。天妃灵应之记碑、郑和铜钟也是郑和下西洋的相关史迹。建于 1431 年的天妃灵应之记碑，是我国仅存的最原始详细记载郑和航海史实的珍贵资料碑刻。

2. 外贸商品生产基地史迹

福州市闽清县的义窑青白瓷窑群遗址为宋元时期规模最大的青白瓷产地，生产的日用粗瓷曾远销日本、东南亚一带。仓山区的怀安窑址所烧的瓷器历史上大量外销日本、泰国、文莱、越南等地。梅岭德化窑遗址印证了海丝商品贸易的繁盛。

3. 多元文化史迹

唐代以来"福州港"市中心三坊七巷至今保留有"海丝"商贸繁盛时期留下的作坊等遗迹。福州台江茶亭街保留着从洗马桥至洋头口骑楼的建筑风格。福清渔溪古镇的幢幢楼房有"侨厝博物馆"之称，都有海上丝绸之路的故事。如船政文化遗址群、水师旗营村、梅花古镇的故事，以及妈祖、陈靖姑、陈文龙等民俗传说等。

（二）泉州市

泉州市是中国古代海上丝绸之路遗存文物古迹最多的城市，依据汪文花对泉州市"海丝"史迹资源的评价分类，泉州市海丝人文旅游情况见表 3-1。

---

① 吴碧英. 传承与发展海上丝绸之路文化——以福州市为例 [J]. 济宁学院学报，2017，188（6）：102-105.

表 3-1　泉州市"海丝"史迹资源分类

大类	亚类	"海丝"史迹资源点
海上交通史	海港设施	石湖港、文兴码头、美山码头、乌屿码头遗址
	海防设施	崇武古城、福全城墙遗址
	航线遗存	后渚港古船、法石古船、万寿塔、六胜塔、五塔岩石塔、洛阳桥、安平桥
	祈风遗迹	九日山祈风石刻、郑和行香碑
商业贸易史迹	商贸街市史迹	泉州土坑村港市遗址、东石玉记商行建筑群、聚宝街、五店市历史街区
	商贸管理史迹	泉州市舶司遗址、明来远驿遗址
	外销商品生产地史迹	铁炉庙冶炼遗址、梧宅冶炼遗址、磁灶窑系金交椅山窑址、屈斗宫德化窑遗址、梅岭德化窑遗址、永春蒲庆兰香室、西坪铁观音发源地、安溪瓷窑地址、东门碗窑遗址
宗教信仰史迹	宗教史迹	府文庙、伊斯兰圣墓、清净寺、开元寺、崇福寺、福清寺、宝海庵、南少林、市笋、老君岩、清源洞、西资岩石刻造像、南天寺石刻造像、草庵摩尼光像造像
	民间信仰史迹	埔济宫、霞州妈祖宫、安溪清水岩、南安凤山寺、通淮关、岳庙、惠安青山宫
文化融合史迹	聚落史迹	陈棣回族村、百崎回族乡、寻埔民俗文化村、大岞惠女民俗村、锡兰侨民墓区、德济门遗址
	名人史迹	锡兰侨民墓区、开闽三王祠

资料来源：汪文花.海上丝绸之路史迹旅游资源评价与空间分布特征研究——以泉州市为例[D].福州：福建师范大学硕士，2018.

二、广东

广东省海上丝绸之路历史文化资源非常丰富，主要集中在广州、湛江、阳江、汕头、潮州等地。这些旅游资源为海上丝绸之路旅游景点打造和文化旅游合作奠定了重要基础。

（一）史迹资源概况

广东省海上丝绸之路史迹可划分为海港设施、文化交流产物、外销品生产基地、海神信仰建筑和航线遗存五大类，之下又细分为十三小类。这些史迹基本可以代表广东省海上丝绸之路各类史迹的精华。[①]

1. 海港设施类

第一类是海港码头，主要有广州黄埔古港遗址和南海神庙明清码头遗址、汕头樟林古港、潮州柘林港、佛山民乐窦码头等。第二类为贸易机构及市场，主要有广州的粤海关旧址、锦纶会馆，雷州的粤海关雷州总部税馆旧址、关部康皇庙，台山上川岛的大洲湾遗址等。广州"十三行"毁于战火，已无史迹可寻。第三类为海防设施，如潮州大埕所城、揭阳靖海所城、惠州平海所城、深圳大鹏所城、湛江乐民千户所城等。第四类为其他，主要包括古代的造船遗址，与航海有关的石刻岩画，以及桥梁、古道、驿站等，共有 14 处，如广州的秦代造船遗址，珠海的宝镜湾岩画和连湾山岩画，与海上、陆上丝绸之路接驳的梅关古道、西京古道、南天门古道等。

2. 文化交流产物类

第一类为宗教文物，主要的外来教派有佛教、基督教、伊斯兰教等，如广州的光孝寺、怀圣寺光塔、海幢寺、小东营清真寺，肇庆的梅庵、崇禧塔、利玛窦仙花寺遗址，江门的灵湖古寺、新地村天主堂遗址等。第二类是外国人墓葬，有广州的清真先贤古墓、深井外国人公墓、回教坟场，江门的方济各·沙勿略墓园，汕头的郑信衣冠墓。第三类为舶来品出土遗址与墓葬，主要集中在广州和徐闻两个汉代重要港口城市。第四类为其他，主要包括反映宗教传播的石刻碑刻、反映人员交流的宗祠故居、反映物产交流的墓葬等。如东莞的却金亭碑、引进番薯物种的陈莲峰及其墓地，阳江的春城崆峒岩摩崖石刻、通真岩岩画，湛江的东岭村莫氏宗祠、田头陈氏小宗祠等。

3. 外销品生产基地

第一类是窑址，从唐代开始，广东就出现了以烧制外销瓷器为主的窑址，较有名的有广州西村窑、潮州笔架山潮州窑、江门官冲窑、雷州半岛南渡河流域的外销瓷窑址等。第二类为其他，有冶铁工场遗址、采石工场遗址和制蓝工场遗址等。

---

① 广东省文物局. 广东文化遗产：海上丝绸之路史迹 [M]. 广州：中山大学出版社，2018：16–20.

4. 海神信仰建筑

主要有南海海神崇拜和北帝崇拜、妈祖崇拜、南海观音崇拜、冼夫人崇拜等，最著名的是广州的南海神庙，它是中国古代皇家祭祀海神的场所，还有南沙天后宫是东南亚最大的妈祖庙。其他比较有名的有汕头的升平路天后宫，深圳的赤湾天后庙、上沙天后宫，珠海的淇澳天后宫、白沥岛天后古庙，雷州半岛的超海宫、夏江天后宫、宁海天后宫等。

5. 航线遗存

第一类为航标地标，如广州明清时期的莲花塔、琶洲塔、赤岗塔，还有广州的城标镇海楼，其他有阳江独石塔、江门石笋村航海标志等。第二类水下沉船。如已发现的"南海 I 号"和"南澳 I 号"两处水下遗产，具有鲜明的远洋贸易特征。

（二）沿海各市遗迹

1. 湛江

2000 多年前，源源不断的丝绸等货物从徐闻县三墩港出海，到达印度境内、斯里兰卡，再转销到中亚、西亚和地中海各国。2000 年后的徐闻，已在国家"一带一路"倡议中成为海上丝绸之路的重要支点。

（1）徐闻县汉代遗址。该遗址是广东所发现的十个汉代建筑遗址之一，又是四个出土瓦当的遗址之一，也是两个出土"万岁"瓦当的遗址之一。徐闻"万岁"瓦当的出土，可以确认汉代徐闻城址的方位应在二桥、南湾、仕尾村一带。通过瓦当文字，不但可判断建筑物的时代，还可确定历史城邑、宫殿的名称和位置。

（2）南粤古驿道保护。南粤古驿道在徐闻县境内的路线分为两条：第一条古驿道是南北走向，长 34.03 千米；第二条是东西走向的锦和镇至曲界镇的一段古驿道，长 17.2 千米。为了更好地传承和保护古驿道文化，2018 年 4 月广东借势南粤古驿道定向大赛，比赛地点选在"汉代海上丝绸之路始发港"遗址和徐闻古港附近的南山镇仕尾、南山、二桥、南湾等村庄，以徐闻作为第一站，打响徐闻知名度。还通过举办极具地方民俗文化特色的祭海仪式，高桩舞狮表演、徐闻民俗拾脸舞、婚俗舞等精彩的节目，既体现了徐闻县的民俗特色，又充分展示了滨海城市的独特魅力。

2. 广州市

（1）广州十三行，创立于康熙盛世，是清政府指定的半官半商的对外贸易机构。1757 年，清代的对外贸易锁定在广州十三行。这是清政府闭关政策下唯一幸存的对外开放门户，拥有通往欧洲、拉美、南亚、东洋和大洋洲的环球贸易航线。

（2）南海神庙，又称波罗庙、东庙，是中国四大海神庙中唯一保存下来的规模最大、最完整的海神庙，坐落于广州市黄埔区庙头村，始建于隋开皇十四年（594 年），已有 1400 多年历史，是中国历代皇帝祭海的场所。南海神庙被称为"南方碑林"，因为在南海神庙内存有大量碑刻，碑刻上面记载了中国古代海上贸易的历史。2010 年，南海神庙获评为国家 AAAA 级旅游景区，是第七批全国重点文物保护单位。

（3）怀圣寺光塔，位于广东省广州市光塔路怀圣寺院西南隅，与寺并立。中国伊斯兰教古迹。建于唐初，是伊斯兰教传入我国后最早建立的清真寺之一。又因寺内有一光身柱形塔，故又称光塔寺。属全国重点文物保护单位。

（4）光孝寺，广东著名古建筑群之一，位于广东省广州市越秀区光孝路北端近净慧路处。为公元前 2 世纪南越王赵建德之故宅。寺内始建于东晋的大雄宝殿，南朝时达摩开凿的洗钵泉，唐代的瘗发塔、石经幢，南汉的千佛铁塔，宋、明时期的六祖殿、卧佛殿，以及碑刻、佛像、诃子树、菩提树等，都是珍贵的佛教遗迹遗物。该寺为全国重点文物保护单位。

（5）清真先贤古墓，是广州著名的伊斯兰教古迹。墓外围原有 19 个小山岗，共 500 多亩山地，均为广州历代伊斯兰教徒的墓地，有自元至正年间至民国时期的许多石刻墓铭，均具历史研究价值。其中有一方元代至正九年（1349 年）高丽（今朝鲜）人拉马丹的阿拉伯文墓碑，是广州发现的最早的阿拉伯文碑铭，有很高的文物价值。如今，墓碑除了古墓围墙内者尚存外，在围墙外者已不多存。该墓被国内 10 个信仰伊斯兰教的民族和国际伊斯兰教信徒视为圣地，历来均有大批国内外伊斯兰教信徒前来瞻仰，1962 年列为广东省文物保护单位。

（6）华林寺，距今已有 1400 多年，历隋、唐、宋、元、明诸代，传灯不绝。华林寺为广州市文物保护单位。

3. 阳江市

阳江是古代海上丝绸之路主航线上重要的中转港和补给港。海陵岛被评为

"中国十大最美海岛"之一，拥有首批国家级海洋公园、国家级中心渔港、国家水下考古基地等一批"国"字号品牌，被誉为"生态之岛""浪漫之岛"。阳江还有一代巾帼英雄冼夫人，南国诗人阮退之，著名国画大师关山月等一批历史文化名人。大角湾海上丝绸之路旅游区"海丝"文化历史悠长、底蕴深厚，2015 年被评为国家 AAAAA 级旅游景区，是目前国内唯一一家以"海丝"文化为主题的滨海旅游区。

（1）广东海上丝绸之路博物馆。广东海上丝绸之路博物馆是以"南海 I 号"古沉船保护、发掘与研究为主题的专题博物馆[①]，坐落于广东省阳江市海陵岛十里海滩，是海陵岛的地标性建筑。"南海 I 号"古沉船也是我国迄今为止发现的年代较早、体量最大、保存最完整的沉船，文物总数超 10 万件，于 2017 年 8 月开馆。船上文物数以万计，多为国家一级文物，价值连城。

（2）大澳渔村。该村是广东省较为完整保存明原始渔家小屋风貌的渔村，有大澳商会会馆、银库、门楼和街道、万人坟古墓等古迹[②]。

4. 江门市

早在唐宋时期，江门是国外朝贡船只停靠之地，明清时期海上贸易也多在上下川岛进行，南海 I 号沉船、花碗坪遗址、圣方济各墓等文化遗存就是这段历史的见证。另外，上川岛还是葡萄牙对华贸易最早的据点之一。香港开埠八成人原籍五邑。

（1）圣方济各·沙勿略墓园——大洲湾遗址。墓园始建于 1552 年[③]，方济各墓是葡萄牙人早期来华活动的历史见证，也是江门海上丝绸之路上的文化瑰宝。该遗址为第八批广东省级文物保护单位。

（2）广海镇紫花岗摩崖石刻。第四批广东省级文物保护单位。"海永无波"石刻（广海镇内），其不远处有一座明代紫花岗烽火台。早在宋代，朝廷就在广海湾周围设立多个巡检哨所，派寨兵巡逻海上，以加强对过往商旅的管理和保护。江门沿海卫所营寨是我国海上丝绸之路的守护者。

---

① 雷体洪，袁志成，林玉.基于"象征主义"的专题博物馆建筑设计个体表达——三峡乌木艺术博物馆设计为例 [J].华中建筑，2014（12）：77–81.

② 郭光明，阳江.海上丝绸之路文化"大观园"[N].中国旅游报，2015–06–22.

③ 晨磊.广东江门海上丝绸之路申遗有进展 [N].中国文物报，2010–08–26.

（3）广海卫城城墙遗址。第八批广东省级文物保护单位。广海古称"溽洲"，是沿海地区守卫边疆的一个重要卫城，主要负责为航海的船舶提供保卫和补给。明代驶往印度洋、南洋等地的船舶，进出广州港时，必经台山广海。广海卫城城墙是广海卫城的重要组成部分。建于明洪武二十七年，城墙建筑结构坚固，墙体厚实，保存状况较好。这座遗址既是广海悠久历史的见证，也是海上丝绸之路的守护者。

（4）开平碉楼与古村落。开平碉楼与古村落2007年被列入《世界遗产名录》，中国首个华侨文化的世界遗产项目，是侨乡人中西方文化交流的见证。主要包括：世界文化遗产地自力村碉楼群、马降龙古村落和中国华侨园林一绝立园。既有村落、碉楼、洋庐、民居、花园、别墅等古建筑群，又有河流、山丘、田野、荷塘、竹林、树木等自然景观；文物古迹和古树名木琳琅满目；田园、小桥、流水、人家美景如画，旅游资源非常丰富。传统碉楼与当地特有村居环境相结合，形成了各自原生特色。开平碉楼被誉为"华侨文化的典范之作""令人震撼的建筑艺术长廊"。

（5）台山上下川岛。这里是海上丝绸之路重要中转站和主要贸易场所。葡萄牙人欧维士在1514年率先抵达中国东南沿海的海岛，许多商人从广州赶来此地与葡萄牙人交易。中外史学界对上下川岛是葡萄牙人早期对华贸易据点的论断早已形成共识。自宋代起，台山上川岛便成为沿岸航线和深海航线的交汇点。

（6）五邑华侨华人博物馆。五邑原称四邑、六邑，皆指今广东江门市管辖的范围，是指新会、新宁、开平、恩平等四个县。五邑人出洋史可追溯到唐代。香港的五邑籍明星多达120多位。

此外，还有花碗坪遗址、新地村天主教堂遗址、新会官冲窑址（第八批广东省级文物保护单位）、崖门古战场遗址、紫花岗烽火台（第八批广东省级文物保护单位）、台山市端芬镇梅家大院、南洋村"侨批档案（世界记忆遗产）"。

5. 汕头市

（1）樟林古港，广东十大"海丝"文化地理坐标之一。樟林古港位于与南澳县隔海相望的澄海区，清康熙二十三年（1684年）开放海禁，樟林港逐步兴盛。其繁荣时间跨越雍正、乾隆、嘉庆、道光四朝，历时100余年。其航线北通福建、台湾、杭州、宁波、上海、山东、天津，跨海可达日本，南达广州、雷州、琼州以至越南、暹罗、马来西亚、婆罗洲、印度尼西亚等地。据嘉庆《澄海县志》

记载，其时，粤海关在澄海设樟林口、东陇口、南洋口、卡路口、南关口 5 处税口，每年征收的总金额占广东全省收入的五分之一。由于商贸发展、海贸往来频繁，出海谋生的人逐渐增多，樟林港也逐步发展为粤东地区早期移民海外的主要港口。1860 年汕头开埠，随着汕头港的兴起及樟林港河道的淤塞，樟林港的地位逐步为汕头港所代替。

（2）"南澳Ⅰ号"明代古沉船遗址，是国内首次发现的明代对外贸易商船实体。作为海上丝绸之路的重要节点，南澳岛目前虽然在外销物品生产基地与设施上缺乏实质性的发现，但是通过"南澳Ⅰ号"明代古沉船以及一系列商贸遗址及海防遗址仍可以证明地处闽粤交界的海岛在海上丝绸之路的节点地位。充分见证了明代中国与东南亚以及更远地区之间的文化交流和贸易往来。"南澳Ⅰ号"、海防遗迹和妈祖信仰证明了南澳岛及其海域在古代海上丝绸之路的重要地位。

（3）龟山汉代建筑遗址，是粤东地区较大型的汉代建筑遗址之一，主要是军事作用的城堡遗址，属于较高级别的官署府第，最大的可能是属于县治一类机构的建筑遗址。

此外，还有红头船、汕头侨批文物馆、大莱芜炮台、凤岭古港、樟林古港、大莱芜炮台等为代表的海上丝绸之路文化遗产。

6. 潮州市

（1）广济桥，位于广东省潮州市古城东门外，始建于南宋乾道七年（1171年），为古代广东通向闽浙交通要津，是世界上最早的启闭式桥梁。广济桥是赣闽粤三边区域水陆商道的起始点，历代官府在东、西桥上设置关口，常设税官向往来商船征税，使之成为一座独特的海关。

（2）宋代笔架山窑，广东十大海上丝绸之路文化地理坐标之一，位于潮州城东笔架山西麓。当地群众称该地为"百窑村"。笔架山窑场始创于唐，极盛于宋。其产品远销国内外，成为中国陶瓷出口基地之一。瓷器胎质坚密，别具一格。笔架山潮州窑遗址是我国海上丝绸之路史迹的重要节点，其窑场生产的瓷器是潮州港成为海上丝绸之路转发港的主打商品。

（3）青龙古庙，在潮州市韩江大桥西端南堤上。庙门东向，面临韩江，又称安济王庙，潮州人称"大老爷宫"，距今已有 400 多年历史。"大老爷"是潮州的保护神，是带有"根"性质的地域精神象征。从前过番的人，离家前都要到青龙庙祈求庇护，甚至包上点庙前的泥土随身出洋。青龙庙会成为凝聚乡情的纽带。

（4）天后宫，位于广济门（东门）后侧，始建于宋代，供奉妈祖。潮人漂洋过海，外出谋生，经由韩江出海，都希望得到海上保护神妈祖的保佑平安。船舶启航前均会到城门内的天后宫祭拜。

（5）潮汕铁路意溪站，位于潮州北关村外竹竿山脚。潮汕铁路是由梅县松口的印度尼西亚华侨张煜南和张鸿南兄弟兴建的中国第一条商办铁路。潮汕铁路始建于1904年，自潮州府城北门外北关村起至汕头厦岭头，全长42千米，1906年建成通车。由于韩江下游水位较浅，船只容易搁浅，潮汕铁路成为韩江上游货物经意溪段上岸后至汕头出海的主要渠道。1939年，为了不让潮汕铁路落入日寇手中而拆除。至今沿线各火车站均被夷为平地或改建，幸存的意溪站成了潮汕铁路史的唯一见证物。

（6）卫汾府，位于潮州官塘镇石湖村。官塘人陈式，生于清乾隆四十五年（1780）。自幼家境贫寒，15岁时陈式被迫乘船出海远涉暹罗，以做苦力采矿为生。后来在暹罗应征参军，屡立战功而被泰王破格封为"卫汾将军"。嘉庆年间，泰国国王赐赠陈式大批金银玉帛，衣锦还乡。白鹤塘村兴建了一座将军府，并命名"卫汾府"。后因潮州道台敲诈勒索不成，以莫须有的罪名，诬陈式为海盗，将其判罪充军伊犁（新疆）。后陈式客死伊犁，自此"卫汾府"没落。

（7）枫溪窑，位于潮州城区西郊。"中国瓷都"——潮州的龙头就是枫溪。近代的枫溪是名副其实的南国瓷乡。生产的大量洋式陶瓷销往香港及东南亚等地。枫溪窑分布在以枫溪三山国王宫为中心方圆约2千米范围内。拥有30多座龙窑，几乎遍布大街小巷。现三山国王宫两侧的向北街和向南街作坊街巷、宫后大榕树旁的窑遗址及徐厝桥一带的三利溪等景观便是近代枫溪陶瓷业发展的见证物。

（8）龙湖古寨，位于韩江中下游之滨。古寨呈带状，南北走向，面积约1.5平方千米，寨内辟三街六巷，从门到街巷显得设计有致。历史上的龙湖寨水陆交通便利，这是后来成为繁荣商埠的一个重要条件。是历史上潮州的物资集散地之一。龙湖古寨至今已有1000多年历史，是先人按照九宫八卦修建的，南北两门由一条铺着石板的直街串联。这条直街是寨里最重要的一条主干道，整体是直的，略微有点弯曲，形似龙脊，所以"龙湖"古寨是潮州传统建筑文化的一大体系。作为韩江的古河运节点和昔日潮州府城的水路通衢，龙湖古寨在宋代时就已经是潮汕平原上的一个重要商埠。这里的原住民宗族姓氏繁多，且龙虎寨李赛科举出身的进士、举人达 60 多人。两旁民宅中有着数不清的公祠和甲第，每一户都有着自己的故事。有关专家学者认为龙湖古寨民俗风情浓郁，文化底蕴深厚，传统特产和手工艺品丰富，又有"潮居典范、祠堂千家、书香万代"之誉，是"潮人文化"的绝佳载体，是典型的"潮人文化"特色的人文旅游资源。

（9）从熙公祠，位于潮安区彩塘镇。陈旭年家境贫寒，身无分文时躲进开往马来半岛的红头船。到了马来西亚柔佛州，经多年拼搏，成为南洋最著名的富商和侨领。清同治七年（1870 年），陈旭年在家乡金砂斜角头，斥资兴建"从熙公祠"。兴工于清同治九年，竣工于光绪九年（1883 年），历时 14 年。琳琅满目的建筑装饰，使整座建筑物显得更加富丽堂皇，祠中的潮州石雕堪称一绝。

（10）庵埠海关，位于潮汕平原中部潮安区庵埠。乾隆年间，庵埠已发展成为一个具有相当规模的商贸港，实为海、揭、潮、澄四县之通市，水陆交通有梅溪直出外海。后因下游双溪口一带淤积严重，地理优势丧失，被沙汕头（今汕头）取而代之。1931，庵埠分卡被裁撤，庵埠海关关产被拍卖，剩"庵埠海关地界"碑仍竖于万和桥旁。1982 年，界碑被转移到庵埠缅先亭的碑廊。

（11）饶平柘林古港，是古代海上丝绸之路的主要口岸，位于饶平县柘林，至今保存着镇风塔、白雀寺、风吹岭摩崖石刻群、青屿岛摩崖石刻等丰富的文物古迹。

7. 佛山市

（1）西樵"海丝"遗迹，广东十大海上丝绸之路文化地理坐标之一。西樵山是我国南方最大规模的采石场和新石器制造基地，有西樵山文化之美誉。该处不仅临海，而且是三江交汇之处，有上乘的石料资源，吸引了更远地区的先民来开采石料，制作石器工具。该山的观音文化节、万人斋宴、世界华人狮王争霸赛、大仙诞等，吸引来自印度、马来西亚、印度尼西亚、泰国、菲律宾等海上丝绸之路国家以及港澳台买家团，对西樵山旅游资源进行考察，体验西樵山特色旅游路线。

（2）祖庙博物馆，广东十大海上丝绸之路文化地理坐标之一。祖庙博物馆是全国重点文物保护单位和广东省中华文化传承基地。该馆是一座有佛山传统文化的博物馆，辖区有祖庙古建筑群和孔庙等。其中祖庙始建于北宋元丰年间

（1078—1085 年）。

（3）南风古灶，广东十大海上丝绸之路文化地理坐标之一。南风古灶旅游区位于南国陶都石湾，集旅游、观光、生产、习艺、研讨、参与、购物于一体。景区内有被称为陶瓷活化石的南风古灶和高灶等全国重点保护文物，500 年来窑火不绝，已载入吉尼斯世界纪录大全。

（4）三水海关，广东十大海上丝绸之路文化地理坐标之一。清光绪二十三年（1897 年），清政府开放广东三水为通商口岸，允许英国在此设领事馆和海关。于清代宣统元年（1909 年）始建三水旧海关，是英国在中国设立的早期海关之一。

8. 深圳市

深圳南头·赤湾丝路，广东省十大海上丝绸之路文化地理坐标之一。隋唐时期，赤湾地域就是海上丝绸之路重要的节点与港口，与海上丝绸之路沿线各国有着密切关联。天后宫是中国历史上朝廷赐建的三个天后庙之一。赤湾面积约 3.4 平方千米，现有左炮台、赤湾烟墩、宋少帝陵、天后宫等市县级文物保护单位。南头古城作为县治历史长达 600 多年，是明代后期"南头体制"贸易制度的发祥地和海防的重地。南头位于深圳市南山区南头天桥北，城内还有东莞会馆、信国公文氏祠、育婴堂等市级文物保护单位。众多古籍史料都证明了赤湾在古代对外交流、通商以及海防军事中的重要地位。赤湾在唐代和宋代设有军队建制，明代设有抗倭报警作用的赤湾烟墩，还是郑和下西洋的重要驿站。

9. 梅州市

梅州松口古镇，广东十大海上丝绸之路文化地理坐标之一。松口古镇是一个拥有 1200 年历史的古镇，地处闽粤赣三省交会处，水陆方便，建制早于梅州，是客家先民南迁的始居地之一。松口镇也是明末清初闽粤赣地区客家人出南洋的首站，昔日粤东商贸重镇。明末清初后，松口人口爆满又纷纷迁移外地谋生。松口古镇的名胜古迹和自然景观，得天独厚，有元魁塔、文昌阁、四百岁的世德堂、孙中山曾住过的爱春楼、始建于康熙年间的五龙桥等。元魁塔始建于 1619 年，登临塔上，视野所及之处尽是世间美景；有侨贤赞助建造的铜琶桥等所形成的铜琶桥景区。这里的古街道依然可以感受到当时古镇的繁华。松口港曾经是广东内河的第二大港，每天有上百条船只停泊在此，见证了历史上华侨漂洋过海的悲欢离合。而今松口镇约 7 万人，而旅居海外的侨胞有 8 万多人，是中国著名的侨乡之一。

10. 茂名市

滨海新区"海丝"遗迹，广东十大海上丝绸之路文化地理坐标之一。古代博贺镇具有丰富的海洋文化资源，在我国海上丝绸之路海上航运、海上贸易诸方面曾做出了巨大贡献。尤其是 1400 多年前冼夫人在电白沿海组织力量造船和开展海上贸易，极大地推动了岭南地区与东南亚、南亚等地的商贸往来和文化交流。博贺、电城 1000 多年海上航运与贸易形成的文化遗址、景点、信俗大都保持完整或较完整。

11. 清远市

清远浈阳峡，为古代水路交通咽喉、兵家防犯要地，唐代以来为著名的游览胜地，留下不少赞美峡谷风光的诗篇。

12. 揭阳市

揭阳惠来，在海上丝绸之路上有其文化特征与地理地位，有神泉港、靖海港、广利王庙、靖海海关、石碑山灯塔等见证"海丝"历史的文物古迹。据清雍正九年《惠来县志》记载："靖海为东南屏藩，神泉为南海门户。"

三、广西

秦汉时设立合浦郡，在内陆交通方面，通过南流江、北流江—西江—漓江—灵渠—湘江北上。① 合浦是当时海上贸易的重要中转港口。

1. 北海市

（1）合浦汉墓群。合浦汉墓群是我国三大汉墓群之一，有上万座汉墓、出土文物逾万件，在每座汉墓随葬品中，都有来自从东南亚、南亚、西亚和地中海等地输入的舶来品，这是"海丝"的重要贸易物证。合浦汉墓葬群是岭南汉文化中的一个壮观，已勘探查明的 8500 多座汉墓分布在紧靠汉代古港口——乾江港东北方向，总面积 68.75 平方千米范围内。为了加强对合浦汉墓葬群的科研、开发、保护，当地政府在上级考古部门的指导支持下，先后对 500 多座汉墓进行了保护性挖掘，从中获取出土随葬文物 10000 余件，其中列入珍贵文物的有251 件，为研究岭南地区汉代社会历史形态提供了大量翔实的史料。这些出土

---

① 廖晨宏. 古代珍珠的地理分布及商贸状况初探——以方位称名的珍珠为例 [J]. 农业考古，2012（1）：221–225.

文物中有大量的玻璃珠、琉璃、琥珀、水晶、玛瑙等舶来品，也为研究汉代的对外交往，特别是汉代海上丝绸之路的形成，提供了丰富的历史物证。汉代的厚葬之风给合浦留下了一个规模巨大的汉墓群。

（2）草鞋村古城。合浦廉州镇草鞋村位于廉州镇西南的草鞋村、窑上街，紧靠廉州江畔。遗址积淀相当丰富，既有用金属刻画的线纹夹砂陶，也有彩绘鱼纹和水波纹的彩陶。在窑址旁还出土有青黑色的绳纹汉砖和布纹汉瓦。

（3）窑上街的汉代陶瓷窑址群。该汉窑群遗址于1989年发现。由10多个马蹄窑和多个馒头窑组成。位于穿越合浦县城的西门江入海口支流旁，与古海角亭相隔不远。窑址群有较多的汉砖、方格纺板瓦、公母瓦和陶瓷器皿等碎片。汉砖有纹饰，汉瓦朝天面有孔钉纹、背面有绳纹，具有明显的汉代风格，汉窑遗址中还出土了数种子陶罐。距汉窑遗址沿江不远处，有倚江而建的廉州老街，街名为"缸瓦街"。"缸瓦"是合浦方言中对陶瓷产品的总称。至唐宋年间，合浦的陶瓷业发展迅速，陶瓷产品成为海上丝绸之路的主要商品。

（4）大士阁。大士阁始建于明初，在建筑手法上保留了宋元时期的遗风，无一钉一铁，具有很高的建筑艺术价值，是研究南方古建筑的重要实物资料。1988年被列为国家级重点保护文物单位。

（5）合浦汉代文化博物馆。该博物馆是广西唯一以汉文化展示为主的遗址类博物馆，馆藏文物多达5200余件，其中带酒铜提梁壶、玉带钩、紫水晶长串穿珠等珍稀文物最为著名，是历史上海上丝绸之路的始发港的重要物证。

（6）文昌塔。该塔始建于明代万历年间，距今已有300多年历史，是一座八角七层楼阁式砖塔，建筑独特，有较大的建筑艺术价值。

（7）合浦南珠。北海合浦的珍珠采集历史可以追溯到秦代东汉时，合浦郡沿海盛产珍珠，所产珍珠一直誉满海内外，有"珠还合浦"典故。如《后汉书·循吏传·孟尝》："（合浦）郡不产谷实，而海出珠宝，与交阯比境……尝到官，革易前敝，求民病利。曾未逾岁，去珠复还，百姓皆反其业。"在《天工开物》《广东新语》《南越志》等古籍中还对南珠进行了等级分类，其中《南越志》中写有"珠有九品"。到清代，南部沿海的珍珠采捕规模渐渐衰落。2004年10月29日，原国家质检总局批准对"合浦南珠"实施原产地域产品保护。

（8）北海老街。始建于1821年，有200多年的历史，是迄今仍在使用的一条商业街，沿街仍保留着中西合璧骑楼式建筑。临街两边墙面的窗顶多为卷拱结构，整体工艺精美，颇有古罗马建筑的风格。

（9）高德古镇。形成于明代，约有 200 年的历史，是北海开埠较早的港口之一，高德三街仍保留有大量清末民初风貌的传统民居、商铺等，青砖黛瓦历经数百年仍风采依旧。

此外，还有惠爱桥、白龙珍珠城、大清邮政北海分局、北海海关大楼、德国领事馆、英国领事馆、德国森宝洋行等遗址、旧址。

2. 防城港市

（1）潭蓬古运河。防城港潭蓬古运河是我国唯一的海上运河，地处防城港江山半岛，又称天威遥运河，是历史上海上丝绸之路的重要枢纽，是中国的丝绸、瓷器等安全运送的重要平台。据《唐书·高骈传》记载，在唐宋时期防城港就开始了繁忙的贸易交往，在古丝绸之路发挥过重要作用。

（2）港口区簕山古渔村。该村具有较深厚的明清历史文化底蕴，有明末清初按八卦建筑成的古村堡。村民收入来源主要是海水养殖和捕捞。

（3）伏波遗址。该遗址是广西重要的历史文化标志之一，是东汉时期伏波将军南征交趾重大历史事件的主要发生地。马援（前 14 年—49 年）一生戎马，精忠报国，功绩彪炳。广西现有伏波将军祠、伏波庙、伏波运粮大道等伏波遗址数十多处，以防城港市伏波文化园、南宁横县伏波庙、桂林伏波山等为代表。广西防城港、钦州、南宁、北海、桂林、玉林、崇左等地都设有伏波庙。

3. 钦州市

（1）钦江故城遗址。该遗址为自治区级重点文物保护单位。钦江故城作为海上丝绸之路重要遗址价值突出，位于广西钦州城东北郊的上东坝村，建于隋代。作为南北朝至唐早期羁縻制度下的政治、军事中心，其职能是实施对钦江城外内河与外海的商贸管理事务。有城门、护城壕、人工河道、城内建筑堆积、排水沟、灰坑等遗迹；出土和采集遗物有陶器（片）、瓷器（片）、砖、瓦当等。城墙保存较好。城外古运河连接钦江与外海，突出了其对内河与外海航运的掌控。城址中有文化堆积密集区，及采集出土的莲花纹瓦当、板瓦、筒瓦、砖等遗物，说明城中存在等级较高的建筑遗迹，反映了钦江故城具有沟通内河与外海航运、贸易以及管理和监督的功能。

（2）久隆古墓群遗址。该古墓群是隋唐时期钦州酋帅宁氏的家族墓葬。1997 年，文物工作者前后清理了 7 座墓葬，发掘出土陶瓷器、金属器、玻璃器等器物。墓地保存状况较差，亟待保护。墓志记叙宁氏先祖同隋军参与安南与朝鲜的战争史实，不仅反映了钦州与越南海上交通的密切联系，也说明钦州在隋唐时期与东南亚和东北地区的海上交通关系。钦州酋帅宁氏家族掌握着北部湾沿海至雷州半岛一带的政权，掌控着当地包括海上贸易在内的地方行政事务。

（3）潭池岭窑址、母鸡坑窑址。此两处窑址为隋唐时期的陶瓷手工业作坊遗址，两处相距不远，窑址保存状况较好，地表散布着大量隋唐时期陶瓷片，同时有窑炉、陶瓷片废品堆积及码头等遗迹。烧造产品种类多样，多系以罐、碗、盘、钵等日常用具为主。同时，出土了一批反映装烧工艺的窑具，如匣钵、垫饼、支烧台等。两处窑址烧造的产品在钦江故城、久隆墓及鹿耳环等地都有发现，反映了产品流向的多样化，可能既用于满足本地群众使用，又销往外地。

（4）广西沿海运河西坑段。广西沿海西坑运河为隋唐时期人工开凿的航运设施，其目的在于使通往北部湾各港口的船只避开乌雷海域的风浪，同时缩短航行距离，节省时间和成本。运河保存状况良好，人工开凿痕迹明显，出水的陶瓷器与以上四处遗址所见相似，充分说明了当时瓷器贸易的存在，也从侧面说明了运河在贸易中的重要作用。

此外，还有红泥沟遗址、越州故城、钦州博易场、天后宫、施渡坡、古城长墩岛东坡亭、东山寺、魁星楼、陈氏宗祠等77处文物古迹。

4. 玉林市

（1）茂林丝路遗迹群。自秦皇汉武开始，南方海上丝绸之路的货物从北方走水路运至北流、容县，后登陆经鬼门关转往玉林南流江，至合浦出海[①]。现存的历史遗迹有：茂北古运河、鬼门关（天门关）、西汉古城、水月岩、茂林桥（通济桥）。西汉时，这条东至崖州、西至交趾、南下南洋的路线，成为当时沟通中原和南洋商贸物流的重要路线。

（2）绿杨妈祖古庙。该古庙始建于明代末期，扩建于清代乾隆十一年，位于玉林市玉州区名山街道绿杨社区的高岗岭。1936年，绿杨妈祖庙被学校占用至今，庙宇的主进和三进遭受毁灭性破坏，庙内的清代建筑结构多已毁损。[②]

---

① 李佳晶，张银玲.海上丝绸之路历史文化旅游资源的挖掘与提升——以广西玉林市为例 [J]. 太原城市职业技术学院学报，2017（2）：16-20.

② 宋建州，陈伟平.绿杨妈祖庙发现多块古石碑 [N]. 玉林日报，2017-07-26.

（3）兴业宋代绿鸦冶铁遗址、宋代玉林州的南流县绿鸦冶炼场。方圆数十千米，年产铁可达 32.35 吨以上，通过北流江销往广东韶关作铸造之用。唐宋时期，玉林各州县上贡朝廷有金银、朱砂等。

（4）北流铜石岭汉唐冶铜遗址。铜石岭是自治区级重点文物保护单位，拥有世界唯一的冶铜遗址和铸造铜鼓遗址。在南越时，北流铜石岭就建立有炉堂，冶炼铜铁。制成的铜锭铁块，除自铸铜铁用品、铜钟、铜鼓外，还大量销往广东供制造兵器。2000 多年前南越王赵佗慕名铜石岭的优质铜矿，从广州率领 10 万大军驻扎铜石岭开挖铜矿，冶炼青铜，开创了中国南方冶铜和铸造铜鼓的先河。具有青铜文化国际影响力而名扬天下的北流型铜鼓和世界铜鼓王就在铜石岭铸造（北流出土的铜鼓占广西出土的大部分）。铜石岭 3 平方千米范围内从汉代以来持续了 1500 多年冶铜和铸造青铜器的历史，这在世界上是绝无仅有的。目前冶铜遗址正在申报世界文化遗产。

（5）容州、北流的陶瓷业。北流江流域的瓷窑成群，占广西年产 400 万件的绝大部分。北流被誉为江西景德镇的"陪都"。产品以影青印花碗碟著称，有的产品达到"白如玉，击如磬"，釉色透亮，白中闪青。产品外销线路主要是沿北流江下藤县，东销粤港澳，西销云贵川；再就是经南流江，出合浦销往东南亚各国。至明代，陶瓷生产扩大到陆川、博白。以北流为主生产的影青瓷占广西产品的三分之二。北流瓷业以岭垌为中心，山坡上龙窑群起，星罗棋布，产品有 20 多个品种。容县的 2 个窑区分布范围长达两三千米。

此外，此外还有船埠港、辛仓埠、茂林镇东汉马援营遗址、博白宴石寺、岭垌窑址群，还有容县西山汉唐冶铜遗址、容县宋代城关窑址天门关（鬼门关）遗址、茂（林）北（流）古运河遗址。

四、海南

海南省是南海海上丝绸之路的必经泊点，也是联通中国与海上丝绸之路沿线国家的海上门户，尤其是唐宋以来，由于往来于南海海域的中外贸易商船频繁，海南岛便成为波斯和阿拉伯等地商船来往于广州、泉州等通商口岸[①]的避风港

① 郭敏，卢红飚. 21 世纪海上丝绸之路战略格局下的海南定位[J]. 中共贵州省委党校学报，2016（2）：60–67.

和补给港，也是东南亚国家及本岛特产的重要中转集散地，担当着重要的护航功能和驿站作用。文昌铺前自古就是文昌重要的港口古镇，始建于1895年，明清和民国时期都是商船云集的繁华商埠。铺前老街两旁建筑，就是有着100多年的南洋骑楼，由华侨们所建，充满异域风情。

（1）三亚迎旺塔。三亚古称"崖州"，自南北朝起建制崖州，宋代以来历代的州、郡、县治均设此地。崖州古城宝贵的历史文化遗产蕴涵着三亚悠久的历史和灿烂的文化，是不可再生的人文资源，旅游资源珍贵。崖州"迎旺塔"是崖州至今幸存的唯一古塔，建成于咸丰元年（1851年），是一座八角七层仿木结构楼阁式风水砖塔，塔高七层，约15米，寄托着崖州子民胸怀天下，学优而仕的理想。

（2）三亚丝路灯塔。该灯塔也是崖州"丝路之塔"，坐落于三亚市崖州湾宁远河入海口处，与三亚南山遥遥相望，相互映衬，集船只航行指引、旅游观光、应急和商业发射塔等功能于一体，高105米，航标灯高105米，射程22海里。该塔以"樽"为型，寓意"九五之尊"，是我国目前最高航标灯塔。三亚拟将其打造成为集灯塔文化、崖州文化、三亚文化、海南文化、丝路文化、南海文化于一体的南海文明交流平台。

此外，还有三亚海棠湾的藤桥古墓群、琼海潭门遗址等。

第三节　国内海上丝绸之路非物质文化遗产

非遗，或以具象的载体呈现，或是无形的民间艺术。海上丝绸之路非物质文化遗产是海上丝绸之路传统文化的重要组成部分，承载着海上丝绸之路沿线国家和地区人民的情感。海上丝绸之路的非物质文化遗产，不仅有千姿百态的民间艺术、技艺绝招，还有民间仪式、节庆活动等，涵盖了社会生活的方方面面。古代海上丝绸之路以商贸为依托，把中国与世界连接起来，东西方经济文化的交流遗留至今更多是以非遗形式存在的。保护海上丝绸之路非物质文化遗产，就是保护海上丝绸之路文化旅游的价值内涵、精神力量和持续发展力。

一、福建

福建省世界级的非遗项目主要有4个：南音、妈祖信仰、剪纸、中国传统木结构营造技艺；急需保护的非遗项目有中国木拱桥营造技艺、中国水密隔舱福船制造技艺。非遗优秀实践名录为福建木偶戏人才培养计划。此外，还有少林五祖拳、梨园戏、高甲戏、金苍绣技艺、清源茶饼技等非物质文化遗产传承项目。

南音，也称"弦管""泉州南音"，福建省闽南地区的传统音乐，世界级非物质文化遗产，发源于福建泉州，用闽南语演唱，是我国现存历史最悠久的古代汉族音乐。南音起源于前秦，兴于唐，形成在宋。南音的唱法保留了唐以前传统古老的民族唱法，而南管的演奏上也保持着唐宋时期的特色。南音表演以《枫桥夜泊》为代表。

闽南民居营造技艺，始于唐五代的传统建筑技艺，是闽南地区古建筑技艺的主流，2010 年 8 月被入选联合国教科文组织"人类非物质文化遗产"名录项目。[①]

此外，还有提线木偶《驯猴》、高甲戏曲《骑驴探亲》、掌中木偶《大名府》和梨园戏《董生与李氏》等精彩表演。

二、广东

广东是全国非物质文化遗产大省，岭南人文底蕴深厚，非物质文化遗产种类繁多，有粤剧、醒狮、茶艺、蜈蚣舞等国家级非物质文化遗产，也有鳌鱼舞、粤语讲古、吴川泥塑、五羊传说等省级非物质文化遗产。

南海神庙波罗诞。南海神庙是我国古代海上丝绸之路唯一留存下来的祭海场所，每年农历二月十一日到二月十三日便是南海神庙的波罗诞。南海神庙建于隋文帝开皇十四年（594 年），用于祭祀南海神祝融，祈求海疆平安。波罗诞是广东省最大的民间庙会，也是现今全国唯一对海神进行祭祀的活动，有着千年的历史文化传统。已列入第三批国家级非物质文化遗产名录。

广州咸水歌。咸水歌是一种流行在广东省广州市及珠三角地区的传统民歌，属于疍家渔歌，至少有着 600 年的历史。它既是疍民闲暇时以娱乐的船歌，又是疍家迎娶习俗、庆贺中秋的一种传统民间艺术形式，有着重要的历史价值、文化研究价值。

石湾陶塑。石湾陶塑技艺是主要分布在广东省佛山市禅城区石湾镇街道及

---

① 马晶鑫 . 闽南沿海地区传统建筑堆剪作研究 [D]. 泉州：华侨大学，2017.

周边地区的一种民间传统制陶技艺。石湾是中国陶瓷的三大产区之一，陶瓷年产值占全国一半以上，远销世界74个国家和地区。佛山陶艺节自2003年开启后，至今已有17年。

三、广西

广西海上丝绸之路非物质文化遗产丰富，不仅有民间传说《珠还合浦》及角雕技艺，还有《文昌塔的传说》，为广西海上丝绸之路非物质文化遗产项目的主要代表。广西海上丝绸之路非物质文化遗产类型详见表3-2。

表3-2　广西海上丝绸之路非物质文化遗产主要类型

类型	具体项目
民间文学	美人鱼传统、珠还合浦民间传说、白龙城传说、新渡古圩传奇故事、六湖垌传奇、阿班火传说、北海童谣、龙泾还珠、景公庙传说、三婆石传说、京族喃说、白龙镇海大王故事、独弦琴传说、山揽探海故事、海龙王开大会、白牛鱼故事、计叔故事、宋珍与陈菊花传说、挖海故事、骑鱼过江故事、姜刷哥气死锦绒叔、海龙王救墨鱼、红姑娘故事、红树林传奇、白龙珍珠传说、籁山古渔村传说、企沙三牌庙故事、火山岛传说、玉石滩传说、百味石传说、石龟头故事、三口浪妈祖传说、扛鼓抓贼故事、好心弟弟和坏心哥哥故事、仙人传说、皇帝岭传说、仙人桥传说、仙人献宝故事、蝴蝶岛传说
传统表演与游艺	咸水歌、耍花楼、公馆木鱼、老杨公、道公舞、北海粤剧、廉州山歌剧、西海歌、东海歌、钦南采茶戏、鹤舞、海歌、还叹调、鬼师调、骨蚌舞、水上木偶戏、上刀山下火海、京族独弦琴艺术、京族民歌、京族哈歌、企沙山歌、京族嘲戏、京族竹竿舞、京族天灯舞、京族摸螺舞、京族对花展、京族敬酒舞、京族进香舞、京族花棍舞、三棋、花艇拔河、颠船、踢沙掷木叶、活捉鸭竞赛、摸鸭蛋竞赛、捉贝竞赛、顶杆、顶头、顶臂、拉吊、打狗、踩高跷
传统工艺与技能	疍家服饰制作技艺、贝雕记忆、沙蟹汁制作技艺、合浦角雕技艺、疍家棚技艺、海盐生产技艺、天然珍珠采捞技艺、杂海渔业技艺、南珠养殖技艺、南珠加工技艺、打铁技艺、北海鱿鱼丝、北海米乙、虾仔饼、钦州坭兴陶烧制技艺、钦州造船技艺、海产品加工技艺、煮海制盐技艺、京族鱼露、京族风吹饼制作技艺、京族江平粉丝、京族油堆、京族烧牡蛎灰、京族服饰、京族网具制作技艺、京族传统干栏建筑营造技艺、东兴石雕技艺

续表

类型	具体项目
民间信俗	疍家婚礼、外沙龙母庙会、三婆信仰、赛龙舟、疍家海洋禁忌习俗、钦南跳岭头、伏波信仰、雷神信仰、钦州做法波庙会、京族哈节、京族歌圩日、渔业谚语、京族民间谚语、京族海洋禁忌、妈祖信仰、观音信仰、端午祭海、东兴伏波庙会、京族哭嫁习俗、京族降生礼俗、京族拉大网、京族高跷脯鱼、京族刺网捕鱼、京族赛网捕鱼、京族渔箔捕鱼、京族虾灯捕虾

资料来源：陈炜，高翔.广西北部湾地区海洋非物质文化遗产旅游开发模式研究 [J].广西师范大学学报（哲学社会科学版），2017（6）：64-70.

《珠还合浦》传说。广西北海合浦简称"珠乡"。《珠还合浦》则是北海市众多民间故事中影响最大的历史传统文化精品，已列入广西第一批非物质文化遗产保护名录。《后汉书·孟尝传》所载"去珠复还"说的是东汉孟尝改革弊政，开放珠宝贸易，使"合浦珠还"美谈流传不衰。

合浦角雕技艺。合浦角雕始于明代，具有多重价值，但这项手工技艺的传承情况却堪忧，受时间、技术等工作条件的限制，从事角雕生产这一行业的人屈指可数，保护好这一项非物质文化遗产应引起关注。

跳岭头。"跳岭头"是浦北县不可多得的"非物质文化遗产"，于 2014 年成功申报国家级"非遗"项目。跳岭头又称"跳鬼僮""傩舞""颂鼓"等，属面具舞蹈类，历史年代久远，殷墟甲骨文卜辞中已有傩祭的记载，是一种具有驱鬼逐疫、祭祀功能的民间文艺。每年到了农历八月秋高气爽时节，跳岭头活动便开始，一般每乡习惯有几个固定演出点，各点有习惯的固定活动日期，一般在山坡上演出，故称"跳岭头"。表演时，艺人都戴面具，身穿戏服，有时手执刀斧、禾叉、锹、铲之类农具充作兵器，踏着乐曲的拍子，在草地上扭动着身躯表演，形成了具有浦北特色的傩舞文化，传递着浦北人对生活的热爱。

钦州坭兴陶烧制技艺。钦州市的特色传统手工技艺。钦州坭兴陶烧制"窑变"艺术采用还原气氛进行一系列特殊工艺处理，艺术价值极高。2008 年 6 月国务院批准其为国家级非物质文化遗产。

京族独弦琴艺术。独弦琴是京族特有的泛音演奏乐器,在京族语中称"旦匏"，也叫"独弦匏琴"，流行于广西防城港市以及越南。独弦琴顾名思义只有一根弦，是以大竹管为琴体，构造简单发音丰满纯厚，音色清澈，优美动听。2011 年 5

月京族独弦琴艺术经国务院批准列入第三批国家级非物质文化遗产名录。

伏波信仰。马留人是伏波文化鲜活的载体，意为随马援而来，流寓南海各地之人。伏波信仰广西沿海等地或中越边境盛行，居民不仅在伏波庙里祭祀马援，也在家谱中追踪溯源。每年的农历四月十二日或者其他时间，马留人都举行隆重的马援将军诞辰拜祀礼仪活动。2007年1月4日，广西"壮族伏波庙会"入选第一批广西壮族自治区级非物质文化遗产名录。

四、海南

海南省拥有丰富多彩的非物质文化遗产。到目前为止，海南省已基本完成非物质文化遗产普查工作。

黎族传统纺染织绣技艺。历史悠久，早在春秋战国时期，黎族就懂得了用木棉纤维纺织衣服。至今已有3000年左右的历史。西汉时期已有精美的"广幅布"被征为"岁贡"珍品。宋代黎族纺织已有很高的水平，元代黎族纺织工艺传播全国。

黎锦技艺，是黎族妇女利用棉、麻等天然纤维制作衣物和其他生活用品所使用的传统手工技艺，是海南黎族人民用勤劳和智慧创造的文化瑰宝。黎锦体现着黎族人民审美意识、生活风貌、文化习俗、宗教信仰及艺术积累，是纺织文化和民族文化的实物载体。清代黎锦是国内外贸易的珍品。2006年5月列入第一批国家级非物质文化遗产名录。2009年列入联合国教科文组织首批"急需保护的非物质文化遗产"名录。自此，黎锦开始走向世界，向世人展示海南黎族独特的文化魅力。

《更路簿》，是记载渔民到西沙、南沙的方位和航程的一本航海书。

军坡节。海南省本土居民民间信仰具有多样性，几乎村村有庙，甚至城市的传统社区也宫庙遍布。"军坡节"是当地影响较大的民间信俗，也称"冼夫人节"，是民间纪念冼夫人的传统节日，是海南一年一度的区域内祭神活动。最早起源于1602年，至今已有400多年历史，是一个极具海南特色的传统节日，也是海南最隆重的庆典。魏晋南北朝时期，冼夫人来到海南岛平定叛乱，为老百姓带来安居乐业。之后又大胆改革，改善了海南人们的生活，老百姓心中感恩，无一不拥戴冼夫人。为了纪念冼夫人的丰功伟绩，每年正月初五之后，海南各地开始"闹军坡"，模仿冼夫人当年行军出征的英姿，行军巡村；在宗庙祠堂庄重地举行祭祀仪式，烧香叩拜，进贡美食，以表达子孙后代的感激之情。

军坡节的庆祝方式主要有敲锣舞狮、过火山、上刀梯、军坡戏、行军巡游、道士跳神舞等。海南人举办军坡节，家家户户供奉丰富而美味的食物，祈求在新的一年中获得庇佑。

此外，还有黎族钻木取火、黎族骨簪、昌江黎族泥条盘筑法制陶技艺、临高人偶戏、黎族茅草屋、黎族树皮布制作技艺、黎族打柴舞（竹竿舞）等非物质文化遗产项目。

第四节　沿线省（区）文化旅游资源评价

一、闽粤桂琼人文旅游总体评价

（一）历史文化资源丰富

海上丝绸之路书写了悠久深厚的海上丝绸之路文化和源远流长的海洋文明历史，也留下了一大批富有特色的非物质文化遗产宝贵资源。海上丝绸之路留下的众多的文物古迹，具有鲜明的地方特色、民族特色，种类较多，许多文物古迹的文化品位很高。福建省泉州市保留的属于或与海上丝绸之路历史文化相关的全国重点文物保护单位有 12 处，福建省重点文物保护单位有 18 处。广东被称为岭南佛教丛林之冠的光孝寺，从东晋起至宋代有不少印度、南亚的高僧来寺传教和译经，对中外文化交流有较大的影响。怀圣寺光塔，说明广州也是早期伊斯兰教的东方圣地。湛江市非遗普查出的 1000 多条非遗线索、300 多个项目中，与海上丝绸之路相关的非物质文化遗产项目有近 50 项。目前认定为国家级 7 项、省级 34 项、市级 52 项非物质文化遗产名录中，与海上丝绸之路相关的约占 30%。2012 年国家文物局公布的《中国世界文化遗产预备名单》中，广西北海合浦汉墓群、大浪汉城遗址、草鞋村遗址 3 处文化遗产点进入了预备名单。这三处遗产都属于海上丝绸之路遗产点范畴。海南岛在明初形成的《更路簿》是海南岛先民积极参与海上丝绸之路的记录，对中国和世界的航海事业做出了重要贡献。

（二）人文资源多姿多彩

妈祖文化、闽商文化、船政文化、客家文化、岭南文化、闽越文化、疍家文化、八桂文化、海南文化、郑和下西洋文化等都是与"海丝"密切相关的文化资源。广州是商品的集散地，也是中外文化的交汇点，创造和积聚了别具特色的岭南文化。岭南文化吸收和融合了中原文化的精华，同时接受了外来文化、习俗的影响，具有包容性和开拓性的文化特征。海上丝绸之路对岭南文化的影响与作用，表现在工艺文化、建筑文化、宗教文化、民俗文化等许多方面。

（三）区位优势得天独厚

福建地处我国东南沿海，是海上丝绸之路的重要起点和发祥地，在建设 21 世纪海上丝绸之路中具有不可替代的重要地位。广东三面临海，拥有全国最长的海岸线，是实现海上丝绸之路与陆上丝绸之路的海上对接的最便捷通道。广交会被誉为中国对外贸易的晴雨表和风向标。[①] 广西地处中国—东盟自由贸易区的中心位置，不仅沿海，而且沿江、沿边，背靠国内广阔腹地，又面向东盟十国市场，是中国唯一与东盟国家既有陆地接壤又有海上通道的省份，是 21 世纪海上丝绸之路的重要节点，拥有防城港、钦州、北海等北部湾良港。广西与东盟"一湾连七国"，并拥有覆盖东盟国家 47 个港口城市的城市合作网络，具有不可替代的战略地位和作用。海南省海口市是往来亚洲和大洋洲的必经之地，宋元时期海口神应港成为古代海上丝绸之路的必经口岸。展望未来，海口置身于众多区域经济合作圈内，区位优势十分明显。

（四）滨海旅游资源丰富

福建、广东、广西、海南具有依托南海发展滨海旅游业的得天独厚的地理区位优势。闽粤桂琼与东盟丰富的滨海旅游资源呈现一定的整体性，有利于实现资源优势共享和叠加。福建沿海以福州、厦门等城市为中心的海峡西岸滨海旅游带、蓝色滨海休闲度假带是中国滨海旅游资源最为丰富的地区之一。广东广西境内的广州、珠海、北海等城市加上港澳构成的粤港澳大湾区滨海旅游带和北部湾滨海旅游带，热带与亚热带滨海旅游资源兼备。海南省境内以海口、

---

① 周春霞. 广东建设海上丝绸之路的桥头堡 [J]. 开放导报，2014（5）：55–57.

三亚为中心的海南岛滨海旅游带是中国最南部的热带滨海旅游带，其热带风光格外引人注目。

（五）华人华侨众多

福建、广东、广西、海南华侨华人具有融通中外的独特的经济、文化、社会优势。亚洲是华侨华人传统聚居区，有 4000 多万华侨华人，在中国建设的海上丝绸之路中，华侨华人可以发挥重要作用。闽粤桂琼是中国著名的侨乡和华人华侨祖籍地，福建是我国著名侨乡，也是台湾同胞主要祖籍地。泉州是全球首个世界多元文化展示中心。发挥好华人华侨的作用，对构建 21 世纪海上丝绸之路文化圈至关重要。

二、文化旅游产品数量众多，种类齐全

（一）"海丝"史迹点优良、资源多

为了更好地把握海上丝绸之路沿线地区福建、广东、广西、海南文化旅游资源的特性，助推沿线地区文化旅游产业向更高层次发展，以泉州为例，结合海上丝绸之路研究成果，将泉州"海丝"划分为海上交通史迹、商业贸易史迹、宗教信仰史迹和文化融合史迹 4 个大类，筛选出文物保护等级较高的 63 处泉州"海丝"史迹，根据指标权重与其隶属度得到一级模糊综合评价结果。泉州市海上丝绸之路史迹旅游资源综合得分结果：五级旅游资源点为开元寺、天后宫，这两处资源点为"海丝"旅游的优势资源。四级旅游资源点为清净寺、府文庙、草庵、伊斯兰教圣墓、九日山石刻、老君岩、洛阳桥、清水岩、土坑村、六胜塔、姑嫂塔、真武庙，这 12 处旅游资源点主要以申遗点为主，为泉州"海丝"尚未开发的重要旅游资源。其中有些点的旅游基础设施条件较差，旅游管理亟待改善。[①] 一些旅游点环境资源优越，但知名度小，游客以附近居民为主。总体上说这一类是优良的旅游资源点。三级旅游资源点有 20 处，为"海丝"史迹旅游最具潜力的资源点，这些资源点与"海丝"文化相关价值较高，但周边环境及旅游基础设施不足导致旅游业发展不快，加上缺少民族特色文化，知名度

---

① 汪文花.海上丝绸之路史迹旅游资源评价与空间分布特征研究——以泉州市为例 [D].福州：福建师范大学，2018.

不高，但仍为优良的旅游资源。二级旅游资源点共有18处，是有待挖掘其文化内涵的旅游资源点，如石笋、南天寺等，但其商业贸易、文化交流史迹和宗教信仰史迹等级和价值偏低，应以保护为主，一些申遗点如美山码头不宜单独作为旅游资源开发，可与六胜塔等资源点联合开发，作为泉州港口建筑发展"海丝"史迹旅游。一级旅游资源点11处，如宝海庵、岛屿码头等，因其以宗教信仰史迹和商业贸易为主，在"海丝"史迹中应以保护为主，不适宜开发旅游。此外，筛选的52处二级及以上"海丝"史迹旅游资源在空间上呈集聚的状态分布，但集中程度不高，各县区海丝史迹旅游资源分布在规模、等级方面呈现出差异[①]。

广东"海丝"遗址丰富，比较知名的有广州南海神庙、十三行遗址、黄埔古港、湛江徐闻大汉三墩遗址、阳江海陵岛大角湾海上丝路旅游区、汕头"南澳Ⅰ号"古沉船、澄海樟林古港、潮州窑遗址、饶平拓林港等，这些将成为广东海上丝绸之路旅游开发的核心资源。

（二）宗教文化资源历史悠久

中国是海上丝绸之路沿线多元文化融合的一个资源库，保留了海上丝绸之路最多类型的文化遗址。闽粤桂琼宗教文化旅游资源数量众多，名寺古刹众多。由于泉州历史上交通发达，佛教、伊斯兰教、天主教、印度教、摩尼教、日本教、拜物教等多种宗教在此传播，发源于中国的道教文化也从此地传播。[②]据统计，泉州有名可考的佛寺达600多座，道教宫观岩洞也有几百处。政府机构与科研机构应有效利用宗教文化特点，通过对历史文献资料、考古资料整理以及实地调研，强化对"海丝"宗教文化旅游资源属性和价值的再认识，使"海丝"宗教文化有更广阔的外延和更深刻的内涵。同时，建筑及雕刻艺术风格独具特色。如开元寺的雕刻，工艺精美，游人叹为观止。闽粤桂琼文化旅游资源遍布，但这些旅游资源分布较为零散且规模较小，有必要充分整合旅游资源进行全面的开发。

---

① 汪文花．海上丝绸之路史迹旅游资源评价与空间分布特征研究——以泉州市为例 [D]．福州：福建师范大学，2018.

② 蔡彩云，骆培聪．泉州市宗教文化旅游资源综合评价及其开发对象 [J]．福建省社会主义学院学报，2009（3）：37—40.

（三）人文旅游资源游憩价值高

游憩价值包括经济、生态、社会效益，由利用价值和非利用价值两部分组成①。位于广东省阳江市海陵岛试验开发区的"十里银滩"的标志性建筑广东海上丝绸之路博物馆，陈列面积 1 万多平方米，有扬帆、沉没、探秘、出水、价值、遗珍、成果七大主题展，游客除了观赏从古船里打捞出的金、铜、瓷、玉类等文物 4500 多件和宋代铜钱之外，可近距离地观看考古学家发掘"南海 I 号"全过程，通过展厅内声光电多媒体场景，体验当时出帆远洋、搏击风浪的情景。该博物馆无论从其利用价值还是从非利用价值，都体现了其游憩价值高的特点。

（四）非物质文化遗产独特

海上丝绸之路非物质文化遗产是闽粤桂琼传统文化的重要组成部分，承载着沿线省（区）的历史和人民的情感。保护非物质文化遗产就是保护沿线省（区）的价值内涵和精神力量。闽粤桂琼四省（区）拥有丰富多彩的非物质文化遗产。如海南黎族传统纺染织绣技艺、海南椰雕、海南沉香造香技艺，广西的"珠还合浦"传说、合浦角雕技艺等展示沿线省（区）独特的文化遗产魅力，让非遗技艺大放异彩。

（五）人文旅游资源组合好

闽粤桂琼四省（区）多个文化旅游资源景点与自然、生态旅游资源交互融合，拥有丰富的滨海旅游资源和山岳旅游资源，地域组合特色较突出。如泉州市开元寺庙在东南亚和港澳台地区享有很高的知名度。可争取东盟国家特别是马来西亚、印度尼西亚等国伊斯兰信徒前来体验。

综上所述，闽粤桂琼文化旅游资源具有全、久、高、好等鲜明特征，这些特征相互联系，不可代替。正是独特的文化旅游资源构成了中国海上丝绸之路文化旅游资源的深厚基础，这是构建 21 世纪海上丝绸之路文化旅游圈建设的重要人文旅游资源，也是沿线地区文化旅游产业持续发展的区域优势。

---

① 任希. 旅游资源游憩价值评估研究综述 [J]. 中南林业科技大学学报（社会科学版），2014（1）：39–42.

第四章　海上丝绸之路沿线国家的文化旅游资源

依据旅游体验理论和系统理论，随着旅游产业迈入体验经济时代，旅游者在旅游的过程中更关注对旅游产品的体验与参与，更注重旅游经历的特殊性和难忘性。同时，旅游产业是一个大系统，组成系统的要素之间相互关联，共同构成旅游这个大系统。构建海上丝绸之路大文化旅游圈，必须研究沿线各国的人文旅游资源，努力挖掘海上丝绸之路沿线国家文化旅游合作潜力，为构建大文化旅游圈奠定扎实基础。

第一节　东盟各国文化旅游资源多姿多彩

一、越南

越南社会主义共和国（Socialist Republic of Vietnam），简称越南（Vietnam），位于东南亚的中南半岛东部，国土狭长，面积约 33 万平方千米，海岸线长 3260 多千米，人口总数有 9554.00 万人（2018 年），是以京族为主体的多民族国家。越南不仅拥有秀美的自然景观，而且其悠久的历史衍生出了丰富的文化旅游资源。越南的国土面积虽然不大，却分布着顺化皇城、会安古镇、美山圣地遗迹、河内升龙皇城遗迹、长安名胜群、清化省胡朝城堡遗址等 8 处文化遗产，还有众多的国家级非物质文化遗产。

胡志明市中央邮局。中央邮局是胡志明市最热闹的景点之一，建于 19 世纪末，由法国建筑师设计，是一座较大的具浓厚的法式风格的殖民时期建筑，属于重要的文化遗产。

顺化皇城。始建于 1802 年，经阮朝嘉隆四年（公元 1805 年）大规模扩建整修，建成现存规模。建筑式样基本上是仿照北京的紫禁城（故宫）建造的。城池呈正方形，周长 9950 米，周围有护城河。还有 10 座城门，前门为午门，午门内有石砌的宽大广场，即大朝仪，是朝廷举行重大庆典活动的场所。皇城内宫殿主要有太和殿、勤政殿、文明殿、光明殿、乾城殿、坤泰殿、延寿宫以及太庙、御医院等。环绕皇城建筑的外层城池，也叫京城，则是法国式的建筑式样。

会安古镇。会安位于越南中部岘港市，会安江入海口的附近，距岘港市区约 30 公里，曾是历史上著名的东方大港。会安古镇是广南省的一个贸易中心，是 15 世纪到 19 世纪东南亚保存完好的传统贸易港。据说古时中国人到越南除了海防，第一个立足点就是会安，越南南方许多地方的华人都是从会安迁去的。因此在会安，中国式的建筑到处可见，而且保存得很完整。这种中越文化的交融，散发出独特的神韵和魅力。

宫廷雅乐。宫廷雅乐是指 15—20 世纪皇家音乐，一般在各种庆典仪式如周年庆典、宗教节日、加冕、丧葬或接见仪式等开始和结束时演出。宫廷雅乐演奏时乐鼓占据中心位置领头指挥，其他包括多种打击乐器有排钟、锣、铃铛、木铃以及管弦乐器笛子、芦笛、小号、筝和琵琶等，有时需要伴舞和伴唱。唯一具有全国性影响的是顺化宫廷雅乐。顺化宫廷雅乐接受华人、占人文化以及佛教、儒教和道教的影响。除采用中国宫廷音乐表演形式外，还对引进的音调、声调进行本土化改造。2003 年，越南雅乐被联合国教科文组织批准为"人类口述和非物质文化遗产"。[①]

坐式拔河比赛。是在河内的一种民间游戏，已列入联合国教科文组织非物质文化遗产的代表名单。赛前，祭祀仪式上，提供猪头和蒸糯米饭是必不可少的。

越南庙会。越南民间的传统庙会，是越南文化特征的博物馆。越南庙会活动在历史长河中逐步形成与发展，体现了越南人民的生活文化，成为他们的精神产品，一直在滋润和慰藉着越南百姓的心灵。庙会一般在春天和秋天三个月人们最休闲的时间开幕。越南语中庙会被译为"礼会"，即先"礼"后"会"，散发着淳朴的村社文化气息，成为人们沟通感情、促进团结的纽带，成为把民族精神和优良传统一代一代传承下来的载体。目前，越南各地共有 500 多个大大小小的庙会。纪念越南民间尊奉的四大不死神圣之一"扶董天王"的位于河内市朔山县的荣圣庙会，是越南北部三角洲独一无二的盛会，该庙会于 2010 年

---

① 樊荣.越南雅乐的历史 [J].中国音乐（季刊），2007（4）：76–85.

11 月被联合国教科文组织列入人类非物质文化遗产代表作名录。

2019 年越南被列入国家级非物质文化遗产名录的有新增的北件省博南县岱依族的七言诗 Lượn Cọi 等 17 处遗产。

二、柬埔寨

柬埔寨全名柬埔寨王国（The Kingdom of Cambodia），位于中南半岛西南部。全国面积约 18 万平方千米，20% 为农业用地。境内有湄公河和东南亚最大的淡水湖——洞里萨湖（又称金边湖），自然条件优越。2018 年人口总数有 1625.00 万人，20 多个民族，其中主体民族为高棉族，占全部人口的 80%，还有占族、老族、普农族、泰族等少数民族。华人、华侨约 110 万人。官方语言是柬埔寨语（又称高棉语）。人文景观如下：

柏威夏寺。柏威夏寺位于柬埔寨柏威夏省与泰国接壤的边境地区，距离金边首府约 320 千米，始建于 10 世纪中叶至 12 世纪初，拥有长达 6 个世纪以来，高棉帝国所有建造的寺庙环境。柏威夏寺原是一座印度教神庙，供奉印度教三大主神之一的湿婆。寺庙建于 800 米的长轴线上，由一系列的人行道、楼梯以及圣庙系统组成。2008 年 7 月 8 日被联合国教科文组织列为世界文化遗产。

三波坡雷古寺。该古寺距金边 206 千米，史登省镇的考古遗址。现已毁坏的建筑群可以追溯到前吴哥时期的真腊王国，有伊奢那跋摩一世国王（约 616—635 年）所建立起来的中央皇家圣所与首都，当时被称为萨诺普拉。2017 年 7 月，在波兰克拉科夫市举办的第 41 届世界遗产委员会大会上，三波坡雷古寺庙被联合国教科文宣布为世界遗产。

吴哥窟。吴哥窟是柬埔寨的古都和游览胜地，位于洞里萨湖北面，距暹粒市 6 千米，9—15 世纪为高棉王国都城，最早建于 8 世纪，13 世纪建成，占地 15 平方千米。吴哥古迹主要包括大、小吴哥两地的通王城和吴哥窟，各种建筑约 600 座。有 5 座宏伟的宝塔和精美的浮雕，是闻名于世的高棉文化古迹，也是世界著名的佛教建筑。

悠久历史的皇家舞剧，即已经有 1000 多年历史的高棉古典舞，它与高棉宫廷有着紧密联系，在王室各种庆典和仪式如加冕礼、婚礼、高棉人的重大节日等活动中表演，特色是色彩艳丽的服饰和优雅的手势。2003 年皇家舞剧正式被联合国教科文组织列入人类非物质文化遗产代表作名录。

瓦斯维安德面具舞（Lkhon Khol Wat Svay Andet）。瓦斯维安德面具舞由头戴面具的男子表演，伴随着音乐和悠扬的吟诵，流行于瓦斯维安德地区佛教寺院周边的社区。当地人民视本头公（Neak Ta）为保护神，这一舞蹈意在通过对本头公的祭祀来确保社区的繁荣。在历代传承之后，环境因素、经济移民、资源匮乏、战争破坏、红色高棉政权统治等因素削弱了这一文化传统的生命力。2018 年 11 月 26 日至 12 月 1 日，第 13 届保护非物质文化遗产政府间委员会会议决定，将瓦斯维安德面具舞列入急需保护的非物质文化遗产名录。

斯贝克托姆（sbek thom）高棉皮影戏。"斯贝克托姆"是一种以采用一整块皮革制作皮影道具为特征，以印度古代史诗《罗摩衍那（Ramayana）》为主要演出剧目的传统的高棉皮影戏。2005 年斯贝克托姆高棉皮影戏列入联合国教科文组织人类口述和非物质文化遗产代表作名录。

Chapei dang veng 音乐。Chapei dang veng 传统音乐与柬埔寨民众的生活、习俗、信仰相关，表演者在 chapei（一种传统乐器）的伴奏下演唱，歌词内容包括教育、社会评论、讽刺诗、民间传说和佛教故事等。这项传统知识与价值观，给大众形成一个评论的空间，为建设和平做出了贡献。目前，这项口头传承的传统已濒临失传。2016 年 12 月 2 日，经第 11 届保护非物质文化遗产政府间委员会批准列入急需保护的非物质文化遗产名录。

三、泰国

泰国全称为泰王国（The Kingdom of Thailand），位于东南亚中南半岛中部。国土面积有 51.3 万平方千米，在东南亚国家中居第三位。人口总数有 6943.00 万人（2018 年）。泰国为热带季风气候。年均气温 24℃ ~30℃。泰国地形以平原和低地为主（占 50% 以上），地势北高南低，自西北向东南倾斜。湄南河是泰国最主要的河流，纵贯泰国南北，全长 1200 多千米。制造业、农业和旅游业是其经济的主要部门。泰国是全球汽车制造商的区域生产和出口基地，是世界上稻谷和天然橡胶最大出口国，也是位于日本和中国之后的亚洲第三大海洋渔业国。[①] 佛教是泰国的国教，90% 的人信奉佛教，素有"黄袍佛国""微笑之国"的美誉，是一个有着两千多年佛教历史的文明古国。

---

① 张成林，刘晃，张宇雷. 基于"一带一路"倡议的中泰渔业协作发展探索 [J]. 农业工程，2019（10）：128–132.

曼谷大皇宫。建于 1782 年，仿照故都大城的旧皇宫建造，汇聚了泰国建筑、绘画、雕刻和装潢艺术的精粹，是历代皇宫里规模最大、保存完美、最有民族特色的皇宫。

曼谷卧佛寺。卧佛寺占地规模最大、历史最古老、佛像佛塔最多，寺内藏有全泰国最丰富的佛教艺术品。拥有一尊 46 米长的卧佛像，是泰国最大的卧佛。

四面佛神庙。位于曼谷最繁华的闹市区。四面佛是印度婆罗门教三大主神之一的梵天。该地是曼谷最重要的宗教场所，是泰国人笃信的祈福场所。虽没有寺庙，却游人如织。

清迈六大寺庙。清迈历史悠久，文化古迹众多，是泰国第二大城市。六大寺庙包括契迪龙寺、帕辛寺、清曼寺、古道寺、双龙寺和松德寺。其中契迪龙寺和帕辛寺同为清迈地位最崇高的寺庙。契迪龙寺（又称大佛塔寺），创建于 1411 年，帕辛寺初建于 1345 年。

素可泰遗迹。素可泰位于曼谷以北 440 千米，曾是泰国的第一个首都，也是文化根源的摇篮。有关泰国的文字、艺术、文化与法规等都是由素可泰时代开始创立的。素可泰遗迹除了素可泰历史遗迹公园外，还有西萨查那莱历史公园及甘烹碧历史公园，它们均在 1991 年被联合国教科文组织列为世界文化遗产。

班清考古遗址。班清考古遗址位于泰国乌隆府。1992 年被联合国教科文组织列为"至今所发现最重要史前聚落"的考古遗址，现是东南亚最重要的考古场所之一，可挖掘到史前 5000 年的陶器。

孔剧。2018 年，孔剧被联合国教科文组织列入人类非物质文化遗产代表作名录。它是泰国自大城王朝时期流传至今的表演和文化艺术，集文化、艺术、科学、仪式等于一体，是泰国代代相传留下的宝贵遗产，多所高校专门开设孔剧表演艺术课。孔剧不仅是表演艺术，还传承了泰国传统风俗和历史文化。孔剧文化除泰国之外，东盟地区的缅甸、印度尼西亚、菲律宾、柬埔寨也从印度引进该文化，并融入当地的特色，发展演化成本国的文化艺术。

泼水节。泼水节，亦称"浴佛节"，是布朗族、德昂族、傣族、佤族、阿昌族以及泰语民族和东南亚地区的传统节日。泼水节也是傣族的新年，一般持续 3~7 天。泼水节是研究傣族历史的重要途径，具有非常高的艺术价值。

此外，泰国还拥有东巴耶延山、通艾纳黎萱野生动物保护区等世界自然遗产，生态环境保护优良。

四、菲律宾

菲律宾共和国(Republic of the Philippines)拥有普吉岛、皮皮岛、甲米岛等岛屿，也有芭提雅等著名的海景度假胜地。菲律宾是东南亚一个多民族群岛国家，全国面积 29.97 万平方千米，共有岛屿 7000 多个，其中棉兰老岛、吕宋岛等 11 个主要岛屿占菲律宾国土面积的 96%。2018 年人口总数达 1.07 亿人，是世界上排名第十二位的人口大国，也是一个多民族的国家，有 90 多个民族。其中 85% 以上为马来人。该国国语是以他加禄语为基础的菲律宾语，官方语言为英语。

（一）特色文化和节日

早在唐代时期中国人就与菲律宾各地有贸易往来，中国史籍中所记载的苏禄、吕宋、麻逸等国都在今日菲律宾的领土内。在菲律宾当地，考古发掘甚至发现有 3 世纪的中国瓷器。在古代，一直到明清时期，都以苏禄、吕宋来代指其国。由于其独特的地理位置，一直以来都是古代海上丝绸之路的重要中转站。自宋元起，我国便与其有了频繁的海上贸易往来。中国的瓷器、茶叶、丝绸等珍贵商品便由此地销往西方各国。也是从那时起，吕宋便加入了古代中国朝贡体系。随着西班牙人的屡屡入侵，苏禄苏丹国无力抵抗，国势日衰，而西班牙人带来了天主教和南欧建筑，至今深刻影响着菲律宾。遍布各地大大小小的天主教堂更是促使天主教文化在菲律宾茁壮生长，建筑也呈现出欧陆风情和本地传统建筑完美融合的状态。华人带来了中国式的建筑和文化习俗。美国人除了让英语成为其官方语言之外，也在音乐、建筑等多方面影响了菲律宾。

节日。菲律宾的节日主要有新年、阿提阿提汗狂欢节、仙奴诺节、春节、鲜花节、圣周、莫里奥内斯节、耶稣受难礼、制备草药四旬斋节、马斯巴特牛仔竞技表演、五月花节、卢克班帕西亚斯节、人体彩绘节 、Baragatan Festival、大堡丰收节、面具节、万圣节、圣诞节。

音乐。菲律宾最出名的就是随处可见的乐队和卡拉 OK。菲律宾人对歌唱的热爱和普遍具有的天赋令人惊叹。除了翻唱欧美流行音乐的现场乐队，菲律宾本土的流行音乐也正在飞速发展壮大。菲律宾流行音乐类型主要是摇滚、民歌、新世纪音乐三种。

戏剧。菲律宾传统戏剧从冗长的圣歌合唱和史诗传说演化而来。其中菲律宾伊夫高人的哈德哈德圣歌吟诵在东南亚地区第一个入选联合国《人类口述与非物质文化遗产代表作名录》。这种古老戏剧传承自吕宋岛北部基安甘，当时是农民劳作时用来排解疲劳和打发无聊时间的吟唱。17 世纪西班牙人带来了 Sinakulos，这种以耶稣生平和受难为主题的宗教戏剧伴随着天主教一起在菲律宾迅速传播。美国人殖民时期英语成为戏剧的主流语言。尼克·华金在 1951 年创作了成名作《一个菲律宾艺术家的肖像》，这是菲律宾第二次世界大战后最重要的戏剧作品之一。

绘画和雕塑。菲律宾最有名的艺术形式就是具有几个世纪历史的 Bulol，是菲律宾北部土著伊哥洛人 Igorots 所敬奉的一种守护粮仓的神灵，这种米神雕像通常同时以男性和女性形象出现。一些艺术家聚集到菲律宾碧瑶（Baguio）创立了艺术家的家园——坦阿万村。

（二）著名人文景点

马里基纳（Marikina）鞋博物馆。马里基纳鞋博物馆位于菲律宾马里基纳市黎刹大街，是当地的主要旅游景点之一，这是该国第一个、也是唯一鞋的博物馆。此外，博物馆的一层还展示有马里基纳市市长、菲律宾历任总统、参议员或政客、大使以及部分外国的元首们捐赠的鞋子。还有一个展柜专门陈列来自日本、中国、土耳其、巴西等外国的传统鞋子。

巴拉望（Palawan）博物馆。巴拉望博物馆成立于 1991 年，展示了巴拉望的文化、历史、音乐以及各种美术工艺，其历史部分讲述了 15 世纪基督教传入巴拉望，这不仅仅具有宗教意义，更具有国际历史意义，基督教的传入使得巴拉望成为亚洲第一个宗教省。

卡加延德奥罗（Cagayan De Oro）。卡加延德奥罗始建于 1871 年，是一个深水港口城市，是菲律宾北棉兰老的区域中心和东米萨米斯省的首府。卡加延德奥罗是菲律宾极具魅力的城市，以古老的城堡、散落着的雄伟教堂、各具特色的公园、银珠飞溅的瀑布和植被覆盖的崖壁吸引着世界各地的游客。

阿亚拉博物馆。该博物馆建立于 1967 年，是菲律宾关于文化和艺术的博物馆。博物馆的展品有海事船舶、立体模型、菲律宾艺术的先驱、刺绣、祖先金饰等，其中立体模型就有 60 多个。[1]

马可斯纪念馆及陵墓。马可斯曾于 1965—1986 年就任菲律宾总统。马可斯

---

[1]　艾静芳. 菲律宾博物馆的可持续发展启示 [C]. 中国博物馆通讯，2016.

纪念馆及陵墓位于吕宋岛北部第二大城市巴塔克市（Batac）市中心。纪念馆是菲律宾前总统马可斯的故居，当地居民又称为英雄之家。而后改建为现在的纪念馆，陈列着马可斯生前用过的物品、军功章、作品、书桌等，陵墓是安放马可斯遗体的地方。

克拉瑞故居。克拉瑞故居位于菲律宾的保和省。克拉瑞故居是一座典型的 19 世纪保和省富人的豪宅，至今已有 167 年的历史，曾被保和省前省长安尼斯托·瓦列斯·克拉瑞以及他的儿子居住，现在开辟为博物馆，并且已经被国家历史研究所列为文化遗产。它收藏了大量的 19 世纪文物，包括丰富雕刻花纹的木床和梳妆台，古老的摇椅，菲律宾妇女的服饰和国服巴荣（barong）等。

沉降的钟楼。沉降的钟楼位于北伊罗戈省的拉瓦格市，已经成为拉瓦格最知名的城市地标，也是参观这个城市的首选景点。钟楼高 45 米，建造于 1612 年，是西班牙人在菲律宾所建造的最高的、最坚固的教堂钟楼。

（三）非物质文化遗产

哈德哈德圣歌。哈德哈德圣歌是菲律宾伊夫高人的口头非物质文化遗产。伊夫高族用领唱、合唱的形式将哈德哈德圣歌表现出来。歌词中大量使用了象征、反复、比喻等修辞手法。所有的哈德哈德圣歌整篇只有一个曲调，主要靠口传心授。2001 年哈德哈德圣歌入选联合国教科文组织人类口述与非物质文化遗产代表作名录，2008 年收录入人类非物质文化遗产代表作名录。

兰瑙湖玛冉瑙人的达冉根史诗唱述。达冉根是一种古老的歌曲，颂赞玛冉瑙民族的历史和神话英雄历经的苦难，演绎玛冉瑙民族特有的社会准则和民族习俗等，蕴含着玛冉瑙民族丰富的文化知识。达冉根共有 17 套计 72000 行歌词，主要以口头形式传承。2005 年达冉根史诗唱述入选联合国教科文组织人类口述与非物质文化遗产代表作名录。[①]

五、印度尼西亚

印度尼西亚共和国（Republic of Indonesia）首都为雅加达，由约 17508 个岛屿组成，是马来群岛的一部分，号称"千岛之国"，也是多火山、多地震的国家。

---

① 兰瑙湖玛冉瑙人的达冉根史诗唱述 [EB/OL]．（2013–09–16）．http://yichan.cnair.com/640/.

面积较大的岛屿有加里曼丹岛、苏门答腊岛、伊里安岛、苏拉威西岛和爪哇岛。2018 年人口总数达 2.68 亿人，仅次于中国、印度、美国，居世界第四位。

印度尼西亚有 5 个世界文化遗产：婆罗浮屠寺庙群、科莫多国家公园、普兰巴南寺庙群、乌戎库隆国家公园、桑义兰早期人类遗址。此外。目前印度尼西亚有印度尼西亚国粹——哇扬戏（Wayang）、印度尼西亚国服——巴迪克（Batik）、东南亚冷兵器之王——克里斯短剑（Keris）、印度尼西亚的国乐器——昂格隆（Angklung）、"千手之舞"——沙曼舞（Tari saman）、诺肯袋（Noken）、与神的对话——巴厘舞蹈（Tari Bali）、印度尼西亚民族开拓进取的象征——皮尼西帆船（Pinisi boat）等 9 项非物质文化遗产已被列入世界非物质文化遗产名录。

婆罗浮屠。婆罗浮屠这个名字来自梵语 "Vhara Buddha Ur"，意思是 "山顶上的佛教寺庙"，是世界上面积最大的佛教建筑群遗迹。1991 年，婆罗浮屠寺庙群被联合国教科文组织世界遗产委员会批准作为文化遗产列入世界遗产名录。

克里斯短剑。克里斯短剑是世界三大名刃之一。它是印度尼西亚各民族使用的一种独特的不对称短剑,制作考究,剑刃由世代相传的铸剑师千锤百炼而成,剑柄剑鞘用象牙、金银、珠宝等装饰，璀璨夺目，十分精美。克里斯短剑作为世代相袭、价值无比的传家宝在平日和一些特殊庆典上为男女所佩带，印度尼西亚人相信祖传克里斯短剑能够保佑主人化险为夷。克里斯短剑寓意丰富，已经融有魔力的护身符、法庭军人的辅助武器、庆典礼服的装饰、社会地位的标志、英雄品质的象征等为一体，在印度尼西亚人心目中具有崇高的地位。印度尼西亚独立后,克里斯短剑主要作为戏剧舞蹈中的道具和男子传统服饰的组成部分，成为印度尼西亚传统文化的象征。2005 年，联合国教科文组织确认克里斯短剑为世界非物质文化遗产。

沙曼舞（Tari saman）。沙曼舞是印度尼西亚最受欢迎的舞蹈之一。沙曼舞以宗教信仰为核心，凝聚族人。其独特之处在于舞者间高度的团结协作精神。沙曼舞是印度尼西亚文化多样性和神秘主义的见证之一。从 2011 年开始，沙曼舞被列为世界非物质文化遗产。

哇扬皮影偶戏。印度尼西亚哇扬皮影流传于巴厘岛、爪哇，在其周围如龙目、苏门答腊、马都拉和南婆罗洲等岛屿也同样受到人们喜爱，表演风格和音乐伴奏逐渐有了自己的地域特色。在印度尼西亚至少有 100 种不同的皮影，其中在日惹和苏拉卡尔塔的收藏馆中各陈列有 500 种。今天在印度尼西亚依然有很多人在坚守和保护发扬这一传统艺术。2003 年，哇扬皮影偶戏入选"人类非物质文化遗产代表作名录"。

舞台剧《巴厘阿贡》。巴厘岛著名舞台剧《巴厘阿贡》，讲述的是"中国公主"与"巴厘国王"的爱情传说。每天下午，巴厘岛最大的歌舞剧院都要上演一部名为《Bali Agung》的歌舞剧。讲述一个巴厘岛家喻户晓的神话：巴厘岛最受尊敬的国王 Sri Jaya Pangus 和他的第一个老婆"中国公主"的传奇爱情婚姻故事。600 多年前，中国明代郑和下西洋，船队泊靠巴厘岛，上岸补给，随行人员中有一位商人的女儿，她的名字叫"江君薇"（音译），被巴厘岛风光所吸引，流连忘返，与众人失散，孤立无援下，邂逅了出游的巴厘王子。两人一见钟情，很快结为连理，后来王子成为国王，商人女儿成了王后，在巴厘岛繁衍生息下来。很多巴厘人愿意相信其实商人女儿是中国某位皇帝的公主假扮的，因此最终有了"中国公主江君薇"与"巴厘国王"的爱情故事。如今，不少巴厘岛民仍然相信自己就是他们的后裔。除了家喻户晓的传说，"中国公主江君薇"和"巴厘国王"的形象更与巴厘人的生活息息相关。在宗教祭祀中，他们被奉为神灵，在巴厘岛北部京打马尼火山湖附近，有一座名为"江君薇庙"的印度教寺庙，供奉的主神便是"中国公主"与巴厘国王；在巴厘人家门口，常常会看到穿着巴厘民族服饰的"中国公主"和巴厘国王石雕分列两旁，这是他们的身份守卫，守护着巴厘千家万户的幸福生活；在传统巴厘人的娱乐生活中，他们常常又是故事的主角，比如巴厘皮影戏，很多剧目就是围绕着他们的故事展开的。巴厘人家中每天都要进行的祭祀，中国铜钱是供品之一；又比如巴厘人的重大节庆活动中，舞狮舞龙是常规节目，其中的"狮子"被巴厘人尊称为"巴龙"，它的模样就是中国南狮穿着巴厘的民族服装，其中的"龙"形象更是活脱脱的"中国龙"；还比如巴厘人家中神龛里经常出现的弥勒造像，据说也是因为"中国公主"信仰佛教而受到供奉的；还有巴厘岛特有的音乐"甘美朗"，演奏的乐器中便有中国编钟的影子等。这些体现了中国与巴厘岛源远流长的友好交往历史。

印度尼西亚最大的城市和首都是雅加达，又名椰城。当中最著名的是地球上最大的蜥蜴——科莫多龙。著名景点还有巴厘岛。印度尼西亚自然环境优美，人文成果灿烂。越来越多的游客选择到印度尼西亚旅游。

六、缅甸

缅甸联邦共和国（The Republic of the Union of Myanmar），简称缅甸。缅甸是一个历史悠久的文明古国，旧称洪沙瓦底。国土面积 67.6 万平方千米，地势北高南低。2018 年人口总数有 5371.00 万人。缅甸语是缅甸的官方语言，属汉藏语系藏缅语族缅语支。缅甸也是世界最不发达国家之一，以农业为主，森林覆盖率为 50% 左右，全国拥有林地 3412 万公顷。缅甸属热带季风性气候，年平均气温 27℃。一年可分为凉、干、雨三季，最适宜旅游的是凉季，即每年 10 月至次年 2 月。缅甸是一个传统的佛教国家，佛教徒约占全国总人口的 87.2%，佛教深入到了缅甸人民生活的方方面面，特别是在文化领域，缅甸文化就是一种佛教文化。缅甸以其独有的自然和人文资源吸引着来自世界各地越来越多的游客。

蒲甘，是一处欣赏佛教建筑和佛教艺术的圣地，是亚洲三大佛教遗迹之一，因其 448 万多座佛塔和寺院而有"万塔之城"的美誉。蒲甘遗址一共由 8 个遗产点组成，内有大量寺庙、朝圣地、窣堵坡、修行所以及考古遗迹、雕塑和壁画，向世界展示了 11—12 世纪的蒲甘文明。2019 年 7 月蒲甘古城被列入联合国教科文组织世界遗产名录。

曼德勒（Mandalay），是缅甸第二大城市。曼德勒除了有著名的世界上最长的柚木桥"乌本桥"之外，还有许多著名的景点，包括曼德勒皇宫、金色宫殿、曼德勒山、莫哈牟尼塔、曼德勒石经院、全世界最伟大的功德佛塔——固都陶佛塔等。

骠国古城，位于缅甸中部，分布在伊洛瓦底江流域干涸区域内的广大灌溉景观之中，包括 Halin（罕林，位于实阶省）、Beikthano（毗湿奴，位于马圭省）和 Sri Ksetra（室利差旦罗，位于勃固省）这三座用红砖石建造、外围被城墙和护城河环绕的古城遗址，这些遗迹见证了骠国在公元前 200 年至公元 900 年间 1000 多年的辉煌历史。期间，骠国建立了封建阶级社会的统治制度，创造了灿烂的文化，建设了城市。它以人工灌溉农业经济为主，同时发展了手工业和商业贸易。到 832 年，南诏攻陷骠国都城室利差旦罗，掳掠 3000 骠人至拓东城，即今中国云南昆明 [①]，此后骠国日趋衰落，文明逐渐消失。

---

① 张江英 . 骠国文明初探 [D]. 昆明：云南大学，2012.

仰光大金塔。仰光最具代表性的景点就是大金塔，是驰名世界的佛塔，也是缅甸国家的象征，又称"瑞光大金塔""瑞大光塔"。仰光大金塔距今已有大约 2500 年的历史。

浓郁殖民色彩的丁茵小镇。丁茵小镇位于仰光市南大约 18 千米处，是一个小渔村，这里曾是葡萄牙殖民时期的港口。丁茵小镇南的大江里有座孤岛，有个佛塔建在孤岛上的庙里，丁茵水中佛塔因此得名。乘坐渡船，丁茵小镇、丁茵大桥、缅式高脚茅屋和秀丽的田园风光隐于绿树丛中，别具风格。其中的丁茵大桥是中国于 1986 年 10 月至 1993 年 7 月援助缅甸建造的大型项目之一。

千人僧饭。缅甸是个全民信佛的国家，有超过 90% 的国民信佛。位于曼德勒市市郊东塔曼湖边的马哈伽纳扬僧院（Maha Ganayon Kyaung）是全缅甸最大的僧院，拥有全国最多的僧人，从 10 岁的小沙弥到 60 多岁的大住持都有，其中不乏大德高僧，因此也被称为千人和尚庙。马哈伽纳扬僧院最著名的是"千人僧饭"的场面，是每个到曼德勒的游客必到之处。

七、马来西亚

马来西亚（Malaysia），简称大马，是选举君主制、君主立宪制和议会民主制并存的联邦制国家，首都为吉隆坡，联邦政府行政中心位于布城。全国海岸线总长 4192 千米。2018 年人口总数有 3153.00 万人。马来西亚曾是世界产锡大国，不过因人们过度地开采，产量逐年减少，出口量明显下滑。

马六甲和乔治古城。马六甲拥有着 600 年的文化底蕴，曾被英国、葡萄牙和荷兰等国家殖民，所以留下来的古建筑物都深受它们的风格影响。槟城首府乔治市拥有数千栋的历史建筑物，建于 1786 年的海防炮台曾是该国重要的军事基地。2008 年 7 月，槟城乔治市和历史更加悠久的马六甲市共同作为"马六甲海峡历史城"被列入世界文化遗产名录，成了马来西亚仅有的两座世界文化遗产城。

霹雳州玲珑谷。玲珑谷全称玲珑谷地考古遗址，因其位于马来西亚霹雳州，所以人称霹雳州玲珑谷。玲珑谷有 200 万年历史，考古学家们在这里发现超过 180 万年历史的石器、最古老的人类骸骨等，有人认为这里可能是地球上最早出现人类居住的地方之一。在 2012 年 6 月被列为世界文化遗产，是马来西亚继槟城乔治市和马六甲后，第三个世界文化遗产地。

吉隆坡仙四师爷庙。庙中主要的供奉对象为仙师爷及四师爷。庙宇位于吉隆坡商业繁盛的敦李孝式路和富都口（Lebuh Pudu）交界处，是吉隆坡百姓供奉的寺庙之一，也是吉隆坡华裔信仰的对象，是华人奋斗的里程碑。百余年来，该庙依仁行义，扶老济贫，普施慈善公益，育英培才。庙里的产业受托部将收到的捐献及产业营利，以"取立社会，用之社会"的原则，用来推行各项慈善与福利计划。如今，该庙已经成为国内外游客喜爱的热门景点。被列入马来西亚国家文化遗产。

此外，还拥有马克—扬戏剧、马来民歌、玛雍戏等戏种。

八、老挝

老挝人民民主共和国（The Lao People's Democratic Republic），简称老挝，它是中南半岛唯一的内陆国家，国土面积约 23.68 万平方千米，2018 年人口总数有 706.00 万人。[①]老挝是世界最不发达国家之一，以农业为主，工业、服务业在该国的基础都很薄弱，但其水利资源丰富，盛产柚木、花梨等名贵木材。老挝有 49 个民族，通用老挝语，国民多信奉南传佛教。

（一）自然景观

万象位于湄公河沿岸，法国建筑遍布整个城市，周围不乏"法式热面包"。万象还有 Patuxai 胜利纪念碑（类似于巴黎的凯旋门），That Luang Grand Stupa，或 Wat Si Saket，这座城市中唯一一座幸存下来的寺庙来自古代泰国。

老挝主要景点有发源于中国青海省玉树藏族自治州杂多县境内的吉富雪山，始建于 1904 年的琅勃拉邦古城中央的王宫博物馆，位于万象的老挝国家博物馆、佛像公园，位于琅勃拉邦中部的普西山，位于琅勃拉邦半岛北端的香通寺，老挝西南部的占巴塞省博物馆；还有神奇的考古地点川圹巨石缸遗址——石缸平原（Plain of Jars）、位于沙湾拿吉省科学技术与环境办公室总部的老挝恐龙博物馆。[②]2013 年 5 月，欧盟理事会将老挝评为"全球最佳旅游目的地"。琅勃拉邦省琅勃拉邦市、占巴塞省瓦普庙、川圹省石缸平原分别于 1995 年、2001 年、2019 年入选世界遗产名录。

① 周象玲.澜沧江—湄公河合作机制下中国对湄公河五国投资环境比较研究[J].东南亚纵横，2019（4）：30–39.

② 老挝概况[J].印刷世界，2004（6）：55–56.

（二）人文景观

琅勃拉邦，位于老挝北部，一座隐藏在深山之中的湄公河边上的小城，在13 世纪时曾是老挝前身、澜沧皇朝的首都。琅勃拉邦距今已有 1000 多年的历史。琅勃拉邦省是老挝旅游胜地之一，有保存最完好的王城佛都，全城到处是古建筑。1995 年，琅勃拉邦被联合国教科文组织列为世界文化遗产。

占巴塞文化景观内的瓦普庙和相关民居。占巴塞文化景观包括瓦普神庙建筑群，是一处完好保留了 1000 多年的人类文化景观，2001 年联合国教科文组织将其列入世界文化遗产名录。瓦普神庙是东南亚多种文化的独特的历史见证。该庙是老挝著名的佛教古刹。公元 1235 年老挝与泰国之间爆发了一场战争，老挝的军队突破了泰国的重要防线，包围了泰国的要塞南市，但南市要塞固若金汤，老挝军队久攻不下，交战双方伤亡惨重。为此，老挝的占巴塞披耶卡马塔王和泰国的那空伯罗女王举行和谈，决定双方各建一个佛塔，以完成先后定夺战争胜负。结果是泰国女王所建的塔先完成，取得胜利，老挝的军队履约，立刻退出泰国的领土，这场战争和平结束了。但占巴塞披耶卡马塔王不久不幸去世，老挝人为纪念他的爱国精神继续把未完成的塔建完。一年后这座塔终于完工，这就是瓦普庙。

笙乐，是老挝的传统吹奏乐器，由竹子制成。2017 年 12 月 7 日，老挝笙乐被列入人类非物质文化遗产代表作名录。

九、新加坡

新加坡共和国（Republic of Singapore），简称新加坡，旧称新嘉坡、星洲或星岛，别称狮城，是东南亚的一个岛国。2018 年人口总数有 564.00 万人。新加坡是一个多元文化的移民国家，也是一个发达的资本主义国家，其经济模式被称作为"国家资本主义"，被誉为"亚洲四小龙"之一。新加坡是世界上面积最小的城市国家之一，汇聚了现代与传统，融合了东西文化之精粹，聚集了许多不同族群的特色建筑和美食，再加上整洁的环境和充满都市气息的氛围，成为人们向往的旅游胜地。新加坡现代历史要追溯至 1819 年英国人史丹福·莱佛士把该岛建设成港口，在英国统治下该地发展成为重要的转口港，负责印度和中国以及东南亚之间的贸易，成为主要的海港城市。之后，新加坡又经历了日战时期和合并进马来西亚时期。遗留下的文化遗迹记载了新加坡的历史，了解当地厚重悠久的历史，感受、观察和体会新加坡风云变幻的往昔岁月。

鱼尾狮传说。鱼尾狮传说是新加坡重要的非物质文化遗产项目之一，讲述了"狮城王朝"开疆拓土建立国家的故事。公元 3 世纪的中国史料曾将新加坡描述为"蒲罗中"，即"Pulau Ujong"，在马来语中意为"半岛末端的岛屿"。到了 1298—1299 年，首批移民落户到这里，并命名这片土地为淡马锡（Temasek），它在爪哇语里的意思是"水镇"。直到 14 世纪，这个地理位置优越的小岛又被赋予了新名称。"鱼尾狮传说"最早载于马来西亚史诗《马来纪年》中的《圣尼罗优多摩的创建狮城》。① 后人根据这一传说，塑造了全身洁白、毛发丰美、披挂鳞片、狮口不停地喷洒水花、造型趣味而极富创意的鱼尾狮。"鱼尾狮"成为了新加坡的标志和象征。"鱼尾狮传说"的传承、保护和发展经验，是活态保护人类非物质文化遗产的一个成功范例。

2018 年 4 月 7 日，新加坡文物局公布首批 50 个非物质文化遗产清单，包括各族群的传统艺术、民间习俗、节日庆典、宗教仪式、本地歌曲，传统美食等。

十、文莱

文莱达鲁萨兰国，简称文莱（Brunei），古称渤泥。文莱海岸线长约 162 千米，有 33 个岛屿，总面积为 5765 平方千米，属热带雨林气候，石油和天然气占整个国内生产总值的 50%。在东南亚，石油储量和产量仅次于印度尼西亚，居第二位。2018 年人口总数为 43.00 万人。2016 年人均 GDP 为 26939 美元，位居世界第 26 位。到 2019 年，人均 GDP 达 29334 美元。

文莱是东南亚伊斯兰化程度最高的国家，开斋节也是文莱最盛大的节日之一。文莱是一个宁静、富裕的"袖珍"小国。现代文莱对传统文化十分尊重。其有为纯净打造的伊斯兰王国的杰米清真寺；世界上最大皇宫的努洛伊曼皇宫；位于斯里巴加湾市的水上村，是世界上最大的传统水上村落之一。文莱达鲁萨兰国海事博物馆，收藏了超过 13000 件文物，包括 15 世纪和 16 世纪的陶瓷，

---

① 王丹，王红 . 新加坡"鱼尾狮"传承与保护研究 [J]. 南宁职业技术学院，2013（5）：25-28.

它们从一艘在接近文莱时沉没的中国商船里打捞上来。文莱目前没有联合国教科文组织世界遗产。政府打算申遗的暂定名单上有四个遗址：图通的塔塞克·梅里姆本公园、阿巴纳岩石珊瑚礁、文莱河和穆拉的科利里工业遗产。布鲁克顿科利里，位于一个安全的深水锚地附近，前身为 Muara 煤矿，由查尔斯布鲁克—沙捞越（马来西亚）的白色拉贾（首领）开发。

文莱政府近年来积极发展旅游业，由于政局稳定，人民安居乐业，整体环境与社会治安情况良好，其以"东方威尼斯""和平之乡"的美誉逐渐被世人瞩目。虽然它的国土面积不大，但旅游资源却也不少，主要景点包括首都斯里巴加湾的皇家礼仪博物馆、奥马尔·阿里·赛福鼎清真寺、哈桑纳尔·博尔基亚清真寺、具有传统民族风情的水村、被原始森林覆盖的淡布隆国家公园以及著名的六星级度假区帝国酒店、水晶公园等。

第二节　南亚国家文化旅游资源特色鲜明

一、印度

印度共和国（The Republic of India），简称印度。它是南亚大陆最大的国家，其海岸线长约有 5560 千米，2018 年人口总数达 13.53 亿人，是继中国之后世界第二人口大国。印度是一个主体民族为印度斯坦族的由 100 多个民族构成的统一多民族国家，古印度是四大文明古国之一，公元前 2500 年诞生了印度河文明。印度经济产业多元化，已成为全球金融、软件等服务业最重要的出口国和全球最大的非专利药出口国。印度居民大多信奉印度教，其次为伊斯兰教、基督教、锡克教。

（一）节庆活动

印度是多宗教的国家，每个宗教一年都要过几个节，所以印度的节日名目繁多，有的是宗教性的，有的是纪念名人的，有的是庆祝国家的重大事件。印度的节日分为两大类：第一类叫"政府节假"，这是全国各政府机关都放假的节日，有 15 个；第二类叫"局部节假"，指的是政府机关人员中不同宗教信仰的人在不同地区分别享受的节假，有 24 个之多。每年 1 月 26 日是印度共和国日。

1947 年 8 月 15 日，印度人民摆脱英国殖民统治，取得独立。灯节（Diwali），亦称为排灯节或者灯节，是印度全国性的重大庆典。根据印度的日历，排灯节一般会在每年的 10 月中旬到 11 月中旬中的某一天，一般会庆祝 5 天。大部分地方的人们会向象征着兴旺和富裕的拉克希米女神（Lakshmi）行敬奉仪式，燃放烟花爆竹，和家人一起共享盛宴，品尝甜食和分享礼物。

（二）人文景观

印度国土面积超过 320 万平方千米，是世界上最大的国家之一，拥有多种多样的景观。作为四大文明古国之一，印度还有着悠久的历史和灿烂的文化。目前印度共有阿格拉古堡（Agra Fort）、阿旃陀石窟群（Ajanta Caves）、埃洛拉石窟群（Ellora Caves）、泰姬陵（Taj Mahal）、默哈伯利布勒姆古迹群（Group of Monuments at Mahabalipuram）、科纳拉克太阳神庙（Sun Temple, Konarak）、果阿的教堂和修道院（Churches and Convents of Goa）等 30 多处世界文化遗产。

吠陀圣歌传统。吠陀的原意是"知识"。"吠陀"用古梵文写成，是印度宗教、哲学及文学之基础。吠陀经口耳相传了约 3000 年，一直到 15 世纪才被写成书，是至今尚存的最古老的世界文化遗产之一。[1] 研究印度思想不可不知吠陀。

泰姬陵。全称为"泰姬·玛哈拉陵"，是位于距新德里 200 多千米外的阿格拉（Agra）城内的一座玻璃、玛瑙镶嵌的白色大理石的巨大陵墓清真寺，建于 1631 年至 1653 年，莫卧儿皇帝沙·贾汗（Shahbuddin Mohammed Shah Jahan，1592 年 1 月 5 日—1666 年 1 月 22 日）为纪念他逝去的心爱妃子玛穆塔兹·玛哈尔（Mumtaz Mahal，波斯人，传说貌美无比，死于难产，是著名的奥朗则布皇帝的母亲），汇集世界能工巧匠历时 20 多年而建。泰姬陵是印度伊斯兰教艺术最完美的瑰宝，是世界遗产中的经典杰作之一，被誉为"完美建筑"，又有"印度明珠"的美誉，被评选为"世界新七大奇迹"。

鸠提耶耽梵剧。梵剧——鸠提耶耽代表着印度最古老的鲜活戏剧传统，具有 2000 多年历史，是梵文古典主义与地方传统紧密结合的例证。

拉姆里拉。文学的解释为"拉姆戏剧"，是一种《罗摩衍那》叙事诗的表

---

① 梁伟，李菡丹，王碧清 . 文明之光闪耀世界 [J]. 中华儿女，2017（8）：23-24.

演形式，由包括叙述、朗诵、歌曲和对话一系列场景组成，在整个印度北部地区的都瑟拉节日里进行表演。节日每年仪式日历约在 10 月或 11 月举行。《罗摩衍那》的演出，是印度北部流行的一种说唱形式。

二、巴基斯坦

巴基斯坦伊斯兰共和国（Islamic Republic of Pakistan），简称"巴基斯坦"有着"清真之国"之美誉。海岸线长约 980 千米。南部属热带气候，其余属亚热带气候。人口总数达 2.12 亿人（2018 年），95% 以上的居民都信奉伊斯兰教，是一个多民族的伊斯兰国家。国语为乌尔都语，首都为伊斯兰堡，前首都卡拉奇是巴基斯坦最大的城市。巴基斯坦是不结盟运动、世界贸易组织、伊斯兰会议组织和英联邦成员国，也是经济快速增长的发展中国家之一。

（一）节庆活动

开斋节，俗称"赎罪节"，是伊斯兰教的一大节日，也是巴基斯坦全国性的最重要的节日之一。根据伊斯兰教教规，伊斯兰教历九月为斋月，斋月最后一天寻看新月，以月亮在本地的圆缺为准，见到新月，斋月宣告结束，次日为开斋节。在巴基斯坦，每年在斋月快结束时，政府都要组成"新月观察委员会"，负责新月的观察工作，并通过广播、电视通告全国。为庆祝开斋节，人们清晨沐浴净身，换上节日盛装，到清真寺参加开斋节的会礼。会礼结束后，到祖坟为故人祈祷。这一天，家家户户准备各种甜食，其中细面条、牛奶、白糖做成的甜面，阿月浑子、葡萄干、杏仁等干果做成的甜食是节日必备食品。庆祝开斋节，人们除了走亲访友，请客送礼，还要向穷人施舍。在家里，长辈要给晚辈过节钱和礼物。按照伊斯兰教教规，有钱人应向政府缴纳一定的开斋税，政府用这笔钱救济生活贫困者。在巴基斯坦，全国放假三天庆祝开斋节。

（二）人文景观

巴基斯坦历史非常悠久，在这里兴盛着印度文明和佛教文化。巴基斯坦原是英属印度的一部分，后独立，由于深受古印度文化的影响，拥有了摩亨佐达罗考古遗迹、塔克西拉犍陀罗艺术中心、塔克特依巴依寺庙和萨尔依巴赫洛古遗址、塔塔城历史建筑、拉合尔古堡和夏利玛尔公园莫卧儿文化、罗赫达斯要塞穆斯林军事建筑中的特例罗赫达斯等大量世界遗产名录项目。

拉合尔古堡和夏利玛尔公园。位于巴基斯坦东部文化名城拉合尔，被誉为巴基斯坦历史上沙·贾汗时期莫卧儿王朝灿烂文明的杰出代表，1981年作为文化遗产列入世界遗产名录。拉合尔古堡是巴基斯坦唯一——座完整反映自迦兹纳维王朝到莫卧儿王朝数百年建筑史的建筑群。它始建于1021年。城堡修建于1642年，占地42公顷，采用波斯园林建筑形式，呈长方形，周围有高墙环绕。园内分高低三层，缀有大理石亭阁，喷水池，人工瀑布等，共有400余个人造喷泉。园内巧妙地汇集了自然界不同风格的景观，为典雅、环境迷人的王家娱乐场所和行宫御园，是世界上罕见的伊斯兰庭园之一。

传统观日法"苏里加吉克"。苏里加吉克是巴基斯坦土著卡拉什人的一种传统观日法。可决定卡拉什人的收获季节的开始和宗教活动的日期等，甚至还决定卡拉什人让家畜配种的时间。这一传承日渐式微，急需加强保护。

三、孟加拉国

孟加拉人民共和国（People's Republic of Bangladesh），包含孟加拉国以及印度控制的西孟加拉邦。有时包含印度比哈尔邦、特里普拉邦和奥里萨邦。全国总面积为147570平方千米。这一地区的主要居民为孟加拉人，讲孟加文。2018年孟加拉国人口总数为1.61亿人，西孟加拉邦人口总数有8430万（2003年）。孟加拉地区66%信奉伊斯兰教，33%信奉印度教。孟加拉国是世界最不发达国家之一。它的气候主要为亚热带季风，沿海属于季风性热带草原气候。雨季极易泛滥，常出现热带飓风。孟加拉国河道纵横密布，河运发达。矿藏有天然气、煤、钛、锆等。主要经济来源是黄麻。孟加拉国国民大多数信奉伊斯兰教。

（一）节日活动

孟加拉国人大多数信奉伊斯兰教，禁食猪肉，也禁止喝酒，还忌讳谈论有关猪的话题。3月26日是孟加拉国的独立日和国庆日，11月7日为国民革命和团结日，12月16日是胜利日，2月21日为烈士日。开斋节和吉尔邦节（宰牲节）据伊斯兰教历推算，每年有变化。

（二）人文景观

孟加拉国的文化和传统来自人民的信仰、民族的根源、思想、渴望和创造力，以及对自然和生命的热爱。孟加拉族是南亚次大陆古老民族之一。它的文明可以追溯到 4000 多年前的青铜器时代。孟加拉国独特的地理位置、丰富的资源和壮阔的自然景观，不断吸引人们去探索。孟加拉国有三处联合国教科文组织世界遗产，两处是文化遗址，一处是自然遗址，另有五处将在政府暂定的试图申遗的名单上，三处已经申遗的遗址为巴凯尔哈特清真寺历史名城、帕哈尔普尔的佛教毗诃罗遗址、桑达尔班斯。

庆祝新年的 Mangal Shobhajatra 节习俗。Mangal Shobhajatra 节是由达卡大学艺术学院师生组织的在 4 月 14 日庆祝新年的活动。这项习俗始于 1989 年，主要在学校中传承，用以促进公众团结和民主。节日庆祝活动包括花车和面具巡游等，象征着力量、和平、驱除邪恶和迎接进步。2016 年 12 月 2 日，该习俗被列入联合国教科文组织人类非物质文化遗产代表作名录。[①]

在孟加拉国有很多美丽的景点，如达卡的地标之一的阿赫桑曼济勒粉红宫殿，通体粉红色，像洋娃娃住的城堡一样，颇为惹眼。孟加拉国国家博物馆是十分有名的，馆内保存了大量的印度教、佛教和伊斯兰教的雕刻、绘画、古兰经的碑铭、阿拉伯文和波斯文书法、古币、金佛像等。此外还有用红色的砂岩和砖块搭建起来的组合建筑，人称"孟加拉国的泰姬陵"的拉尔巴格堡；达卡 Bait Ur Rouf 清真寺；世界上最长的海滩——科克斯巴扎尔海滩；国家烈士纪念碑；巴伊特穆卡拉姆清真寺；达卡恒河摆渡码头；世界上最大的立法机构办公大厦之一的孟加拉国议会大厦等。

四、斯里兰卡

斯里兰卡，全称为斯里兰卡民主社会主义共和国（The Democratic Socialist Republic of Sri Lanka），旧称锡兰，是个热带岛国，位于印度洋海上，国土面积有 65610 平方千米。中国古代曾经称其为狮子国、僧伽罗。有"宝石王国"的美称，马可·波罗认为其是最美丽的岛屿。2018 年人口总数有 2167.00 万人。斯里兰

---

① 马晓辉. 基于访谈法的二十四节气养生文化餐饮开发调查分析 [J]. 当代旅游，2019（11）：60–61.

卡是南亚区域合作联盟的创始成员，也是英联邦、G77、不结盟运动和联合国的成员。在人类发展指数中，斯里兰卡是唯一被评为"高"的南亚国家。

（一）节庆文化

斯里兰卡最重要的传统节日是僧伽罗和泰米尔新年。佛牙是斯里兰卡的国宝，每到七月间，就会开放佛祖释迦牟尼的牙齿，被称为佛牙节。卡德罗伽摩节在每年七月，为纪念卡德罗伽摩大神与瓦利神女结合，会在东南沿海的宗教圣地卡德罗伽摩举行隆重的庆祝活动，从新月日开始到满月日结束，前后历时14天。人们走过木炭，为了祈求平安，还会通过完成各种苦行僧行为。

（二）人文景观

在斯里兰卡中部的西格利亚，一座用了18年时间建造在橘红色巨岩上的空中宫殿，被誉为"世界第八大奇迹"。霍顿平原国家公园是斯里兰卡的重要生态旅游区、世界自然遗产。加勒城堡已经被列入世界文化遗产名录。佛牙寺安放着斯里兰卡最重要的佛教圣物——佛祖释迦牟尼的牙齿舍利。雅拉国家公园是亚洲唯一的原始野生丛林公园。大象孤儿院位于1975年建造。康提皇家植物园是亚洲最大的植物园，也是世界上最好的热带植物园之一。

卢卡达纳提亚。卢卡达纳提亚是一种利用木偶表演的戏剧，传统上是为了提供轻松的娱乐并向村庄社区传达道德教化。它在2018年被列入联合国教科文组织人类非物质文化遗产代表作名录。卢卡达纳提亚的主题选自民间故事、佛教故事、古代文学、历史叙事和琐事，以及当代生活中的幽默轶事，或已绝迹的"民间歌剧"形式nadagam。木偶艺人自己制作木偶并手写剧本，小型乐团提供音乐伴奏，以社区活动形式呈现的表演传达了人们的世界观与核心价值观。

五、马尔代夫

马尔代夫共和国（The Republic of Maldives，原名马尔代夫群岛），印度洋上的群岛国家。陆地面积298平方千米，是亚洲最小的国家之一，2018年人口总数有52.00万人。马尔代夫位于赤道附近，具有明显的热带气候特征，无四季之分。马尔代夫以伊斯兰教为国教，全民信仰伊斯兰教，至今已有800多年的悠久历史。

（一）习俗和节庆

马尔代夫人有禁酒、禁食猪肉、每天祷告 5 次等很多宗教习俗。7 月 26 日是马尔代夫独立日。伊斯兰历的第 3 个月的第 12 天是圣纪日，圣纪日是为了纪念穆罕默德的诞生。这一天家家户户相互邀请，分享节日食物。伊斯兰历的第 10 天是祭礼节，祭礼节持续 5~7 天，期间多数人大摆盛宴以示庆祝，一些人则前往麦加朝圣。11 月 11 日是共和国日，以纪念马尔代夫第二共和国的成立，节日当天举行游行和阅兵仪式。

（二）特色文化旅游

马尔代夫是一个岛国，南北长 820 千米，东西宽 120 千米，有 26 个环礁，约 1192 座珊瑚岛，约有 200 座岛屿有人居住，其中有许多岛屿被开辟为观光区。寺庙、沙滩、海水和阳光成了马尔代夫发展旅游业的重要资源，人们可以在这里尽情享受大海带来的乐趣，比如潜水观赏鲨鱼和多彩的珊瑚、鱼类。马尔代夫亦被誉为"上帝抛洒人间的项链""印度洋上人间最后的乐园"。法鲁岛是马尔代夫中最佳的潜水和浮潜的天堂。香格里拉是马尔代夫很大的一个岛，拥有接近 2000 米长的白色沙滩，香格里拉薇宁姬莉岛度假村属于一座六星级的顶级奢华岛屿，是选择前往度假村的游客最佳的选择处。

第三节　西亚国家文化旅游资源自然绝美

一、伊朗

伊朗伊斯兰共和国（Islamic Republic of Iran，简称伊朗），位于西亚，属中东国家。国土面积约 1648195 平方千米，世界排名第十七位，人口总数有 8180.00 万人（2018 年）。伊朗地处世界石油天然气最丰富的中东地区，是世界石油天然气大国，它以石油开采业为主，石油出口是其经济命脉。

（一）节庆文化

伊朗是伊斯兰教什叶派国家，节日基本也是伊斯兰教节日。2 月 11 日是国庆日，3 月 3 日是开斋节，3 月 20 日是石油国有化日，3 月 21 日—24 日是伊朗新年（努鲁兹节），4月1日是伊斯兰共和国日，4月2日是革命日，5月10日是宰牲节，6月9日是阿术拉节，7月14日是伊玛目阿里殉教日，8月9日是穆罕默德诞生日，12月20日是穆罕默德升天日，伊朗年的最后一个星期三是跳动火节（伊朗最古老的节日）。一些节日是根据伊斯兰教历日期，所以在公历上可能每年的日期不一样。

（二）人文景观

大不里士蓝色清真寺。大不里士蓝色清真寺是伊朗有着悠久的历史、比较有代表性的景点之一。它始建于1465年，艺术家们花了25年的时间用蓝色彩陶砖和复杂的书法装饰它的每一寸表面，蓝色清真寺由此得名。

波斯园林。波斯园林是一座由9个省会遗留的文化以及9座园林组成的一座园林。这9座园林最早建筑的时间在公元前6世纪，楼台以及精密的水流灌溉系统都对整座园林起了很重要的作用。伊兰园也是波斯园林的一部分，被称为"天堂花园"。于2011年被列入世界文化遗产名录。

拉笛夫（radif）。拉笛夫是伊朗古典音乐的传统节目的宝库，它是波斯音乐文化的精华，[①]体现了波斯音乐文化的美学传统和哲学意义，含有为各种各样的回旋短句做背景的基础旋律，共250多段，称作古谢（gushe），被编排成组曲。拉笛夫可以是歌唱的，或器乐的，学习拉笛夫至少需要十年的时间。2009年，拉笛夫被联合国教科文组织列入人类非物质文化遗产代表作名录。

伊朗戏剧化叙事那卡力。那卡力（Naqqāli）是最古老的波斯戏剧形式之一，源生于公元前3世纪，是流行于咖啡馆、游牧帐篷或大篷车、大街小巷、家庭房舍、甚至宫廷的一种表演形式。表演者身着表演服装，还会扮演几个角色，用诗句或散文的形式来叙述故事，伴以手势和动作，有时也借用器乐或画幕来辅助。那卡力对表演者的要求很高，既要熟悉当地文化、语言和方言以及传统音乐，还要有很强的记忆力和即兴创作能力。直到现在，那卡力仍被视为伊朗民间故事、民族史诗和民间音乐最重要的传承形式。2011年，伊朗戏剧化叙事那卡力被教科文组织政府间保护非物质文化遗产委员会列入急需保护的非物质文化遗产名录。

---

① 周若杭.《牛津音乐教育手册》的理论解析与美国音乐课堂的实践解读[D]. 北京：中国音乐学院，2017.

呼罗珊的巴克谢西音乐。在霍腊散省，民间歌手"巴克谢西"（Bakhshis）素以善于演奏一种两弦长颈的琉特属乐器都塔尔（dotār）而著称。其主题是伊斯兰和诺斯底诗歌与史诗中的神话、历史或传说等。"巴克谢西"将都塔尔的两根弦中的一根看作公弦，将另一根看作母弦；公弦保持开放，而主旋律主要是在母弦上演奏的。巴克谢西音乐是通过传统师徒关系得以传习。巴克谢西的社会角色不仅仅是单纯的叙述者，被视为法官、调解员和治疗师，还是民族和地区社会文化遗产的守护人。2010 年呼罗珊的巴克谢西音乐被列入联合国教科文组织急需保护的非物质文化遗产名录。

二、阿联酋

阿拉伯联合酋长国（The United Arab Emirates），简称"阿联酋"，位于阿拉伯半岛东部，海岸线长 734 千米，总面积 83600 平方千米，2018 年人口总数有 963.00 万人。首都阿布扎比。阿联酋既是一个比较典型的伊斯兰国家，也是一个以产油著称的中东沙漠阿拉伯国家。其旅游景点有艾恩文化遗址、阿拉伯塔酒店、棕榈岛、酋长国宫殿酒店、迪拜世界贸易中心、迪拜国家博物馆、火车头广场、迪拜地球群岛、奇迹花园、阿联酋遗产村。

艾恩文化遗址。艾恩文化遗址是阿联酋唯一一处世界文化遗产，全名是"艾恩文化遗址：哈菲特、西里、比达—宾特—沙特以及绿洲"（Cultural Sites of Al Ain: Hafit、Hili、Bidaa Bint Saud and Oases Areas），它是由一系列遗迹群所组成的，是一个著名的考古点，拥有大量历史建筑，包括众多城堡和瞭望塔。2011 年，艾恩文化遗址被联合国教科文组织世界遗产委员会批准作为文化遗产列入《世界遗产名录》。

迪拜国家博物馆。其前身为建于 1798 年的皇宫要塞及海防的古堡，[①] 是迪拜最古老的建筑物，1971 年正式成立为迪拜国家博物馆。

Majlis，文化与社会空间。Majlis 是当地人们讨论问题、解决争端、交换新闻和娱乐的社区空间，它在口头文化遗产的传承中起着重要作用，[②] 通常是宽敞、

---

① 刘伟. 阿联酋的历史文化 [J]. 民族艺林，2013（2）：81–86.

② 肖锦汉. 九洞地区侗族鼓楼文化空间研究 [D]. 贵阳：贵州师范大学硕士学位论文，2016.

舒适和配有饮料制作工具的空间。拥有广泛的当地知识的长者是 Majlis 的主要
角色，而法官和宗教酋长则裁决纠纷。女性也有自己的 Majlis。传承在孩子们
参与老一代社区成员活动的过程中完成。

　　阿拉伯咖啡。在阿拉伯社会中，为客人提供阿拉伯咖啡是体现人们热情好
客的一个重要方面，也是一种表现慷慨的仪式性行为。长久以来，咖啡都是当
着客人面准备的。第一杯咖啡首先倒给最尊贵或最年长的客人，一般只倒四分
之一杯，可以续杯。在会议空间提供阿拉伯咖啡的酋长和部落首领、年迈的贝
都因人，以及咖啡贸易业主，都是阿拉伯咖啡的主要传承人。

　　阿联酋迪拜的帆船酒店是世界上唯一一座七星级酒店。

三、沙特阿拉伯

　　沙特阿拉伯王国（Kingdom of Saudi Arabia）位于亚洲西南部的阿拉伯半岛。
海岸线长 2437 千米，领土面积居世界第十四位，2018 年人口总数有 3370.00 万
人 。沙特阿拉伯王国的石油储量和产量均居世界首位，这也使其成为世界上最
富裕的国家之一。沙特阿拉伯拥有着悠久灿烂的历史文化，现有石头城（迈达
因萨利赫）、德拉伊耶遗址、吉达古城（吉达老城区）等多处世界文化遗产。
它是伊斯兰教的圣地所在，伊斯兰圣城麦加和麦地那都在这里，它们是沙特阿
拉伯的旅游名片，但是除了这两个圣地，沙特阿拉伯还有许多值得一去的景点，
比如利雅得、国王塔、哈巴拉。

　　石头城（迈达因萨利赫）。公元前 3000 年，萨姆德人开始定居于此，宫殿、
客厅、墓穴和庙宇等至今保存完好。2008 年，联合国教科文组织将其列入世界
遗产名录。

　　德拉伊耶遗址。德拉伊耶是沙特阿拉伯古都遗址。前沙特王国（1774 年—
1818 年）首府。位于首都利雅得西北 16 千米处的哈尼法谷地。德拉伊耶是沙
特家族的发祥地。穆罕默德·本·阿卜杜勒·瓦哈卜在部落中推行逊尼派罕百
里学派教法，大批宗教学者云集，学生纷至。1818 年，奥斯曼帝国驻埃及总督
穆罕默德·阿里率军镇压瓦哈比教派运动，该城被摧毁。

四、土耳其

　　土耳其共和国（The Republic of Turkey），简称土耳其，是一个横跨欧亚

两大洲的国家，国土面积 78.36 万平方千米，2018 年人口总数有 8232.00 万人。拥有雄厚的工业基础，是全球发展最快的国家之一。

土耳其是一个横跨欧亚大陆的伊斯兰教国家，被称为"文明的摇篮"；在土耳其有将近 2700 处历史遗址和 41000 多个文物发现，而政府也一直通过法律对这些资源进行尽可能多的保护。截至 2018 年，经联合国教科文组织审核批准列入世界遗产名录的土耳其世界遗产共有 18 项，包括伊斯坦布尔老城区、内姆雷特山等。土耳其拥有两个世界奇迹：阿尔忒弥斯神庙和毛瑟陆斯陵墓，它们都属于世界七大奇迹。还有被认为是整个土耳其最受欢迎的地方之一的圣索菲亚大教堂、世界十大奇景之一的蓝色清真寺以及有着上千年天然温泉的棉花堡等。

格雷梅国家公园及卡帕多西亚石窟建筑。格雷梅（Goreme）国家公园被列为文化与自然双重遗产，是卡帕多奇亚地区的热门旅游地之一，在这里能看到大自然的鬼斧神工：数不胜数的仙灵烟囱、山谷下的流水与繁茂植物，集中了众多饰有壁画的岩窟教堂和清真寺。细观那些壁画，虽因年代久远有些难以辨认，仍有少数保留着艳丽的颜色和完整的形象，并且画风与名家大作的鸿篇巨制不同，多简单勾勒，艺术表现张力却丝毫不减，体现着那个年代的生活情境。

阿尔忒弥斯神庙和毛瑟陆斯陵墓。阿尔忒弥斯（《圣经》翻作亚底米，即罗马神话中的月亮女神狄安娜）是古希腊神话中主掌狩猎与野兽的处女神，后来被视为月神，奥林匹斯十二主神之一，人们对她非常崇拜。阿尔忒弥斯神庙是土耳其最大的建筑，位列古代世界八大奇迹之一。在公元前 356 年 7 月 21 日的深夜，这座壮丽的神殿在一名叫希罗斯特图斯的纵火狂有意而为中变成了废墟。至今只剩下一根柱子，但是这根柱子也是考古学家们用挖出来的大理石拼起来的。与阿尔忒弥斯神庙相反的是，毛瑟陆斯陵墓保存得还是相当不错的，相当大程度上保存了建筑的风格。

迈达赫（公共场所说书人）艺术。迈达赫是土耳其的一种传统史诗演唱的形式，由一人独自表演，迈达赫即说书人的称呼。这一说唱形式是居住在中亚地区的土耳其人于 6 世纪左右创立的。2003 年联合国教科文组织将迈达赫（公共场所说书人）艺术正式列入人类非物质文化遗产代表作名录。

制作 çini 的传统工艺。çini 是土耳其制作琉璃和陶瓷的一种传统手工工艺，其制作工艺在传统作坊、公共教育中心、大学和家庭中正式或非正式传承，是一种自我表达、发展和疗愈的表现方式，也是土耳其文化身份的象征之一。

五、科威特

科威特国（The State of Kuwait），简称科威特，是一个位于波斯湾西北部，西亚地区阿拉伯半岛东北部的君主制的国家。全国面积17818平方千米，2018年人口总数有414.00万人。伊斯兰教为国教，信众多为逊尼派。科威特风光明媚、绚丽多姿，是不可多得的旅游胜地。作为科威特的象征的科威特塔和科威特水塔，有着阿拉伯半岛的一个明珠之称的科威特城，以及把典雅古朴的伊斯兰造型同现代建筑艺术的华丽有机地结合在一起的白杨宫都是科威特的著名景点。其景点还有国家博物馆、萨斯饭店和科威特科技馆等。

杜瓦尼叶。杜瓦尼叶是科威特人的社交沙龙，科威特的每一个人差不多都有属于自己的杜瓦尼叶。举办者通常都会在家中举办杜瓦尼叶，也有少数人在沙漠里专门支起帐篷来举办杜瓦尼叶，有的高级官员则把杜瓦尼叶的地点设置在办公室的大厅里。参加杜瓦尼叶并不需要主人邀请，只要与主人相识就可前去参加。

科威特国家博物馆，建于1957年，科威特国家博物馆中的"科威特民间遗产"展馆已重新对外开放。

六、伊拉克

伊拉克共和国（Republic of Iraq），简称伊拉克，位于阿拉伯半岛东北部，亚洲西南部。国土面积约有43.7万平方千米，2018年人口总数有3843.00万人。伊拉克常年刮西北风，夏季炎热干燥，冬季凉爽、空气潮湿，多雨。年平均降雨量由南至北为100至500毫米，最湿润的季节在3月，平均降雨量为28毫米。伊拉克在历史上曾是美索不达米亚文明古国巴比伦的所在地，是世界四大文明古国之一。[①]伊拉克灿烂的文化蕴含了其悠久的历史，伊拉克境内遍地都是古迹，著名的古城有底格里斯河沿岸的塞琉西亚、亚述、尼尼微等。景点有世界上最古老的定居点之一的埃尔比勒、人类宝贵的文化遗产——萨迈拉古城、伊拉克最大的城市及经济文化中心巴格达等。

Khidr Elias节及相关许愿表达方式。每年2月，伊拉克社区会纪念一位叫

① 蔡馥谣，曹波.中国与"一带一路"沿线国家文化交流大事记（上）[J].中华文化海外传播研究，2018（1）：303–342.

Alkhidr 的圣人，信徒相信他可以帮助他们达成所愿。家人会身穿传统服装聚在一座圣山上享用特制菜肴，并表演 Dabkka 舞，或在底格里斯河畔献祭、祈祷、许愿。这种建立社会凝聚力的文化活动在家族和学校中传承。

七、阿曼

阿曼苏丹国（Sultanate of Oman），简称阿曼，是位于西亚，阿拉伯半岛东南沿海的一个国家。国土面积 30.95 万平方千米，人口总数 483.00 万人（2018年）。除东北部山地外，均属热带沙漠气候。阿曼苏丹国是阿拉伯半岛最古老的国家之一，历史上，阿曼是一个多民族国家。被称为"马斯喀特和阿曼"，直到 1970 年卡布斯·本·赛义德统治时期，决定了国家民族大融合的政策，融合了包括相互敌对的土著部落和大量外来者、来自波斯和印度次大陆的商人、索马里的奴隶后代、从阿富汗—巴基斯坦边境征募为雇佣军的俾路支人。阿曼人信奉伊斯兰教。

阿曼是一个充满异国风情的旅游景点和城市。马斯喀特的首都是迄今为止最受欢迎的目的地，但它只包含了使阿曼伟大的一小部分。世界第三大清真寺——苏丹卡布斯大清真寺、被阿曼人称为"法国之家"的阿曼—法国博物馆、阿曼最大的岛屿马西拉岛以及阿曼最伟大的建筑之一——尼日瓦堡等都是阿曼的象征。其景点还有阿曼湾、杰拉里堡、比玛落水洞等。

热孜法传统表演艺术。热孜法是在阿拉伯联合酋长国和阿曼苏丹国盛行的一种传统表演艺术。在婚礼、国家节日这种社交场合，男性表演者面对面站成两行，舞者位于行间。在主唱的带领下，随着鼓和其他乐器的伴奏，两排表演者形成双合唱团，轮流吟唱。热孜法最初只在共同庆祝胜利时表演，如今已是一种广受欢迎的娱乐形式。热孜法表演者包括国家元首、年长者或者非常年幼的儿童。现今，通过对社交场合的参与和观察，热孜法表演艺术直接在家族内传承。2015 年 12 月热孜法传统表演艺术被联合国教科文组织列入《人类非物质文化遗产代表名录》。

八、也门

也门共和国（Yemen Republic），由也门民主人民共和国（南也门）和阿拉伯也门共和国（北也门）于 1990 年 5 月合并而成。位于阿拉伯半岛南端，国土面积 55.5 万平方千米，人口总数有 2850.00 万人（2018 年）。海上交通便利，大约 2000 千米的海岸线。曼德海峡是亚、非、欧三大洲的海上交通要道。该国有着 3000 多年文字记载的历史，也是阿拉伯世界古代文明摇篮之一。[①] 也门位于阿拉伯半岛南端，这个岛屿被标记为地球上最隐蔽的地方，有很多其他地方不存在的动植物和闻名于世界的景点。萨那古城就是其最著名的景点之一，萨那古城就在市中心，古城内的每一件事物都是独一无二的历史地标。这座城市有令人惊叹的古代建筑与伊斯兰建筑的融合。其著名景点还有索科特拉岛的瓶树、萨那古墓葬、亚丁湾、穆卡拉港等。

萨那歌曲。萨那歌曲有 600 多年的历史了，现今也面临失传的尴尬境地，只有少数几位音乐家仍然保持着演唱萨那歌曲的传统。为了保护这种特有的传统文化，联合国教科文组织与也门音乐遗产中心发起了收录萨那歌曲的行动，目前遗产中心已经收录了近 300 首歌曲。2003 年联合国教科文组织将也门申报的萨那歌曲列入人类口述和非物质文化遗产代表作名录。

第四节　东北非国家文化旅游资源原始独特

一、埃及

阿拉伯埃及共和国（The Arab Republic of Egypt），简称埃及。埃及位于非洲东北部，国土面积为 100.145 万平方千米，海岸线长 2700 多千米，2018 年人口总数有 9842.00 万人。苏伊士运河沟通了印度洋和大西洋，经济意义和战略位置都非常重要。埃及的南部属热带沙漠气候，夏季气温较高，昼夜温差较大，全国干燥少雨，气候干热；全境干燥少雨，年均降水量为 50 ～ 200 毫米。埃及是一个神秘国度，7000 多年的悠久历史奠定了其丰富的文化底蕴。那些闻名于世的著名景点都是埃及最好的象征。其主要景点有法老的陵墓——埃及金字塔、阿布辛拜勒至菲莱的努比亚遗址、阿布米那基督教遗址、帝王谷、埃及最具想象力的一座神庙——拉美西斯二世神庙、埃及博物馆等。埃及是伊斯兰教国家。

---

① 蔡馥谣，曹波 . 中国与"一带一路"沿线国家文化交流大事记（上）[J]. 中华文化海外传播研究，2018（1）：303–342.

黑拉里亚史诗。黑拉里亚史诗是留存于贝都因人中的一部长篇口头流传的诗歌。作为早期文学与音乐的表达形式，该史诗可以被认为是阿拉伯丰富的民间文化的宝库的一部分，涵盖了其历史、风俗、信仰、象征和传统。进入当代社会以来，大众娱乐形式如电视广播对史诗表演形成了巨大的冲击，年轻人也越来越不能承受长期苛刻的表演训练，古老的艺术濒临消逝。现在，能够表演全部史诗的诗人都年逾 70 岁了。2003 年联合国教科文组织将埃及的黑拉里亚史诗列入人类口述和非物资文化遗产代表作名录。

二、坦桑尼亚

坦桑尼亚联合共和国（The United Republic of Tanzania），简称坦桑尼亚，是古人类发源地之一。坦桑尼亚国土面积 94.5 万平方千米，其中桑给巴尔 2657 平方千米。2018 年人口总数有 5632.00 万人。坦桑尼亚联合共和国包括坦噶尼喀、桑给巴尔两个组成部分。其大陆海岸线约长 840 千米。坦桑尼亚西部内陆高原属于热带山地气候，东部沿海地区和内地区属于热带草原气候，该国大部分地区平均气温在 20℃~25℃。坦桑尼亚是一个多民族国家。

（一）节庆文化

坦桑尼亚是一个多民族国家，所以该国的节日有很多，如新年、独立日、卡鲁姆日、坦桑尼亚联合日、开斋节、萨巴节、圣纪节等。每逢重大的节日时，坦桑尼亚全国都会隆重庆祝，对于热情奔放的非洲人而言，伴着非洲鼓，跳着激情的非洲舞，是很常见的。除了节日外，对于基督教和伊斯兰的教徒而言，每周都会有活动，或是去教堂，或是去清真寺，或做礼拜，或聚会。

（二）人文景观

坦桑尼亚有 7 处世界遗产，其中恩戈罗自然保护区、塞伦盖蒂国家公园、塞卢斯禁猎区、乞力马扎罗国家公园 4 处为自然遗产，桑给巴尔石头城、孔多阿岩画遗址、基尔瓦和松加姆纳拉遗址为文化遗产。

桑给巴尔石头城。石头城被称为拥有"世界最香之地"和"香岛"之称的地方，也是黑奴贸易的历史遗迹。古老的石头城中有奴隶贸易中的黑暗历史和当时黑奴市场旧址，以及因废除贩卖黑奴而修建的基督大教堂，是桑给巴尔岛上的历史文化中心。岛上的古老建筑都是用石头搭建而成，所以叫做石头城。

孔多阿岩画遗址。由于地壳运动形成了许多直立岩壁和岩洞，成为曾经栖息在那里的人们，在上下 2000 年中用岩画形式记录和展示其生活及信仰的载体。孔多阿岩画线条简朴，形象生动，虽然历史久远，至今仍保持鲜活。

基尔瓦和松加姆纳拉遗址。在海岸边的两个小岛上，保存着两个被早期欧洲探险家所称颂的伟大的东非港口——基尔瓦和松加姆纳拉。[①]13 世纪到 16 世纪，基尔瓦和松加姆纳拉曾一度是繁华的商贸中心，控制着沿印度洋地区的大部分贸易活动。

三、肯尼亚

肯尼亚共和国（The Republic of Kenya）位于非洲东部，国土的可耕地面积为总面积的 18%，其余部分主要适于畜牧业。海岸线约 536 千米。全境位于热带季风区，但因地势较高，该国的气候类型主要为热带草原气候，降水季节差异较大。全年最低气温为 10℃~14℃，最高为 22℃~26℃。2018 年人口总数有 5139.00 万人。

（一）节庆文化

肯尼亚的节日主要有肯尼亚自治节，在每年的 6 月 1 日举办，庆祝肯尼亚脱离了英国的殖民统治，获得内部自治，第一次实现了由非洲人组织政府；内罗毕的赛马日，每年的 7 月 18 日在内罗毕高尔夫公园举行赛马日和文艺表演等活动；肯尼亚国际古董评价日，11 月 29 日前后两天的时间内，将有来自肯尼亚及东非各地的数百件古董展出并被估价和拍卖；肯雅塔日，10 月 20 日肯尼亚士兵在首都内罗毕举行的"肯雅塔日"阅兵式中列队行进。

（二）人文景观

肯尼亚是人类发源地之一，曾出土了大约 250 万年前的人类头盖骨化石。公元 7 世纪，阿拉伯人开始到肯尼亚东南沿海地带定居和经商，形成一些商业城市。

米吉肯达卡亚圣林。米吉肯达卡亚圣林由 11 处独立的林地组成，这些林地

---

① 任立. 来一场穿越非洲的世界遗产之旅 [N]. 中国文化报，2013-03-28.

沿海岸分布，绵延 200 多千米，其中有米吉肯达人修建的许多防御性村镇（被称为 Kayas）遗迹。这些村镇始建成于 16 世纪，但在 20 世纪 40 年代被废弃，目前被当地人视为祖先的住所并尊崇为圣地，因此由当地长老委员会维护。由于该处遗址独特地展现了居住文化传统，并始终维系下来，因此于 2008 年作为文化遗产被列入世界遗产名录。

拉穆古镇。拉穆古镇是东非保存最完整的、最古老的斯瓦希里人聚居地。从 19 世纪中旬开始，一些重要的穆斯林宗教节日活动都会在这里举行，在现今依然保持着它的传统作用。这里已经成为斯瓦希里文化和伊斯兰教文化的重要研究中心。

肯尼亚西部社区 Isukuti 舞蹈。Isukuti 舞蹈是肯尼亚西部的 Isukha、Idakho 社区内的传统庆祝演出。这种舞蹈需要配合快节奏的节拍，是一种充满活力与激情的鼓乐演奏形式，也是家庭与社区关系和谐的传播"工具"。它渗透在人们大多数的生活场域中，包括分娩、入社、婚礼、葬礼、纪念、就职、宗教、体育以及其他公共集会活动。Isukuti 舞蹈所使用的鼓类乐器注定了舞蹈的名称。"鼓"通常分为大、中、小三种类型，同时会饰以羚羊角和各种金属摇铃。Isukuti 舞蹈的传承正面临巨大困难，表演的频率大幅减少，很多传承者都为老年人，缺少愿意接受这项舞蹈艺术的年轻人，也缺乏支持资金以及制造传统乐器的基本材料。

蒙巴萨的耶稣堡。耶稣堡由葡萄牙人于 1593—1596 年修建而成。由乔瓦尼·巴蒂斯塔·凯拉迪（Giovanni Battista Cairati）设计，主要作用是保护蒙巴萨港口城堡。城堡的布局与形式体现了文艺复兴时期的思想，代表着此类建筑物历史上的一个里程碑，是 16 世纪以来葡萄牙的军事要塞建筑中最为出色的作品之一，因此受到了良好的保护。蒙巴萨的耶稣堡占地约有 2.36 公顷，包括周围的附属部分以及护城河。

西穆里奇定居点考古遗址。这个遗址大约建于 16 世纪，坐落于维多利亚湖地区的 Migori 镇的西北部，这一带的定居点曾被用于牲畜圈养和人类居住，其中西穆里奇是其中保存最完好、规模最大的传统定居点。该区域从 16 世纪到 20 世纪中期持续存在。该遗址也直接反映了与血统有关的社会实体关系。

四、苏丹

苏丹共和国（Republic of the Sudan），国土面积在非洲排列第三，世界排列第十五位。首都是喀土穆。苏丹国土广袤，南北东西气候差异很大。2018 年人口总数为 4180.00 万人。

（一）节庆文化

苏丹民间和宗教的节日较多，主要节假有：①开斋节，伊斯兰教历 10 月 1 日，斋月结束后为庆祝圆满结束斋戒而设，一般为期 4 天，是伊斯兰教重要的节日之一。②宰牲节，伊斯兰教历 12 月 10 日，又名"古尔邦"节，为期 5 天，每逢此节，各家都要宰羊、牛、骆驼表示纪念。③登宵节，伊历 7 月 27 日，放假一天。④圣诞节，12 月 25 日，基督教徒放假 3 天，伊斯兰教徒放假 1 天。

（二）人文景观

苏丹的古文明遗产吸引了众多的国内外游客。如麦罗埃岛考古遗址、麦罗埃金字塔群、博尔戈尔山及纳巴塔地区等景点都是苏丹文化的历史见证。其主要景点还有共和国宫博物馆、苏丹国家博物馆、苏丹港、喀土穆等。苏丹被认为是世界上拥有多样化和独特旅游景点的 10 个国家当中的一个，其旅游业开始在协调的可持续发展中发挥重要作用，并为苏丹人民创造效益。

五、莫桑比克

莫桑比克共和国（The Republic of Mozambique），简称莫桑比克，是非洲南部国家，以葡萄牙语作为官方语言，1975 年脱离葡萄牙殖民统治而独立。2018 年人口总数 2950.00 万人。莫桑比克国土面积 799380 平方千米，海岸线长 2630 千米。属热带草原气候，年平均气温在 20℃（南部）、26℃（北部）。莫桑比克雨水丰富，几乎常年都会下雨，年雨量约在 500 毫米到 1000 毫米。

莫桑比克岛。莫桑比克岛长仅 3 千米，平均宽度 350 米，最大宽度也就 500 米，分为石头城和芦苇镇。1498 年葡萄牙殖民者在此登陆后，精心打造，留下很多历史遗迹。2001 年从古代沉船中发掘出了大量中国明代瓷器，是莫桑比克唯一的世界文化遗产。

朝比木琴音乐。因其独特的朝比木琴音乐而闻名于世界。① 由 16 世纪进入该地区的葡萄牙商人和传教士记述下来，现在仍然继续发展着。

莫桑比克的当地风俗包括选美、部族风格的房屋、图腾崇拜等。房屋建造的形式具有部落特色，城市建筑通常都被刷成白色，设计美观极具现代化气息。在首都马普托不仅有葡萄牙殖民者留下的"铁房子"，其大街小巷都还充满着"革命"的气息。莫桑比克拥有极为丰富的旅游资源，非洲大陆与马达加斯加岛之间的莫桑比克海峡是世界上最长的海峡，2630 千米长的海岸线蕴藏着许多美丽的海滩。大部分国土处在热带气候下，更使莫桑比克拥有多种多样的热带动植物。

此外，坐落于莫桑比克加扎省的林 – 国家公园、有"阳光沙滩"之称的马普托海滩以及莫桑比克最著名景点之一的巴扎鲁托国家公园无不体现着莫桑比克的自然之美。

六、埃塞俄比亚

埃塞俄比亚联邦民主共和国（The Federal Democratic Republic of Ethiopia），简称埃塞俄比亚，是一个位于非洲东北部的国家。2018 年人口总数达 1.09 亿人。国土面积 110.43 万平方千米，高原占全国面积的 2/3，平均海拔近 3000 米，素有"非洲屋脊"之称。气温范围为 9.7℃ ~25.5℃。年平均温度为 16℃。埃塞俄比亚是非洲大陆唯一没有被殖民统治过，唯一拥有自己文字、历法的国家，有长达 3000 年的悠久历史和由此形成的灿烂文明。埃塞俄比亚是多民族国家。

（一）节庆文化

埃塞俄比亚是多民族国家，其大部分节日都与宗教有关。Meskel 节是埃塞俄比亚仅次于新年的第二大节日。在埃塞俄比亚本土语言中，"Meskel"的意思是"十字"。在今天，欢庆的意味更胜于宗教本身的意义。其重大的节日还有圣诞节、开斋节、埃塞俄比亚历新年等。

（二）人文景观

埃塞俄比亚是集自然风光、历史遗迹和文化遗产于一体的独特的旅游目的地。它是人类的起源地，是非洲拥有世界遗产最多的国家。

---

① 朝比木琴音乐 [EB/OL].（2013–09–16）. http://yichan.cnair.com/699/.

拉利贝拉岩石教堂。拉利贝拉岩石教堂始建于 12 世纪后期，1978 年作为文化遗产被收入世界遗产名录。

贡德尔地区的法西尔盖比城堡及古建筑。贡德尔地区保存着许多座古代拱桥以及雕刻精美、装饰丰富的多层塔、城堡、皇宫、教堂等，1979 年被列入世界遗产名录。

阿克苏姆古城遗址。阿克苏姆古城的遗址可以追溯到公元 1 世纪到 13 世纪。1980 年联合国教科文组织将其列入世界遗产名录。

蒂亚遗址。蒂亚遗址是由重达几十吨甚至数百吨的巨大石块严密砌成，最引人注目的是用一整块岩石凿成的石门矗立在约宽 15 英尺、厚 6 英尺、长 30 英尺的基座上。蒂亚遗址在 1980 年被列入世界遗产名录。

孔索文化景观。孔索的意思是住在山顶的人，村子有墙，有独创的梯田，有大型公共建筑，还有酋长。孔索文化景观是其中最著名的一个，位于埃塞俄比亚孔索高地，2011 年作为文化遗产被列入世界遗产名录。孔索文化景观还保存有一具象征人类木雕雕塑群，这些木雕互相组合在一起，代表着受人尊重的社区成员，特别是某些英雄事件，对正在处在消失边缘的丧葬传统而言，它们是一种特殊的见证。在这片高地上，除了由梯田和石墙构成的景观以外，还分布着许许多多人类的定居点。

此外，埃塞俄比亚被列入世界遗产名录的还有奥莫低谷、塞米恩国家公园、阿瓦什低谷、历史要塞城市哈勒尔等。

第五节 欧洲国家文化旅游资源引人入胜

一、意大利

意大利共和国（The Republic of Italy），国土面积为 301332.5 平方千米，其领土还包围着两个微型国家——梵蒂冈与圣马力诺，海岸线长约 7210 多千米。大部分地区属于亚热带地中海气候。2018 年人口总数是 6043.00 万人。意大利是文艺复兴的发源地，也是古代罗马帝国的核心区域。大部分居民信奉天主教。

意大利共拥有 54 个世界遗产项目，是全球拥有世界遗产最多的国家之

一 ①，人称"古迹上的国家"。同时，意大利也是世界时尚之都。意大利的首都是罗马，罗马历史辉煌悠久，已经有 2500 多年的历史了，是古罗马帝国的发源地，是整个意大利的中心、天主教的中心，也是整个西方文明的中心、丝绸之路的欧洲尽头。

古罗马斗兽场。正式的名字是"弗拉维安竞技场"，是一座透明圆顶竞技场，是由弗拉维安王朝的三个皇帝建造的，位于罗马市中心威尼斯广场东南面。该斗兽场能容纳的观众大约有八万人。罗马斗兽场 1980 年被联合国教科文组织列入世界遗产名录。

佛罗伦萨。它是著名的世界艺术之都，如今的佛罗伦萨依旧能看到许多中世纪时期的建筑，保持着古罗马时期的格局。佛罗伦萨美术学院是世界上第一所美术学院，也是世界美术的最高学府，意大利的绘画精华都荟萃于此。有世界最帅男子之称的《大卫》雕塑的市政广场，世界上第三大教堂圣母百花大教堂，伟大诗人但丁的故居。

戴克里先浴场。罗马戴克里先浴场于 305 年建成。戴克里先浴场遗址由圣贝那多教堂、安杰利圣母教堂、罗马国家博物馆三个部分构成。温室浴场、冷水浴场、游泳场和热水浴场都是围绕着一个中心轴建造的，且该浴场容量大，可以容纳 3000 多人共浴。

威尼斯。意大利东北部著名的旅游与工业城市，是亚得里亚海威尼斯湾西北岸的重要港口。这座漂浮在水上的城市，水是它的灵魂，主要交通工具是一种叫贡多拉的船只，是世界上唯一没有汽车的城市。威尼斯得天独厚的环境孕育了伟大的艺术，如在世界上有很大的影响力和极其重要地位的威尼斯画派、歌剧、雕塑、建筑等。威尼斯拥有迷人马赛克的圣马可教堂，最高建筑圣马可钟楼，被拿破仑誉为"欧洲最美的客厅"的圣马可广场，以及收藏威尼斯画派杰出作品的黄金宫。

圣母百花大教堂。始建于 1296 年，直到 1462 年才建成。圣母大教堂由杜奥莫大教堂、洗礼堂和钟塔构成，其拥有"世界第三大教堂"的美誉。这是一座哥特式的建筑，高达 106 米，外观由奶油白、绿、粉红三色大理石组成，具有女性的优雅气质，被誉为"花的圣母寺"。

---

① 意大利风情 [J]. 时代青年视点，2017（1）：7-10.

威尼斯圣马可广场。圣马可广场位于意大利的水上城市威尼斯，是最著名的名胜古迹之一。广场建筑造型和谐优美，是古罗马建筑不可多得的杰作。[①]拿破仑称其为"欧洲的客厅"。

二、希腊

希腊共和国，简称希腊（Greece），是处于欧洲东南门户的共和制国家，国土面积 13.1957 万平方千米，人口总数 1073.00 万人（2018 年）。希腊由巴尔干半岛南部的伯罗奔尼撒半岛和爱琴海中的 3000 余座岛屿构成，堪称欧亚非三大洲的枢纽之地。连接欧、亚、非三大洲的希腊，历史上是古代丝绸之路沿线重要节点之一，现在也是推进"一带一路"建设的重要国家之一。[②]西方文明发源地的希腊，其传统文化渗透到生活的各个方面，如希腊饮食、希腊服装等，使得希腊充满了自己的民族特色。

希腊文化积淀和历史遗迹分布在全国各地，仅联合国教科文组织评定的希腊珍贵世界遗产便有 18 处之多（包括文化遗产 16 项、文化与自然混合遗产 2 项）：包括巴赛的阿波罗·伊壁鸠鲁神庙、雅典卫城遗址等。

第六节　海上丝绸之路沿线国家文化旅游资源评价

海上丝绸之路沿线国家人文旅游资源极其丰富，空间分布广泛，集自然生态、历史遗址遗产、人文民俗于一体，旅游资源交相辉映，组合度高；旅游资源特色突出，如东南亚热带自然景观丰富，名胜古迹极富宗教色彩，民族风情多彩多姿，这是构建 21 世纪海上丝绸之路文化旅游圈的人文旅游基础。

一、自然旅游资源基础优良

（一）热带风光与滨海风光彰显魅力

东南亚各国大部分都拥有绵长的海岸线，泰国的芭堤雅海滩、马来西亚的波德申海滩、菲律宾的马尼拉海滩都是著名的海滨游览地。其中芭堤雅海滩度

① 嫩草.水城威尼斯[J].走向世界，2015（27）：92–97.
② 宋佳恒.东西方古国其命维新[N].中国文化报，2019–11–12.

假中心每年的旅游收入达到 10 亿美元。岛屿众多也是东南亚最独特的自然资源。东南亚最大的岛群由印度尼西亚 13000 多个岛屿和菲律宾约 7000 个岛屿组成，称为马来群岛，巴厘岛是印度尼西亚游客最多的海岛。东北非也是旅游资源异常丰富的目的地，拥有绵长的大西洋和地中海海岸线。欧洲国家的阳光、海滩和希腊爱琴海，都令游客神往。

（二）火山风光与江湖风光多姿多彩

东南亚是多火山地区，其中印度尼西亚就有 826 座火山，巴厘岛的火山给这座城市增添了许多色彩。东南亚的湄公河、萨尔温江等沿岸都有美丽的风景。同时，东南亚还有被联合国教科文授予的世界自然遗产，如越南的下龙湾、方芽——科邦国家公园；泰国的童·艾·纳雷松野生动物保护区、东巴耶延山 —考爱山森林公园；马来西亚的京那巴鲁国家公园、姆鲁山国家公园；印度尼西亚的苏门答腊热带雨林、科莫多国家公园、洛伦茨国家公园；菲律宾的汉密吉伊坦山野生动物保护区、图巴塔哈群礁自然公园和普林塞萨港地下河国家公园等；埃及尼罗河被称为"生命之河"，是世界上最长的河流；意大利威尼斯享有"因水而生，因水而美，因水而兴"的美誉，被称为"水上都市"。

（三）景观保持着自然和原始的本色

西亚和东北非既有阳光、沙漠等热带景观，也有森林、清泉、草地等的亚热带景致，还有绝美的海洋高山海洋，奇特的动物和植被，充满异国情调的人文环境。而且动植物很少遭受人类的侵扰和破坏，保持着原始的本色，体现着人与自然的和谐。① 有原始部落、金字塔、狮身人面像、东非大裂谷等。东北非沙漠广布，有闻名遐迩的撒哈拉大沙漠。沿线还有乞力马扎罗山、肯尼亚火山和埃塞俄比亚高原。北非的沙滩、阳光、海上航行和森林漫步也颇受游客青睐。肯尼亚的国宝级国家公园马赛马拉被认为是世界上壮观的野生动物保护区之一。坦桑尼亚塞伦盖蒂国家公园也是联合国世界自然遗产地、世界著名天然野生动物王国。

---

① 骆高远. 非洲旅游资源及赴非旅游研究 [J]. 消费经济，2012（3）：57–60.

二、人文旅游资源基础厚重

（一）宗教文化旅游资源丰富多彩，品位高

宗教建筑、宗教艺术、宗教活动和宗教仪式是重要的人文旅游资源。公元前3世纪印度阿育王就派使团到东南亚传播佛教，佛教文化由此在东南亚根深蒂固。[①]泰国、老挝、缅甸、柬埔寨、越南都信奉佛教，曼谷被誉为"佛寺之都"。建于1784年的玉佛寺是泰国的象征和标志，是游客到泰国旅游必游之地，寺内供奉着被称为泰国国宝的玉佛像，是泰国皇室举行国家级重要仪式专用的最高级别寺院。四面佛也是泰国香火最鼎盛的膜拜据点之一。有"东方五大古迹"之称的印度尼西亚婆罗浮屠是世界最大的古老佛塔，大约建于778年，每年吸引众多游客前来朝拜，展示了宗教文化旅游的魅力。东北非还有"非洲奇迹"之称的埃塞俄比亚的拉力贝拉岩石教堂。

西亚、东北非等阿拉伯国家的宗教旅游资源分布非常广泛，宗教圣地也具有世界影响力，伊斯兰教三大圣地是麦加、麦地那、耶路撒冷，每年都有成千上万的伊斯兰教信徒汇集到麦加朝觐。沙特由此成为伊斯兰教从宗教旅游中获益最大的阿拉伯国家。宗教名胜具有多教合一性，耶路撒冷不仅是犹太教和基督教的圣地，也是仅次于麦加和麦地那的伊斯兰教的第三大圣地。宗教文化具有世俗生活性，宗教文化存在于各种宗教文化遗产中，吸引信徒和非信徒从事旅游活动。阿拉伯国家的多个世界遗产都具有宗教文化背景，其所拥有的73处世界遗产中，有不少属于宗教名胜。如埃及西奈半岛上的圣卡特琳娜地区、开罗伊斯兰古城、阿布·米纳，也门的萨那古城，伊拉克的萨迈拉古城。

（二）民族风情浓郁，特色鲜明

东南亚有400多个民族，是世界上民族文化最为丰富的地方，被誉为"世界民族的博物馆"。如越南有54个民族，其中人口在50万人以上的民族有6个：京族（也叫越族）、岱依族（壮族）、泰族（傣族）、华族（即华人）、高棉族、芒族、依族（壮族）。京族是越南的主体民族，占越南总人口的80%以上。泰

---

① 梁珍铭，李亚，刘敏，黄璐. 东南亚旅游景观形成背景条件及特点分析 [J]. 对外经贸，2012（1）：48-50.

国也有 30 多个民族，泰族是泰国的主体民族，占人口总数的 40%，其次为佬族，占人口总数的 35%，华族占 10%，马来族占 3.5%、高棉族占 2%。此外，还有苗、瑶、桂、汶、克伦、掸等 20 多个山地民族[①]，泰国清迈居住着以脖子长为美的长颈族。东南亚特色的民俗风情具有浓郁的生活气息，吸引众多游客前去观赏和体验。东南亚的热带小村庄也非常有特色。

三、沿线国家文化旅游发展的资源产品基础

（一）文化旅游吸引物

文化旅游吸引物是由"器"向"道"的转变，即文化资源向文化旅游产品发展的过程。东南亚文化旅游吸引物可归为六类：一是历史类，包括古迹遗迹、宫殿城堡和古典园林，其中柬埔寨的吴哥窟、印度尼西亚的婆罗浮屠、缅甸的蒲甘为古迹遗址类；泰国的大皇宫和柬埔寨女王宫是宫殿城堡类；柬埔寨的金边王宫和波哥山避暑地属于古典园林。二是文物类，包括泰国的阿瓦罗甘旦舜菩萨像和柬埔寨的般若波罗蜜多。三是民俗风情类，可分为服饰、民间传统工艺、工艺品、特色城镇和典型民俗村寨，如马来西亚的娘惹服饰和越南的奥黛；民间传统工艺类有菲律宾的刺绣等。四是宗教艺术类，有宗教建筑、艺术园区和影视文化基地，如宗教建筑就包括老挝的塔銮寺。五是求知科学类，包括各种博物馆、修学旅游的场馆和设施，工业、农业旅游等场馆和设施，如新加坡艺术博物馆、越南人类学博物馆。六是文化活动类，包括节庆节事活动、宗教活动、艺术表演和文化艺术节，如菲律宾阿提阿提汗狂欢节等。

南亚历史文化悠久，拥有丰富而多样的旅游文化资源。印度、斯里兰卡等国都是文明古国，后发潜力巨大，在旅游热度排行榜中也占据抢眼的位置。

作为人类古代文明发祥地之一的西亚有着很丰富的旅游资源，古代西亚各族人民在长期的社会实践中创造了光辉灿烂的文化，对世界文化的发展产生过相当重要的影响。阿联酋迪拜拥有丰富的历史遗迹，迪拜→阿布扎比→迪拜是阿联酋著名的文化旅游精品线路，阿布扎比是阿拉伯联合酋长国的首都，也是

---

① 赵明龙，等 . 中国—中南半岛旅游走廊建设研究 [M]. 北京：中国旅游出版社，2020：70-72.

世界十大最贵旅游城市之一。西亚的人文遗迹、异域美食、当地文化是旅行者最期待的体验，他们最兴趣的是探索古代文明城市，参观联合国教科文组织世界遗产，品尝沿线的当地美食，参加当地的节庆活动，参观艺术展览及博物馆。

东非拥有世界最古老的古人类遗址（肯尼亚曾出土距今约 250 万年前的人类头盖骨化石）、部族文化和独特的习俗等。在全球旅游业蓬勃发展的大背景下，非洲凭借着丰富的旅游资源及政府的大力支持，旅游业呈现快速发展的趋势，旅游业已成为非洲国家脱贫的重要途径之一，有些已经成为国民经济的支柱产业。但目前许多独特和高品质的旅游资源没有得到很好的开发。

欧洲是见证人类文明和成就的大陆，人文荟萃，景色千姿百态。其中，意大利壮观雄伟的古斗兽场和威尼斯贡多拉上的歌声，都是海上丝绸之路的名胜。欧洲旅游业发展较早，如今在产业化模式，服务、交通、市场等方面都具有相对优势。从欧洲国家文化旅游发展现状看，意大利、希腊、西班牙已经成为历史文化旅游的主要接待国，意大利和法国、西班牙也成为世界上最主要的客源输出国和旅游目的地，威尼斯等成为世界著名的文化旅游名城。尽管各国接待游客数量上存在差异，但总体上欧洲的遗产观光在近 30 年增长了 100%。

（二）沿线国家主要的世界文化遗产

1. 物质文化遗产

物质文化遗产有文化景观、宗教建筑历史城市遗址、历史城镇及考古遗址四种类型，沿线国家是世界文化遗产的富集区，至 2019 年，中国拥有 55 项世界自然遗产和 37 项世界文化遗产，世界遗产数量与意大利并列为世界第一位。东南亚共有 39 项遗产列入世界遗产名录，其中世界文化遗产 25 项，占 63%，世界自然遗产 14 项。南亚国家斯里兰卡拥有世界文化遗产 6 项、世界自然遗产 2 项。巴基斯坦也拥有 6 项世界遗产，还有 18 项预备名单等待被列入世界遗产名录。据不完全统计，海上丝绸之路沿线国家的世界文化遗产见表 4-1。

表 4-1　海上丝绸之路沿线国家列入联合国教科文组织世界文化遗产名录的主要项目

东南亚	老挝的琅勃拉邦古城，占巴塞文化景观内的瓦普庙和相关古民居，川圹巨石缸遗址——石缸平原；泰国的大城府，素可泰历史城镇及相关历史城镇，班清考古遗址；马来西亚的历史名城马六甲和乔治城；菲律宾的巴洛克教堂，科迪勒拉山的水稻梯田，维甘古城；新加坡的植物园；印度尼西亚的婆罗浮屠寺庙群，普兰班南寺庙群，桑吉兰早期人类遗址，巴厘省文化景观，沙哇伦多的翁比林煤矿遗产；越南的会安古城，美山遗址，升龙—河内皇城中心区，胡城遗址，顺化历史建筑群；柬埔寨的吴哥窟，三波坡雷古寺，柏威夏寺；缅甸的骠国古城，蒲甘
南亚	印度的阿格拉古堡，阿旃陀石窟群，埃洛拉石窟群，泰姬陵，默哈伯利布勒姆古迹群，科纳拉克太阳神庙，果阿的教堂和修道院，哥特式风格建成的孟买高等法院；巴基斯坦的拉合尔古堡和夏利玛尔公园
西亚	伊朗的伊兰园，萨珊王朝考古遗迹；阿曼的沟尔汉古城；沙特阿拉伯的哈萨绿洲；阿联酋的艾恩文化遗址；土耳其的伊斯坦布尔老城区，内姆雷特山，棉花堡及希耶若波利斯古城，桑瑟斯和莱顿遗址，萨夫兰博卢城，迪夫里伊大清真寺和医院，特洛伊遗迹，塞利米耶清真寺及建筑群，恰塔霍裕克新石器遗址，哈图沙，布尔萨和居马勒克孜克古村落，贝尔加马古城以及多层次古迹，迪亚巴克尔城堡和哈乌塞尔花园，以佛所古城，梅雷梅国家公园、卡帕多西亚石窟建筑
东北非	埃及的金字塔，孟菲斯及其墓地金字塔，底比斯古城及其墓地，阿布辛拜勒至菲莱的努比亚遗址，阿杰尔高原；坦桑尼亚的桑给巴尔石头城，孔多阿岩画遗址，基尔瓦和松加曼纳拉遗址；肯尼亚的米吉肯达卡亚圣林；莫桑比克的莫桑比克岛；埃塞俄比亚的阿克苏姆古城遗址，蒂亚遗址，孔索文化景观
南欧	意大利的梵尔卡莫尼卡谷地岩画，罗马历史中心，绘有达·芬奇《最后的晚餐》的圣玛丽亚感恩教堂和多明戈修会修道院，佛罗伦萨历史中心，威尼斯及其泻湖，比萨大教堂广场，圣吉米尼亚诺历史中心，马泰拉的石窟民居和石头教堂花园，维琴查城和威尼托的帕拉迪恩别墅，阿达的克里斯匹，文艺复兴城市费拉拉城及其波河三角洲，那不勒斯历史中心，锡耶纳历史中心，蒙特堡，拉文纳早期基督教名胜，皮恩扎历史中心，阿尔贝罗贝洛的圆顶石屋，卡塞塔的 18 世纪花园皇宫，凡韦特里水渠和圣莱乌西建筑群，阿克里真托考古区庞培，庞贝、赫库兰尼姆和托雷安农齐亚塔考古区，摩德纳的大教堂、市民塔和大广场，萨沃王宫，卡萨尔的罗马别墅，意大利伦巴第人遗址，20 世纪工业城市伊夫雷亚，巴勒莫的阿拉伯—诺曼风格建筑群以及切法卢大教堂和蒙雷阿莱大教堂，科内利亚诺和瓦尔多比亚德尼的普罗塞克起泡酒产地，圣母百花大教堂；希腊的巴赛的阿波罗·伊壁鸠鲁神庙，雅典卫城，德尔菲考古遗址，阿斯克勒庇俄斯圣所，阿索斯山，罗德岛中世纪古城，梅黛奥拉，早期基督教和拜占庭古迹，米斯特拉斯考古遗址，奥林匹亚遗址，提洛岛遗址，达夫尼、俄西俄斯罗卡斯和希俄斯新修道院，赫拉神殿遗址，维尔吉纳遗址，迈锡尼和梯林斯遗址，天启洞穴和圣约翰修道院，科孚古城

　　资料来源：东南亚资料来源于李爽，林德荣.21 世纪海上丝绸之路东南亚国家文化旅游 [M].广州：广东旅游出版社，2017；南亚、西亚、东北非、南欧资料来自网络资料。

2. 非物质文化遗产

东南亚非物质文化遗产可分为六类，主要包括口头传承、表演艺术、传统音乐、传统知识记忆、节庆、社会风俗等。口头传承类以印度尼西亚佳美兰（"诗经"）、菲律宾的伊夫高人哈德哈德圣歌和马拉瑙民族的《达拉根》史诗、新加坡鱼尾狮传说为代表；表演艺术类以越南的嘲剧和㗰剧、印度尼西亚的哇扬戏、柬埔寨的皇家芭蕾舞剧和高棉皮影戏、泰国孔剧、文莱高甲戏为代表；传统音乐以马来西亚马来民歌和越南的宫廷雅乐为代表；传统知识类以越南的磨漆画工艺、印度尼西亚的克里斯短剑艺术和泰国清迈的民间工艺为代表；社会风俗类以泰国民间斗鸡和泰拳、越南的民间庙会、文莱的斯里巴加湾水上村落民俗、缅甸古典戏堂会和马来西亚的沙捞越马来鼓文化为代表；节庆文化以泰国宋干节、老挝火箭节（焰火节）和缅甸的结夏节（结夏点灯节）为代表。这些类属呈现出活态性、表演性、社会性、传承性特征。

南亚国家也有诸多的非物质文化遗产，如印度瑜伽于 2016 年入选联合国教科文组织世界非物质文化遗产名录，孟加拉国庆祝新年 Mangal Shobhajatra 节习俗已列入世界非物质文化遗产名录。西亚和东北非国家也有不少非物质文化遗产入选世界非物质文化遗产名录或急需保护的非物质文化遗产名录，仅说书艺术类就有伊朗戏剧化叙事那卡力、土耳其的迈达赫（公共场所说书人）艺术，还有阿拉伯联合酋长国和阿曼苏丹国的热孜法传统表演艺术、也门的萨那歌曲和埃及黑拉里亚史诗等。

第五章　中国与海上丝绸之路沿线国家的
文化旅游合作现状与形势分析

文化旅游合作是促进中国与海上丝绸之路沿线国家合作的重要举措，是构建 21 海上丝绸之路文化旅游圈的基础。2013 年以来，我国积极推动建立中国—东盟、中国—中东欧等一系列文化旅游合作机制，利用中意（大利）、中南（非）等人文交流机制拓展与海上丝绸之路沿线国家合作空间，成立了中国驻曼谷旅游办事处，先后举办中国—中东欧、中国—东盟、中国—欧盟等 10 余个文化年和旅游年活动等。依据区域旅游合作理论、核心—边缘理论、"点—轴"渐进式扩散理论等相关理论，本章将梳理、研究和分析中国与海上丝绸之路沿线国家和地区文化旅游合作概况及发展趋势。

第一节　中国文化旅游业发展现状

一、国内旅游持续增长

2010 年至 2018 年，全国国内旅游人次从 21.03 亿人次增加到 60.06.亿人次，年均增长 12.87 %；2019 年旅游业对 GDP 的综合贡献为 10.94 万亿元，占 GDP 总量的 11.05%。[①]。

---

① 李俐.文旅部：2019 年旅游总收入 6.63 万亿元，占 GDP 总量的 11.05%[N].北京日报，2020–03–10.

由表 5-1 和图 5-1 可以看出，闽粤桂琼四省（区）国内旅游人数呈上升趋势，福建由 2010 年的 11957 万人次上升至 2019 年 52687 万人次，年均增长 17.91%；广东由 18854 万人次升至 49400 万人次，年均增长 11.30%；广西由 14074 万人次上升 87000 万人次，年均增长 22.43%；海南从 2521 万人次升至 8168 万人次，年均增长 13.95%。从四省（区）的这一指标看，广西接待国内旅游人数发展迅速，连续四年超过广东，位居榜首。海南接待国内游客曾有所下滑，2018 年比 2017 年下降 6.48%，但 2019 年迅速回升，达 8168 万人次。从四省（区）接待国内旅游人次看，广西旅游接待人数在 2010—2014 年都低于广东，但自 2015 年以后高于广东，2017—2019 年飙升，无论在量上还是速度方面，已领先四省（区）。

表 5-1　闽粤桂琼接待国内旅游人数　　　　　　　单位：万人次

年份	2010	2011	2012	2013	2014	2015	2016	2017	2018	2019
福建	11957	14230	16660	19542	22888	26129	30864	37534	45139	52697
广东	18854	21068	23912	26753	29407	32780	36200	40740	45300	49400
广西	14074	17257	20778	24264	28565	33661	40419	51812	67800	87000
海南	2521	2920	3239	3597	4723	5276	5949	6633	6203	8168
全国	210300	264100	295700	326200	361100	400000	444000	500000	553900	600600

资料来源：2011—2019 年福建统计年鉴、广东统计年鉴、广西统计年鉴、海南统计年鉴和 2020 年中国统计年鉴。表 5-2 至表 5-4、图 5-1 至图 5-4 皆同此。

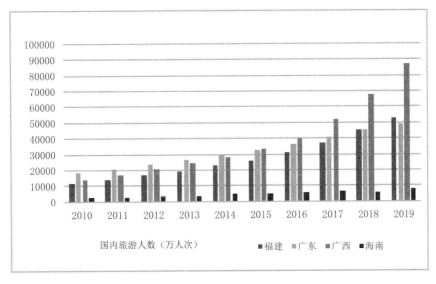

图 5-1　2010—2019 年闽粤桂琼国内旅游人数变动情况

从表 5-2 和图 5-2 分析与计算可知，四省（区）国内旅游收入均呈稳步上升趋势，广东国内旅游收入稳步上升，8 年来一直名列前茅，由 2010 年的 2965 亿元升至 2019 年的 13700 亿元，2018 年广东国内旅游收入占全国国内旅游收入的 28.89%，年均增长 18.54%；福建国内旅游收入从 2010—2012 年高于广西，2013—2014 年与广西基本持平，到 2015 年后低于广西，福建年均增长 22.37%；广西年均增长 30.71%；海南国内旅游收入是四省（区）中最低的，至 2019 年达 992 亿元，年均增长 17.30%。广西与广东相比，尽管国内旅游人数高于广东，国内旅游收入增幅较大，但与广东差距拉大是不争的事实。这表明广西旅游业发展质量不高，而海南一直在缓慢增长，与国际旅游岛地位不相称。

表 5-2　闽粤桂琼四省（区）国内旅游收入统计表　　　单位：亿元

年份	2010	2011	2012	2013	2014	2015	2016	2017	2018	2019
福建	1202	1444	1702	2003	2406	2798	3495	4571	6231	7393
广东	2965	3932	4808	5709	6801	7977	9200	10667	12256	13700
广西	898	1210	1579	1961	2495	3254	4047	5419	7436	9999
海南	236	299	357	408	490	528	610	767	898	992
全国	12580	19305	22706	26276	30312	34195	39390	45661	51780	57251

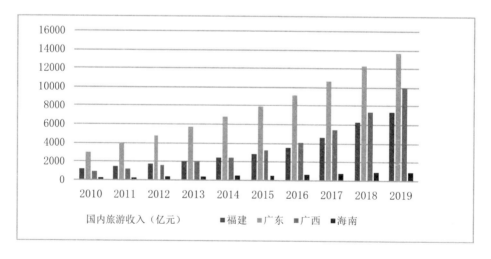

图 5-2　闽粤桂琼国内旅游收入发展情况

二、国际旅游平稳增长

（一）入境旅游人数稳中有增

1.四省（区）入境旅游人数

广东入境游客发展势头强劲，一直遥遥领先，2019 年，广东省入境游客是福建的 4.33 倍、广西的 4.31 倍、海南的 26.56 倍；广西迅速增长，跃居第二位；福建略有下降；海南平稳增长，但增幅不大。

表 5-3　闽粤桂琼入境旅游人数　　　　　　单位：万人次

年份	2010	2011	2012	2013	2014	2015	2016	2017	2018	2019
福建	368.14	427.42	493.67	512.13	544.98	591.45	680.79	775.41	901.24	870
广东	3199.15	3309.64	3500.66	3397.89	3355.44	3445.37	3518.38	3645.5	3748.06	3771.38
广西	250.24	302.8	350.27	391.54	421.18	450.06	482.52	512.44	562.33	876
海南	66.31	81.46	81.56	75.64	66.14	60.84	74.9	111.94	126.36	142

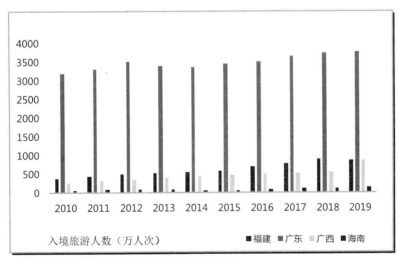

图 5-3　闽粤桂琼入境游客发展变化情况

2. 四省（区）旅游外汇收入

旅游外汇收入方面，广东依然保持其霸主地位，从 2010 年的 1238300 万美元增加到 2019 的 2052131 万美元，年均增长 6.51%，稳居榜首；福建近年来发展缓慢，年均增长 1.48%，2019 年达到 339845 万美元，排第三位；广西持续发展，2019 年达到 351128 万美元，排第二位，年均增长 17.75%，超过福建；海南近年来发展较快，年均增长 13.07%，但总量在四省（区）还是居于末位，外国游客消费少。

表 5-4　闽粤桂琼旅游外汇收入　　　　　　单位：万美元

年份	2010	2011	2012	2013	2014	2015	2016	2017	2018	2019
福建	297824	363444	422567	457338	491179	556140	662569	758803	282821	339845
广东	1238300	1390600	1561100	1627800	1710600	1788500	1857700	196500	2051174	2052131
广西	80700	105200	127900	154700	172800	191700	216400	239600	277773	351128
海南	32200	15092	34800	33100	26600	24852	35000	68100	77052	97237

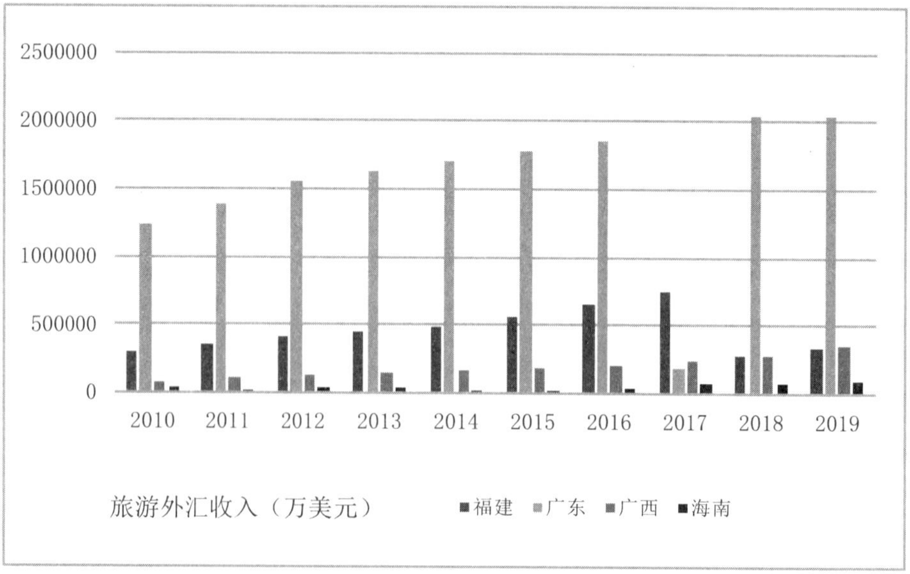

图 5-4　闽粤桂琼外汇旅游收入发展变化情况（万美元）

3. 中国入境旅游情况

从图5-5看出，我国入境旅游人数从2010年1.34亿人次增加到2019年的1.45亿人次。此时期，我国国际旅游起伏波动较大，2010—2014年，入境旅游人数历经了从较高时期进入下滑时期，2015年呈现快速回升。与此同时，入境旅游收入由2010年的458.10亿美元增加到2019年的1312.54亿美元，年均增长19.73%。2013—2014年，我国国际旅游收入徘徊在560亿美元左右，2015年迅速增长1倍，达到1136.5亿美元，以后平稳增长；2015—2019年保持平稳增长态势，2019年达到1312.54亿美元。

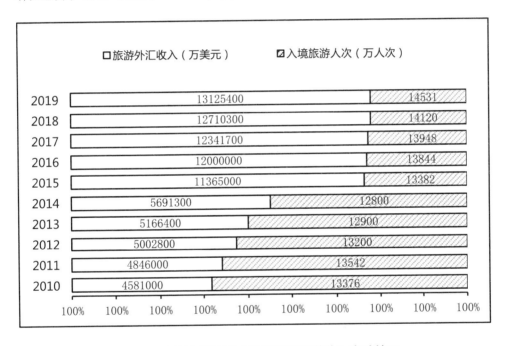

图5-5　中国入境旅游人次和国际旅游收入变动情况

资料来源：根据2011—2020中国统计年鉴整理。

文化和旅游部发布《2019年旅游市场基本情况》显示，从入境旅游市场来看，2019年我国入境旅游人数达1.45亿人次，旅客来源中，亚洲的人数占75.9%，美洲占7.7%，欧洲占13.2%，大洋洲占1.9%，非洲占1.4%。按入境目的划分，会议商务占13.0%；观光休闲占35.0%；探亲访友占3.0%；服务员工占14.7%；其他占34.3%。按入境的旅游人数进行排序，2019年我国主要国际客源市场前 20 位国家为缅甸、越南、韩国、俄罗斯、日本、美国、蒙古、马来西亚、菲律宾、新加坡、印度、泰国、加拿大、澳大利亚、印度尼西亚、德国、英国、朝鲜、法国、意大利（其中缅甸、越南、蒙古、印度、朝鲜含边民旅华人数）[1]。我国主要客源市场前 20 位国家中，有 9 个是海上丝绸之路国家。毗邻东盟的广西每年超过 300 万人次的入境游客中，近一半来自东盟国家。从花费总额看，外国人在华花费 771 亿美元，香港同胞在内地花费 285 亿美元，澳门同胞花费 95 亿美元，台湾同胞在大陆花费 162 亿美元。综合来看，入境客源市场结构已显露出优化趋势，"一带一路"沿线国家在入境旅游市场中的活跃度正在持续上升。[2]

（二）出境旅游增长较快

2013—2018 年中国出境旅游人数由 0.98 亿人次增加到 1.5 亿人次，年均增长 8.89%。2018 年我国保持世界第一大出境旅游客源国地位，比上年同期增长 3.0%。2019 年，出境旅游人数达 1.69 亿人次，比上年同期增长 3.3%，比 20 年前增长 17 倍。从出入境情况看，出境年均增长幅度较大，高于入境年均增长 7.24 个百分点。根据携程发布的《2019 国民旅游消费报告》，日本、泰国、美国、新加坡、马来西亚、澳大利亚、越南、英国、印度尼西亚、法国是最受中国游客欢迎的出境游十大热门目的地。[3]

（三）出境旅游高于入境旅游

从图 5-6 看出，2013—2019 年全国入境游客人数由 1.29 亿人次增加到 1.45 亿人次，年均增长 1.65%；出境旅游人数由 0.98 亿人次上升到 1.55 亿人次，年均增长 8.63%。2019 年，出境旅游人数达 1.69 亿人次，比上年同期增长 3.3%。期间，2013—2018 年，入境旅游市场大于出境旅游市场，但到 2018 年，出现了逆转势头，出境旅游由 2017 年的 1.29 亿人次上升到 1.5 亿人次，远远高于入

---

① 2019 年中国旅游行业总收入达 6.63 万亿元 入境旅游人数达 1.45 亿 [EB/OL]. （2020-03-13）. http://free.chinabaogao.com/gonggongfuwu/202003/03134S5402020.html.

② 把多勋，王瑞，陈芳婷. 基于"一带一路"建设的中国丝绸之路国际文化旅游廊道构建研究 [J]. 世界经济研究，2019（9）：97-104.

③ 最受中国游客欢迎的出境游十大热门目的地排行 [EB/OL]. （2020-01-02）. https://www.phbang.cn/life/travel/251940.html.

境旅游 0.1 亿人次。2019 年，出境旅游仍高于入境旅游 0.1 亿人次。

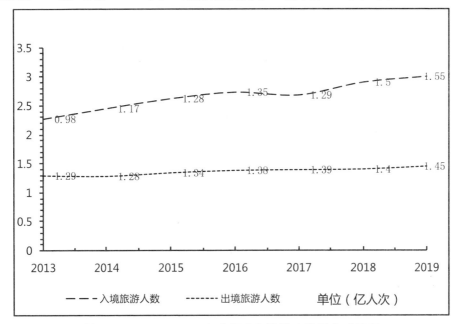

图 5-6　2013—2019 年中国出入境游客增长变动情况

资料来源：根据 2014—2020 中国统计年鉴整理。

三、旅游投资稳步发展

经过多年的发展，全国旅游投资延续了以民营资本为主、政府投资和国有企业为辅的多元主体投资格局。在投资方式上，PPP 模式、产业基金、兼并收购等成为热点，主要投资大型综合类文化旅游项目。

（一）旅游产业链多环节获得资本市场青睐

旅游业具有与其他产业相融合发展的优势，近年来，乡村旅游方面的投资催生出多家旅游行业独角兽。2020 年 5 月，浙江卓锐科技股份有限公司完成亿元级 B 轮融资。卓锐科技 B 轮融资由赛伯乐领投，财通资本、WCCO 扬州"运河之帆"投资基金等跟投。国内领先的酒店 PMS 服务商获得同创伟业 1.8 亿元 B 轮投资。打造特色文旅 IP 已成为旅游业的共识和发展方向。迪士尼凭借打造系列虚拟人物 IP、精心打磨故事 IP、开发 IP 衍生产品，构建起了极具内生力的 IP 商业帝国。随着抖音等新媒体不断发展，开元酒店集团于两年前就开始聚焦家庭旅行，发力打造特色 IP，在乡村酒店的运营方面提出了"自然生活成长营"特色体验概念，针对 3~12 岁孩子及其父母，以"陪伴孩子自然成长"为愿景，推动自然体验成为公众和家庭的一种生活方式，提供孩子持续的成长体验。目前该酒店已成为长三角地区炙手可热的亲子度假品牌。

（二）目的地资源端投资占据投资的主体

近年来，中国文旅产业投融资规模仍保持稳步增长的发展态势。新旅界研究院发布的《2019 年中国文旅产业投融资研究报告》显示，从目的地资源端来看，2019 年，我国目的地资源端新增投资项目 317 个，占全年文旅产业投融资事件总数的 73.55%。新增项目投资 17753.76 亿元，占全年文旅产业总投资的 99.30%。其中，景区投融资事件 22 起，酒店投融资事件 39 起，主题公园投融资事件 31 起，旅游演艺投融资事件 6 起，非标住宿投融资事件 6 起，文旅综合体投融资事件 109 起，文旅特色小镇项目 91 个，文旅产业园投融资事件 9 起。数据显示，目的地资源端投向文旅综合体投融资事件最多，金额最大；其次为文旅特色小镇项目。分销渠道端方面，2019 年分销渠道端企业获得融资金额 91.81 亿元，占全年文旅产业总投资的 0.51%；新增融资事件 41 起，占全年文旅产业投融资事件总数的 9.51%。产业服务端方面，2019 年产业服务端企业新增融资事件 73 起，占全年文旅产业投融资事件总数的 16.94%；获得新增融资 33.52 亿元，占全年文旅行业总投资的 0.19%。

（三）大型企业成为"一带一路"旅游投资的主体

近年来，在"一带一路"倡议下，中国资本也在中国游客的热门海外目的地投资酒店和房产，投资的主力军为国内大型企业，如中国海航集团、安邦保险集团对国际高端连锁酒店品牌的连续收购，海航买下希尔顿酒店全球四分之一的股份，安邦收购了纽约的华尔道夫酒店。2017 年以来，中国中天建筑集团和神州长城公司等大中型民营企业也先后进驻斯里兰卡，一批富有特色的高级宾馆、写字楼项目陆续开工建设。科伦坡港口城项目由中国交建全资子公司中国港湾工程有限责任公司投资开发，建成后将成为南亚区域的商务商业中心以及全球瞩目的旅游休闲中心。截至 2020 年年底，项目一期水工工程已全面完工，市政及园林工程已开工并稳步推进，项目招商引资及二级开发已拉开序幕。

中国游客的持续到来正在成为斯里兰卡旅游业深度发展的新动力。水上飞机是马尔代夫旅游业重要的基础设施和交通工具。2017 年 12 月，腾邦集团与 TBRJ 基金等组成的财团，全资收购了全球最大的水上飞机公司马尔代夫 TMA 集团 100% 的股权。而腾邦作为机票代理起家的旅游集团，向上游资源端进行延伸是企业真实的战略需求。香港中旅国际投资公司主要投资于南亚、东南亚地区，以海岛度假产品为主要投资标的。

与此同时，经济型连锁酒店积极向海外布局。2015 年上海锦江国际酒店集团加大了在欧洲的投资，收购了法国经济型连锁酒店卢浮宫集团，以及法国上市酒店集团雅高的 15% 股权。2017 年，这家香港上市公司通过其在上海上市的子公司锦江国际酒店发展股份公司收购了铂涛（Plateno）80% 股份。截至 2019 年年初，我国旅游企业在"一带一路"沿线国家在营的企业仅有 120 家，而西方发达国家在"一带一路"沿线国家投资的企业就有希尔顿、万豪和洲际等旅游集团。

（四）互联网企业投资热度高

从国内市场看，智慧酒店逐渐成形。继"智慧城市""智慧交通"等概念之后，人工智能、大数据等新技术逐步渗入酒店管理领域。2018 年，智慧酒店新局已经开启，大数据解决方案和技术供应商为酒店管理行业带来了新的想象空间。"大数据 + 人工智能"多场景赋能旅游服务。国旅运通 2020 年 4 月向武汉市场推出中国业内首个 AI 差旅聊天机器人"小通"。随着人工智能与大数据全面进入旅游产业链，旅游行业效率将出现颠覆性革命。

从国外市场看，2016 年，携程向印度最大的在线旅游机构 MakeMyTrip 投资 1.8 亿美元，使其包含可转债在内的 MakeMyTrip 股份占 MakeMyTrip 总流通股数量最多可达 26.6%。[①]2017 年 5 月，携程及其他投资人投资 MakeMyTrip 3.3 亿美元，11 月，携程收购了美国的旅游搜索平台 Trip.com，同月收购英国社交媒体 Twizoo。2018 年 1 月，携程子公司途风收购印度 B2B 旅游平台 Travstarz Global Group。2016 年成立的新旅界以打造旅游行业的彭博社为目标，专注旅游

---

① 沈仲亮，徐万佳，左登基.扩大中印旅游交流，开创两国合作新局面 [N]. 中国旅游报，2016–01–05.

行业的财经新闻报道，同时根据全产业链模式将旅游分为目的地资源、渠道分销和产业综合服务，目的地资源包括景区、主题公园、旅游演艺、滑雪、温泉、特色小镇、酒店、非标住宿；渠道分销端包括 OTA、B2B、定制游、主题游、在线短租、旅行社；产业综合服务分为规划设计院、运营管理商、其他产业综合服务商。截至 2017 年年底，覆盖旅游产业链企业数量约 600 家，积累超过 8 万旅游行业活跃用户，覆盖旅游行业投资机构、旅游集团、地方旅游主管部门、研究机构等影响旅游产业发展的行业领袖。

（五）公共社会投资依然热度不减

2017 年以来，旅游投资的重点子行业从跨境游转向交通食宿，同时旅游信息化的占比也有了明显的提升。2018 年，旅游业的兼并和收购也层出不穷。融创中国收购万达文旅集团和 13 个文旅项目的设计、建设和管理公司，总价约为 62.81 亿元。[①] 2020 年度，国内创业文旅企业发生的创投事件共计 33 起。其中，旅游分销及智能科技板块发生融资事件 19 起，占比为 57.58%；目的地资源及大住宿领域发生融资事件 10 起，占比为 30.3%；其他融资占 12%。微度假、周边游等领域投资火热，智能化、数字化升级等渐成小风口。[②]

（六）旅游市场投资加速布局

中国旅游企业纷纷"走出去"，开始在泰国、菲律宾等东盟旅游市场落地布局。如驴妈妈旅游 2017 年在菲律宾长滩岛设立了中文游客中心，中国在老挝、缅甸、柬埔寨等国投资了大量旅游相关项目。越南民间资本活跃，据报道，位于广宁下龙湾附近的首个私人投资的国际机场——云屯国际机场于 2018 年 12 月 30 日正式进入运营。该机场开设有 9 条航线，日接待旅客能力为 7000 人次。同日，下龙—云屯高速公路和首个专业国际邮轮码头下龙国际邮轮码头也正式通车和投入使用。这三个项目的投运对促进越南广宁旅游业的强劲发展起了重要作用。

---

① 张敏. 2018 年旅游投资热度不减 [N]. 国际商报，2019-01-21.

② 梳理文旅赛道 33 起创投事件 我们发现这几个趋势 [EB/OL]. （2021-01-16）. https://www.sohu.com/a/444427278_476087.

四、文化遗产保护加快推进

古代丝绸之路是人类共同的财富，也是应该共同保护的遗产。海上丝绸之路作为一项持续时间长达 2000 多年、范围覆盖大半个地球的人类历史活动和东西方文化经济交流的重要载体，中国海上丝绸之路沿线地区的一些始发港及城市在不同的历史年代，都发挥了重要作用，其历史遗产已纳入世界遗产委员会的视野。

（一）重视文化遗产保护

1985 年，我国正式加入联合国教科文组织《保护世界文化与自然遗产公约》。30 多年来，中国在世界遗产保护管理方面逐渐总结出一套既符合国际规则又适合中国国情的实践经验，推动了中国与国际组织和其他国家的实质性合作。

（二）加快海上丝绸之路申遗进程

从 2001 年起，泉州高举"海丝"申遗旗帜；"海上丝绸之路：泉州史迹"曾于 2006 年和 2012 年两次列入中国申遗预备名单；由泉州主要发起的"海丝"申遗活动，得到国内其他城市如广州、宁波、南京等的认同与响应，2012 年"海丝"申遗城市已达 9 个；2014 年 11 月，申遗的 9 个城市代表签署了《联合推动"海上丝绸之路"文化遗产列入〈世界文化遗产名录〉——"泉州共识"》文件。2015 年 9 月，联合国海陆丝绸之路城市联盟成立大会在北京举行，泉州是创始成员。①

2016 年 2 月，国务院主持召开了"海上丝绸之路"申遗协调会，会议明确由国家文物局牵头正式启动"海上丝绸之路"申报世界文化遗产工作，并将其作为我国 2018 年项目组织申报。2016 年 3 月，国家文物局正式明确的"海上丝绸之路"申遗首批遗产点为 29 处，涉及福建省泉州市、漳州市、莆田市，广东省广州市、江门市，江苏省南京市以及浙江省宁波市、龙泉市等四省 8 个设区市。同年 8 月，国家文物局在北京召开海上丝绸之路申遗工作会议，研究部署"海丝"申遗下一阶段的工作任务。泉州、广州、南京、宁波等 8 个城市的

---

① 泉州列入海丝申遗的遗产点 14 个　申遗梦泉州牵头 [EB/OL]．（2016–09–23）．http://qz.fjsen.com/2016–09/23/content_18495581_2.htm.

政府代表等出席了会议。会议议定了近期各地的总体任务和各遗产点在本体保护、展示、环境整治等方面的任务清单和时间表。9 月，国家文物局明确将泉州、广州、宁波、南京、漳州、莆田、丽水、江门 8 个城市共 31 个遗产点列入首批"海丝"申遗点，阳江市"南海 I 号沉船及沉船点"作为关联点。[①] 泉州申遗点数量最多，占全国总数近一半。

2017 年 1 月，中国联合国教科文组织正式推荐海上丝绸之路最具代表性的港口城市"古泉州（刺桐）史迹"作为 2018 年世界文化遗产申报项目。[②] 11 月，"海上丝绸之路沉船与贸易瓷器国际馆长论坛"在南京市博物馆举办。来自新加坡、肯尼亚、斯里兰卡等国及国内近 30 家著名文博科研单位的专家学者，就"海上丝绸之路"展开专题学术研讨。[③]"海上丝绸之路"申遗项目将由"海上丝绸之路"的沿线国家，在联合国教科文组织协调下进行联合申报。

2018 年 6 月，泉州承办海上丝绸之路申遗国际研讨会，邀请海内外专家学者齐聚泉州一起探讨本次"海丝"申遗的申报方向、策略，加强"海丝"文化遗产学术研究和对外交流合作。编辑出版《泉州文博·海丝专刊》《海交史研究》、"海交馆学者丛书"等。目前，几个联合申遗的城市已经初步选定出 30 个申遗文物点，其中泉州占了一半多。[④]

2018 年 6 月，"海上丝绸之路：研究保护合作"国际学术研讨会在广东省广州市举行。中央国家机关的专家学者[⑤] 以及英国、印度、斯里兰卡、韩国等国文化遗产专家出席了会议，与会专家围绕海上丝绸之路研究、保护、合作主题，对加强海上丝绸之路保护申遗、分类制定海上丝绸之路跨国申遗和国内联合申

---

① 孙勇才，孔铎. 盛世重光：21 世纪海上丝绸之路 [J]. 中国建设信息化，2017（11）：66-68.

② 许雅玲."古泉州（刺桐）史迹"申报 2018 年世界文化遗产 [N]. 泉州晚报，2017-01-26.

③ 南京市博物总管：CHINA 与世界——海上丝绸之路沉船与贸易瓷器大展 [N]. 中国文物报，2017-11-24.

④ 陈楚亮，黄健雄. 关于新赋予地方立法权的设区的市立法能力建设若干问题的思考——以《泉州市海上丝绸之路史迹保护条例》的制定为视角 [C]. 第八届全国部门法哲学研讨会会议论文集，2016-11-25.

⑤ 孟欣. 各方携手，推进"一带一路"国际合作 [N]. 中国文化报，2018-07-28.

遗策略，加强海上丝绸之路文化遗产合作保护和成果共享，联合打造具有海上丝绸之路特色的旅游产品和遗产保护品牌进行了广泛交流、深入探讨。

2019 年 5 月中旬，"2019 海上丝绸之路保护和联合申报世界文化遗产城市联盟联席会议"召开。会议审议公布了《海上丝绸之路保护和联合申报世界文化遗产三年行动计划（2019—2021）》。[①]

2019 年 11 月，由国家文物局、澳门特别行政区政府社会文化司主办的"海上丝绸之路国际学术研讨会"在澳门举行。会议签署《国家文物局与澳门特区政府社会文化司关于推动海上丝绸之路文化遗产保护与申报世界遗产的协议》。

（三）不断推进海上丝绸之路申遗联展

早在 1993 年，泉州曾与广州联合到新加坡开展"海丝"联展。泉州海交馆建馆 55 年来，曾多次引进外地文物到馆展览。2014 年 11 月，九城市文化遗产精品联展在泉州海外交通史博物馆伊斯兰文化陈列馆正式开展。展会紧紧围绕"海上丝绸之路"的题中之义，展览主题为"跨越海洋"，主要展出 9 个"海丝"申遗城市"海上丝绸之路"发展中遗留的文物实物和图片资料等。参展城市有泉州、蓬莱、北海、南京、扬州、宁波、福州、漳州和广州。这是泉州海交馆自 1959 年创建以来规模最大的文物联展。

2017 年 12 月，首届海上丝绸之路非物质文化遗产展在福建泉州开展，前来参展的 7 个国家分别是突尼斯、伊朗、尼泊尔、土耳其、越南、柬埔寨、巴基斯坦。2019 年 11 月，第二届海上丝绸之路非物质文化遗产展在泉州正式开展。该展以"一条海上丝路，万千非遗瑰宝"为主题，突出非遗保护成果、产品开发创新和项目活态展示三大特色，展出来自亚洲、欧洲、非洲 10 余个国家，以及国内 20 多个省（自治区、直辖市）的 130 个非遗项目、共 1000 多件展品，包括突尼斯手工纺织毯、印度卡拉姆卡里、韩国韩纸绳编、约旦马赛克拼贴、土耳其湿拓画、泰国孔剧面具、南非兽皮画、意大利西西里传统手绘、科威特蛋雕等。众多国家级非遗项目传承人进行现场展示、展演。

（四）共同推动文化遗产保护立法

广西、福建等省（区）人民代表大会分别通过了非物质文化遗产保护条例，

---

① 张向冰. 挖掘历史遗产，弘扬海丝文化 [N]. 中国海洋报，2019-06-03.

把地区性的非物质文化遗产保护工作纳入法律框架。[①]以福建省泉州市和莆田市为例，2016 年 12 月，泉州市政府把《泉州海上丝绸之路史迹保护条例》确定为泉州获得地方立法权的首部实体法[②]，并于 2017 年 1 月起施行。这是泉州"海丝"文化保护、发掘和传承的历史文化保护类地方性法规，也是泉州拥有地方立法权之后第一部实体法立法项目。莆田市政府办公室发布了《福建省莆田市"海上丝绸之路·中国史迹"文化遗产保护办法的通知》（莆政办〔2016〕196 号）。广东省"海丝"重镇江门市在组织开展"海丝"立法申遗点考察的基础上，形成了《江门市海上丝绸之路文化遗产保护办法》草稿[③]，并纳入《江门市 2016 年度政府规章制定计划》。《江门市海上丝绸之路文化遗产保护办法》于 2016 年 10 月 1 日起施行。《江门市海上丝绸之路文化遗产保护条例》的立法工作于 2018 年完成。这是在"海丝"申遗城市中率先完成"立法、保护、整治、展示""海丝申遗四大件之一"的城市。广东"海丝"馆一直高度重视南海 I 号保护立法工作，自 2014 年南海 I 号参与"海丝"申遗工作时，便着手考虑南海 I 号地方保护立法的制定。2018 年 6 月，国家文物局在江门市召开海上丝绸之路文化遗产立法保护研讨会，以"海丝"文化遗产为切入口，探讨交流加强文物立法保护，不断完善文物保护法律体系。2019 年 3 月 1 日，《阳江市"南海 I 号"古沉船及遗址保护规定》正式施行。

（五）海上丝绸之路沿线各省（区）的行动

1. 福建

福建省历来重视海上丝绸之路文化遗产保护，早于 2003 年就发布了《海上丝绸之路泉州史迹保护管理办法》。近年来，福建省以海上丝绸之路申报世界文化遗产为主要抓手，推动学术研讨交流、海上丝绸之路文化遗产保护、水下文物保护利用并举，并推动和指导泉州、福州、漳州、厦门等地开展相关工作，共同策划、推进一批重点"海丝"文物保护项目建设。为了加强对文物的保护，2016 年泉州市建立"海丝"文化遗产的检测巡查机制，用数据来说话，测算文

---

① 黄淑谣，符巧第. 海南非物质文化遗产保护现状与分析 [J]. 新东方，2012（6）：32–37.

② 许雅玲. 遗址独特性在城市建设中得到有效保护 [N]. 泉州晚报，2016–06–08.

③ 谌磊. 广东海上丝绸之路申遗新进展 [N]. 中国文物报，2016–08–26.

物的保存现状。启动建设中国海上丝绸之路博物馆。还升级改造泉州海交馆"海上交通史陈列馆"，并重新布馆，年底之前完成建设"海上丝绸之路世界文化遗产展示馆"。2017年福建省全力推进"海丝""申遗"工作，支持和指导泉州做好牵头城市，组织泉州、莆田、漳州三地按照既定工作步骤，在联合"申遗"机制的完善、申报文本和保护管理规划的编制、遗产本体保护修缮、周边环境整治、遗产展示和档案建设方面，力争通过国际古迹遗址理事会专家的现场评估考察。这些措施对加强"海丝"史迹的保护、促进"海丝"史迹的合理利用、传承优秀历史文化遗产具有重要意义。

2. 广东

广东早于2014年就编制了《广东海上丝绸之路旅游合作发展规划（2014—2020年）》。2017年，广东省组织"广东十大海上丝绸之路文化地理坐标"评选活动，经过专家评定，广州十三行（博物馆、锦纶会馆、粤海关博物馆等）、广州黄埔古港、深圳南头·赤湾丝路历史文化古迹、汕头樟林古港、梅州松口古镇、湛江徐闻古港、茂名滨海新区海丝遗迹、清远浈阳峡、潮州宋代笔架山窑和揭阳惠来沿海"海丝"遗迹等被评为"广东十大海上丝绸之路文化地理坐标"。2017年11月，广东拟用13年时间，把南粤古驿道打造成知名"世界文化遗产"。广东省住建厅、省体育局等4厅局联合发布《广东省南粤古驿道线路保护与利用总体规划》，提出2020年年底在全国建立"南粤古驿道"品牌效应，并努力在2030年成为世界知名的"世界文化遗产"。

广州市。2007年起，广州市委、市政府启动"海丝"申遗工作。2017年4月，国家文物局主持召开会议，广州被推举为海上丝绸之路保护和申遗城市联盟牵头城市。2019年5月，广州市文物考古研究院加挂海上丝绸之路（广州）文化遗产保护管理研究中心和南汉二陵博物馆牌子，具体承担海上丝绸之路广州史迹保护和申遗的基础性工作。

湛江市。近年来，湛江市徐闻县不断加强海上丝绸之路的宣传、保护和开发，取得了明显的成效：一是举办海上丝绸之路学术研讨会，提升景区的"海丝"内涵，凸显徐闻海上丝绸之路文化；二是编辑出版一系列有关徐闻海上丝绸之路始发港的文集；三是建设博物馆；四是对全县汉代遗址进行了全面的普查并建立档案；五是在严格保护的基础上，整治村庄村容村貌，在此基础上建起大汉三墩旅游景区，进一步挖掘"海丝"资源，通过保护修缮逐步形成景点线路，大力推进文化与旅游结合，支持"海丝"相关名胜古迹的保护与修缮工作，如霞山法式风情街的保护、修缮和开发，赤坎三民古街区建设、徐闻大汉三墩旅游区建设、雷祖祠保护与修缮等，使湛江市一批"海丝"旅游资源重新焕发光彩。

阳江市。借助"南海 I 号"，由省财政直接拨款 1.6 亿元的广东海上丝绸之路博物馆项目已建成。该馆是国内将宋代沉船水下考古现场发掘向观众开放、高起点打造的动态博物馆，是国家二级博物馆，也是国家 AAAAA 级旅游景区。该馆综合运用 VR 影片、互动投影、三维技术等虚拟结合的手段，建设数字化信息展示项目，一共有 4 个体验项目，分别是历代丝路航海图、遗珍探秘、丝路传奇、海底世界 VR 体验。通过这些体验，观众可以身临其境地获得古代海上丝绸之路以及"南海 I 号"历史馆藏精华的数字化体验。2019 年春节期间，海丝馆共接待观众 34778 人次，同比 2018 年增长 26.87%，门票、文创等收入同比 2018 年增长近 3 成，特别是文创收入同比 2018 年增长近 4 倍。依托广东海上丝绸之路博物馆馆藏南海 I 号及其出水文物资源，中山大学与阳江市人民政府共同成立的海上丝绸之路（南海 I 号）研究中心，将重点围绕古代沉船保护、海洋考古、"一带一路"历史文化等研究领域开展科学研究，共同建设和运行联合研究平台。

江门市。江门是唐宋时期广州通海夷道上的重要港湾，近年来已完成了新会官冲窑址、上川岛大洲湾、天主教墓堂、广海镇紫花岗摩崖石刻等相关史迹点考古调查勘探、专题调研、资料整理以及申遗文本编写、保护规划纲要编写等工作，成为广东省新增五个"海丝"申遗城市中交头卷的城市。文物本体保护工程是"海丝"申遗工作中的一项重要内容。2019 年 11 月，由国际民间艺术组织指导、中国工艺美术学会支持，江门市政府、暨南大学、五邑大学共同主办的"'一带一路'文化遗产合作与交流（2019 江门）国际研讨会暨国际手工艺展"在广东省江门市成功举行。与会代表共同探讨了文化遗产保护的现状与建议、粤港澳大湾区文化品牌打造、当代文化与创意产业互融共促、现代数字经济文化发展等议题。

3. 广西

广西充分发挥合浦作为汉代海上丝绸之路始发港的优势，努力打造"海丝"文化传播平台。编制实施《北海市第五批、第六批历史文物保护单位保护规划》《北海市近现代建筑保护规划》《合浦汉墓群保护总体规划》《北海市海上丝绸之路史迹保护条例》等一批保护规划方案。北海合浦遗产点的许多规划方案尚在申报，对于遗产点的保护还处在基础阶段。1978 年 9 月，建立了合浦县汉代文化博物馆[①]；在合浦汉墓群、草鞋村遗址和大浪汉城遗址的主要遗迹外，树立了保护牌，加盖了铁制保护遮盖棚。2017 年来，认真贯彻落实习近平总书记视察广西重要讲话精神，扎实推进"海上丝绸之路·北海史迹"文化遗产保护和申报世界文化遗产工作。2017 年 5 月成立合浦县申遗中心，开展对汉墓群、大浪古城遗址和草鞋村遗址的调查、挖掘和申遗申报工作。被挖掘的 3 处海上丝绸之路古建筑遗迹已被列入中国世界文化遗产预备名单。2017 年 4 月，在美国纽约大都会艺术博物馆举办的"帝国时代——中国秦汉文明特展"，展览共 160 多组（280 余件）来自中国秦汉时期的广西文物。[②] 以 2000 多年前的北海合浦大浪港汉代海上丝绸之路历史为背景的大型历史舞剧《碧海丝路》，展示了中国古代海上丝绸之路文化。电视剧《沧海丝路》已于 2018 年 11 月在中央电视台播出。2018 年 4 月，首届合浦海上丝绸之路（始发港）文化节于广西合浦县开幕。2018 年 5 月，由亚太旅游联合会、广西壮族自治区旅游发展委员会、北海市人民政府、中国旅游报社共同主办，以"向海之路，海丝文化与海洋旅游"为主题的"2018 海上丝绸之路（北海）旅游产业发展投资大会"在北海举行，与会代表围绕 21 世纪海上丝绸之路建设以及文旅融合两大背景下，如何推动"海丝"文化与海洋旅游融合进行了深入的交流探讨。

北海是习近平总书记亲自命名宣布的"丝路古港"城市，近几年，北海市着力打造"丝路古港　潮美北海"文化品牌。由合浦汉里文化传播有限公司投资建设的汉闾文化园，2016 年被评为国家 AAAA 级旅游景区。广西首批统筹推进的海丝首港景区已正式开园试营业，通过重建"汉郡古港"，再现海上丝绸之路始发港当年千帆竞发的繁荣景象，开创国内全景交互沉浸式演艺。高德古镇滨海文化旅游综合体项目初具规模，将打造成为集渔耕体验、海港风光等于一体的国际知名滨海休闲旅游度假胜地。同时，积极推进合浦国家考古遗址公园、海上丝绸之路遗产点保护等一系列工作，建设文化遗产信息管理系统。

---

① 郑好.广西特色海上丝绸文化遗产保护区建设的思考[J].广西社会主义学院学报，2018，29（3）：92–97.

② 吴伟峰.汉代广西文物所反映的海上丝绸之路与文化交融[J].广西文博，2017(1): 2–10.

4. 海南

（1）积极开展水下文化遗产保护考古调查

海南水下文化遗产保护工作始于 1990 年文昌保陵港水下考古调查，1996 年，海南西沙群岛附近发现了华光礁 I 号沉船遗址，考古挖掘出出水文物 1800 余件。20 多年来，海南水下考古工作者走遍南海诸岛，确立海上文物保护单位，有效推进南汉大遗址保护区建设。目前，海南正在围绕北礁、永乐环礁、华光礁、玉琢礁 4 大水下文化遗产保护区开展大遗址的保护工作。

（2）基本完成非物质文化遗产普查工作

2004 年以来，海南省以构建科学有效的保护体系为目标，积极探索依法保护、科学保护的途径和方法，加强非物质文化遗产保护。到 2019 年 7 月，全省已基本完成非物质文化遗产普查工作，搜集各类资源线索 10 万多条，建档 2000 多个。

（3）强化对民族文化遗产的保护力度

针对文化保护和自然环境变化存在矛盾的问题，如黎族传统的纺染织绣技艺所需材料都从自然界中撷取，而随着自然环境遭到破坏，这些可用于纺织的原料已很难获得，这给保护黎族传统纺染织绣技艺带来了困难。2009 年，海南省已掌握黎族传统纺染织绣技艺的黎族妇女已不足 1000 人，海南代表国家向联合国教科文组织提出申请，将黎锦列入"急需保护名录"。当年申请当年获批，被列为联合国非物质文化遗产"急需保护名录"，中央和地方财政已投入 5000 多万元进行抢救，培养了一批黎族织女，海南目前基本掌握纺染织绣技艺的人数已达 11000 多人。从 2013 年起，黎锦技艺开始进入海南民族地区校园，"黎锦进校园"已常态化，成为海南很多学校的一门特殊课程。

五、邮轮旅游加快发展

（一）国际邮轮巨头加快在中国市场布局

国际邮轮巨头纷纷加大在中国市场的投入，2013 年 6 月，皇家加勒比国际邮轮有限公司旗下最先进的"海洋量子号"在上海首航。2014 年 5 月，青岛邮轮母港正式开港运营；三亚规划新建 4 个邮轮码头。2016 年 11 月专为亚洲特别是中国高端邮轮市场量身定制的星梦邮轮旗下"云顶梦号"首艘入驻广州南沙港，这是亚洲最大最宽敞的邮轮之一。2017 年 3 月星梦邮轮旗下"云顶梦号"开启以南沙港为母港出发的全新日本航次。"云顶梦号"进军华南邮轮市场以来，分别开行了"南沙—岘港—下龙湾—南沙 6 天 5 晚"和"香港—公海—香港"两个航次。国际邮轮公司开始青睐中国市场。

（二）中资企业加快进入邮轮市场

2014 年 5 月中国第一家本土豪华邮轮公司建立。2015 年 6 月，天海邮轮旗下"天海新世纪号"在青岛港国际邮轮母港顺利首航。2016 年 11 月丽星邮轮进驻深圳，这是以深圳太子湾邮轮母港起航的第一艘邮轮，丽星邮轮创新邮轮概念，让旅客拥有为自己量身定制专属的丽星体验。首次推出由香港及深圳太子湾新母港出发之周末邮轮假期，以及前往越南胡志明市、芽庄、岘港及下龙湾之航。丽星邮轮还与深圳市旅游协会签署了战略合作框架协议，共同推动深圳市邮轮旅游业发展。

（三）邮轮制造产业崛起

邮轮产业一直被欧洲造船企业所垄断。组建本土豪华邮轮船队，将中国打造成为世界第二大邮轮出行国，是中国企业的使命。中船集团 2014 年 10 月联手嘉年华宣布建造中国首艘豪华邮轮。2015 年 8 月，中国船舶业集团公司与中国投资有限责任公司签署全面战略合作框架协议暨豪华邮轮产业合资协议。2016 年 7 月，中船集团与意大利芬坎蒂尼集团签署邮轮造船合资协议，组建中船芬坎蒂尼邮轮产业公司。江苏着力打造豪华邮轮制造千亿级产业集群，2020 年全力推进豪华邮轮制造基地建设，未来 3 到 5 年内，将实现 10 万总吨级以下中型邮轮的设计建造，再逐步向大型邮轮设计制造突破。

（四）邮轮母港建设步伐加快

我国邮轮港口建设处于快速发展时期，共 16 个港口接待过国际邮轮，其中天津、上海、厦门、三亚已经建设成国际邮轮母港，深圳、大连、青岛、广州等沿海省市也积极建设邮轮母港。[①] 上述城市及香港成为中国定期接收邮轮的 9 个主要港口。中国沿海已初步形成三大邮轮港口群，继天津邮轮母港于 2010 年

---

① 刘伯鹤. 我国邮轮母港投资风险评价与防控措施研究 [D]. 大连：大连海事大学，2013.

6 月启用后，2012 年 3 月，皇家加勒比海国际邮轮旗下的豪华邮轮抵达吴淞口国际邮轮码头，标志着上海港成为"一港两码头"的邮轮母港。2019 年 6 月，中国第三个国际邮轮母港青岛开港运营。

厦门海峡邮轮中心功能定位是区域性邮轮母港。2012 年 6 月，厦门市政府代表团与美国邮轮及酒店经营集团签署合作协议，中方负责邮轮项目的中仑环球邮轮投资开发有限公司租用皇家加勒比游轮公司的邮轮运营 21 条航线，其中以厦门为母港的航线有 13 条。①2019 年 4 月，福建省发展和改革委十部门印发的《关于促进邮轮经济发展的实施方案》中明确提出，福建省重点建设厦门邮轮母港和福州松下、平潭金井、莆田湄洲岛（或东吴港区）等邮轮始发港，配套建设以挂靠航线为主、独具地方特色的邮轮访问港。强化邮轮母港"龙头"带动，使厦门邮轮港成为兼备始发港基本功能和邮轮维修保养、邮轮公司运营管理等功能的国际邮轮母港。同时支持厦门积极申报中国邮轮旅游发展实验区，到 2035 年，沿海邮轮旅客年吞吐量达到 200 万人次，邮轮产业链基本形成。

广州南沙国际邮轮母港始建于 2016 年 8 月。届时，将成为全国规模最大的邮轮母港综合体之一，可停靠全球最大豪华邮轮，年通过能力达 75 万人次。广州南沙国际邮轮母港运营管理有限公司将负责南沙国际邮轮母港建成后的日常运营管理。②

广西北部湾国际港务集团有限公司于 2011 年 9 月在北海成立广西北部湾邮轮码头有限公司，主要从事大型国际邮轮码头的建设和运营、旅游岛屿开发、泛北部湾及东盟各国海上黄金旅游客运航线、其他旅游产业投资等。近年来，广西北部湾国际港务集团有限公司累计在北海的邮轮码头、邮轮及游船业务上的投资达 7 亿多元，包括国际邮轮码头建设、临时邮轮码头改造，邮轮、高速客轮、豪华游船的购置等。北海邮轮母港是广西推进的重大建设项目，将建成面向东盟国家的区域性国际邮轮母港。设计标准为年通过能力 200 万人次，将改变往来北海和东盟城市邮轮因为没有专用泊位而被迫停靠散货作业区码头的历史。2021 年，北海邮轮港已建成客运中心及 2 个万吨级邮轮泊位。加快钦州和防城港邮轮港口建设，目前，防城港市已列为广西发展邮轮产业的重点城市。

---

① 文泽 . 厦门欲打造成世界级邮轮母港 [N]. 中国船舶报，2011–07–22.

② 龙巍，等 . "鲸舟"扬帆闪耀大湾区 [N]. 中国水运报，2019–11–18.

该市基本完成邮轮船舶租用、邮轮码头使用、口岸联检大厅升级改造等邮轮通航的准备工作，为广西国际邮轮旅游发展提供更多可能。

海南三亚在 20 世纪 90 年代就开始规划打造国际邮轮港，2006 年在凤凰岛建成中国首座 8 万吨级邮轮码头。三亚凤凰岛国际邮轮港位于三亚湾的核心区，是中国第一个国际邮轮专用港口。凤凰岛二期码头建成后，年接待能力可达 200 万人次以上，成为亚洲最大的邮轮母港之一。2020 年 6 月发布的《海南自由贸易港建设总体方案》中提出，加快三亚向国际邮轮母港发展，支持建设邮轮旅游试验区，吸引国际邮轮注册。

（五）邮轮航线建设

1. 福建

从 2016 年开始，厦门邮轮母港尝试"一带一路"航线，相继开通东南亚国家的"海丝"邮轮航线。由丽星邮轮、地中海邮轮等邮轮公司运营。2017 年 12 月，为进一步将福建打造为国际知名、国内一流的邮轮旅游大省，吸引境内外游客来闽开展邮轮旅游，中国国旅、厦航国旅等企业共同发起成立"福建邮轮旅游联盟"。2019 年，厦门邮轮母港接待艘次和旅客吞吐量稳居全国邮轮母港第一梯队。厦门国际邮轮中心全年共接待母港邮轮 136 艘次，同比增长 41.67%，旅客吞吐量达 41.37 万人次，同比增长 27.38%，两项增幅均位列全国常态化运营邮轮港口首位。其中，接待母港邮轮艘次在全国排名第二，旅客吞吐量在全国排名第四。[①]

广东省数据显示，广州南沙港自 2016 年 1 月首次运营邮轮项目后，已开通了出发往中国香港、日本、越南、菲律宾等地航线 9 条。2019 年 2 月，《粤港澳大湾区发展规划纲要》明确提出"有序推动香港、广州、深圳国际邮轮港建设，进一步增加国际班轮航线，探索研究简化邮轮、游艇及旅客出入境手续。逐步简化及放宽内地邮轮旅客的证件安排，研究探索内地邮轮旅客以过境方式赴港参与全部邮轮航程"[②]。2019 年 8 月，《关于支持深圳建设中国特色社会主

---

①　开启"大船时代" 2019 年厦门港全年完成货物吞吐量 13 亿吨 [EB/OL].（2020–01–20）. http://www.taihainet.com/news/xmnews/ldjj/2020–01–20/2348185.html.

②　中共中央、国务院印发《粤港澳大湾区发展规划纲要》[EB/OL].（2019–02–18）. http:// www.gov.cn/gongbao/content/2019/content_5370836.htm.

先行示范区的意见》提出"进一步增加国际班轮航线"①。

2.广西

广西北海—下龙湾航线于 1998 年 4 月 30 日开始运营。2013 年 6 月 28 日，中国政府特批的第一条跨国海上旅游航线——广西北海至越南下龙湾海上旅游航线正式复航，航线实行 4 天一个航班。广西北部湾邮轮码头有限公司依托北海得天独厚的旅游优势和海上旅游资源，经营北海海上观光旅游航线、海南豪华客轮航线、涠洲岛航线以及环北海、钦州、防城客轮游览航线。广西期待通过打造在国际上具有较强吸引力的海上黄金国际邮轮航线，推动 21 世纪中国与东盟海上丝绸之路的旅游合作。2014 年 4 月，越南与中国广西防城港市就完善赴下龙湾的跨国海上旅游航线等达成合作推进的工作意向。2018 年 12 月底，北海至越南钻石邮轮"蛔蛔"旅游航线首航启程。

3.海南

2014 年 9 月 2 日，海南海峡航运股份有限公司"椰香公主号"邮轮驶离三亚凤凰岛，标志着三亚至西沙航线正式开通。中国内地首艘豪华邮轮"海娜号"已为三亚母港运行三亚—下龙湾、三亚—岘港、三亚—下龙湾—岘港三条航线；后转至天津母港，运行天津、韩国仁川及济州岛航线。海南三亚从开港到现在，凤凰岛邮轮母港先后接待邮轮航次接近 500 次，世界著名邮轮公司如美国嘉年华、皇家加勒比以及丽星，还有德国、英国、日本等国的多家邮轮公司全部开通了直达三亚的航线，且 28 艘超万吨级的邮轮将首航目的地选择在三亚。从 2006 年到 2010 年，海南邮轮航线主要集中在"香港—三亚—越南—香港"航线的基础上，丽星邮轮开通了"三亚/海口—越南"的本港航线。2014 年，海南海峡开辟了"三亚—西沙"之路。2018 年 9 月，三亚与东盟等多国旅游局签订邮轮旅游有关合作协议，在越、柬、新、马、泰等国家推广邮轮旅游，开拓三亚邮轮航线，扩大邮轮市场发展份额。按照《2020 年海南省邮轮游艇产业工作要点》，海南积极争取开通邮轮海上游试点航线，推动邮轮经济全产业链发展。

---

① 新华社.中共中央　国务院关于支持深圳建设中国特色社会主义先行示范区的意见 [EB/OL].（2019–08–18）.http://www.gov.cn/zhengce/2019–08/18/content_5422183.htm.

六、区域旅游合作加快推进

（一）粤港澳大湾区旅游积极推进

《愿景与行动》提出要"深化与港澳台合作，打造粤港澳大湾区"。粤港澳大湾区是由广州、佛山、肇庆、深圳、东莞、惠州、珠海、中山、江门和香港、澳门两个特别行政区形成的城市群，是世界第四大湾区。面积 5.6 万多平方千米，拥有约 1 亿人口，GDP 规模约 13000 亿美元，有着丰富的旅游资源，自然资源、历史资源、文化资源各具特色，对国际旅客来说有极大的吸引力。2017 年，粤港澳大湾区 11 座城市的旅游总收入超过 1.1 万亿元，其中以广州、香港、深圳、佛山及澳门 5 座城市旅游产业规模突出；同时，江门、惠州等二三线城市的产业增势较猛。硬件方面，大湾区重大的交通基础设施建设，硬件的连接已具备良好基础，港珠澳大桥已经修通，深中通道正在建设，虎门二桥正在建设。

（二）北部湾城市群加快建设

国务院于 2017 年 1 月批复同意建设北部湾城市群，北部湾城市群将打造成为面向东盟国际大通道的重要枢纽和 21 世纪海上丝绸之路与丝绸之路经济带有机衔接的重要门户。2018 年 5 月，广东、广西、海南三省（区）人民政府签署《2018—2019 年推进〈北部湾城市群发展规划〉实施合作重点工作》协议，提出合力建设国际一流旅游目的地。6 月，2018 年两广城市旅游合作（柳州）联席会议暨北部湾城市群旅游合作座谈会举行。会上，广东、海南与广西三省（区）的 15 个市县旅游部门代表签署《北部湾城市群旅游合作框架协议》，携手合作共建北部湾"美丽蓝色海湾"。北部湾城市群 15 市县联席会议秘书处设于南宁市旅游发展委员会，由其建立常态化合作联系机制。两广城市旅游合作已成为两省（区）合作的成功典范，是广西旅游业主动融入粤港澳大湾区的重要表现。

第二节　中国与海上丝绸之路沿线国家文化旅游合作方兴未艾

一、旅游合作机制现状

旅游合作是指区域范围内不同地区之间的旅游行政或经济主体，依据一定的协议，将资源在地区之间重新组合和配置，以便获取最大经济效益、社会效

益和生态效益的旅游经济活动。① 其合作内容就是资源共享、市场共享、线路
互推、信息互通、政策互惠、交通互联、节庆互动和管理一体。旅游合作机制
是区域旅游合作各方在签订合作框架协议并形成合作关系之后，对其进行协调、
控制、管理及其发展创新，以保障合作目标的共赢。旅游合作一直是中国和东
盟、欧盟关系的重要内容。自 2013 年中国国家主席习近平提出"一带一路"倡
议以来，海上丝绸之路沿线国家纷纷将本国战略与"一带一路"相对接，如斯
里兰卡提出"马欣达愿景"、印度尼西亚新政府正在推动建设"全球海洋支点
战略"，这些国家通过与中国签署基础设施建设、旅游发展共同规划、旅游产
业环境保护等系列文件，期待与中国在旅游业发展中共同受益。近年来，在中国—
东盟博览会的带动下，已经建立起多层次、多渠道的合作机制和交流平台，中
国与东盟国家已互为最大海外旅游目的地和客源地。中国已是泰国、越南、印
度尼西亚、柬埔寨的最大旅游客源国，中国主要旅游客源市场国家中，有 6 个
是东盟国家。② 此外，中国广西、广东、海南和福建等省（区）与相邻国家地
区的旅游交流合作也日趋频繁，纷纷组团参加东盟国家举办的重要旅游展会，
赴东盟国家开展旅游专题推介，持续加强与东盟国家旅游机构、企业之间的互
访交流和举办旅游推介会，有力地促进了与"海丝"沿线各国的旅游交流与合作。

（一）世界旅游联盟

2017 年 9 月，由中国发起、经中国国务院批准的世界旅游联盟（World
Tourism Alliance，WTA）正式成立，这是第一个非营利世界旅游组织。联盟将
坚持"旅游促进和平、旅游促进发展、旅游促进减贫"的使命，坚持全球化视
野进行顶层设计，在会员建设、品牌建设方面取得突破性进展。世界旅游联盟
的建立，将拓展中国旅游业的发展空间，提升中国在世界旅游业的影响力。

（二）中国与东盟的合作组织

1. 东盟 10+3 旅游部长会议

我国政府高度重视与东盟各国的旅游交往，先后与东盟国家签署《中国与

---

① 罗富民，郑元同.地方政府在川西南、滇西北区域旅游合作中的博弈分析 [J].特区经济，
2008（10）：167-168.

② 刘晓，刘洋.搭招商引资舞台.扬经贸合作云帆 [N].国际商报，2018-09-13.

东盟全面经济合作框架协议》、中国—东盟自贸区升级《议定书》。特别是在"10+3"机制框架下，着力推进中国与东盟旅游业创新发展、开发发展、共享发展。我国与东盟在"东盟对话"框架下定期举办"10+3旅游部长会议"。2016年2月，东盟10国旅游部部长在菲律宾首都马尼拉共同发布了《东盟旅游战略发展规划（2016—2025）》。这份文件为东盟未来10年旅游市场的一体化敲定了蓝图。[①]为此，东盟制定了包括增强市场推广能力、丰富旅游产品、吸引旅游业投资等措施。第22届东盟旅游部长会议暨第18届东盟—中日韩（10+3）旅游部长会议于2019年1月在越南下龙市举行。会议就东盟作为一个整体旅游目的地推广活动、促进旅行便利化与互联互通等深入交换了意见。

2. 西部陆海新通道旅游联盟

以国际陆海新通道建设为桥梁打造"一带一路"的有机衔接门户。2018年6月，由甘肃、重庆、广西、贵州四个省（区）市和涵盖东盟十国旅游企业的东盟丝路新使者文化旅游联盟共同发起的西部陆海新通道旅游推广联盟在甘肃省嘉峪关成立。通过品牌形象共塑、精品线路互推、产业发展共促等，大力推进西部陆海新通道沿线国家和地区的旅游产品开发、旅游市场推广一体化进程和旅游产业的深度合作发展，为南向通道沿线各旅游城市旅游业发展，搭建更高层面的交流平台。9月，广西壮族自治区旅游发展委员会邀请西部陆海新通道旅游联盟作为支持单位参加了第15届中国—东盟博览会旅游展合作对接会，双方就加强与东盟国家旅游产品开发、旅游市场推广、旅游投资发展和旅游产业融合等方面进行了交流。

（三）欧洲旅游委员会

该会成立于1948年，其宗旨是组织成员国联合开发目标市场，提高旅游接待水平，目前有30多个成员国。欧洲共同体从20世纪80年代起，开始重视发展旅游合作。2019年，欧盟旅游业创造了13190亿欧元的GDP，对欧盟经济的贡献为9.5%。同时创造了2260万个工作岗位，占欧盟总劳动力的11.2%。

（四）中国沿线地区"海丝"组织

1. 中国海上丝绸之路旅游推广联盟

中国海上丝绸之路旅游推广联盟成立于2015年5月。该联盟由国家旅游局

---

① 刘旭颖. 中国东盟旅游合作还能更热吗？ [N]. 国际商报，2017-09-21.

指导，福建、河北、天津、山东、江苏、上海、浙江、广东、广西、海南等 10 省（区、市）旅游局以及香港特别行政区旅游发展局、澳门特别行政区政府旅游局为联盟单位。大会通过了《中国海上丝绸之路旅游推广联盟章程》，成员单位共同签署了《合作宣言》。联盟将以"10+2"的合作方式共同开展"海丝"旅游推广活动，并共同制订《21 世纪海上丝绸之路旅游推广三年行动计划（2015—2017）》。12 个联盟成员推出了第一批 5 条串联产品①，即"丝路风情·经典览胜之旅""丝路风情·海丝遗迹之旅""丝路风情·人文怀古之旅""丝路风情·山海文化之旅""丝路风情·椰海风情之旅"。 旅游联盟的成立将成为进一步提升旅游品牌影响力的有效平台和新载体。2016 年 5 月，首届"中国海上丝绸之路旅游推广联盟"工作会议在厦门国际会展中心举办。第二届工作会议于 2017 年 11 月在海南陵水召开，旨在借助"海丝"联盟作为推动"海丝"沿线省份旅游发展的重要平台，继续联合成员省份合作宣传推广"海丝"旅游。第三届工作会议于 2018 年 10 月在桂林召开。联盟成员单位在第四届中国—东盟博览会旅游展上，共同搭建了"海丝"旅游推广联盟展区，打造了统一的旅游品牌形象，展示了"海丝"沿线各省旅游线路和产品。可以说，联盟成立以来，通过统一品牌形象、联合产品推广、合力网络营销、共拓渠道开发以及完善合作机制等，已经共同打造了一批具有海上丝绸之路特色的国际精品旅游线路和旅游产品。

2. 海上丝绸之路邮轮旅游发展联盟

近年来，海南持续推动以海上丝绸之路为主题的海洋旅游，牵手中国香港地区、台湾地区和菲律宾确定搭建"亚洲邮轮专案"合作平台，将广泛加强与世界各国邮轮旅游合作，大力加强与上海、厦门等国内主要邮轮港口城市的旅游联合，积极打造"海上丝绸之路"沿线国家邮轮旅游经济带。②2015 年 10 月，由三亚凤凰岛国际邮轮港、新加坡邮轮中心 8 家单位发起的 21 世纪海上丝绸之路邮轮旅游发展联盟成立，并发表了合作宣言。未来联盟将大力发展以邮轮为核心的海洋旅游，为推进中国—东盟海洋旅游经济圈保驾护航。

---

① 中国海上丝绸之路旅游推广联盟在厦成立 "10+2"让"海丝"走向世界 [EB/OL].（2015-05-11）. http://www.510hr.com/?thread-13237-1.html.

② 江东州 . 海南发布 12 项措施加快发展邮轮游艇产业 [N]. 科技日报，2015-10-18.

3. 海上丝绸之路保护和联合申遗城市联盟

2016 年 5 月，由泉州、广州、宁波、南京四市共同谋划推进海上丝绸之路联合申遗城市联席工作会议在泉州举行，四个城市共同签订《海上丝绸之路保护与申遗中国城市联盟章程》《中国海上丝绸之路保护与申遗城市联盟关于保护海上丝绸之路遗产的联合协定》。2018 年 1 月，海上丝绸之路保护和联合申遗城市联盟第一次联席会议预备会议在广州召开，会上，各省市参会代表就《海上丝绸之路保护和联合申报世界文化遗产城市联盟章程（征求意见稿）》和《海上丝绸之路保护和联合申报世界文化遗产城市联盟办公室工作规程》进行研究讨论。

二、合作平台建设

（一）世界旅游城市联合会

该平台由北京联合柏林、巴塞罗那、洛杉矶等知名旅游城市发起成立，是一家非政府性国际旅游组织，会员单位覆盖世界 73 个国家和地区及世界旅游全产业链。该组织将积极搭建世界旅游城市多边合作平台，推动旅游产业的智慧化和融合化发展。

（二）阿拉伯旅行商大会

中阿旅行商大会已成功举办 3 届，第四届中国—阿拉伯旅行商大会已于 2019 年 9 月在宁夏举行，并签署了各类旅游合作协议，有力地推动了"一带一路"沿线国家和地区的旅游交流合作。

（三）中国—东盟相关平台

1. 中国—东盟中心

中国—东盟中心成立于 2009 年，中心总部设在北京，并在东盟各成员国和中国的其他地区设立分中心。2017 年 7 月，为了纪念东盟成立 50 周年，中国—东盟中心同东盟秘书处合作编译的《东盟旅游 50 条黄金线路（中文版）》，为中国游客探访东盟提供了有价值的参考和更多便利。这 50 条线路中包括多条邮轮线路，可供游客全程无忧地在一次旅行中游览多个东盟国家，覆盖了新加坡、吉隆坡（巴生港）、槟城、兰卡威、普吉、曼谷、仰光等多个旅游目的地。

2. 中国—东盟市长对话及论坛

该论坛于 2015 年发起，并被正式纳入博鳌亚洲论坛年会。首次中国—东盟市长论坛于 2015 年在南宁举行，2017 年论坛就促进中国—东盟城市旅游合作及中国与东盟国家共建智慧城市，推动"一带一路"建设展开畅想。2018 年 4 月，中国人民对外友好协会和海南省人民政府共同主办的 2018 年"中国—东盟省市长对话"在海南博鳌举行，来自中国海南省、天津市和广州市、柬埔寨西哈努克省、菲律宾巴拉望省、泰国清迈府、普吉府的省长、市长以及中国船舶工业行业协会、嘉年华集团、地中海邮轮、马来西亚邮轮产业协会等企业代表，围绕"21 世纪海上丝绸之路沿线邮轮旅游合作"这一主题，就推动邮轮港口建设、开辟邮轮航线等议题达成了多项共识。与会各方签署了《中国—东盟省市长对话共同倡议》。

3. 中国—东盟旅游部门会议

首次中国—东盟旅游部门会议于 2016 年 10 月在广西桂林召开。会议提出以 2017 年"中国—东盟旅游合作年"为契机，在市场宣传、产品开发、旅游投资、人才培训等方面加强合作，为高质量地实现"到 2020 年，中国—东盟双向交流达 3000 万人次"的宏伟目标而努力。

4. 中国—东盟博览会旅游展

从 2015 年开始，在国家旅游局的大力支持下，每年在桂林举办中国—东盟博览会旅游展。该展将立足中国—东盟、面向全球，集旅游展示、交流、交易于一体[①]，搭建中国各地与东盟各国旅游交流合作、宣传推广的国际性平台，推动中国—东盟旅游投资和消费增长。至今东博会旅游展已经举办了六届，成为国际性旅游展会。每年旅游展根据当年中国—东盟旅游合作的形式设置主题，务实推动中国与包括东盟国家在内的全球各国和地区的旅游合作。2017 年 10 月，第三届中国—东盟博览会旅游展以"共创'一带一路'旅游合作新篇章"为主题，共设七大展馆，吸引 60 多个国家和地区的参展商参展 。2018 年 10 月，第四届旅游展共设包括"一带一路"主题馆、境外旅游专业展馆等在内的七大展馆。2019 年旅游展突出"坚持创新引领，深化中国—东盟旅游开发合作"主题，设置国际旅游商品展馆、旅游消费展馆等大展区。2020 年旅游展以"共建'一带

---

① 李志刚，邢丽涛 . 积极实施"三步走"战略，奋力迈向我国旅游发展新目标 [N]. 中国旅游报，2017–01–03.

一路'共享数字旅游"为主题,推动中国和东盟各国之间在电子商务旅游、科技旅游、5G 网络旅游、智慧城市旅游等领域的旅游展示、交流与合作。

（四）中国—南亚国家旅游部长圆桌会议

2015 年 11 月,首届中国—南亚国家旅游部长圆桌会议在昆明召开,来自中国国家旅游局和斯里兰卡、阿富汗、尼泊尔、巴基斯坦文化旅游部门代表,以及印度、马尔代夫、孟加拉国等国家驻华使节出席会议。与会代表就推进中国与南亚国家旅游区域一体化提出了建设性意见,部分代表还强调了旅游安全保障对旅游业可持续发展的重要性。

（五）欧中"一带一路"文化旅游委员会

2016 年 4 月,由欧洲议会议员、欧洲议会旅游交通委员会副主席等人共同发起的"欧中'一带一路'文化旅游委员会"在比利时首都布鲁塞尔成立。该会将不遗余力地推动双方在文化旅游领域的合作,加深双方人民之间的相互交往和了解,为实现中欧在"一带一路"倡议上的互利共赢而不懈努力。

（六）旅游合作年

互办旅游合作年已经成为推动中国与重要客源市场深化旅游合作的重要手段,也是国家之间旅游交流和人员往来的重要形态。2017 年"中国—东盟旅游合作年"开幕式在菲律宾马尼拉举行。举办中国—东盟旅游合作年开启了中国—东盟旅游合作的新时代,对促进中国与东盟各国搭建旅游合作平台发挥了重要作用,产生了积极影响。中国与东盟国家的旅游合作将从传统旅游项目的开展开始向医药健康旅游等多方面发展。2018 年 1 月启动的 2018 年"中国—欧盟旅游年"期间,中国和欧盟联手举办了 100 余场形式多样的文化旅游活动,为旅游业增添了新动能。

（七）相关文化旅游论坛

1. 文化遗产保护与传承的相关论坛

2000 年 7 月,东盟十国签署了《东盟文化遗产宣言》,《宣言》对"文化遗产"和"文化"进行了界定,同时制定了包括对东盟和成员国共同对东盟的文化遗产进行保护、保护古往今来的学术和文化财产、保护国宝和艺术以及知识遗产方面的合作框架。

2009 年 11 月，广东与东盟八国非物质文化遗产保护传承交流会在佛山市开幕，来自文莱、柬埔寨、中国、老挝、缅甸、菲律宾、泰国、越南等国的 13 位非物质文化遗产保护传承专家在论坛上就非物质文化遗产的普查、保护、继承和利用进行了深入的探讨，论坛最后发表了《广东省与东盟加强非物质文化遗产保护传承合作倡议书》。

2012 年 8 月，由中国—东盟中心、联合国教科文组织亚太中心等在北京联合举办"中国—东盟非物质文化遗产保护研讨会"。与会代表围绕中国—东盟非物质文化遗产研究和保护工作在国家层面上的进展情况以及《保护非物质文化遗产公约》相关问题两大主题展开了探讨和交流。①

2013 年 9 月，由中国文化部、广西壮族自治区政府联合主办的 2013 年中国—东盟文化论坛在南宁举行。此次论坛主题为"对话与合作——非物质文化遗产的保护与传承"。2015 年 11 月，在厦门大学举办中国—东盟国家水下文化遗产保护方面的合作与 21 世纪海上丝绸之路的建设国际学术研讨会。在南海态势下，水下文化遗产保护这类低敏感领域的合作将成为促进南海周边国家参与 21 世纪海上丝绸之路建设的重要一步。

2015 年 12 月，第二届海上丝绸之路文化遗产保护论坛在海口举行，会议倡议共同推进海上丝绸之路水下文化遗产的保护工作，加强海上丝绸之路文化机构和学术团体的交流合作，共同抵制和防范非法占有水下文物的行为，实现海上丝绸之路文化遗产保护论坛的机制化。本届论坛的主题是中国与东盟及其他相关国家海上传统交往、贸易、文化交流和未来水下文化遗产保护与合作。

2017 年 4 月，第二届中国—东盟民族文化论坛在中越边城广西崇左市举行，来自海内外 11 个国家的专家学者 140 余人共同探讨"民族文化遗产与'一带一路'建设"，并对文化遗产的保护利用与开发等献计献策，为促进区域内文化领域务实合作以及构建人类命运共同体贡献力量。

2017 年 12 月，"第三届海上丝绸之路文化遗产保护国际论坛"在海南博鳌召开。来自马来西亚、新加坡、瑞典等国家的专家及国内专家分别就海上丝绸之路的文化遗产保护与传承展开探讨。本次论坛以"一带一路"倡议为指导，

---

① 翟群.中国—东盟非遗保护研讨会召开 [N].中国文化报，2012-08-31.

以"牵手这片海"为主题，围绕海上丝绸之路文化遗产保护与传承等问题展开探讨。

2019年9月，中国—东盟（南宁）戏剧周开展。戏剧周邀请东盟8个国家的11个艺术团，以及成都市川剧研究院、广州粤剧院等7个国内优秀艺术院团共同参与，已举行29场戏剧表演和1场非遗展示活动。

2019年11月，第八届中国—南亚国际文化论坛上，来自中国、尼泊尔、印度、斯里兰卡、孟加拉国、阿富汗等国家的专家学者出席了论坛，论坛围绕文化遗产传承与保护、区域合作的机遇与挑战两大主题举行了分学术论坛。[①]

2019年12月9日，由国家文物局、广东省人民政府主办，深圳市人民政府、广东省文化和旅游厅（广东省文物局）承办的粤港澳大湾区文化遗产合作研讨会在深圳市区召开。

2. 旅游相关论坛

东盟旅游论坛。该论坛成立于1981年，是东盟最大的旅游合作框架，每年举行一次论坛，由东盟10个成员国轮流主办。2009年，越南在河内市首次承办以"东盟——持续互联，无限繁荣"为主题的东盟旅游论坛。2016年，东盟旅游论坛在菲律宾首都马尼拉召开，论坛提出将《东盟旅游战略发展规划（2016—2025）规划》落实与"一带一路"建设紧密结合，认为这是实现东盟旅游业"弯道超车"的关键。2018年东盟旅游论坛于1月在泰国清迈举行，来自东盟各国及友好国家旅游部门官员、旅游组织、业界代表等约800人出席。会上，泰国提出有关东盟饮食的倡议。2019年第38次东盟旅游论坛在越南下龙市成功举办。本次论坛东盟成员国都赞同采用科学技术来展示该地区的多元世界文化遗产，并进一步促进各成员国的旅游业发展。

中马旅游合作论坛。2018年7月，由中国和马尔代夫两国旅游部门联合举办的中马旅游合作论坛在马尔代夫召开，来自中马两国政府旅游管理部门、旅游研究机构、旅游协会、旅游企业、航空公司、投资机构、新闻媒体等各界代表共200余人出席了活动。本次论坛是落实两国元首共识、深化两国旅游等各领域合作的重要举措，对于两国旅游业发展乃至两国友好关系来说都将具有重要意义。马尔代夫的目标是未来每年至少吸引100万名中国游客。

---

① 伍平. 第八届中国—南亚国际文化论坛在安宁市召开 [N]. 云南日报，2019-11-06.

巴马健康旅游论坛。2015 年 12 月，国家旅游局、国家中医药管理局和广西壮族自治区人民政府共同举办了"巴马论坛—2015 中国—东盟传统医药健康旅游国际论坛"，来自联合国、东盟国家和国内知名专家及企业家代表等共300 多人参加了论坛。论坛以提升传统医药健康旅游品牌形象和市场影响为宗旨，把"深耕东盟、拓展南亚、对接一带一路"作为广西对外开放的主攻方向和战略重点，积极推动各方在药用资源保护与可持续利用及人才培养方面加强交流合作。

汽车房车露营旅游产业发展高峰论坛。2017 年中国—东盟汽车房车露营旅游产业发展高峰论坛在桂林举行。同时举行了中国—东盟房车露营旅游产业联盟启动仪式和《2017 中国露营手册》首发仪式，共同签署《中国—东盟房车露营旅游产业联盟成立倡议书》。

（八）旅游人力资源培训基地

广西东盟旅游人才教育培训基地成立于 2008 年 12 月，由广西民族大学和桂林旅游高等专科学校承担基地培训任务。2012 年 2 月，经国家旅游局批准，广西东盟旅游人才教育培训基地升格为国家级基地。同年 3 月，国家旅游局在云南旅游职业学院设立"中国—东盟旅游人才教育培训基地"。11 年来，广西基地共承办了 19 期东盟各国的旅游人才培训班，为东盟各国培训了 500 多名旅游人才。2014 年至 2016 年，受中国—东盟中心的委托，桂林旅游学院组织教师团分别赴印度尼西亚、文莱、菲律宾、马来西亚和老挝等 5 个国家开展了援外教育培训，为当地培训旅游企业人员。广西民族大学作为国家外语非通用语种本科人才培养基地，形成了系列的东盟学学科群，提供了一批东盟小语种翻译人员和旅游经营管理人员。2018 年 12 月初，中国—东盟旅游人才教育培训基地第 18 期（缅甸）培训班和第 19 期（柬埔寨）培训班在广西民族大学和桂林旅游学院举办。2019 年 7 月，"2019 年中国—东盟旅游合作研究协同创新中心培训班"在崇左市大新县和防城港市东兴市举办。

三、沿线国家文化遗产保护概况

我国政府和国际组织在文化遗产保护方面的合作由来已久，20 世纪 90 年代，我国政府就向世界银行申请将文化遗产保护工作纳入发展项目的范围内，实施了 16 个项目共贷款额度约为 18.6 亿美元，其中有近 7 亿美元的贷款直接用于文化遗产保护工作。海上丝绸之路沿线国家的文化遗产保护主要体现以下几个方面。

（一）东盟国家文化遗产保护的概况

东盟国家历来重视对文化遗产的保护。2000 年 7 月，东盟十国外长在第 33 届外长会议上签订了《东盟文化遗产宣言》。东盟文化与信息委员会已经开始推行"东盟文化遗产十年（2001—2010 年）"活动，为推动东盟各国的文化遗产保护发挥了重要作用。

1. 从规划、立法、政策、宣传方面加强文化遗产保护

（1）积极制定非物质文化遗产发展的整体规划。一些国家制定了非物质文化遗产相关的行动计划和战略规划，例如新加坡制定了五年文化发展规划，积极创建文化品牌；文莱文化部积极成立国家文化中心，试图建立一个国家性的文化体系，进一步建立并完善文化基础设施等。

（2）以立法形式保护非物质文化遗产。积极响应联合国的《保护非物质文化遗产公约》。东盟一些国家也不断完善相关的法律法规。菲律宾 1997 年通过了《原住民权力法案》，从法律层面支持哈德哈德史诗的保护工作；缅甸官方出台了世界文化遗产保护法规细则，并成立有专门的组织机构对文化遗址进行评估，对文化遗址进行分片开发。

2. 建立相关机构进行系统、科学的管理

菲律宾有相关机构负责非物质文化遗产的保护与研究工作。泰国设立保护非物质文化遗产基金会。老挝、柬埔寨、泰国都很重视文化遗产的保护。

3. 积极开展文化遗产保护与传承国际合作

为促进经济社会的可持续发展，助力文物及周边环境的保护，推动开展文化遗产保护的国际合作，从 1993 年起，联合国教科文组织发起了"拯救吴哥古迹国际保护行动"。包括中国在内的 30 多个国家和众多国际组织，经过 26 年来的努力，用他们的专业力量，让文物本身的保护、展示、研究状况得到很大的改善。现今吴哥古迹已经成为柬埔寨经济、文化相对发达的省份，吴哥古迹不仅让柬埔寨日渐成为国际旅游胜地，还推动了高棉文化走向全世界。中国在柬埔寨吴哥古迹完成了茶胶寺和周萨神庙的文物修复，还开展了吴哥寺庙遗址的考古调查，启动了王宫遗址的保护研究项目。印度和中国都是联合国教科文组织柏威夏寺的保护国际协调委员会的主席国。

（二）欧盟等国家文化遗产保护概况

遗产保护起源于欧洲，法国国民议会于 1790 年设立遗产保护机构。欧洲博物馆历史长达 320 多年，全世界 5 万多座博物馆中有一半在欧洲，涵盖当代博物馆的全部类型。意大利的庞贝古城遗址在保护展示中非常关注保持文化遗产整体环境协调，为参观者提供完整的历史氛围和游览体验。欧盟对文化遗产利用的理念和实践发展相对完善成熟，其利用形式大致分为三类，包括公众教育、功能延续和适应新的功能。意大利每年举办春夏秋冬等各种遗产主题活动，设立欧盟文化遗产奖暨 Europa Nostra 奖。欧洲遗产跨境旅游经验丰富。欧洲有 12 项跨国遗产，是世界上跨国遗产最多的洲，其跨国遗产旅游项目在合作可行性、合作意愿、合作领域及合作管理的评估工作充分，这些经验给正在推进跨境旅游合作区建设的中国带来了重要启示。

第三节　中国与东盟国家的文化旅游合作亮点纷呈

随着双方的交流合作不断深入，中国—东盟国家互为重要的客源地和旅游目的地。旅游合作已经成为中国—东盟关系发展的一条重要纽带。

一、中国与东盟互为重要的客源地

中国和东盟国家是山水相连、人文相亲的好邻居，也是共建"一带一路"的重要伙伴，旅游合作一直是中国与东盟国家人文交流、互利合作的重要内容。从 2003 年到 2018 年，中国与东盟双向人员往来已从 387 万人次增加到了 5700 多万人次，增长了 13.73 倍。随着中国和东盟国家交往日趋紧密，赴东南亚国家旅游的中国游客逐年增多，中国和东盟已互为重要的旅游客源地。预计到 2025 年实现东盟赴华旅游人数达 2000 万人次。中国与东盟旅游合作前景光明。据 asean.org 数据显示，2017 年东盟十国接待国际游客 1.26 亿人次，旅游为东盟带来 930 亿美元外汇收入，国际游客的平均停留时间高达 7.98 天。中国和东盟国家出入境旅游人数、国际旅游收支见表 5-5 和表 5-6。

表5-5　中国和东盟国家入境旅游人数和国际旅游收入情况

国家和地区	2015年		2016年		2017年	
	入境旅游人数(万人次)	国际旅游收入(亿美元)	入境旅游人数(万人次)	国际旅游收入(亿美元)	入境旅游人数(万人次)	国际旅游收入(亿美元)
中国	5688.6	1136.5	5927.0	1200	6074.0	1234.2
文莱	21.8	1.5	21.9	1.4	25.9	1.8
柬埔寨	477.5	34.2	501.2	35.2	560.2	40.2
印度尼西亚	1040.7	120.5	1151.9	125.7	1404	141.2
老挝	354.3	7.3	331.5	7.2	325.7	7.1
马来西亚	2572.4	176.7	2675.7	180.9	2594.8	183.5
缅甸	468.1	22.0	290.7	22.9	344.3	22.8
菲律宾	536.1	64.2	596.7	62.9	662.1	83.5
新加坡	1205.1	162.2	1291.4	189.5	1390.3	197.1
泰国	2992.3	485.3	3253.0	524.7	3559.2	621.6
越南	794.4	73.5	1001.3	85.0	1292.2	88.9
东盟合计	10462.4	1151.2	11115.3	1235.2	12158.7	1388.2

资料来源：依据《2019年中国—东盟统计年鉴》整理。

表5-6　中国和东盟国家出境旅游人数和国际旅游支出情况

国家和地区	2015年		2016年		2017年	
	出境境旅游人数(万人次)	国际旅游支出(亿美元)	出境旅游人数(万人次)	国际旅游支出(亿美元)	出境旅游人数(万人次)	国际旅游支出(亿美元)
中国	12786.0	2498.3	13513.0	2501.1	14303.5	2577.3
文莱	—	4.6	21.9	5.0	25.9	5.0
柬埔寨	199.4	6.4	143.4	7.6	175.2	8.2
印度尼西亚	817.6	98.0.5	834.0	99.3	885.6	108.5
老挝	306.7	10.0	305.9	9.1	304.9	8.8
马来西亚	—	107.1	—	104.7	—	107.0
缅甸	—	1.5	—	2.0	344.3	1.4
菲律宾	511.5	118.7	570.3	116.8	—	127.8
新加坡	912.5	237.0.	947.4	238.4	988.9	245.4.
泰国	679.4	95.4	820.4	112.7	896.3	115.8
越南	—	36.0	—	45.0	—	52.4
东盟合计	—	714.6	—	740.6	—	781.4

资料来源：依据《2019年中国—东盟统计年鉴》整理。

（一）福建与东盟的文化旅游合作

厦门作为国家邮轮运输试点示范城市和东南沿海的邮轮始发港，多年探索与东盟国家共建"一程多站"式的国际邮轮旅游线路产品，积累了丰富的经验。厦门市政府 2017 年明确提出将厦门建成中国东南沿海最有活力的区域性邮轮母港和海峡邮轮经济圈的核心港。2020 年 9 月，福建与东盟友城在福州举办"文化旅游交流合作分论坛"活动。福建省文化和旅游厅提出在新冠肺炎疫情防控常态化阶段，福建省与东盟的文化和旅游合作方面着手建立新机制、培育线上文化和旅游新业态，开拓新领域、推动福建省文化部门与东盟友城相关部门交流合作，拓展新市场、共同推动旅游企业合作。福建省文化和旅游厅还与印度尼西亚中爪哇省签订了文化和旅游合作协议，福建 4 家文化和旅游企业与 15 家东盟友城企业签署了战略合作协议。①

（二）广东与东盟的文化旅游合作

近年来，广东与东盟互为重要客源市场，中国（广东）与东盟各国旅游合作交流日益密切。广东与 10 个东盟国家开通了直航线路，每天的航班超过 100 个；东盟已有泰国、马来西亚等 8 个国家在广州设立了总领事馆；同时，广东在东盟设立了泰国、新加坡、马来西亚 3 个旅游推广合作中心。2015 年 9 月，广东在广东国际旅游产业博览会上公布了 5 条"一程多站"新路线，将珠海横琴长隆国际海洋度假区、长鹿休闲农庄、阳江海陵岛、惠州巽寮湾滨海度假区等融入当中，丰富了"一程多站"线路产品类型和层次。2017 年 9 月，广东省旅游局主办了"中国（广东）—东盟旅游推介交流活动"，16 家企业共同签署了《中国（广东）—东盟品质旅游宣言》。

（三）广西与东盟的文化旅游合作

1. 搭建合作交流平台

南宁作为中国—东盟博览会（以下简称"东博会"）永久举办地，每年会期都会开辟"魅力之城"专题展，集中展示中国及东盟国家特色城市的旅游资源、人文风貌，成为区域旅游文化交流的重要窗口之一。广西正积极推动一批国际

---

① 唐小莉，吴健芳. 福建与东盟友城共话文化和旅游交流合作 [N]. 中国旅游报，2020-09-22.

旅游合作项目建设。其中包括桂林国际旅游胜地建设、北部湾国际旅游度假村、巴马长寿养生国际旅游区、广西边海国家风景道等项目。2018 年 5 月，由亚太旅游联合会、广西旅游发展委员会共同主办，以"向海之路，海丝文化与海洋旅游"为主题的 2018 年海上丝绸之路（北海）旅游产业发展投资大会在北海举行。与会代表就 21 世纪海上丝绸之路建设以及文旅融合两大背景下，如何推动海丝文化与海洋旅游融合共进等进行了探讨。[①]

2. 邮轮旅游合作等已经开启

广西积极推进北海、防城港邮轮码头建设和航线开发，打造中国桂林—越南下龙黄金旅游线路。公路方面，南宁经东兴口岸至越南下龙湾、海防国际直通汽车班线已开通；空中通道方面与东盟十国航空航线全覆盖。北海至越南岘港、柳州至柬埔寨金边国际航线相继开通，广西与东盟航空网络日益完善。以"21 世纪海上丝绸之路沿线邮轮旅游合作"为主题，将目光聚焦在邮轮旅游合作上。[②] 广西与东盟 10 国加强海上旅游合作，计划联合推出中国—越南—泰国—马来西亚—新加坡—印度尼西亚—文莱—菲律宾—中国"海上丝绸之路"国际精品旅游线路[③]，广西旅行社组织赴这些国家旅游的人数大幅增长。

（四）海南与东盟的文化旅游合作

海南是中国最南端的省份，面积为 3.5 万多平方千米，陆地和海域南北长 1800 千米、东西长 9000 千米，海岸线长约 1528 千米。海南自古以来就是中西方商船往来的重要中转集散地，拥有与东盟地区开展邮轮旅游合作的基础。海南通过举办"21 世纪海上丝绸之路岛屿经济分论坛""中国—东盟省市长对话"等主题活动，搭建了海南与沿线国家和地区合作的新桥梁。由中国海南省海口市与泰国合作的中泰文化旅游区项目于 2015 年博鳌会期间开工建设。2016 年 9 月，与老挝琅勃拉邦省正式建立友好省州关系，并与缅甸仰光省签署结好意向。2018 年 4 月发布的《中共中央国务院关于支持海南全面深化改革开放的指导意见》明确海南作为国际旅游消费中心的新定位，鼓励跨国企业、国内大型企业

---

① 扶建邦. 2018 海上丝绸之路（北海）旅游产业发展投资大会昨日举行 [N]. 北海日报，2018–05–15.

② 罗霞，王培琳. 深化合作　共促南海成邮轮旅游胜地 [N]. 海南日报，2018–04–10.

③ 邝伟楠. 广西：强化与东盟合作 做好海丝旅游文章 [N]. 中国旅游报，2017–04–26.

集团在海南设立国际总部和区域总部；实施 59 国人员入境免签政策；支持邮轮企业以东南亚、港澳台等航线为重点，推动琼港澳游艇自由行。[①] 离岛免税购物政策已然成为海南旅游的一张"金名片"。海南抓住与东盟地区开展邮轮旅游合作的新机遇，依托 2015 年成立的中国海上丝绸之路旅游推广联盟，开展省际旅游合作，特别是联合打造海上丝绸之路旅游经济走廊和环南海旅游经济圈，做大邮轮产业链。另外，积极推进泛珠区域邮轮旅游合作。海南省旅游发展委员会作为亚洲邮轮联盟（ACC）的成员单位，与中国香港、中国台湾、菲律宾、中国厦门等其他成员长期致力于促进各参与地策略性合作，通过资源聚合，共同开发"一程多站"的跨国邮轮旅游线路，共同推动亚洲区邮轮旅游业长远发展。同时高起点、高水准推进凤凰岛国际邮轮母港建设。许多国际知名邮轮公司先后运营了海南至东盟地区的一些航线。

在空中航线合作方面，海南开通了 10 条飞往东盟的直航航线。正在打造区域性国际航运枢纽和物流中心，愿与东盟国家各省市开通更多空中直航或中转联程航班，开通与泰国、马来西亚、新加坡等国海运航线，共同打造畅通、快捷、便利、高效的互联互通网络。

二、中国和东盟各国的文化旅游合作

（一）中国与越南的文化旅游合作

越南是"一带一路"沿线的重要国家，越南会安是"一带一路"的核心站点，也是中国古代海上丝绸之路境外的第一站。越南中部海域的大占海口是古代中国海上丝绸之路出境后的第一大港（占城国和广南阮主时期的会安），在明清时期是世界上最繁忙的航线之一。

1. 文化旅游合作基础较好

（1）制定相关法律和法规。越南规制意识强，是世界上最早将文化遗产概念列入法律文件的 10 个国家之一。2001 年颁发《文化遗产法》。近年来，越南政府加大对旅游业的管理力度，2014 年 12 月发布了《关于新时期推动越南旅游业发展办法》。2017 年越南颁布了多项与旅游业相关的法律文件和计划

---

① 杨雨奇，张尼显. 2018 年中国旅游发展十大热点 "一带一路" 旅游合作成效突显 [J]. 广东交通，2019（2）：56–57.

提案，包括《关于把旅游业发展成为经济拳头产业的决议案》《旅游法（修正案）》《旅游文明行为规范》等。这些法律法规将为游客的合法权益提供保障。

（2）积极推动边境旅游快速发展。早在2015年11月，在中越两国领导人的见证下，中越两国政府签署了《关于合作保护和开发德天（板约）瀑布旅游资源的协定》①，合力打造中越边境旅游合作共同体。2018年3月，国务院批复设立防城港国家边境旅游试验区。广西还推进（中国）友谊关—（越南）友谊、（中国）东兴—（越南）芒街、（中国）靖西—（越南）龙邦等跨境旅游合作区建设。同时指导百色市（靖西、那坡）和崇左市申报设立国家边境旅游试验区，将防城港、崇左两市边境旅游试验区打造成为国家全域旅游示范区。②2018年，东兴口岸出入境旅客人数高达1219万人次，比2017年出入境旅客人数增长18.24%，创历史新高；友谊关口岸出入境游客突破200万人次，比2013年出入境游客人数增加一倍。边境旅游成为边境城市经济发展的支柱产业。

2. 建立边境常态化的文化旅游合作机制

（1）建立健全文化旅游合作联络机制。近年来，中国广西与越南高平、谅山、广宁、河江四省（边境城市）联工委建立了常态化合作机制，与越南签署了系列合作协议，不断探索跨境旅游产品、跨境旅游线路和边境旅游市场监管等方面的合作。

（2）建设边境旅游试验区和中越跨境旅游合作区。自《中共中央关于全面深化改革若干重大问题的决定》提出加快沿边开放步伐重大改革举措后，党中央、国务院在多个文件中提到了跨境旅游合作区和边境旅游试验区。"两区"建设也是中央赋予广西"一带一路"建设的重要任务，为加快项目的合作开发，广西积极推进边关风情旅游带建设。一是推进边境旅游试验区建设。广西防城港边境旅游试验区是我国最早设立的边境旅游试验区，是国家层面确定的唯一以改革为指向的旅游业发展重点区域。力争用3年左右时间，把试验区打造成为中国—东盟旅游合作先行区。二是推进跨境旅游合作区建设。近年来，广西加快推进中越跨境旅游合作区建设，先后出台了《关于加快推进跨境旅游合作区的通知》《跨境旅游合作区建设指南》和《广西壮族自治区人民政府关于支持

---

①　张晓钦. 贯彻全域旅游新理念，打造丝路旅游新高地 [N]. 中国旅游报，2017-04-28.

②　甘霖. 打造旅游品牌，对接一带一路 [N]. 广西日报，2017-07-20.

沿边重点地区开发开放的实施意见》，积极推进建设中越德天（板约）、东兴（芒街）、友谊关（友谊）、靖西（龙邦）等跨境旅游合作区，合力打造中越边境旅游合作区。①

3. 开发自驾车旅游线路

近年来，中国广西和越南开始探索跨境自驾车旅游，开展中国—东盟自驾车旅居车基地建设。2016年11月，中越（东兴—芒街）跨境自驾游正式常态化开通②，但是有很多限制。2017年9月，中越两国四地黄金旅游线路（下龙—芒街—东兴—桂林往返旅游线路）推介会在越南广宁省下龙市举行，四地代表联合签署了《旅游合作备忘录》。2018年2月，广西与广宁签署《中国广西壮族自治区与越南广宁、谅山、高平、河江省联合工作委员会第九次会晤备忘录》③，重点打造中国桂林—越南下龙黄金旅游线。2018年6月1日，中国桂林—防城港（东兴）—越南芒街—下龙黄金旅游线跨境自驾游正式常态化开通。截至2018年11月25日，东兴口岸共有出入境自驾车辆341台1118名游客进行了跨境自驾游。④中国广西—越南谅山跨国自驾车旅游线路于2018年9月6日正式开通。

4. 便利化的签证

为了吸引中国游客来越南旅游，越南广宁省自2017年1月1日起就对中国团队旅游和自驾游进行入境免签，允许他们持免签证在广宁省逗留3天。广宁省是下龙湾所在地。另外，越南政府允许前往越南出差或者度假的中国公民在网上申请30天的一次性入境电子签证。广西正积极推动与越南、马来西亚等东盟国家探索"两国一检"国际通关新模式⑤，积极推进为自驾车辆统一办理保函，简化自驾游车辆出入境手续，实现信息互换、联合查验、游客一站式通关。东

---

① 邝伟楠. 广西：强化与东盟合作　做好海丝旅游文章 [N]. 中国旅游，2017–04–26.

② 邝伟楠. 广西赴越跨境自驾游日渐成熟 [N]. 中国旅游报，2018–06–09.

③ 邝伟楠. 广西赴越跨境自驾游日渐成熟 [N]. 中国旅游报，2018–06–09.

④ 2018中越（东兴—芒街）国际商贸·旅游博览会开幕 [EB/OL]. （2018–12–22）. http://news.eastday.com/eastday/13news/auto/news/china/20181222/u7ai8273836.html.

⑤ 李志刚，等. 积极实施"三步走"战略，奋力迈向我国旅游发展新目标 [N]. 中国旅游报，2017–01–13.

兴口岸一年出入境人次已突破 600 万，日均过客能力超过 2 万人次[①]。

5. 搭建文化交流平台

一是举办第 15 届中国—东盟博览会旅游合作对接会，邀请来自中国、东盟十国以及 21 世纪海上丝绸之路的非洲国家坦桑尼亚旅游主管部门、企业代表等共 200 多人参加会议，进一步加强了与包括东盟十国在内的"海丝"沿线国家的旅游投资与交流合作。二是积极邀请东盟十国等"海丝"沿线国家旅游业界来广西参加中国—东盟博览会旅游展。旅游展上共吸引了包括"海丝"沿线等 55 个国家和地区的旅游业界人士参展，超过 800 家企业和约 300 名高质量海内外买家前来参会，中国—东盟博览会旅游展的影响力正在逐年扩大。三是邀请"海丝"沿线国家来桂踩线采访。邀请东盟国家、美国、意大利等旅游主管部门、新闻媒体、旅行社、旅游达人组成旅游考察踩线团 8 批约 500 人次到广西联合考察、踩线采访，提升广西旅游品牌形象、打造广西旅游产品。四是由中国企业山水盛典文化产业股份有限公司和越南 GAMI 集团强强联袂打造的《越南往事》山水盛典于 2018 年 3 月首次在越南会安呈现，这也是首次以中越双方合作的方式、以管理和产业模式的"整建制"落地越南，实现中国的文化产品模式与越南本土文化内核相结合的实景演出作品。

（二）中国和柬埔寨的文化旅游合作

柬埔寨拥有悠久辉煌的历史文化和独具特色的高棉文化，文化旅游业是柬埔寨高度优先发展的行业，被柬埔寨王国政府认定为绿色经济的重要组成部分，视为"绿色黄金"，它为柬埔寨经济发展、创造就业、减少贫困做出了重要贡献。高棉王朝遗址吴哥窟是"世界七大奇迹"之一，1992 年被列入联合国世界文化遗产。巴戎寺、空中宫殿、塔布茏寺和吴哥窟是著名景区，拥有现代和古代相融的景观。2001 年 6 月，中国正式启动公民组团赴柬旅游业务。为推动"一带一路"框架下旅游方面的合作，柬埔寨旅游部和中国国家旅游局已签订合作备忘录，主要包括：帮助促进暹粒及周边地区的旅游业可持续发展，培养旅游专业人才，设立柬中旅游高峰论坛，促进旅游宣传和投资方面的合作。为吸引和接待国际游客及中国游客，柬埔寨已筹集更多资金投资改善公路、邮轮码头、

---

① 张晓钦 . 贯彻全域旅游新理念，打造丝路旅游新高地 [N.] 中国旅游报，2017–04–28.

机场等基础设施。航线建设方面，增加中国至柬埔寨直飞航班数量，并鼓励航空公司降低票价。文化演艺方面，《吴哥王朝》舞台剧已与观众见面，该剧是中国企业在柬埔寨投资建设的项目。签证和服务便利化方面，2017 年，柬埔寨为国际游客提供落地签和电子签证，同时向中国的投资者和游客提供一年、二年、三年的多次往返签证。还在旅游业内试行人民币结算，增设支付宝、微信等，为中国游客提供更便利的服务。目前，柬埔寨已成为中国在东南亚地区的主要旅游目的地。据东方统计，2018 年柬埔寨共吸引国际游客 620 万人次，比上一年增长 10.7%。其中，中国游客数量最多，约 200 万人次。[①]旅游业收入达 43.56 亿美元，直接创造 60 多万个工作岗位。[②]2019 年是中柬文化旅游年，双方通过举办多种活动和组织游客友好交流团组互访，提升了中柬旅游合作质量。

（三）中国和泰国的文化旅游合作

泰国是"21 世纪海上丝绸之路"的重要节点，是中国—中南半岛走廊的一部分。在政府层面，泰中两国于 2001 年签订了《泰中文化合作备忘录》，在此基础上推动两国人民增进友谊。

1. 签证便利

2017 年 7 月，泰国内阁宣布，对来自中国等寻求医疗服务的游客实行最长 90 天的免签证政策。泰国政府已于 2018 年 11 月正式开通电子落地签证申请系统，同时决定从本月 15 日至 2019 年 1 月 13 日对包括中国在内的 21 个国家和地区的游客实施免收落地签证费措施。按照人民币汇率折算，中国游客人均可节省将近 420 元 / 次。此次电子落地签证申请系统的开通，将进一步方便相关国家和地区游客赴泰国旅游。2019 年，泰国内阁审批同意免落地签证费政策继续延长，从 2019 年 1 月 14 日开始延长至 2019 年 4 月 30 日，4 月 24 日又宣布免除落地签证费延长至 2019 年 10 月 31 日。接着又宣布，在中国游客免落地签签证费优惠政策又于 2019 年 10 月 31 日结束之后，即从当日起，面向中国、印度两国游客开启全面免签政策，直到 2020 年 10 月 31 日结束。

---

① 中国成柬埔寨主要国际游客来源地 [EB/OL]. （2019–02–26）. http://www.xinhuanet.com/travel/ 2019–02/26/c_1124162041.htm.

② 让人应接不暇的进博会国家展 [N]. 光明日报，2019–11–07.

2. 航线通畅

为了打造以泰国为中心的东盟多国旅游产品，延长游客在该地区的逗留时间，增加地区旅游收入，促进泰国与东盟各国的旅游联通，泰国旅游局开发了各种"东盟旅游路线"。目前，每周从泰国飞往柬老缅越的国际航班数量共计近 600 个。

3. 赴泰旅游人数增多

2018 年泰国旅游年已提前至 2017 年 11 月开始。泰国的旅游业在 GDP 中占比达到 20%，2019 年赴泰国的中国游客数量约为 1098 万人次，比上年增长 4.2%。[①]

（四）中国和菲律宾的文化旅游合作

菲律宾位于东西方海洋文化的交汇之地，深受西班牙、美国、印度、中国等文化的影响。菲律宾旅游资源丰富，具有美丽的海岸线和海岛资源，中国与菲律宾早于 2002 年签订了《旅游合作备忘录》《文化遗产保护协议（2007 年）》《旅游合作谅解备忘录（2011 年）》等一系列合作文件。2017 年 11 月，中国与东盟在菲律宾马尼拉发表了旅游合作联合声明，从制度建设、信息共享、互联互通发展等领域提出了新的目标。菲律宾的生物多样性是世界闻名的，有很多百年的树种，由于不修路、不搞基础设施建设，这些老树都能保护下来。宿务、武忽岛、长滩岛和巴拉湾对中国人来说是具有吸引力的旅游胜地。为吸引更多中国游客和投资者，菲律宾将针对几类中国公民实行落地签政策，实施口岸包括菲律宾 8 个国际机场以及马尼拉、苏比克、拉瓦格等多个港口。从申请获批之日起，中国公民持往返机票入菲可以办理 30 天落地签，最长可延期至 6 个月。菲律宾对持因私护照的中国公民开放普通旅游签证、过境签证（72 小时）及免签（7 天）。

（五）中国和印度尼西亚的文化旅游合作

印度尼西亚政府向来重视旅游业对经济发展的促进作用。自 2014 年起，印度尼西亚旅游业是其五大优先发展的支柱产业。旅游业已成为印度尼西亚继棕榈油出口后的第二大创汇行业。文化交流在 21 世纪海上丝绸之路倡议中占据一席之地，印度尼西亚共有 34 个省，每个省每年都主办一个国际文化节庆活动，

---

① 2019 年中国赴泰游客人数约 1098 万人次　同比增长 4.2%[EB/OL].（2020-01-09）. https://cq.qq.com/a/20200109/042403.htm.

巴厘岛每年都举办国际狂欢节。2015 年 2 月，印度尼西亚宣布正式启动"郑和下西洋之路"旅游线。2015 年 12 月，由印度尼西亚旅游部主办的"郑和下西洋之路"旅游线启动仪式在亚齐省省府班达亚齐再次举行。北苏门答腊省首府万鸦老已经与中国 6 座城市开通了直航，包括上海、广州和重庆。签证便利化方面，2015 年 6 月始，印度尼西亚政府加大政策力度扶持旅游业，对中国等 90 个国家的游客实施免签政策。印度尼西亚政府此后又宣布对中国游客实施 30 天的旅游免签政策。2017 年 4 月，印度尼西亚法律人权部出台新条例，对免签实施政策进行调整。除了免签，印度尼西亚还同时向包括中国大陆和台湾地区在内的 68 个国家和地区人员施行落地签政策。2018 年印度尼西亚共接待 1581 万人次外国游客，虽未达到政府预期的 1700 万人次目标，但较上年增长了 12.58%[①]。

印度尼西亚政府还计划在未来 10 年内优先建设 10 个新旅游区，期待到 2020 年实现 2000 万名游客到印度尼西亚旅游的目标。[②]印度尼西亚旅游部部长 Arief Yahya 预计，印度尼西亚旅游业在未来 5 年将需要 200 亿美元的投资。印度尼西亚的 GDP 增长十多年来都基本稳定在 5%~6%。印度尼西亚经济严重依赖棕榈油以及煤炭，而旅游业不但能促进转型、助力增长，还能增加该国的外汇储备。旅游业成为印度尼西亚总统加码押注的对象。印度尼西亚旅游部推出旅游 4.0 政策有望吸引千禧年代出生的人群以及顺应自驾游等旅游趋势。中国游客是实现旅游目标关键的因素。

（六）中国和缅甸的文化旅游合作

缅甸拥有得天独厚的海洋自然景观，海岸线长 6000 多千米，海洋资源丰富。从 Ngwesaung 到 Chaungtha 的西北海岸、从 Kyaikkhami 到 Maungmagan 的西南海岸、Myeik / Mergui 群岛的南部沿海海岛知名度较高，历史上曾经是缅甸国民到海边度假的优选，具有开发潜力。随着缅甸旅游业的开发，越来越多的人前往缅甸旅游，享受独特的东南亚民俗文化和美丽风景。资料显示，缅甸旅游业的实质性发展始于 2012 年，2013 年还被国际权威机构评选为东南亚国家中旅游业

---

① 程小瑞. 中印尼船舶修建基地项目可行性研究报告 [D]. 武汉：华中科技大学，2016.

② 印尼旅游部长：中印尼加强产能合作有利促进旅游业发展 [EB/OL]. （2016–07–13）. https://www.sohu.com/a/105149962_119700.

增长最快的国家之一^①，2014 年还被列为全球十大旅游目的地之首。麦肯锡全球研究院预计到 2030 年，缅甸的国际游客人数将增加到 1350 万人次。可以相信，随着缅甸的发展，沿海地区的旅游开发将吸引数量庞大的游客到访。近年来，缅甸政府提出把旅游业打造成为拉动缅甸经济年增长率达到 7% 的支柱产业的旅游发展目标，并制定缅甸生态旅游管理战略，将生态旅游作为国家发展绿色经济战略的重要组成部分，还与亚洲开发银行等共同开发蒲甘、毛淡棉等地旅游项目。缅甸与印度尼西亚、泰国分别签署了互免签证协议，陆续向全球 100 个国家和地区的游客开放电子旅游签证制度。2018 年 10 月 1 日起，缅甸对中国游客开放落地签证制度。该制度的执行对缅甸的旅游市场起了巨大的推动作用。缅甸政府注重扶持本国旅游企业拓展市场业务，逐步通过公开招标等形式推进国营酒店向私营酒店的转制。2017 年 3 月，首届中缅旅游合作论坛在缅甸举行。围绕旅游合作进行高层对接，议题更加具体、更具操作性。论坛形成的《内比都旅游倡议》，提出了尽快建立推进跨境旅游合作区建设的体制机制，推动中国云南省与缅甸北部跨境旅游合作区和澜沧江—湄公河旅游城市合作联盟建设等具体举措。截至 2019 年 8 月底，入缅外国游客增至 1300 万人次，其中入缅中国游客人数为 194.2 万人次，与上年同期相比增加 114.5 万人次。^②

（七）中国和马来西亚的文化旅游合作

几百年前，马来西亚就是古代海上丝绸之路的重要一站，郑和七下南洋五次驻节马六甲的故事在马来西亚家喻户晓，塑造了马来西亚人民对中国的正面历史认知。旅游业是马来西亚第三大经济支柱、第二大外汇收入来源，大量涌进的国际游客，加速了马来西亚的经济发展。马来西亚是最早支持和参与"一带一路"建设的国家，是早期收获最丰硕的国家之一。马来西亚作为"21 世纪海上丝绸之路"的重要节点国家，吸引了不少中国企业家前往调研、考察和投资。尤其是马来西亚"第二家园"计划推出后，随着隆新高铁、泛亚铁路以及吉隆坡第三国际机场的兴建，到吉隆坡旅游的中国人成倍增加。2017 年 5 月，马来西亚旅游部与携程旅行网签署全年战略合作协议。携程将凭借大数据服务，

---

① 周琳. 缅甸入境旅游市场开发研究 [D]. 昆明：云南师范大学，2016.

② 缅甸酒店与旅游部：2019 年入缅中国客已达 194 万 [EB/OL]. （2019–10–31）. http://lvyou168.cn/air_info/20191031/53637.html.

线上搭建马来西亚旅游旗舰店、线下在实体门店的展示与宣传，从而实现线上线下联动，助力马来西亚在中国市场上展开目的地营销活动。2018 年到马来西亚观光的外国游客达到 2583 万人次，同比下降 0.4%，其中以新加坡游客居多，但旅游总收入约为 841 亿林吉特（约 1383 亿元人民币），同比增长 2.4%。2018 年中国游客到访马来西亚达到 294.41 万人次，中国已连续 7 年成为除新加坡之外马来西亚最大的游客来源国。2019 年 5 月，马来西亚首次超越新加坡，成为全球第七大中国游客海外消费地。

（八）中国和老挝的文化旅游合作

2013 年 5 月，老挝被欧盟理事会评为"全球最佳旅游目的地"。2015 年，中老双方签署了《中华人民共和国国家旅游局和老挝人民民主共和国信息、文化和旅游部关于旅游景区质量标准化建设的谅解备忘录》。2017 年，老挝政府在国内外积极组织多项具有特色的文化活动，多渠道宣传推介老挝的旅游景点，并为游客签证、通关提供更多便利。同时，老挝政府将进一步提高旅游服务标准，改善旅游景区道路，促进旅游领域投资，并培养旅游行业人才。万象举行的"2018 老挝旅游年"为 2019 年老中旅游年创造了便利条件。老挝与中国海南的旅游合作加快推进，"幸福老挝"——2018 年老挝旅游海南大型营销活动在海口举行，海南省 13 家旅行社组成了老挝联盟，海口至老挝航班由老挝联盟共同全年包机，从海口到老挝万象、琅勃拉邦有直航航班。目前，市场上推出了中高端老挝旅游线路，包括暑假老挝游、幸福老挝游等。2018 年老挝共吸引外国游客 418 万人次，同比增长 8.2%。老挝旅游业总收入超过 7.5 亿美元，同比增长 17%。2018 年，到访老挝的中国游客超过 80 万人次。

（九）中国和新加坡的文化旅游合作

新加坡是中国在海上丝绸之路上的传统伙伴，从 19 世纪后期开始新加坡港成为世界最繁忙的港口之一。新加坡港和马六甲海峡都是海上丝绸之路的重要枢纽。经由马六甲海峡通往中东、欧洲，目前仍是最短的海上通道，海运成本低。2015 年 10 月，新加坡旅游局与阿里旅行、马蜂窝、大众点评网等多家中国在线服务商合作，为中国国内游客打造最为贴心和全面的移动旅行体验。2018 年 4 月，由中新（重庆）战略性互联互通示范项目管理局、新加坡企业发展局联合主办的中新（重庆）康养旅游合作推介会在新加坡成功举行。根据两国协议，双方还将继续拓展教育培训、医疗养老、文化旅游等领域的合作空间。2018年7月，广之旅作为"新加坡会奖旅游战略合作伙伴"与新加坡旅游局签订战略合作协议。广之旅奖励旅游中心团队将依托自身丰富的会奖经验和旅游综合实力，结合新加坡会奖旅游政策和资源优势，为企业客户策划和打造更多有趣和难忘的会奖旅游体验。7月，蚂蚁金服旗下世界领先的移动和线上支付平台及生活方式平台支付宝和新加坡旅游局（STB）共同宣布推出一系列市场推广活动，旨在提升新加坡作为旅游目的地的知名度及吸引更多中国大陆游客前往及消费。由于中国游客的主导地位，新加坡多地陆续接入第三方移动支付平台，如支付宝以及微信支付成为推动中国游客人数强劲增长的一大原因。据新加坡旅游局最新发布的数据显示，2018年新加坡国际游客人数增长6.2%，达到创纪录的1850万人次，旅游业收入达200亿美元，增长1%。中国连续两年成为新加坡最大游客来源国。

（十）中国和文莱的文化旅游合作

文莱自古便是海上丝绸之路的重要组成部分。这里风光秀丽，民风朴实，人文资源和自然景观良好。1999年，中国与文莱签署了《文化合作谅解备忘录》。2000年签署了《中国公民自费赴文旅游实施方案的谅解备忘录》，2006年签署了《旅游合作谅解备忘录》。2018年11月，双方发表了《中华人民共和国和文莱达鲁萨兰国联合声明》。随着签证政策的改善，前往文莱旅游的中国游客不断增多。2018年抵达文莱的中国游客共65563人次，占文莱国际游客的比重从2017年的20.9%升至23.6%。[①]马来西亚、印度尼西亚、菲律宾和新加坡等文莱前五大国际游客来源地共为文莱带来了近七成的国际游客。2020年12月，"中国文莱旅游年"开幕式在文莱首都斯里巴加湾市举行，双方将以举办旅游年为契机，扩大人员往来，加强文化交流和旅游合作。

第四节　中国与南亚国家的文化旅游合作不断拓展

海上丝绸之路沿线南亚国家拥有牵连东西、联动南北、沟通海陆的区位优

---

① 薛飞. 中国成为文莱最大外国游客来源地 [N]. 经济参考报，2019–05–10.

势，具有其他地区难以企及的枢纽地位。我国与南亚国家山水相连、人文相亲，友好交往历史悠久。海上丝绸之路承载了中国与南亚各国之间经贸、文化、情感交流的辉煌历史。近年来，中国与南亚 7 国游客双向旅游交流规模逐年扩大。2015 年 11 月，首届中国—南亚国家旅游部长圆桌会议在推进中国与南亚国家区域合作方面具有高度共识，提出应率先在签证便利化、互联互通等方面深化合作，但这一会晤机制没有持续下去。

一、中国与斯里兰卡的文化旅游合作

旅游业是斯里兰卡经济发展的重要支柱，斯中旅游合作始终是两国互利合作的重要组成部分。2014 年 1 月，斯里兰卡旅游推广局和中国旅游卫视在斯里兰卡首都科伦坡签署合作协议，希望借助中国电视媒体进一步推广斯里兰卡旅游。2016 年 5 月，在世界旅游大会期间，中斯双方签订了《中斯旅游合作备忘》，并将其中《2016 一带一路全球大学生婚恋设计大赛暨 2017 百对新人斯里兰卡婚礼盛典》项目作为中斯两国"一带一路"文化旅游合作的典范项目。2016 年 10 月，康辉旅游集团与斯里兰卡旅游部共同探讨深化合作事宜。2018 年 3 月，斯里兰卡旅游局参加了广州国际旅游博览会（GITF）。斯里兰卡国家旅游局表示希望斯中共建"一带一路"为两国旅游合作搭建一个潜力巨大的合作平台，并为进一步深化两国在各领域的务实合作发挥更加积极的作用。近年在斯里兰卡出现了众多中国私人旅行社，在为越来越多中国游客提供地接服务。

二、中国与马尔代夫的文化旅游合作

马尔代夫具有丰富的旅游资源，"一岛一酒店"的特色备受全球游客青睐[1]，旅游业是马尔代夫重要的支柱产业。中国是马尔代夫最大的旅游客源国。每年接待的中国游客量都在 30 万人次以上。[2] 而中国已连续 8 年高居马尔代夫旅游客源国之首。马尔代夫非常重视中国旅游市场。未来，马尔代夫将提供更多符合中国游客特点的旅游产品和服务。

---

① 李玫.腾邦集团联合贝恩资本收购全球最大水上飞机公司 [N].深圳商报，2017–12–19.

② 关子辰，薛晨.马尔代夫进入紧急状态 中国游客暂未受影响 [N].北京商报，2018–02–07.

三、中国与孟加拉国的文化旅游合作

孟加拉国政府高度重视旅游业发展,制定了一系列措施鼓励旅游产业发展。2013 年 10 月,中国云南省旅游发展委员会与孟加拉国国家旅游局签署加强旅游合作谅解备忘录。2018 年 12 月,驻孟加拉国大使张佐受邀出席中孟医疗旅游合作项目启动仪式。 中方愿同孟方合作开拓中孟医疗旅游合作新领域,造福两国人民,深化两国友谊。

四、中国和印度的文化旅游合作

中印两国都是文明古国,旅游资源丰富,差异性大,具有很强的互补性,对双方国家游客具有很大吸引力。近年来,旅游正成为中国和印度两国合作的重要内容。2015 年 10 月,印度政府率先放开对中国游客的签证政策,开始向中国公民发放电子旅游签。中印两国领导人共同决定两国在 2015、2016 年互办旅游年。印度也是中国入境游的重要客源市场,两国双向交流人数近百万人次。2018 年 1 月至 9 月,中国赴印度游客达 19.77 万人次,印度旅游外汇收入达 144285 千万卢比,较 2017 年增长了 12.9%。 而每年来到中国旅游的印度游客却达到了 100 万人次,是中国游客的 5 倍。

五、中国与巴基斯坦的文化旅游合作

2017 年 10 月,巴基斯坦驻成都新任总领事表示,旅游业是巴中下一步合作重点领域,希望能够推动双方在旅游业的合作,使两国人民能够到对方国家,深入了解当地的历史文化和民风民俗,以此带动更广层面的合作交流。2018 年 11 月,双方决定将 2019 年定为中巴友好城市年,进一步加强两国相邻地区之间的合作,特别是在经济、旅游、教育等领域的合作。2019 年 2 月,巴基斯坦新闻文化部部长与中国驻巴基斯坦大使馆文化参赞就中巴文化旅游合作进行互相探讨与借鉴,以推动中巴两国在数字技术、影视、文化旅游等领域交流合作。

第五节　中国与西亚、东北非国家的文化旅游合作积极推进

西亚、东北非国家都是阿拉伯国家,我国与这些国家历史渊源颇深,交往颇多。这些国家旅游资源独特,与我国存在较大差异性,但国际政治关系复杂,

提升与这些国家的文化旅游合作水平，对构建海上丝绸之路文化旅游圈意义重大。

一、中国与西亚的文化旅游合作

西亚主要包括伊朗、阿联酋、沙特阿拉伯、土耳其、科威特、伊拉克、阿曼、也门等国家。中国已同沙特、伊拉克、阿曼、科威特、埃及等签署了"一带一路"合作文件，并在阿联酋、苏丹、埃及等国家建立了孔子学院和孔子课堂。近年来，阿联酋、苏丹、阿曼、埃及等国家已成为中国公民组团出境旅游目的地。

（一）中国与伊朗的文化旅游合作

中国与伊朗同是四大文明古国，两国在历史、文化及包括世界遗产等方面都有着相近相通之处，至今，两国依然保留着很多文化艺术经典。伊中两国贸易水平相对较高，伊朗有"四个季节的国家"的美誉，任何时候都可以同时感觉到春夏秋冬，这种独特的气候差异也吸引着中国游客的兴趣。伊朗旅游城市众多，如德黑兰、设拉子、伊斯法罕、马什哈德、卡尚等。两国旅游合作空间大。随着 2012 年伊朗正式成为中国第 111 个旅游目的地国家，越来越多的中国游客将视线转向了伊朗。[①]"凯撒旅游"着手开辟了伊朗游线路，成为中国第一家开通伊朗游的旅行社。2016 年 1 月，中国国家主席习近平和伊朗总统鲁哈尼在德黑兰共同见证了《中华人民共和国和伊朗伊斯兰共和国关于共同推进丝绸之路经济带和 21 世纪海上丝绸之路建设的谅解备忘录》以及金融、投资、文化等领域多项双边合作文件的签署。由于西方的长期制裁，伊朗旅游业发展相对滞后，旅游相关基础设施一直得不到发展。自 2015 年伊核问题全面协议达成后，到伊朗旅游的外国游客数量明显增加，伊朗旅游业迎来了新的发展机遇。2016 年 5 月，与制裁解除前相比，国外游客增长了 12.7%。赴伊旅行的中国游客是 7 万人，来华旅游的伊朗游客也是 7 万人。伊朗目前已经和中国北京、上海等城市开通了直航。世界旅行和旅游理事会的数据显示，2017 年伊朗旅游收入为 307 亿美元，

---

① 杨悦祺 . alifi Hossein：借势文旅融合 挖掘中国出境游市场 [N].21 世纪经济报道，2018-09-21.

伊朗旅游收入对经济的贡献方面在全球排名中占第 35 位。[①]2018 年来，赴伊朗旅游的外国游客人数达到了 780 万，同比增长了 50%。[②]伊朗外国游客的最主要来源地为土耳其，2017 年土耳其来伊游客同比增长了 74%。2019 年 7 月，伊朗驻华大使馆官宣中国人到伊朗免签入境的政策。未来中国游客前往伊朗旅游将会不断增多。

（二）中国与阿联酋的文化旅游合作

阿联酋总面积 8 万多平方千米，是一个由阿布扎比、沙迦、迪拜、阿治曼、富查伊拉、欧姆古温、哈伊马角 7 个酋长国组成的联邦制君主国。阿联酋的 GDP 总量在阿拉伯世界次于沙特阿拉伯，位居第二。阿联酋是阿拉伯世界的发展绿洲，迪拜拥有丰富的旅游服务资源，正积极推动成为全球知名旅游目的地之一。自 2016 年起，中国游客赴阿联酋享受免费落地签，两国全面互免签证进一步促进了旅游市场的繁荣。阿联酋异域的风土人情和免签政策，受到越来越多的中国游客欢迎。中国赴阿联酋游客实现了年均 20% 以上的增长，迪拜乐园、七星帆船酒店等已成为中国游客熟悉的知名景点。购物是迪拜吸引大量国际游客的亮点之一，当地有 97 个大型商场和商业中心，拥有来自全球的品牌和产品。中国是阿联酋非常重视的客源地，银联卡是中国游客出境游的重要支付工具，其共同诉求促成了银联国际与迪拜旅游局的合作。2016 年 2 月 3 日，迪拜旅游和市场推广局在上海宣布与中国最重要的两家公司"银联国际"和"途牛"开启战略合作，为中国到迪拜游客拓宽服务范围和旅游便利。2018 年 5 月，迪拜商业及旅游业推广局宣布与腾讯公司签署战略合作协议，在协议框架下，双方合作将采取整合营销策略，扩大迪拜旅游局在中国的市场推广。2018 年 7 月，迪拜"拥抱中国（Hala China）"计划正式启动，国内领先的出境综合服务运营商众信旅游集团成为该计划的首批战略合作企业。阿拉伯联合酋长国迪拜旅游局公布的统计数据显示，2019 年，中国公民首站赴阿联酋人数约 112 万人次，同比增长 17.2%。阿联酋共接待中国游客 175 万人次，位居中国公民出境旅游

---

① 2019 全球旅行地图：伊朗依然是旅游安全的目的地国家 [EB/OL].（2018–11–28）. https://www.sohu.com/a/278432779_120016791.

② 伊朗旅游部门称去年赴伊旅游外国游客同比增长 50%[EB/OL]. https://baijiahao.baidu.com/s?id=1635394840953586771&wfr=spider&for=pc2019.6.4.

目的地国家第十五位，在西亚北非国家中排名第一。[①]

（三）中国与沙特阿拉伯的文化旅游合作

2016 年 8 月，中国与沙特阿拉伯高级别联合委员会文化、科技和旅游分委会第一次会议在文化科技旅游方面达成了共识。旅游娱乐业是沙特"2030 愿景"重点发展的产业之一，拟借力该产业大力吸引国内外投资，实现本国财政收入多样化、经济结构多元化，不断提高城镇居民生活水平，并持续创造就业岗位，目标在 2020 年吸引投资 1715 亿里亚尔，创造直接就业岗位 120 万个。沙特旅游与国家遗产总局下属的旅游信息与研究中心发布数据显示，2018 年，沙特境外旅游和国内旅游消费支出分别为 764 亿里亚尔和 480 亿里亚尔，分别同比增长 –2% 和 4.1%。据世界旅游和旅游理事会称，沙特阿拉伯的旅游业将在 2019 年为沙特 GDP 贡献 709 亿美元。2018 年，沙特旅游业实现收入 2440 亿里亚尔（650 亿美元），约占其 GDP 的 9%，相当于沙特 GDP 每 11 个里亚尔中就有一个是旅游业创造的。旅游业将成为沙特经济增长的关键驱动力，在打造旅游目的地的同时，打造文化和健康目的地。

（四）中国与土耳其的文化旅游合作

土耳其横跨欧亚大陆，拥有 7200 千米的海岸线，436 个蓝旗海滩、22 个蓝旗码头，在 38 个拥有蓝旗海滩的国家中，仅次于西班牙排名第二。地热旅游潜力巨大，是世界七大地热资源国家之一，拥有 1500 个温泉，居欧洲第一位，各温泉度假村的床位容量达 55140 张。当地的建筑风格既拥有亚洲的雄伟大气，又拥有欧洲的文艺浪漫。宜人的气候，奇特的地貌，迷人的风景，中西方文化在此交融碰撞，形成独特的人文景观。土耳其以其独特的自然风光和丰富的文化遗产，一直稳居全球著名旅游目的地国行列。早于 1991 年 5 月，中华人民共和国政府和土耳其共和国政府签订旅游合作协定，积极鼓励各自的旅游组织、旅行批发商和代理商开展业务活动，在市场促销方面进行合作，鼓励第三国旅游者到对方国家旅游。2018 年是中国土耳其旅游年，中土两国继续加大在旅游

---

① 刘美君.2019 年阿联酋共接待中国游客 175 万人次 同比增长 17.2%[EB/OL].（2020–07–24）. http://cccweb.org/portal/pubinfo/2020/07/24/200001005596/ee0f86c2904940ffbf634674be708115.html.

领域的合作力度。土耳其欢迎中国游客到访旅游、体验文化之旅、享受当地海滩阳光，并探索土耳其的风景和独特文化。目标是使到访土耳其的中国游客数量达到 300 万人次左右。目前，土耳其已经放宽了对中国公民的签证程序，并取消了此前中国游客申请电子签证须持有申根签证或经合组织签证的限制条件。土耳其文化旅游部统计数据显示，2018 年到访土耳其的外国游客 3948.84 万人次，与 2017 年相比增长 21.84%。其中到访的中国游客 39.41 万人次，同比增长 59.38%[1]。2019 年，土耳其接待中国游客逾 42.6 万人次。该国旅游部门还制定了 2030 年旅游业的发展目标，届时，土耳其每年将接待 5000 万名旅游者，国际旅游收入将达 500 亿美元。

（五）中国和科威特的文化旅游合作

中国和科威特两国传统友好,科威特是最早同中国建交的海湾阿拉伯国家，也是全球范围内第一个与中国签署共建"一带一路"合作文件的国家。[2]2018 年 7 月，在中国和科威特两国元首的见证下，中国贸促会会长姜增伟与科威特直接投资促进署署长马沙勒在北京共同签署了《中国国际贸易促进委员会与科威特直接投资促进署合作谅解备忘录》。

（六）中国和阿曼的文化旅游合作

旅游业是阿曼政府积极实施的经济多元化战略"坦菲兹计划"的五大关键行业之一，阿曼历史遗迹众多，古堡有 500 多座，保留了未受外界影响的传统文化，"古堡之旅"成为吸引中国游客的旅游项目。中阿两国自 2018 年建立战略伙伴关系以来，双边各领域务实合作不断深入发展，两国旅游市场发展前景光明、潜力巨大。2018 年 1 月下午，中华龙旅游—阿曼航空产品联合发布会暨长线产品推介会在广州举行。2019 年 2 月，为推动中阿两国旅游领域务实合作，中国驻阿曼大使馆和阿中友协共同组织召开阿曼相关政府部门与在阿中资旅游企业代表座谈会。近年来，阿曼旅游业发展迅猛，在 2005—2014 年，阿曼游客年均增长率达到 7.4%。阿曼旅游业发展迅猛，在社会发展与进步中发挥了突出作用，已成为该国经济和社会发展的主要支柱之一。

---

① 刘昕 . 中土投资贸易合作未来可期 [N]. 国际商报，2019–10–29.

② 郑青亭 ."一带一路"建设全面带动中阿关系发展 [N].21 世纪经济报道，2018–07–11.

（七）中国和也门的文化旅游合作

也门共和国有 3000 多年文字记载的历史，是阿拉伯世界古代文明摇篮之一，也是世界上经济最不发达的国家之一，粮食不能自给，约 1/2 依靠进口。[①] 因过度放牧，沙漠化日渐严重。

二、中国与东北非的文化旅游合作

东北非板块，主要包括埃及、坦桑尼亚、肯尼亚、苏丹、莫桑比克、埃塞俄比亚。2016 年，联合国世界旅游组织与埃塞俄比亚共同主办了中国出境旅游高级别会议，来自非洲国家的 21 位旅游部部长和数十位专家等出席会议。近年来东北非国家签证、航班、支付条件、无线网络等旅游便利化因素均有改善，埃及、坦桑尼亚等国家和地区允许中国公民办理落地签证，肯尼亚、埃塞俄比亚等国家可以办理电子签，其他非洲国家也在签证办理手续、签证材料简化等方面做出了积极努力。中非主要客源地和目的地之间的交通越来越便捷，中国北京、上海、广州、成都与亚的斯亚贝巴、内罗毕、开罗、赫尔格达等均开通了直航航班。中非双向旅游人数接近 200 万人次大关。中国赴非游客的游览项目也呈现多元化趋势。

（一）中国与埃及的文化旅游合作

埃及横跨亚、非两大洲，大部分位于非洲东北部，国土面积 100.1 万平方千米，首都为开罗。埃及不仅有金字塔、木乃伊、狮身人面像等令人叹为观止的古迹，还有美丽的红海海滨和雄伟的阿斯旺大坝。公元前 3200 多年就出现了统一的奴隶制国家，并创造了灿烂的古代文明。位于红海之滨、西奈半岛南端的沙姆沙伊赫，以现代休闲度假的特点吸引着无数的游客。旅游业成为埃及经济的重要支柱之一。2016 年 1 月，中国与埃及在开罗发布了《中华人民共和国和阿拉伯埃及共和国关于加强两国全面战略伙伴关系的五年实施纲要》。埃及当地媒体援引世界旅游及旅行理事会的数据报道，2018 年旅游业为埃及提供了约 250 万个工作机会，占全国就业岗位的 9.5%，旅游业为埃及当年国内生产总值（GDP）

---

① 李强奋，李南 . 新中国第一个对外援建项目——也门萨荷公路 [J]. 百年潮，2019-05-04.

贡献 11.9%。2019 年埃及接待游客超 1300 万人次，旅游收入逾 130 亿美元。[①] 今后旅游业对埃及 GDP 的贡献将进一步增加。

（二）中国与坦桑尼亚的文化旅游合作

坦桑尼亚旅游资源丰富，拥有非洲第一高峰乞力马扎罗山和联合国教科文组织世界遗产塞伦盖蒂国家公园等诸多名胜。观看动物迁徙是游客到访坦桑尼亚的主要原因。旅游业是一项可观的外汇收入来源，占坦桑尼亚 GDP 总量的 14%。坦桑尼亚是世界上最宝贵的自然遗产的管理者，政府已制定出台旨在通过推广高质量的旅游和增加保护区及农村社区来扩大旅游业的国家旅游政策和旅游发展总体规划。2018 年 11 月，由坦桑尼亚旅游局及坦桑尼亚联合共和国驻华大使馆主办，广东省旅游规划与营销协会承办的"2018 坦桑尼亚旅游路演广州站"活动在广州举行。坦桑尼亚自然资源和旅游部近期公布的数据显示，2018 年，全球旅游业平均增长率为 6%，而坦桑尼亚为 13%。来坦桑尼亚旅游人数从 2017 年 130 万人次提高至 2018 年 150 万人次，旅游收入从 2017 年 23 亿美元增加至 24 亿美元，涨幅达 7.2%。计划在未来 5 年内，吸引更多来自中国的游客，力争让入境的中国游客从当前的 3.4 万人增加到 10 万人。

（三）中国与肯尼亚的文化旅游合作

肯尼亚有着丰富的旅游资源，经济发展处于中东部非洲前列，其首都内罗毕是非洲著名国际都市。肯尼亚是世界上最受欢迎的野生动物巡游胜地之一，有数十个国家级天然野生动物园和自然保护区，被誉为野生动物和多种鸟类的天堂。肯尼亚是非洲著名的旅游国家，其主要景点有乞力马扎罗山、安博塞利国家公园、东非大裂谷、莱瓦保护区等。2014 年 9 月，中国与肯尼亚签署旅游合作谅解备忘录。2016 年 10 月，肯尼亚旅游局携手 UNIWAY 皇家旅游在北京举办了"奇妙肯尼亚精彩全年"肯尼亚淡季产品推广会。第七届肯尼亚旅游博览会于 2017 年 10 月在肯尼亚首都内罗毕胜利闭幕，这是东非乃至整个非洲旅游行业交流合作的重要展会平台。据世界旅游及旅行理事会（WTTC）发布报告，2018 年肯尼亚旅游业创收 7900 亿肯先令（约合 78.8 亿美元），同比增长 5.6%，

---

①　埃及 2019 年海外观光客 1310 万创收逾 130 亿美元 [EB/OL].（2020-04-02）. http://world.xinhua08.com/a/20200402/1927393.shtml?f=arelated.

占 GDP 的比重为 8.8%，创造就业岗位 110 万个。肯尼亚成为位居南非、尼日利亚之后，次撒哈拉非洲地区的第三大旅游经济体。

（四）中国与苏丹的文化旅游合作

位于非洲大陆东北部的苏丹，国土面积达 188.6 万平方千米，是非洲第三大的国家。苏丹地处青白尼罗河在喀土穆交汇处，奔流向海，毗邻美丽的红海。苏丹旅游资源丰富，有众多的历史遗迹，是古埃及、地中海及西亚地区诸多文明的交汇之地。2016 年 5 月，中苏两国政府签署谅解备忘录，中国游客有机会赴苏丹亲身感受这个"诸神最宠爱的地方"。苏丹正在考虑进一步简化中国人赴苏丹旅游的签证手续，考虑开通从中国到喀土穆的直航航班事宜。

（五）中国与埃塞俄比亚的文化旅游合作

中国和埃塞俄比亚在文化旅游上早已开展合作，2008 年，埃塞俄比亚与中国签署了双边旅游协议。2015 年，埃塞俄比亚从 31 个国家中被欧洲旅游和贸易理事会选为世界最佳旅游目的地之一。埃塞俄比亚是去非洲的必经之地，埃塞俄比亚航空公司是非洲发展最快的航空公司，成立于 1945 年，拥有最年轻和最现代化的机队。埃塞航空目前在中国北京、上海、广州、成都和香港已开通 5 个直飞航点 。2017 年埃塞俄比亚接待中国游客 4.53 万人次，中国已成为埃塞俄比亚第三大旅游客源国。

（六）中国与莫桑比克的文化旅游合作

莫桑比克有长 2630 千米的海岸线和风景怡人的岛屿，旅游业发展潜力巨大。2007 年 8 月，中国驻莫桑比克大使与莫桑比克旅游部部长签署了《中华人民共和国国家旅游局和莫桑比克共和国旅游部关于中国旅游团队赴莫桑比克旅游实施方案的谅解备忘录》。位于楠普拉省的莫桑比克岛 1991 年被列入世界文化遗产名录。 2018 年 2 月，中国外交部部长王毅与莫桑比克外长签署了两国持外交和公务护照公民入境对方国家可互免签证的协议。 2019 年 8 月，莫桑比克文化与旅游部部长率领艺术及文旅部代表团访问中国。在钓鱼台国宾馆，成立了中国国际文化传播中心莫桑比克海外中心，并举行了莫桑比克旅游推介会。

第六节　中国与欧洲国家的文化旅游合作硕果累累

欧洲具有独特的自然风光和丰富的人文景观，文化遗产如皇宫、古堡、雕塑、广场等历经几百上千年都保护得比较完好，且旅游市场开发和保护比较合理，设施完善，人口素质相对较高。欧洲作为文化线路起源地，不但为跨区域的文化线路遗产的价值找到了可行的办法，也通过参与式的旅游，使这些活态遗产在当代社会重新绽放活化。2017年最受中国游客欢迎的欧盟国家是：法国、意大利、德国、英国、奥地利、捷克、西班牙、希腊、芬兰、丹麦等国家，位居欧盟热门目的地前十强。古希腊建筑、古罗马建筑、欧洲独有的古典艺术、博物馆珍藏吸引了大量中国游客的目光。其他名迹为圣家族大教堂、卢浮宫、巴黎迪士尼乐园、巴特罗之家、伦敦眼、米拉之家、古埃尔公园、凡尔赛宫、马德里王宫、梵蒂冈博物馆和罗马斗兽场。[①]

一、中国与意大利的文化旅游合作

中国和意大利作为东西方有代表性的文明古国，文化交流源远流长。两千多年前，古罗马正处于文明鼎盛时期，中华文明也迎来了辉煌时代。30余年来，中意文化遗产合作深入人心。如陕西西安文物保护修复中心等一批的文保机构的设立，都离不开意大利给予的资金支持，在中国文物保护工作中发挥着重要作用。"古罗马文明展""丝绸之路与华夏文明展"等一系列精品文物展连接起中意两大文明的互学和互鉴，也连接起两国人民对彼此历史文化的了解和仰慕。近年来，中意两国在文物展览、文物保护修复合作中不断扩大交流规模，引领国际文化遗产合作。2018年1月，"中国—欧盟旅游年"在意大利威尼斯开幕，中意两国文旅部门签署了两国旅游战略合作谅解备忘录。之后，意大利在中国开办10余家签证代办中心，实行36小时内发放签证，中国游客赴意大利旅游持续升温。[②]7月，中国与意大利卡拉布里亚大区、坎帕尼亚大区、普利亚大区、翁布里亚大区全面开展旅游合作发布会在意大利驻华大使馆举行。2019年3月，在中国国家主席习近平与意大利总理朱塞佩·孔特的共同见证下

---

① 尚瑾.2018年中国游客赴欧洲旅游大数据报告 [J]. 空运商务，2019（3）：52-54.

② 郑三波. 重庆人赴欧旅游人数全国第三　定制游人均 2500 元 / 天受热捧 [N]. 重庆商报，2019-09-28.

两国签署《中华人民共和国文化和旅游部与意大利共和国文化遗产和活动部关于796件中国文物艺术品返还的证书》等五项文化遗产合作成果。这是两国文化遗产合作历程中的重要里程碑，为国际合作开展流失文物追索返还提供了新的典型范例。

二、中国与希腊的文化旅游合作

希腊海岸线长约1.5万千米，3000多个岛屿分布于爱琴海和地中海中。希腊是首个签署"一带一路"合作谅解备忘录的欧洲国家，2019年4月，希腊正式加入"中国—中东欧合作"框架。其建设地区互联互通枢纽的发展战略与"一带一路"高度契合。希腊首都雅典是海上丝绸之路重要的节点城市之一。德尔菲太阳神殿、雅典卫城、阿波罗宗教城、克诺索斯迷宫、奥林匹亚古运动场建筑群、埃皮达夫罗斯露天剧场、维尔吉纳马其顿王墓等都是希腊的名胜古迹。旅游业是希腊的支柱产业之一，中希两国政府早于2006年就签订了旅游合作协定。随着希腊经济的复苏，旅游业加快发展。据希腊旅游部数据，2017年前往希腊的中国游客单次行程平均花费5679欧元（约44000元），相当于每天消费931欧元（约7000元），总计花费近4亿欧元（约30亿元）。而其他消费群体例如美国人和土耳其人，平均每天旅游消费仅100欧元。希腊旅游部部长表示，中国游客对促进希腊旅游业发展至关重要，中希两国政府正考虑在2021年互办文化和旅游年等活动。世界旅游及旅行理事会数据显示，2018年希腊旅游业占国内生产总值的比重高达20.6%，其就业人口占全国总就业人口的四分之一。

三、中国与其他欧洲国家的文化旅游合作

近年来，中国与中东欧国家旅游部门在"16+1"合作机制下，务实推进旅游交流与合作。在签证及交通便利化方面，2016年，中国对中东欧16国公民实行72小时过境免签政策。海航开通了赴捷克布拉格、塞尔维亚贝尔格莱德的直航航班，国航开通了赴匈牙利布达佩斯的直航航班。2017年2月，中国与北欧国家首个旅游年——2017中国—丹麦旅游年正式启动。同年8月，全球旅游消费指南马蜂窝旅行网携手挪威、丹麦、瑞典、芬兰四国旅游局展开主题为"攻略北欧，每平方米更多惊喜"的战略合作发布会，共同制定深度的官方攻略内容，打造全方位、立体的北欧四国旅行指南。法国是世界第一大旅游目的地国，

是最受中国游客青睐的欧洲目的地国家。作为中国最大的旅游集团和出境游服务商，2018 年通过携程平台报名赴欧跟团游、自由行、定制游、当地玩乐等产品的游客多达数十万人次。

第七节　中国与海上丝绸之路沿线国家文化旅游合作
存在的问题

一、缺乏统一规划，法律法规亟待强化

（一）文化旅游圈建设缺乏统一的科学规划

中国与海上丝绸之路沿线国家文化旅游圈建设处于倡议阶段，缺乏顶层设计，缺少统一规划，尤其缺乏保护与开发的科学规划。从国内沿线四省（区）看，广东省编制了《广东省海上丝绸之路旅游合作发展规划（2014—2020 年）》，福建省出台《21 世纪海上丝绸之路核心区建设方案》，提出把福建建设成为海上丝绸之路旅游合作先行试验区和重要集散中心。广西和海南在其"十三五"规划中都提到了加快海上丝绸之路文化旅游业的发展。但缺乏"一盘棋"的文化旅游统筹规划，导致不同地区之间的旅游开发行为各自为政，景点开发各自为战、分散经营，区域之间没有形成合力，只强调对个别景点的保护与重建，对"海丝"文化遗存缺乏全面整合与开发。缺乏统一规划，使得宗教文物保护不够。以中国福建省为例，泉州市由于开元寺、清净寺等景区体量小，各种宗教旅游资源缺乏整合，宗教文化旅游的整体形象没有塑造出来。广东南海神庙文物建筑群具有很高的欣赏价值，但难以成为广州常态化的旅游景点，每年仅在菠萝圣诞节热闹几天。应对南海神庙等古遗址进行统筹规划，使之成为一个具有影响力的文化遗产旅游景区。

（二）法律法规亟待强化

从闽粤桂琼四省（区）市近年出台的《"海上丝绸之路·福州史迹"文化遗产保护管理办法》《泉州市海上丝绸之路史迹保护条例》《江门市海上丝绸之路文化遗产保护办法》《福建省"古泉州（刺桐）史迹遗址"文化遗产保护

管理办法》《广州市海上丝绸之路史迹保护规定》《福建省"海上丝绸之路·漳州史迹"文化遗产保护管理办法》《北海市海上丝绸之路文化遗产点保护办法》7 个文件看,还存在着条文结构亟待优化、财政保障和机构设置面临窘境、管理与现实的冲突问题。各地在将保护经费纳入财政预算提法中极富弹性,条文的具体规定方式不是实际财政保障落实情况的决定性因素。在专业机构设置上,福建的四部立法规定了应设置专门机构,但广西和广东均没有相关规定。《文物保护法办法》要求为文保单位划定保护范围和建设控制地带,《实施世界遗产公约操作指南》则要求必须确保世界遗产以及正在申遗的遗产拥有遗产区(或核心区)[①],从上述保护办法来看,北海采用的是划定保护范围和建设控制地带,没有涉及核心区和缓冲区[②];广州和江门采用的也是划定保护范围和建设控制地带,但提及核心区和缓冲区;而福建省直接规定了划定核心区和缓冲区,不再划定保护范围和建设控制地带。同时,缺乏专门的旅游资源保护法,在少数民族文化旅游及生态旅游等的保护方面存在立法空白;此外,一些地方虽然出台保护民族民间文化的法律文件,但还缺乏相应配套的措施和办法,实施起来有难度[③]。同时,处罚力度不够,导致法律本身无法起到保护资源的作用。

二、基础设施滞后仍是制约中国与沿线国家文化旅游合作的瓶颈

(一)交通基础设施滞后

21 世纪海上丝绸之路文化旅游圈建设除了考虑文化旅游资源外,更需要解决沿线国家的公路、铁路、机场、港口、口岸、桥梁问题。亚洲是当今全球经济增长最快的地区,但东南亚、南亚、西亚和东北非等基础设施状况却相对滞后。边境接壤地区的基础设施不完善,海陆空旅游交通基础设施有待提升,景区、

① 陈东,黄丽桩,莫廷婷."海上丝绸之路"文化遗产保护地方立法的问题与视野 [J]. 地方立法研究,2018(4):57-72.

② 陈东,黄丽桩,莫廷婷."海上丝绸之路"文化遗产保护地方立法的问题与视野 [J]. 地方立法研究,2018(4):57-72.

③ 黄桂秋,黄燕熙.广西非物质文化遗产保护问题与对策 [J]. 广西师范学院学报(哲学社会科学版),2009(2):1-7.

游客中心等相关配套设施有待完善。最突出的问题是越南、柬埔寨、老挝和缅甸4国的陆路和水路旅游交通设施比较落后，国与国之间的断头路较多，水路、机场、码头衔接不畅；通关设施滞后，影响旅游陆路走廊的建设。中国与越南边境地区公路存在等级不高、铁路轨道不对接等问题，此外，部分东盟国家内部的交通基础设施不完善，严重影响了中国游客的体验。交通基础设施滞后的原因在于资金的短缺。缅甸目前仍然是东南亚地区电力覆盖率最低的国家，交通电力基础设施的滞后导致了赴缅甸旅游的游客出行范围有限。柬埔寨旅游业最大的问题也是基础设施薄弱，旅游配套设施不健全。南亚旅游基础设施建设的发展落后于快速增长的旅游需求。以孟加拉国为例，孟加拉国交通等配套设施落后，机场、铁路运力严重不足，道路狭窄，交通拥挤，民众安全意识薄弱，时常发生交通事故。多数阿拉伯国家仍受制于基础设施建设滞后和旅游投资不足等因素影响，中国飞往东北非地区的航线仅占国际航线的小部分，航线不足成为制约中国游客到访东北非国家的原因之一。同时，海上丝绸之路宗教文化资源比较丰富的地方，多处于交通比较闭塞的乡村，交通基础设施较差，一般游客很难达到，主要旅游景点交通并不通畅，一些景点需长途跋涉才能到达目的地。

（二）文化旅游公共服务设施建设不完备

目前，影响海上丝绸之路文化旅游发展的重要因素仍然是公共服务设施问题。主要旅游景区的服务配套建设严重不足，酒店餐馆、家庭旅馆、旅游购物点等服务设施建设规模化、标准化尚未形成。

1.酒店等服务设施滞后

从国内看，一些城市高档酒店、商店、休闲娱乐场所等还较少，商务、金融及城市服务等方面的配套还不全面。在一些城市旅游服务基础设施与旅游市场需求差距日益凸显，如一些城市五星级酒店的数量较少，酒店环境、服务质量与国内一线城市五星级酒店有较明显差距。此外，一些城市景区厕所配备标准不高、停车场配套不足、游客接待中心设置不到位，客观上造成文化旅游资源不能发挥其应有的旅游功效。缺乏国际化的自驾车露营地等自助配套体系，多语言的标识系统丰富度不足，尚不能满足国内游客和国际游客的需求。同时，一些宗教场所道路、绿化、房屋等硬件设施建设滞后，大多数宗教场所基本都由民间自发组织修建，资金来源主要是民间集资和信徒捐献，由于筹集资金较为困难，宗教场所基础设施建设缓慢，有的场所甚至出现"烂尾"的现象。

从国外看，西亚和东北非公共服务均明显不足。以埃塞俄比亚为例，尽管过去几年中国游客人数实现增长，但埃塞俄比亚在配套设施和服务能力等方面仍存在局限性，酒店业发展不足，一定程度上阻碍了游客人数大幅增加。如首都亚的斯亚贝巴仅有110家宾馆，拥有客房不超过5500间。因此，未来几年内，埃塞俄比亚在宾馆、度假村、旅行社、当地交通、国际交通、饮食服务、培训服务等方面的投资将有望持续增加。巴基斯坦缺少物美价廉型的酒店。伊朗同样面临这样的问题。此外，信息服务等基础设施滞后，安全保障和救援体系不足。中文标识和中文服务在内的中文环境营造、线上支付需求、中餐和娱乐活动提供等仍有较大提升空间。

2. 展示展馆等滞后

展示展馆是非物质文化遗产传承展示的重要依托，非物质文化遗产保护中的明显短板依然是展示展馆不够完善和健全，展示场所依然不足，规模不大，层次不高，质量不够，一些地区甚至没有一家专门的非物质文化遗产展示馆，仍有一部分农村地区的文化设施缺乏，更不用说非物质文化遗产的传承展示。

3. 口岸基础设施落后

口岸基础设施及相关附属设施的建设跟不上口岸现代化的发展需要，大部分口岸不达标，面临着扩建升级改造的压力。随着口岸出入境人员呈现大幅增长趋势，口岸现有硬件与出入境流量增长之间的矛盾日益突出。若启动邮轮母港建设，对口岸基础设施的要求将更高。[①]

三、文化旅游合作机制和合作层次有待提升

（一）合作共识有待提升

中国与海上丝绸之路沿线大部分国家对海洋文化内涵的挖掘不够，对海上丝绸之路文化旅游的开发缺乏战略意识。中国海上丝绸之路的申遗，由于各地

---

① 刘建文，等．广西南海国际邮轮母港及邮轮经专题研究 [R]．广西壮族自治区发展和改革委员会，2016．

区保护主义严重，存在始发港之争等。从历史轨迹上看，海上丝绸之路并非一成不变，它随着年代、经济重心、中心城市的兴衰而转移。应充分认识到"海上丝绸之路"是人类海洋文明的重要组成部分，沿线城市只有相互合作，才能共同建设 21 世纪海上丝绸之路文化旅游圈，共享旅游合作带来的利益。

（二）合作机制有待完善

从国际上看，目前，中国与海上丝绸之路沿线国家文化旅游合作的机制平台存在功能重叠且薄弱，参与性合作机制较多、规则性合作机制较少，合作停留在框架协议层面，实质性推进的内容不多，缺乏区域性应急合作机制和利益联接机制，如我国与东盟文化旅游合作尚未建立海上旅游专业指导机构，特别是中国与东盟国家的跨境旅游合作区建设，协调难度更大。尤其是涉及利益联结问题，国与国之间、地方与地方政府之间，国家与企业、企业与当地居民参与开发建设合作的利益如何分配，如何建立起适应沿线各国利益相关者的收益分享模式等机制，在理论上和实践上都需要大胆探索，创新研究。中国与西亚、东北非的旅游合作尚缺乏合作的制度框架，亟待建立健全。伊朗境内很多旅游景点的保护工作有待加强，也未形成规模的旅游景区，很多旅游者也没有把伊朗当作旅游目的地。这些都是制约旅游合作的诸多因素。从国内看，旅游合作仍以行政主导机制建设为主，缺乏市场调节、人文融合和法律方面等多重合作机制的保障。合作主体以中央和地方政府为主，区域间合作组织松散，未形成功能性组织机构。以广西为例，广西北部湾城市群旅游联盟虽然进行了旅游联合促销，定期组织召开联盟会议，但实质的区域联动措施缺失，尚未发挥出联盟应有的作用。因此，必须从建立多层次的常设性机构、推进规则性合作机制的建立等方面推进我国与海上丝绸之路沿线国家的文化旅游合作机制创新。这样，才能形成文化旅游资源共享、旅游线路共建、市场共拓、客源互送、多方共赢的区域合作模式。

（三）合作层次有待提升

我国公民对海上丝绸之路沿线国家文化旅游资源了解得不多，南亚国家中除了对印度和斯里兰卡主要特色旅游景点略知一二外，对南亚其他国家的旅游资源知之甚少，这也是制约文化旅游合作的重要原因。旅游产品开发层级结构也不尽合理。目前，海上丝绸之路旅游产品和旅游景点开发缺乏特色，缺乏国际精品旅游线路，联合宣传力度不足；产业融合乏力，区域合作力度不够；旅游业与其他行业的融合发展丰富度不够，旅游产业带动力不足，直接影响旅游收入和旅游产业竞争力。城市旅游形象不鲜明，没有形成具有较强吸引力的城市旅游品牌和市场认知。同时，旅游信息化建设弱化，海上丝绸之路沿线国家和地区旅游资讯缺失，许多游客不知道如何选择廉价实惠、便捷安全的线路进入。合作层次较为单一，缺乏次区域旅游协同合作战略。同时，到访这些目的地国家的游客的分布也不均衡，关注埃及、肯尼亚、坦桑尼亚等国的游客颇多，关注其他非洲国家的游客偏少。这表明中非旅游交往潜力有待进一步挖掘。同时，由于阿拉伯国家的宗教信仰，在出行方式、旅游需求和审美情趣上不同于其他旅游群体，一般倾向家庭游，而不是随团队游。在餐饮方面，以清真餐饮为主，在景点和项目选择上，偏好家庭娱乐项目。目前我国尚缺少专门针对阿拉伯国家游客的旅游产品和线路设计，缺乏专门针对这些国家游客的营销策略和渠道，也缺少关注阿拉国家的旅游企业。

四、文化旅游内涵挖掘不够，文化遗产资源利用不足

（一）文化遗产保护观念不足

近年来，文化遗产保护引起了广泛关注。按照国家确定的"保护为主、抢救第一、合理利用、传承发展"的指导方针，目前社会上对"海丝"文化遗产地保护的认识仍不足，导致文化遗产大量流失。同时，非物质文化遗产也面临前所未有的挑战。由于非物质文化遗产大多来自民间，且历史悠久，没有形成文字记载的口耳相传，濒临消亡。非物质文化遗产传承的文化生态环境日益萎缩。在全球化和互联网的冲击下，海上丝绸之路沿线国家文化遗产的保护与传承面临着严峻的考验。如东盟、南亚等沿线国家都面临着传统艺术的传承与发展问题，欣赏国粹戏曲艺术的观众及戏曲表演者逐年减少。东盟各国的非遗表演内容虽然丰富多彩，但舞台技术等硬件方面比较落后，其舞台展示效果不佳；有的手工艺面临着原材料成本高或创意开发、产业生产等难度大的问题。在缅甸，强烈的地震给那里的文物建筑造成了非常大损伤，急需修复。又如非洲地区列入《世界遗产名录》的遗产数量占世界遗产总数的比例不到9%，但在世界濒危

遗产名录中有三分之一的遗产却位于非洲。表明非洲的世界遗产保护正面临极为严峻的挑战。在利用文化遗产的过程中，也出现了无序管理和开发过度等问题。如何在文化遗产的保护和利用之间达成共识，需要凝聚各方智慧。

（二）文化遗产保护力度亟待改善

海上丝绸之路古村落、古建筑群的开发建设中有弱化因地制宜的倾向，地方特色与历史传承感不够鲜明。部分重点海上丝绸之路史迹点虽然开辟为博物馆、纪念馆，但整体尚未形成品牌，知名度不高，影响力不足。非重点史迹更是鲜为人知，也未加以利用并对外开放。部分遗产长期未得到保护出现损坏，一些遗址缺乏管理，有些破旧不堪。此外，管理体制滞后限制了其展示和利用功能。如深圳赤湾片区5处文物单位权属未理顺，除天后宫整体由南山区政府管理外，其他由蛇口工业区、赤湾村、南山开发公司等所有。文物单位权属不一致，难以实现集中和规范管理，保护与利用上难以统一规划，文物的功能和价值没有得到有效发挥，制约了片区历史文化的研究和传承。如何合理地利用，以实现更有利的传承与发展，是海上丝绸之路文化遗产保护与传承面临的重要问题。以广东省为例，海上丝绸之路史迹保护与利用等工作还存在一些不足，从广东省收录的598处海上丝绸之路史迹来看，遗存下来的文物有的也没有得到很好的收藏和保护。很多文物点地处荒郊野岭，无人问津，文化传承令人担忧。广西合浦角雕虽具有多重价值，但传承人屈指可数。此外，还未建立一个比较科学的海上丝绸之路保护和开发的研究体系。

（三）非物质文化遗产活化利用亟待加强

1. 非遗保护现代化水平不高

对非物质文化遗产的普查力度不大，导致对文化资源状况调查不够深入，停留在表面上。很多县市数据收集保护手段陈旧，难以实现规范、安全和快速的信息交流。一些地方虽然建立了非物质文化遗产数据库，但非物质文化遗产数据库建设速度较慢且更新不足。

2. 居民主体与物质文化遗产活化存在矛盾

海上丝绸之路古村落存在古建筑和周边的住宅区景观上不协调的问题，现代建筑与古建筑显得格格不入。本土居民是物质文化遗产保护的主体，在古建筑的修缮与活化使用和文化价值发掘活化过程中，难以发挥主体作用。另一方面，民营博物馆建馆容易维持难，如民营博物馆和艺术馆，展厅的湿度和温度要保持在合适区间，维护成本费用特别高。因此，民营博物馆经营问题值得引起重视。

（四）尚未深度挖掘宗教文化旅游资源

文化的精髓是创新，出思想，出名家，但是我国在海上丝绸之路宗教文化资源挖掘方面不够，宗教旅游产品不够丰富，设计单一，体验性不足，开发的层次较低，旅游项目单一，上香、拜佛、祈福是宗教游的全部内容。通过宗教文化旅游参与体验项目可以帮助人们启迪智慧、重塑人生价值。[1] 某些寺庙场所充满着商业色彩，缺乏宗教文化旅游参与环节或体验项目。如妈祖文化旅游开发中出现了旅游产品的低质和异化、旅游活动单调和参与性差、旅游商品缺乏等问题。大多数宗教文化资源的价值未能被深入挖掘，武术、禅茶、斋宴等多种宗教文化内容未深入开发。很多游客对于宗教文化缺乏足够的了解，在游览过程中，不能理解宗教文化传播的价值和意义。[2] 以道教文化为例，道教名山具有深厚的历史沉淀，留下许多诗词、传说等历史文化遗产，但一些景区仅将宗教旅游作为一种对寺院、道观古建筑的观光旅游来发展，而对宗教深层次中所蕴含的启迪智慧、平衡身心、修身养性等文化内涵开发不足，没有展示出其精神层次的价值来，宗教文化影响力也没有向旅游、服务等领域拓展。宗教文化旅游与相关产业融合度不高，缺乏具有地方特色的宗教文化旅游纪念品，未形成产、供、销的旅游产业链，制约了旅游购物消费增长。如广西北海市涠洲岛拥有丰富的宗教人文景观，建于清代同治年的盛塘天主教堂、圣母堂和涠洲妈祖三婆庙等，但旅游开发价值不足。为此，宗教旅游的开发需要从历史文化、宗教信仰、自然环境、人文景观等各个方面进行综合性的开发，摆脱过去"观光型、陈列式"的宗教旅游产品开发模式，力求宗教旅游产品多元化和创新性。

---

[1] 张振祥，贾朋社.三亚宗教文化旅游发展现状及对策研究[J].现代经济信息，2016(15)：494–496.

[2] 张振祥，贾朋社.三亚宗教文化旅游发展现状及对策研究[J].现代经济信息，2016(15)：494–496.

五、邮轮旅游发展处于起步阶段，未形成产业链

改革开放 30 年来，中国旅游业获得了大发展，但在邮轮经济领域，国内的发展还仅限于邮轮接待的阶段。[①]世界前六大邮轮运营集团有 5 家来自欧美地区，77% 以上邮轮旅客来自欧美地区。国际邮轮本身作为一种新兴的旅游目的地的观念和意识未完全得到中国游客的接受和认可。虽然国内已开辟多条跨国海上航线，但目前经营的都是小型邮轮，且产品单一，仅以观光为主。还没有国产远洋邮轮和国际邮轮母港在内的邮轮旅游产业的基础设施和服务设施。

（一）邮轮港口资源不足

国际上邮轮经济发达的国家或地区都建有多个大型的现代化的码头，配有全套的基础设施和辅助设施。我国邮轮港口资源少，现在比较大型的邮轮接待码头都为国际邮轮提供定期或临时挂靠服务。目前南海区域只有一家丽星邮轮公司，三亚的邮轮码头建设相对滞后，无法同时停靠两艘以上邮轮。虽然三亚邮轮发展潜力很好，但随着游客的激增和大型国际豪华邮轮停靠航次的增加，联检大厅场地小，检验通道建设不足等问题凸显，这表明三亚与国际化大型港口城市相比，相关配套设施建设未能及时跟进，票务销售、船舶代理等相关业务尚未建立完善的服务模式；通关环境有待改进，没有足够邮轮航运补给、废物处理和维护等配套服务，这些都会影响邮轮市场的快速健康发展。广西北部湾邮轮码头的等级较低，缺少相应的配套设施。钦州港的邮轮码头只有 2000 吨级左右的，港口到市内和机场的交通不是很便捷，邮轮的维护、物资的配给和废物的处理都得不到保障，这些设施条件使得广西北部湾的邮轮港口暂时还不能成为邮轮母港，只能作为一个访问港，而访问港所带动的收益少，对当地邮轮经济的发展作用不大。

（二）邮轮制造业仍是空白

邮轮产业主要集中于欧洲的德国、法国、意大利、芬兰等四个国家，欧洲邮轮经济的 40% 来源邮轮修造行业。中国旅游装备制造尚处于起步阶段，邮轮发展还处于"借"船出海和"借"船入海的阶段，虽然造船实力已经具备了相

---

① 孙琳. 国内邮轮旅游者消费行为与动机研究 [J]. 旅游纵览，2015（11·下）：226–228.

当的水平，但在国际产业链中还处于比较低端的接待环节，还没有一艘中国企业生产乃至设计、研发的大型邮轮。建造一艘大型邮轮的技术难度很大，如果将我国的邮轮经济延伸至上游的设计制造环节，将对中国传统的船舶制造业向高端发展转型有重大现实意义。

六、旅游产品单一，旅游线路不丰富

（一）旅游产品单一

目前，中国与海上丝绸之路沿线国家的文化交流层次还比较低，海上丝绸之路的人文交流圈和文化旅游圈方面还缺乏力度，文化及其相关旅游资源没有很好整合起来，没有一条成熟的旅游线路让游客去观看海上丝绸之路的历史文化和古迹。自然景观、文化旅游、海岛风情、都市旅游依然是东南亚和南亚旅游的主流产品，而在诸如医疗护理以及水上娱乐等度假旅游与专项旅游方面的产品开发不够，跨境旅游合作项目依旧单一，这些都限制了中国与海上丝绸之路沿线国家合作的有效推进。南亚文化旅游圈的旅游产品大多停留在传统的观光旅游，已开发的景区质量不高，旅游环境质量仍待提升。如巴基斯坦虽然旅游景点不少，但是巴基斯坦的旅游业并不发达。孟加拉国的旅游资源相对有限，常年遭受暴雨、飓风等自然灾害影响，漂流、文化旅游、宗教旅游、生态旅游、动物观光游等都还是尚未开发的项目，历史文化遗迹较少，受损程度较大，保护措施不到位，景点周边卫生环境不好，加上国际化程度较低，难以成为国际性旅游市场。中国与沿线国家海洋旅游产品类型少、资源开发层次浅、产品结构不能充分适应现代多样化的旅游需求。

（二）缺乏多条深度互动的旅游线路

以越南为例，虽然国际游客到越南的数量很多，但在越南的消费很少。越南相关部门考虑的是让游客增加的同时如何使 GDP 也增加。目前越南旅游产品品质不高，多为低端的产品，高端旅游产品仍有待进一步开发。这也是导致旅游消费低的原因。从目前两国推进的中国桂林到越南下龙和崇左市到越南谅山市自驾游线路上，都面临游览线路不丰富的问题。自驾游的魅力就在于"说走就走，说停就停"，去越南的中国游客希望能把游览范围扩大至河内、胡志明市甚至更远的区域，而来访的越南游客也认为仅将游览线路限定在南宁、柳州、桂林三个城市，范围太小，尤其越南游客到桂林后不能前往阳朔游玩，感到遗憾。此外，中国跨境自驾游客 95% 以上都来自云南、贵州、四川等地。广西参与的游客少，中国方面目前也没有达到每个月 300 辆车前往越南下龙旅游。据越南旅游总局 2014 年和 2017 年的调查结果，2014 年越南国际游客重访率为 33%，至 2017 年为 40.4%；韩国游客日均消费由 2014 年的 133.4 美元提升至 2017 年为 171.5 美元，中国游客日均消费也由 2014 年 118.6 美元提升至 130.1 美元。面对外国游客消费偏低状况，越南旅游总局要求旅游行业必须提出合理解决方案，以提升游客消费额，延长游客逗留时间，并让游客对越南旅游留下良好印象而重返越南。

（三）航线单一制约着邮轮旅游的发展

近年来，中国邮轮市场火爆，国外著名邮轮公司皇家加勒比邮轮、歌诗达邮轮，以及中国本土的天海邮轮、渤海轮渡等企业，主要运营日韩航线，市场占比在 95% 以上。航线主要通往日本的福冈、佐世保、长崎、鹿儿岛、熊本、高知、北九州、冲绳、广岛和韩国的济州岛、仁川、釜山等地。广州、深圳等也运营越南、中国香港、日本、韩国航线。由于过度依赖日韩航线，一旦出现国际关系的变动将导致邮轮旅游需求萎缩，给中国邮轮市场的发展带来风险。南海区域主要执行以香港、新加坡、三亚为母港的到达南海国家及地区的中短期航线①，缺乏如加勒比海地区的经典邮轮航线。

七、"零自费纯玩"模式受到质疑，游客文明素质有待提升

（一）低价团影响了中国旅游形象

中国旅游市场竞争激烈，一些旅行社为了招揽游客，低价竞相销售，如从国内到印度尼西亚巴厘岛的团费仅 2000 多元。中国旅行社的这种竞争也转嫁到了巴厘岛，给巴厘岛的旅行社带来很大压力，该现象已存在六七年，近两年愈演愈烈。这种低价团行程通常多是 6 天 7 夜，除支付机票费用外，在巴厘岛的

---

① 门达明.加勒比海与南海邮轮旅游比较研究——兼谈海南—南海邮轮旅游区域合作开发 [J].现代商业，2015（18）：62-64.

支付成本为 1300 元，包括要支付住宿、餐饮、门票 1000 元和中方旅行社 300 元。如此低价使得这里的旅行社不但赚不到钱，还要倒贴 300 元。游客到此无法保证质量造成恶性循环竞争，影响了巴厘岛的信誉。在泰国也是如此。这种现象被称为 KV（kick back）回归，是极不正常的。地接的旅行社和导游深受其害。旅行社每隔几天都要发生和游客争执现象。低价团不仅使游客和正规旅行社的利益受损，还影响了中国旅游业的形象，如果得不到有效治理，会对整个旅游产业链造成巨大的冲击。在越南也出现了类似现象。10 年前中国旅游投资者也将中国的"零自费纯玩"模式复制到越南市场。这种模式是指游客在有限的旅游时间内所有车船、吃饭、住宿、购物、游玩等花费都由大的旅游公司包办起来，并以"超低价在有限的时间内游览尽量多的景点"为噱头，该模式对中国游客和中国旅游公司有吸引力。因中国人到越南游玩，多数成群结队，喜欢喝酒吃海鲜。整个旅行的时间游客只能在闭环式的消费链条上面消费。若 10 个团里面有 5 个团多消费海鲜，总体上中国公司就赚钱。这种模式推广后，到越南来旅游的中国游客一年比一年多，但越南的旅游公司所分得的利润寥寥无几，旅游从业者也没有得到好处，所有的利润被认为给中国旅游投资者赚走了。越南媒体所渲染的"零团费"旅游已引起越南民众的强烈抵触。

（二）游客的不文明行为受到质疑

中国部分游客不文明的行为引起了当地人的反感。中国游客普遍存在的问题是，大声喧哗，随地吐痰，出关时在护照里面放 10 元小费等，给当地留下了不好的印象，部分居民开始抱怨中国游客。长期下去，势必引发群体排挤中国游客的行为。此外，一些越南人不喜欢中国游客的原因，除了经常大声喧哗，不时讲一些越南历史上就属于中国的言论，造成不好的影响。

八、缺少政策及金融支持

（一）通关不便利导致市场联动性和合作深度不足

目前，中国与沿线绝大部分国家的跨境旅游通关手续较为烦琐，一定程度上抑制了中国与海上丝绸之路沿线国家文化旅游合作进程。[①] 游客无论是跟团游还是自助游，都必须签证和落地签，手续烦琐。中越跨境自驾游也存在诸如此类的问题：游客除了要付自己的签证费用外，还得负担 500 元 / 辆左右的出境车辆检测费用，甚至每辆车也要交数额不菲的保证金；入境审批环节多，审批材料重复提交等问题。

（二）邮轮管理政策法规缺乏体系设计

由于中国邮轮旅游尚处于起步发展阶段，其管理政策还是延续过去对货船、商船的管理政策和一些局部的突破，尚未建立相关的政策法规、管理条例。随着新形势和新情况的不断出现，需要有很多政策的突破。由于与越南邮轮政策对接不畅，邮轮出入口岸十分不便。中越两国邮轮旅游航线 10 年前就已经开始，但由于双方政策对接不够，无论是从海南、三亚过来的中国邮轮到越南，还是越南邮轮到中国，进入港口的手续都不一致。广西到越南的邮轮旅游时续时停，目前全线停航。为此需要探索制定有关邮轮旅游的法律法规，并形成长效的法律制度体系，促进和规范邮轮港口及其航线开发建设。邮轮赴港、澳、台航线的审批也很烦琐，游客前往港、澳、台旅游的签证、通行证等都受到一定的限制。同时邮轮旅游涉及的法律法规较多，不仅有旅游业的法律，还包括海关、贸易等方面的法律，这都需要统一整合，否则会由于相关法规的缺失导致游客出入境障碍。

（三）宗教旅游多头管理，缺少政策支持

文化旅游存在多头管理现象。文化旅游尤其是宗教旅游具有活动覆盖面广、行业界定模糊等特点。宗教文化旅游景区管理中，由于种种原因，寺庙的管理涉及部门较多。其中，古建筑归文物部门管理、宗教人员归宗教部门管理、旅游开发归旅游部门管理、树木归林业部门管理[②]、地方政府也要管理；特别是景区内的寺庙经常出现三四个部门共同管理的局面，矛盾不可避免。这种现象

---

① 贺静 . 中国与东盟跨境旅游合作的现状与推进新途径 [J]. 对外经贸实务，2018（4）：80-83.

② 省政协民族和宗教委员 . 做好宗教文化旅游资源保护与开发 [N]. 光华时报，2016-06-07.

严重地妨碍了宗教旅游的发展和文化资源的保护，以致出现互相推诿、办事效率低下等现象。地方政府对宗教旅游项目缺乏应有的重视，在开发宗教旅游资源时未能贯彻国家的法律法规，违规开发时有出现。地方政府对于宗教文化旅游发展缺少政策支持，大多数宗教文化景点不得不"打擦边球"，对外以"化缘""拉赞助"等方式进行开发。

九、人才不足制约文化旅游业的发展

（一）文化遗产人才队伍建设亟待加强

目前非物质文化遗产传承断层严重，后继乏人，尤其缺乏专业人员。非物质文化遗产通常是家族内部传承，这就使得很多非物质文化遗产得不到普及。同时，尚未建立起完善的人才培训体系。年轻一代对老一辈传承下来的非遗项目不愿学习继承，非遗项目传承出现断层。

（二）中文导游人才和邮轮紧缺

海上丝绸之路沿线各国都存在华人老师紧缺，导致中文导游紧缺的问题。如印度尼西亚人中文基础差，认为华文是神仙语，是世界最难学的语言。而大多华人只会讲，不会写也不会看，带团讲解表达能力有限。印度尼西亚旅游部门试图培训中文导游，但多数选择培训会讲中文的华人。2016 年课题组到印度尼西亚和菲律宾调研期间了解到，巴厘岛有 1300 多个有资质的中文导游中，约有 400 人是非法雇佣的导游。这些人往往是拿着旅游签证在这里工作。巴厘岛两年内拟计划培训 4000 个中文导游。针对目前国内中文导游不足、主要旅游景点和服务设施的中文标识数量有限的问题，印度尼西亚旅游部已经开始和国内多所大学合作开设了中文系，合作培养中文导游。与我国毗邻的越南，绝大多数越南旅游职业学校都会教授英文课程，但没有中文课程。由于中文旅游翻译人才短缺，在出行时导游与翻译方面的误解与矛盾日显突出。一方面，当地旅游导游、翻译奇缺，另一方面中方同行与当地所谓的"饭碗之争"问题呈激化势头，亟待培养更多的翻译人才为两国旅游合作不断深化扫清障碍。与火热的邮轮市场截然不同的是，邮轮专业人才极度缺乏，无论是管理、销售人才，还是邮轮服务人员，都非常缺乏。当前，我国邮轮产业上下游所需要的高级管理人才、高级技术人才、基础服务人才都十分紧缺。到 2020 年，我国培养出的邮轮人才为 2 万人左右，邮轮人才供应缺口将达到 28 万人。[①] 导游素质不高。许多导游专业素质不高，没有受过专业培训。以宗教旅游为例，导游对宗教的哲学思想一知半解。在导游讲解中，很多时候只是在简单地介绍各文物、遗迹的历史传说[②]，对有关宗教知识的诠释和对宗教建筑、艺术作品的专业解读不够，不能全面揭示宗教的文化内涵。有的导游不考虑游客感受，直接将游客领进旅游商店，劝说游客购物，给游客带来不良影响。这些问题需要宗教部门或宗教人员对旅游从业人员进行系统的培训。

第八节　构建 21 世纪海上丝绸之路文化旅游圈面临的机遇和挑战

一、发展机遇

（一）世界旅游业的迅猛发展将为 21 世纪"海丝"文化旅游圈建设带来契机

如今越来越多的居民将地理位置比较接近的附近国家和地区作为旅游目的地。亚太地区旅游业在新型经济的带动下，以超出全球平均增幅的速度发展，占全球市场的份额由 8.3% 升至 20.2%，已超过美洲，成为全球第二大区域旅游市场。[③]

（二）世界范围内的滨海旅游需求正呈逐步扩大态势

世界滨海旅游已经进入了消费大众化、产品多样化、追求个性化、市场层次化、发展国际化时代，人们对滨海旅游的需求呈现逐步扩大的态势。邮轮游艇等新型业态快速涌现，产业规模持续增大。从我国滨海旅游业对海洋经济的

---

① 2020 年我国邮轮人才供应缺口将达 28 万 [N]. 中国青年报，2012-07-06.

② 冯磊. 桂北地区宗教文化资源开发研究 [J]. 现代商贸工业，2010（7）：56-57.

③ 宋一兵. 中国—东盟海洋旅游经济圈研究初探 [J]. 东南亚纵横，2010（7）：16-19.

贡献来看，滨海旅游业增加值占海洋生产总值的比重不断走高，从 2008 年的 11.6% 上升至 2019 年的 20.23%。2019 年全国邮轮旅游人数约 430 万人次。滨海度假成为越来越多人度假、旅行的首选。中国滨海旅游业发展对于海洋经济的贡献持续走高。

（三）中国和"海丝"沿线国家高度重视发展海洋产业与海上合作

2019 年 10 月，习近平总书记在致 2019 年中国海洋经济博览会的贺信上说，要促进海上互联互通和各领域务实合作，积极发展"蓝色伙伴关系"。国家已批准广东和福建等为国家海洋经济发展试点省份，广东印发了《广东省加快发展海洋六大产业行动方案（2019—2021 年）》，提出加快发展海洋电子信息、海上风电、海洋生物、海洋工程装备、天然气水合物、海洋公共服务六大产业，推动全省海洋经济高质量发展，全面建设海洋强省。福建和广西正在编制"十四五"海洋经济发展专项规划。从国际上看，2010 年推出的《东盟互联互通总体规划》中旅游业被作为一体化发展的优先部门之一。东盟各国纷纷将滨海旅游业作为海洋经济的主导部门之一，如印度尼西亚于 2014 年提出"全球海洋支点"愿景。南亚国家印度积极拓展海外国家利益，其国家发展战略与海洋安全战略相互作用，共同支撑其追求海洋强国地位。

（四）RCEP 给文旅产业带来更广阔的市场

2020 年 11 月，由东盟发起的《区域全面经济伙伴关系协定》（RCEP）正式签署。成员国包括东盟十国和中国、日本、韩国、澳大利亚、新西兰等共 15 国。该区域是当今世界上最具潜力的区域自贸协定，总人口达 22.7 亿人，GDP 达 26 万亿美元，出口总额达 5.2 万亿美元，均占全球总量的约 30%。RCEP 的内容涵盖货物贸易、原产地规则、服务贸易、电子商务、贸易便利化、知识产权、自然人移动等一系列议题。RCEP 的签署，标志着全球人口最多、经贸规模最大的自由贸易区正式启航。首先，RCEP 合作机制重新建立了亚洲国家经贸和旅游的新秩序，为国家间的文化和旅游合作带来了新机遇。这些成员国是我国入境旅游的重要客源地，也是出境旅游的目的地。在全球经济走势不确定因素的情况下，如果恢复出入境旅游业务，亚洲旅游市场会迅速做出反应，跨境旅游市场发展潜力将进一步得到激发。这对进一步巩固已有的区域旅游多边合作机制，实现区域内旅游业的共同发展有促进作用，也为我国各地拓展和巩固海外市场提供了新空间。RCEP 合作机制关税的削减可降低成员国之间的航空物流成本，促进出入境旅游业务的开展。RCEP 将在带动一体化旅游产业链发展的背景下，满足旅客消费需求，拉动旅游业消费，相关的跨境贸易、金融、导游等职业会有相应的需求增加，提供更多的就业岗位。追求更高质、更安全、更全面的旅游服务业已经成为趋势。

（五）我国的政策支持

1.“一带一路”倡议给旅游行业带来了空前机遇

“一带一路”倡议加强了人员交流，调动了目的地的旅游组织和供应商的积极性，也给中国的度假者提供了更多小众旅游目的地的选择。为加快推进“一带一路”沿线国家和地区文化旅游产业融合发展，促进民心相通，文化和旅游部于 2019 年 3 月发文征集 2019 年“一带一路”文化产业和旅游产业国际合作重点项目，重点方向为扶持推动文化产业和旅游产业融合发展、促进文化和旅游消费、打造具有丝路特色的旅游线路、促进文化和旅游投资与基础设施建设、拓展数字文化产业合作、加强创意设计产业合作、深化文化装备和旅游装备产业合作和强化国际化产业人才培养，还包括推动海上丝绸之路邮轮旅游合作，联合打造国际旅游精品线路。鼓励发展数字内容众包翻译，建设在线翻译社区等。

2.全域旅游引领中国发展模式转变

我国于 2015 年提出了全域旅游。全域旅游是对传统景点旅游模式的扬弃和升级，其核心理念是全时间（全时＋全天＋全季）、全产业（旅游＋）、全空间（景区＋社区\目的地＋客源地）、全过程（行前＋行中＋行后），意味着全地域覆盖、全资源整合、全产业融合、全社会参与以及全需求满足、全过程服务。在中国，全域旅游已上升为国家战略，短短两年多的时间，各地全域旅游发展如火如荼，覆盖全国 31 个省（区、市），各省各市纷纷将全域旅游作为党委政府“一把手”工程、“牛鼻子”工程，积极创建国家级全域旅游示范区和省级全域旅游示范区，未来可探索的创新空间非常广阔。

3.畅通国内国际双循环为文化旅游业发展带来新活力

构建“以国内大循环为主体、国内国际双循环相互促进的新发展格局”是中央结合当前国内国际形势发展新变化提出的重要战略部署，强大的国内市场不断形成加速释放消费新需求，为旅游业发展提供新的需求拉动带来前所未有的活力。而内需是双循环的主引擎。2020 年以来，新冠肺炎疫情的外生冲击和逆全球化结构性压力叠加，以内生潜在需求为依托的消费回流有望成为中国经济的新亮点。内生消费力是经济复苏基石，旅游业是参与度高的幸福产业，是提振消费的主力军地位。旅游业应把扩大投资、促进消费作为抓手，走出一条有效应对冲击的新路子。

4. 新基建将助推高质量休闲旅游发展

目前我国社会经济正从高速度发展向高质量发展转型，以 5G 通信、特高压、人工智能、工业互联网、智慧城市等新基建提上议事日程。一方面，新基建将助力产品创新与完善体验，丰富了解用户需求的手段和途径，助力产品与服务创新设计；另一方面，新基建将助推中等收入群体休闲旅游消费市场的发育成熟，为其提供更丰富的文化消费产品和更个性化的消费选择，带来更新的旅游体验。

（六）推进人民币更加广泛使用

人民币国际化是指人民币由国别货币成长为能够跨越国界并在境外流通而得到国际上普遍认可的计价、结算及储备货币的过程。人民币实现国际化后，不仅可以增加我国居民出境旅游的便利性，还可以减少货币兑换的成本，同时也会促进我国入境旅游人数，带动我国入境旅游业的发展。由于历史、社会原因以及境外国别的政策等因素，人民币国际化面临种种困难，目前中国对外贸易中，以人民币结算的交易只有 12%，就以本币结算贸易的比例比较，中国低于欧美国家，但向东南亚和南亚次大陆延伸的市场空间大。人民币国际化的第一步是区域化，而东盟正是人民币区域化的重要方向。这一地区华商在国民经济、金融中占有重要位置，如果能够进一步发挥华商在金融行业的桥梁、渠道作用，可推进人民币更加广泛使用，实现区域化。[①] 近年人民币在东盟地区地位不断上升，已经有一些国家将人民币作为储备货币。截至 2019 年 7 月，全球已有 2214 家金融机构使用人民币支付。截至 2019 年年末，中国在 9 个"一带一路"沿线国家建立了人民币清算机制安排，与 21 个沿线国家签署了本币互换

---

① 卢昌彩. 建设 21 世纪海上丝绸之路的若干思考 [J]. 决策咨询，2014（4）：5-9.

协议，人民币与 9 个沿线国家货币实现直接交易、与 3 个沿线国家货币实现区域交易。2019 年菲律宾人民币清算量增长率在东盟排名第一，在全世界 46 个国家及地区人民币清算量中排名上升到第 22 位。马来西亚、印度尼西亚也在持续增加人民币的使用概率，埃及、越南、缅甸和土耳其等国家先后使用人民币支付结算。中国外汇交易中心发布公告称，2020 年 8 月 1 日起，暂免人民币对 12 个直接交易货币竞价与询价交易手续费，此举将吸引海外国家将更多人民币纳入储备货币。

同时，支付手段变革助推旅游消费升级。电子钱包打破信用卡的主导地位，成为最常用的支付方式，信用卡和借记卡成为第二和第三支付手段。在中国人的出国旅行中，尽管银联等海外占据主导地位，但支付宝、微信支付等已经越来越普遍。在柬埔寨的金边、暹粒和西哈努克等著名城市，很多超市、餐厅、宾馆都逐渐接受支付宝和微信支付。

（七）泛亚铁路的建设推进东盟国家互联互通进程

泛亚铁路计划是湄公河流域开发的重要项目之一，它将把中国和越南、泰国、柬埔寨、马来西亚和新加坡等国家连接起来，形成一条重要的南北经济走廊。泛亚铁路建成通车后，将成为连接中国与东盟国家的重要通道。[①] 从中国西南的昆明出发，经越南、柬埔寨、缅甸、泰国、马来西亚，形成东、中、西三大国际铁路，最终抵达新加坡，将中国与整个东盟国家紧密地联系在一起，这一纵贯中南半岛的大通道就是"泛亚铁路"。三条铁路线总长接近 1.5 万千米[②]，中泰铁路合作项目线路全长 845 千米。东盟各国的高铁构想符合中国的"一带一路"政策，不仅泰国与马来西亚计划大规模建设高铁，还在东盟多个国家间建立高铁链接网络以促进经贸活力。2015 年 12 月，中泰双方合作建设泰国首条标准轨铁路。马来西亚与新加坡正计划在 2026 年年底之前开通往返于吉隆坡至新加坡的 350 千米高铁路线。连接吉隆坡与曼谷的高铁通车后，将实现纵贯马来半岛的高铁。2016 年 12 月开工建设，并采用中国铁路标准轨修建的中老铁路（中国玉溪—老挝万象），全长 440 千米，2021 年 12 月已正式通车。2018 年已开

---

① 王强.泛亚铁路再启中国—东盟"大陆桥"梦想 [J].商务周刊，2004（19）：47–51.

② 5 万千米泛亚铁路网建设提速　7 只铁路基建龙头股迎投资机遇 [N].证券日报，2015–12–31.

工建设的中国印度尼西亚铁路合作项目雅万高铁，连接印度尼西亚首都雅加达和第四大城市万隆，全长 142 千米，是印度尼西亚乃至东盟国家第一条最高时速达 350 千米的高速铁路。中南半岛国家经济随着泛亚铁路的连接，将会在世界经济舞台上发出耀眼的光芒。

二、面临挑战

（一）复杂多变的政治关系与经济制约

海上丝绸之路连接东南亚、南亚，沟通太平洋与印度洋，途经众多地区和广阔海域，沿线国家囊括了不同的种族、民族、文化、宗教、价值观念、政治制度和经济体制，是世界上地缘关系最复杂、历史文化差异最大、宗教民族冲突最严重的地理区域，存在着不同程度的地缘政治风险和挑战。沿线国家发展战略不一，难以用单一的对接战略开展合作，需要"一国一策"。在中国的大周边战略布局中，21 世纪海上丝绸之路实施的关键是东南亚，重点是南亚和西亚、东北非。东盟的战略意义在于它是中国海上丝绸之路建设的首要区域，但东盟有美国重返亚太产生的消极影响。南亚的战略意义是中国克服能源运输的"马六甲困局"、制衡美国"新丝绸之路"计划的重要战略支点，但南亚有印度对 21 世纪海上丝绸之路的战略疑虑。西亚和东北非的战略意义在于它是中国陆上丝绸之路的必经要冲、非传统安全领域的重要合作伙伴，但其要面对美欧等的能源竞争和战略挤压。由此而来，21 世纪海上丝绸之路文化旅游圈的建设需要中国妥善处理东盟、南亚和西亚北非所遭遇的地缘政治矛盾，规避潜在风险，化解来自各方的挑战。

东盟是海上丝绸之路建设的第一站，也是最重要一站。东盟各经济主体发展层级差异大，涵盖了发达国家的成熟海洋经济，如新加坡；也有海洋经济不发达的缅甸和柬埔寨。内部经济发展极不平衡，大致呈南高北低的格局。人均 GDP 方面，新加坡和文莱较高，其他国家较低。区域经济发展上的不平衡，使得各国对旅游业发展的需求也有所不同，加之各国在旅游产业的发展层级上也有所不同，使得旅游合作的可能性摩擦增大。南海争端是这一区域的焦点问题，全球贸易的 21% 通过南海，南海对中美日韩欧等主要经济体，对印度、印度尼西亚、越南和巴基斯坦等亚洲新兴经济体的经济乃至国家安全至关重要。中国谋求与相关国家关系的好转、避免南海争端对睦邻外交安全的干扰，争取东盟国家的支持和参与，已成为推进海上丝绸之路建设的重要一环，对构建海上丝绸之路文化旅游圈建设至关重要。

南亚地区，是中国周边外交的重要方向。由于南亚各国的关系并不和谐，地域冲突、历史积怨、国内动荡、恐怖组织等问题错综复杂，传统与非传统问题的交汇等。"一带一路"倡议提出以来，印度一直持反对立场，对中国在印度洋的动机多有怀疑和不安，并且印度、日本、美国在印度洋有着共同的利益。中国与印度都是"金砖国家"和"G20集团"中的国家，彼此有密切的沟通渠道。从近期看，中印关系在当前十分紧张，印度在边境地区的挑衅使中印关系不断恶化。中印两国有领土争议，自边境陷入对峙以来，两国的关系如同过山车忽高忽低。印度是世界上唯一对中国"一带一路"倡议持保留态度的国家。重视和发展中印关系，妥善处理中印领土争议与边境争端，是中国和印度双方未来面临的外交挑战。其次，印巴方面一直呈现敌对状态，在"一带一路"上很难取得一致意见。这些问题的存在，使得中国想要联通铁路、公路、通信、网络等基础设施面临很大挑战。

西亚、东北非地区政治局势严峻，经济基础落后。西亚东北非地区是全球政治局势最为复杂、政治风险最为突出的地区之一。民族、宗教矛盾也非常复杂，局势动荡，政府控制力度差，这都给海上丝绸之路文化旅游圈建设带来了极大困扰。经济上，由于大多数国家为发展中国家，水资源匮乏，基础设施不完善，金融体系、法律制度不健全，监管风险大，制约了各方文化旅游业的合作。

中欧之间的经贸联系和文化交流合作已有很好的基础和积淀。中欧作为世界最大的发展中国家和最大发达国家的联合体，是东西方文化的重要发祥地。同时，欧洲仍被各国游客视为重要的购物目的地，也是历史和文化的博物馆，有古老的城堡和中世纪的城市，其异域风情、童话故事般的欧洲对中国游客非常有吸引力。随着"一带一路"的推进，中欧文化旅游将会迎来新的发展阶段。

（二）缺乏政治互信是制约文化旅游合作的障碍

政治互信是指政治上的相互信任，这是加强合作的基础。自我国提出建设21世纪海上丝绸之路倡议以来，尽管沿线大多数国家都表示赞同，但由于缺乏顶层设计，也缺乏具体可行的操作办法，更多的还是处于寻求共识的阶段，不确定性因素很大。最大的问题是中国与海上丝绸之路沿线国家的合作面临着缺乏政治互信和多元文化冲突等问题。尤其是中国与东盟、南亚国家的合作，这使得很多互利共赢的计划和项目难以得到贯彻落实。以中越跨境旅游合作区为例，2015 年 11 月中华人民共和国和越南社会主义共和国在河内发表的《中越联合声明》中宣称，继续发挥好中越陆地边界联合委员会作用，落实好签署的协定。2016 年 2 月，中国广西崇左市与越南高平省举行工作会谈，研究建立联席会议制度等。同年 4 月，中国广西与越南高平签署合作谅解备忘录，就"共同推动中越德天·板约瀑布国际旅游合作区建设和中越德天·板约瀑布景区合作开发跨境实景演出项目"等达成共识。从推进情况看，中国（广西）大力推进中越德天—板约跨境旅游合作区建设，5 年间已投入近 2 亿元加大景区外部交通基础设施建设，不断完善景区周边交通网络，新建成多个观景台。2018 年 10 月该景区已获批国家 AAAAA 级旅游景区。从越南板约瀑布建设情况看，越南国家建设部和高平省政府于 2017 年 8 月共同公布了《板约瀑布旅游区建设总体规划》和《板约瀑布旅游中心区规划细则》。板约瀑布是越南最漂亮的瀑布，行政上属于越南高平省重庆县管辖。由于从高平省到板约瀑布没有高速公路，以前每年约 3 万越南游客到此地游览，2014 年游客为 5 万人次，2015 年猛增到 15 万人次，2016 年达到了 20 万人次。而中国方面到德天瀑布的游客每年约 100 万人次。目前高平省板约瀑布的规划面积达到 1000 公顷，目标是到 2020 年将板约瀑布旅游区建成国家旅游区，年游客量达到 75 万人次。但由于越方的因素，越南只有共识，没有行动，尚未推进景区基础设施建设。

国家间的睦邻友好是文化旅游合作的基础，与丝绸之路经济带相比，海上丝绸之路进展将更加缓慢。缺乏政治互信阻碍了 21 世纪海上丝绸之路成为周边海上新秩序的构建者。由于缺乏政治互信，一些国家产生怨华、仇华，迟迟不开放陆路走廊互联直达，影响汽车自驾游。加上缅甸民族和解问题，以及大量难民涌入孟加拉国等[1]，这些都是双边互信的挑战，对构建文化旅游圈建设带来一定的消极影响，影响合作的进程。这些问题不是一个国家能够解决的，应该在合作的框架下来共同协商才是最终的出路。为此，需要中国与东盟国家进

---

① 赵明龙，等 . 中国—中南半岛旅游走廊建设研究 [M]. 北京：中国旅游出版社，2020：101–102.

行持续的对话，需要释放善意。新的形势下合作仍然是中国—东盟关系的主流，应借此机会完善认知，制定新的合作发展措施。

（三）机制和平台问题制约着文化旅游合作的深入

机制与平台是实施规划的重要载体。21 世纪海上丝绸之路沿线国家的文化旅游合作的困境如东盟、南亚、西亚和东北非国家的合作大于欧盟等旅游发达地区。该区域具有合作机制多元化、合作组织多样化、合作基础悬殊大、利益矛盾交错多等特征。表现在：合作机制多停留在高层互动、高层沟通上，多边谈判难达一致，合作各方发展不平衡，合作规范很难统一，内外协调难度大，政治外交风险多变。这些因素加大了构建 21 世纪海上丝绸之路文化旅游圈的难度。此外，中央政府政策和地方政府的政策不配套也制约了合作发展变化。中央政府与地方政府的关系是国家制度建设的一个重要内容。沿线国家和地区也面临着中央与地方脱节，中央政府政策和地方政府的政策不配套问题，缺乏相应的地方联动机制，存在着相对独立、相互排斥等缺陷。这个问题在菲律宾尤为突出。由于中央和地方利益发生冲突，地方政府并不严格执行中央政策，合作的路径仍需拓宽。

（四）逆全球化和中美贸易战对旅游业的影响

世界旅游是直接助力全球化的产业，也是最获益于全球化的产业。近年来，世界范围内的逆全球化浪潮伴随着保守主义、民粹主义等卷土重来，全球化正在遇到前所未有的变化，严重冲击全球供应链的正常运行。在服务贸易之中，旅游业大体上占三成比重，由于旅游便利化政策的收缩，逆全球化将使这个结构的比重大幅下降。同时，汇率变化直接影响旅游业，利率变动也影响消费和旅游投资的增加，这些都给世界旅游发展带来了巨大的挑战。

中美两国是全球对外投资大国，两国在文旅产业上的投资合作不断，但自2018 年 3 月中美经贸争端开启至今，美国大使馆的拒签率出现了显著的提升。2018 年美国对于中国的拒签率较 2017 年的 14.57% 提升了 2.43 个百分点，达到了 17%。美国发起的贸易战是一种单边主义和贸易保护主义行径，破坏了全球生产网络，践踏了当前的国际经贸规则体系，是美国遏制中国崛起的手段，违反公平贸易竞争。对于航空业来说，一方面加征关税会增加航空公司的成本，两国之间的商务往来活动减少，客运收入下降。另一方面，中美关系的温度下降，也会让有赴美旅游计划的中国游客持观望态度。此外，美国再进一步收紧签证，这些都会造成短期内赴美旅游需求下降。

文旅企业对中美贸易战应对能力较弱。中美贸易战阻碍了两国文旅产业的投资、收购和并购，堵塞了两国文旅贸易的渠道，冲击了两国的文旅贸易，不利于文旅企业开辟新市场，同时阻碍了两国文旅企业的互相学习与交流。中美贸易战使文化旅游投资深受重创。由于贸易关税的增加，企业可能会减少甚至放弃部分生产，这不仅阻碍了企业的发展壮大，而且严重威胁了企业的生存。美国政府很可能采取种种限制措施，使得有计划在美国购买酒店、地产或相关项目的国内旅游企业停止收购计划，从而影响我国旅游企业的国际扩张战略。贸易战也提高了两国艺术品企业、玩具企业等文旅企业的生产成本，降低了企业的订单量，压缩了企业的利润，影响了文旅产业的就业岗位数。2018 年，我国游戏、影视、旅游等行业招聘需求大幅下降，掀起一阵裁员潮。2018 年新三板挂牌文娱企业半年报显示，在 50 家影视类企业中，有 78% 的企业的员工数量减少。面对这些市场变化，旅游企业应做出快速反应。航空公司可以考虑调整航线和运力，旅行社以国内需求为主，重点推出国内精品游项目。在旅游投资方面，着力推动投资向海上丝绸之路沿线国家和地区转移。

（五）新冠肺炎疫情对全球旅游业的影响

由于 2020 年年初新冠肺炎疫情的影响，旅游业成为受打击最大的行业之一，超过 110 个国家 / 地区阻止旅客入境，并且几乎所有国家 / 地区都实施了某种形式的限制。一些国家已经实施了全面的旅行禁令，而另一些国家则仅禁止来自高感染率地区的旅客。不少旅游热点的发展中国家因此遭受巨大损失，泰国损失 GDP 9%。肯尼亚、埃及和马来西亚等损失或超过 GDP 的 3%。新冠肺炎疫情使肯尼亚全年旅游业收入减少了 50%，有约 310 万个工作岗位受到影响。联合国世界旅游组织预测，2020 全年国际游客人数将下降 20%~30%，或将致使数百万人失去工作。入境人数的减少将导致国际旅游收入损失约在 3000 亿 ~ 4500 亿美元，几乎占 2019 年全年 1.5 万亿美元旅游收入的三分之一。

第九节　海上丝绸之路沿线国家文化旅游合作前景与趋势

一、国内旅游发展趋势

（一）中国旅游业进入 4.0

旅游业是综合性产业，融合和带动效应强，已经成为全球经济增长的重要引擎，纵观我国旅游业 40 年的发展历程，中国旅游发展经历了四个发展阶段：第一阶段于 1970—1990 年，即以公园观光游为主的 1.0 时代，旅游产品主要集中在自然风光、历史遗迹和人文历史景点；第二阶段为 1990—2010 年，即以团体休闲游为主的 2.0 时代，旅游产品主要集中在自然风光、历史遗迹、人文历史景点和农家乐；第三阶段为 2011—2017 年，即以旅居为主要特征的 3.0 时代，旅游产品主要集中在自然风光、历史遗迹、人文历史景点、游乐设施、主题公园和休闲度假主题景区；第四阶段是在 2018 年以后，为全民休闲度假旅游和文化体验旅游趋势的旅游 4.0 时代，旅游产品主要集中在自然风光、历史遗迹、人文历史景点、游乐设施、主题公园、休闲度假深度体验、温泉主题、农庄主题、高端私人休闲俱乐部型景区、高端养老养生型山庄、主题公园型、深度田园体验园和各种生态文化体验园等。中国 4.0 旅游度假将更加偏向高品质、个性化、自主性的深度体验和享受。最明显的特征有四个方面，简称"四化"——平台化、国际化、全域化、网络化，突出全域旅游、全行业导入和全民参与。从消费者需求和消费特征上来看，高品质—高端化、细服务—精细化、小圈子—微域化、小气候—微环境。从供给侧产品升级来看，全时度假、多元化度假、智能化度假、定制化度假将成为四大标准。

（二）旅游产业呈现智能化发展趋势

近年来，随着大数据挖掘、人工智能技术的不断成熟以及 5G 时代的到来，旅游产业也呈现出智能化、数字化的发展趋势。依托物联网、云计算、新一代通信技术等，景区门票数字化、VR 全景游览和旅游管理系统智能化均得到了快速发展，智能化是未来科技的发展趋势。旅行社行业 OTA 日益向集聚化、智能化、规范化发展，国际版图不断扩大。主题公园日益向规模化、科技化、IP 化。并以智能化为基础，加上大量线上线下资源整合能力，未来的旅游应该开拓新的市场。在这一点上，"旅居"作为旅游的新需求，已经显示出其未来的巨大发展潜力。根据"三千旅居"的设计，客户在智能平台下单后，入住酒店时将可以自选酒店用品，进行个性化选择，整个过程都是无人操作。当下中国排名前 10 位的互联网企业都在向旅游业进军，互联网技术、人工智能技术等将全方位渗透旅游产业，人们选择旅游产品、预订机票及酒店、旅游出行等逐步便捷化，管理部门进行旅游管理、旅游监控及事件处理将更为高效化，旅游产业将实现智能化发展。

（三）"银发"市场需求不断增长

近年来，我国已成为全球老龄人口最多的国家。数据显示，2018 年年末，中国 60 周岁及以上老年人已达 2.49 亿人，占总人口的 17.9%，近 2.5 亿人的老龄化人口蕴藏着巨大的消费潜力。目前我国老年人旅游人数已经占到全国旅游总人数的 20% 以上，而国外则高达 60% 以上。其原因在于旅行社开发专门针对老年人的旅游项目不多，常规性旅行线路多为年轻人设计的，未来老年游增长迅速，将成为旅游市场的主力军。

（四）文化旅游、养生度假、生态旅游产品需求扩大

随着人均消费水平的提高，居民消费已从温饱型升级为小康型，居民不再追求走马观花式的观光旅游，而是追求内涵丰富、深度体验的旅游产品。文化旅游、生态旅游产品实现了文化创意，迎合了游客对文化体验、亲近大自然、感悟大自然的需求，成为游客青睐的旅游产品。深入挖掘海上丝绸之路文化遗产体验、文化创意等旅游产品，为游客提供富有文化内涵的旅游产品，激活和释放文化旅游市场潜力。随着人们保健意识的提高，人们对养生旅游的关注度逐年增高，对生态养生旅游市场调查结果显示，超过 90% 的人群有意愿选择生态养生旅游产品，养生旅游已成为市场主流趋势和时代发展热点。生态旅游作为绿色旅游消费，在全球旅游业的发展中方兴未艾，受到各种不同层次旅游者的青睐。积极开发"文化遗产体验 + 健康养生 + 观光旅游"将是一种选择。

（五）文化和旅游大融合促进"+ 旅游"深化发展

国家组建文化和旅游部意味着文化和旅游大融合发展的全新时代已揭幕，

文化与旅游产业将通过全要素资源的聚合与重组，产生新效能。"+旅游"正以强大活力与其他产业磨合、融合、组合，特色旅游小镇、现代农业庄园、田园综合体、自驾车房车营地新业态和新产品应运而生，引发新业态不断转换成新常态的新局面。推进其他产业与旅游融合具有以下好处：工业与旅游融合，既能展示工业发展成就、促进工业产品营销，又能将更多的工业产品直接变成旅游商品，助推新型工业化；农业与旅游融合，可以直接推动农业向休闲服务业转化、农副产品向旅游商品转化、农民向旅游从业人员转岗，助推农业现代化；其他服务业与旅游融合，不但可以提升传统服务品质，还可以有效拓展现代服务业发展的新领域，助推服务业现代化；城镇化建设与旅游相融合，可以进一步完善城镇基础设施和公共服务设施，优化环境，有利于打造特色小城镇，助推新型城镇化。①坚持"宜融则融、能融尽融，以文促旅，以旅彰文"的文旅融合思路，互促升级，激活和释放文化旅游市场潜力，将强化旅游事业、旅游产业建设。

（六）自驾车旅游产品成为人们的首选

随着旅游市场供给与需求的丰富化，旅游成为刚性需求，自助游、自驾游等一系列新兴旅游方式逐步占据市场。自驾车旅游最早出现于20世纪的美国，真正的自驾车旅游者所使用的代步工具是旅游房车。我国目前流行的自驾车旅游使用的交通工具多为普通轿车和越野车，自驾车旅游产品成为人们的首选。随着我国经济的持续增长、市民对旅游消费的日趋理性以及假日旅游市场的变化和私家车市场的发展，自驾车旅游逐渐火爆。国家旅游局发布数据显示，2018年全国国内旅游人达55.39亿，其中国内自由行人数占97%，游客通过旅行社进入景区的比例已经由2010年的60%~70%下降至2018年的10%左右，自驾游为主的自由行是当下主流的旅游方式。目前，尽管受我国旅游业所处发展阶段的限制，自驾车旅游市场和旅游配套设施建设有待完善，但仍无法阻挡自驾车旅游高涨的市场需求。国家旅游局发布数据显示：自驾游所占比重继续攀升，自助游、自驾游已经成为国内外游客出行最主要的旅游方式。80后和90

---

①　朱孔来，姜文华.实施"旅游+"战略促进产业融合[J].农产品市场周刊，2018（37）：11-12.

后成为出游的主力军。随着海上丝绸之路大交通格局的构建，高铁、高速公路、高等级公路的不断建成，自驾车旅游更受到游客的青睐，对自驾车旅游产业进行整体规划，强化软硬件建设，提升服务质量，再配合有力的宣传营销，必将在逐步庞大的自驾车旅游市场中占据一定的市场份额。

二、国际旅游发展趋势分析

（一）全球旅游格局呈现三分天下的态势

世界旅游城市联合会与中国社会科学院旅游研究中心共同发布的《世界旅游经济趋势报告（2019）》首次推出的 T20 国家旅游总人次和旅游总收入占全球之比分别高于 88% 和 78%，GDP 占全球约 80%。T20 国家创造全球旅游八成收益。T20 国家划分为三种类型：入境旅游驱动型国家（如泰国），国际国内双驱动型国家（如瑞士、西班牙、奥地利、土耳其）[1]，国内旅游驱动型（以人口大国为主的中国、印度、墨西哥、巴西、德国），日本、美国等国家属于从国内驱动向双驱动转变型。与此同时，全球旅游格局呈现三分天下的态势：旅游总收入方面，亚太、美洲、欧洲分别占 32%、31% 和 30%，总人次方面，亚太占比最高，占 66%，欧洲和美洲都接近 15%，非洲和中东占比非常小。

（二）亚洲正成为邮轮行业发展新的增长极

同程旅游发布了《2019 暑期邮轮旅游消费趋势报告》，报告显示，暑期居民选择邮轮出游意愿高涨，学生族、亲子家庭和中老年人是暑期邮轮出游主力军，亲子、研学和避暑是主要需求，赴日航线航次预订依旧火爆，福冈、长崎等是最受欢迎的邮轮目的地。

（三）旅游营销方式方法不断创新

1. 利用大数据营销

随着"智慧旅游 3.0"时代到来，用全息成像、裸眼 3D 等落地产品已成为旅游营销的卖点。互联网和新媒体的旅游新业态和智慧旅游项目，促使旅游体验不断升级，实现数据化管控已成为品牌高效运营的核心。如旅游公司可利用

---

① 崔晶. 全球旅游经济稳步上涨 [N]. 中国旅游报，2019-01-17.

互联网数据运营商数据 OTA 数据、交通数据、气象数据、景区数据采集各大
OTA 酒店旅客入住数据，可预测游客当前的消费情况，以及游客的大概分布位
置热度图，策划不同的营销方式，以满足旅行者全流程需求的精耕细作。

2. 推进情感营销

旅游目的地要能够说服、打动并吸引游客前往旅行，而且在旅行过程中有丰富
美好的体验，就需要用心用情用技术。在这方面，虚拟技术、全产业链合作、影视营销、
视频和内容营销、竞争营销和体验营销创新策略等正在打造旅游新体验。

三、旅游市场需求分析

（一）港澳台旅游市场

多年来，香港、澳门、台湾是内地入境旅游市场的主力，占全部市场份额
的 79.09%。港澳台游客主要是观光休闲、商务活动、探亲访友等，港澳台游客
的旅游方式多以散客出游为主，对自然山水风光、民俗风情和地方美食兴趣浓
厚。港澳台市场依然是中国入境旅游市场的重要拓展方向。2019 年香港暴力事
件的升级严重影响香港旅游业的发展。从最新数据来看，受香港暴力事件影响，
2019 年 7 月内地赴港游客数 416.07 万人次，8 月游客数跌落至 278.29 万人次，
是自 2012 年 9 月以来的最低单月访客数。自 2017 年开始，港澳旅游触底反弹，
内地居民赴香港，澳门的游客大幅度增长，出国游的游客数量增速放缓。2019
年 7 月，文化和旅游部发布公告称，自 2019 年 8 月 1 日起，暂停 47 个城市大
陆居民赴台个人游试点。[①] 在自由行受限情况下，内地赴台客流将有所下降。
同时，随着旅游路线多元化及游客选择的多样化，出国游将会呈现大幅增长趋势。
预计未来一段时间内，中国出境游市场结构将呈现出国游占比反超港澳台游的
态势。

（二）东盟旅游市场

东盟市场是中国广西、广东入境旅游的主要客源地，东盟国家入境旅游者约
占广西接待的全部外国人游客人数的 53%，在广西入境人数前十名的国家中，东
盟国家有 5 个，分别为越南、马来西亚、新加坡、印度尼西亚以及泰国。随着中国—

---

① 陈发清. 大陆自由行旅客机票免费退改签 [N]. 深圳商报，2019-08-02.

东盟自由贸易区建设的推进，越南等东盟国家与中国文化交往越来越密切，以观光休闲、会展商贸、山水游玩为目的的游客数量也在不断增长。中国和印度尼西亚建交 67 年来，双方相互尊重，相互理解，双边关系不断发展，不断成熟；印度尼西亚积极支持中国提出的"一带一路"倡议，愿在"一带一路"框架下继续推进两国在经贸、投资、旅游、人文等领域互利合作，其旅游部推出旅游 4.0 政策有望吸引众多的国内外游客，中国游客是实现旅游目标关键的因素。这必将对两国旅游及文化产业的深度合作发展和促进"一带一路"沿线国家的文化传播发挥更大更加积极的作用，必将对增进两国民心相通，助力中国与印度尼西亚全面战略伙伴关系不断迈上新台阶。此外，老挝仍面临航空服务有限、旅游景点开发缓慢、入境口岸服务效率低下等问题。

（三）南亚旅游市场预测

当前海上丝绸之路沿线各国贸易自由化便利化水平差异显著，南亚的贸易自由化、便利化水平均很低，是推进自由贸易协定谈判的优先领域。与近 30 亿人口的旅游市场规模和发展潜力相比，中国与南亚国家旅游交流规模有很大提升空间。[①] 近年来，在中国—东盟自由贸易区升级版、大湄公河次区域、孟中印缅合作框架下，中国与南亚各国交往日益频繁，并与各国在旅游规划、旅游开发建设等方面形成较为紧密的合作关系。我国也致力于与南亚国家开展旅游交往与合作，先后提出构建大湄公河金四角旅游圈、孟中印缅旅游走廊、中巴旅游走廊，以及发展跨境旅游，并签署一系列合作协议，推动旅游合作，旅游业理应成为中国—南亚区域合作先导行业。

应对中国提出的"21 世纪海上丝绸之路"倡议，印度筹划实施"跨印度洋海上航路和文化景观"计划（简称"季风航路"计划），该计划拟振兴 1500 年前印度曾开拓的利用季风的印度洋航路并恢复与该地区的文化联系，探索从东非、阿拉伯半岛、印度次大陆和斯里兰卡一直延伸至东南亚岛国的通道。印度的意图就是试图利用与该地区国家的历史联系，提供一种可抗衡中国海上丝绸之路的选择。[②]

---

① 李可，张春滨. 多方献策中国与南亚深化合作 [N]. 国际商报，2018–06–19.

② 廖萌. 斯里兰卡参与共建海上丝绸之路的战略考虑及前景 [J]. 亚太经济，2015（3）：62–67.

随着孟加拉国经济的快速增长和民众收入水平的提高，本国民众的旅游需求将大幅上升，孟加拉国本国民众对当地旅游景点的接受程度和享受程度远高于外国旅游者，因此孟加拉国面向本国民众的旅游市场发展前景广阔。预计到 2025 年，孟加拉国本国游客的旅游消费将增至 9178 亿塔卡（约合 118 亿美元），年均增长 5.9%，占比将达到 98%。外国游客的消费将增至 184 亿塔卡（约合 2.4 亿美元），占比仍为 2%。根据世界旅游理事会（WTTC）对 184 个国家的统计，未来十年孟加拉国旅游业的产值和投资增长水平将大幅高于世界平均水平。2015—2025 年，孟加拉国旅游业产值将年均增长 6.5%，高于 3.8% 的世界平均增长水平，排名第 12 位。印度将以 7.3% 排名第 4 位，斯里兰卡以 6.1% 排名第 21 位，尼泊尔以 4.5% 排名第 72 位。旅游产业投资增长率方面，孟加拉国以 7.8% 排名第 4 位，高于 4.6% 的世界平均增长水平。斯里兰卡以 5.5% 排名第 48 位，尼泊尔以 5.2% 排名第 56 位。

（四）非洲旅游市场预测

旅游业在非洲是日渐兴旺的产业，支撑着非洲大陆 2100 多万个就业岗位，每 14 个就业岗位中就有一个从事旅游业。近年来共有 20 个非洲国家和地区对中国游客实施免签或落地签政策，从 2018 年上半年赴非出行人次看，埃及、毛里求斯、摩洛哥、南非、肯尼亚、塞舌尔、突尼斯、埃塞俄比亚、坦桑尼亚、纳米比亚等成为赴非旅游的十大目的地国家。非洲地区逐渐成为中国游客深度游、品质游、个性化旅游、猎奇游的首选目的地。

（五）欧洲旅游市场预测

欧洲旅游资源丰富，一直以来备受中国游客青睐。近三年赴欧洲旅游人数年均增长达 10%。2019 年上半年，中国赴欧洲人数达到 300 万人次，增长 7.4%。最热门欧洲目的地国家有：俄罗斯、意大利、法国、英国、德国、西班牙、希腊、捷克、瑞士和葡萄牙。随着"一带一路"倡议的提出，越来越多的中国游客将目光聚焦中东欧。游学在西欧和北欧蕴藏了巨大的市场，"一带一路"倡议将给中国游学、会议会奖领域的市场带来更多机会与选择。

（六）四省（区）入境游客相关指标预测

1. 福建省入境游客人次和外汇收入趋势预测

根据前述表 5-3 数据，预测趋势的计算公式为 $y=60.485 \cdot x-121229$，拟合

度 R^2 为 0.9446，因此该趋势分析可靠。根据线性统计预测，福建省入境游客人数逐年增多，在 2018 年以后依然保持增长趋势，在 2025 年福建省入境游客将达到 1253 万人次。

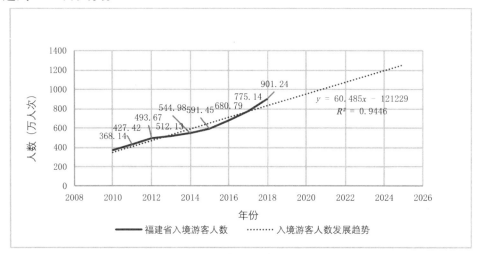

图 5-7　2019—2025 年福建省入境游客人数预测

根据表 5-4 数据，预测趋势的计算公式为 $y=70173 \cdot x-1E+08$，拟合度 R^2 为 0.9473，因此该趋势分析可靠。根据线性统计预测，福建省旅游外汇收入逐年增加，在 2018 年以后依然保持增长趋势，增长幅度明显。

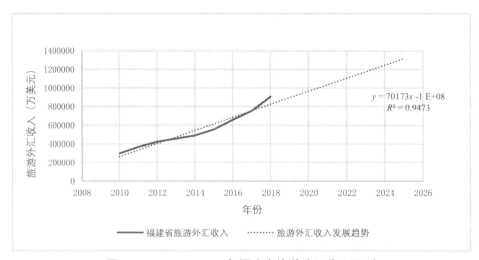

图 5-8　2018—2025 年福建省旅游外汇收入预测

2. 广东省入境游客人次和外汇收入趋势预测

根据表 5-3 数据，趋势预测的计算公式为 $y=54.769 \cdot x-106847$，拟合度 R^2 为 0.7892，因此该趋势分析比较可靠。根据线性统计预测，广东省入境游客人数总体上保持增长态势，在 2018 年以后依然保持增长趋势，但是增长幅度较小，在 2025 年广东省入境游客将达到 4060 万人次。

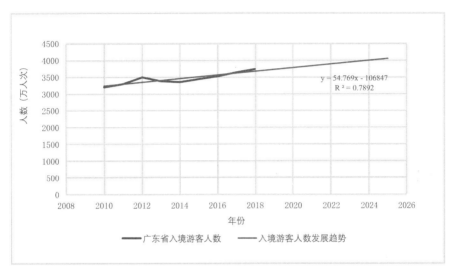

图 5-9　2018—2025 年广东省入境游客人数预测

根据表 5-4 的数据，趋势预测的计算公式为 $y=95478 \cdot x-2E+08$，拟合度 R^2 为 0.9794，因此该趋势分析可靠。根据线性统计预测，广东省旅游外汇收入逐年增加，在 2018 年以后依然保持增长趋势，增长幅度明显。

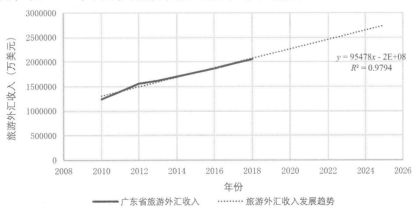

图 5-10　2018—2025 年广东入境旅游外汇收入预测

3. 广西入境游客人次和外汇收入趋势预测

根据表 5-3 的数据，预测趋势的计算公式为 $y=36.672 \cdot x-73443$，拟合度 R^2 为 0.9902，因此该趋势分析比较可靠。根据线性统计预测，广西入境游客人数逐年增加，在 2018 年以后依然保持增长趋势，增长幅度明显，在 2025 年广西入境游客将达到 817 万人次。

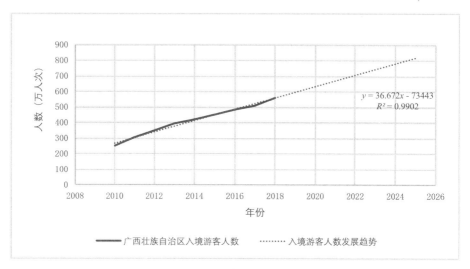

$$y = 36.672x - 73443$$
$$R^2 = 0.9902$$

图 5-11　2018—2025 年广西入境游客人数预测

在图 5-12 中，趋势的计算公式为 $y=23427 \cdot x-5E+07$，拟合度 R^2 为 0.994，因此该趋势分析可靠。根据线性统计预测，广西旅游外汇收入逐年增加，在 2018 年以后依然保持增长趋势，增长幅度明显。

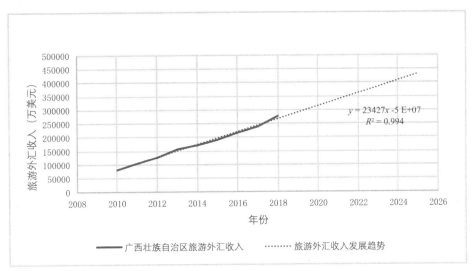

图 5-12　2018—2025 年广西入境旅游外汇收入预测

4. 海南入境游客人次和外汇收入趋势预测

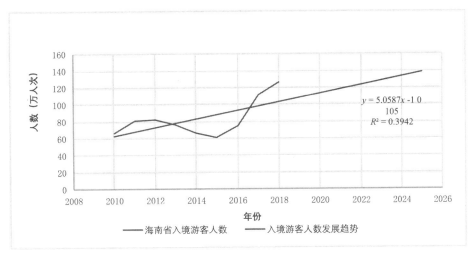

图 5-13　2018—2025 年海南入境游客人数预测

　　根据表 5-3 的数据，趋势预测的计算公式为 $y=5.0587 \cdot x-10105$，拟合度 R^2 为 0.3942，因此该趋势分析较为困难。根据线性统计预测，海南省入境游客人数逐年增加，在 2018 年以后依然保持增长趋势，增长幅度明显，在 2025 年海南省入境游客将达到 138 万人次。

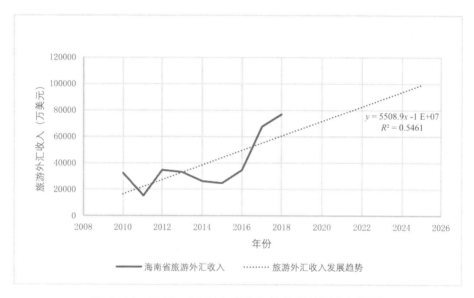

图 5-14　2018—2025 年海南入境旅游外汇收入预测

根据表 5-4 数据，趋势预测的计算公式为 $y=5508.9 \cdot x-1E+07$，拟合度 R^2 为 0.5461，因此海南省旅游外汇收入的趋势分析较为困难。根据线性统计，海南省旅游外汇收入波动较大，但总体上保持增长态势，在 2018 年以后依然保持增长趋势，增长幅度明显。

第六章 21世纪海上丝绸之路文化旅游圈建设的 总体思路和对策研究

习近平总书记明确指出，中国特色大国外交的总目标是推动构建新型国际关系，构建人类命运共同体。构建新型国际关系是建立在推动建设相互尊重、公平正义、合作共赢基础上的；构建人类命运共同体是要"建设持久和平、普遍安全、共同繁荣、开放包容、清洁美丽的世界"。海上丝绸之路倡议得到国际社会高度关注和沿线国家积极响应，对于开创我国全方位开放格局，释放沿线国家发展潜力，促进沿线国家共同繁荣，推动世界和平发展、互利共赢具有重要的意义。

第一节 总体思路

海上丝绸之路建设是21世纪世界海洋文明发展的主流，中国要推动海上丝绸之路沿线国家文化旅游圈建设，必须把海上丝绸之路文化旅游圈的发展置于全球化、信息化、集团化的大背景下，勇于抢占世界旅游制高点。建设21世纪海上丝绸之路文化旅游圈，就是要推进海上丝绸之路建设，贯彻落实国家"一带一路"，深化中国—东盟、中国与南亚及其他国家的文化旅游合作。依据圈层结构理论，21世纪海上丝绸之路文化旅游圈建设应秉承共商、共享、共建、共赢原则，依托国际大通道，即以南海为主线，以东盟国家为重点，以重点港口为节点，以沿线中心旅游城市为支撑，以旅游博览会、文化产业示范基地和文化旅游产业园为合作平台，以重大旅游项目为载体，共同打造建设多元化、多圈层的海上丝绸之路大文化旅游圈。重点构建"1+4""海丝"沿线国家的多个圈层构成的文化旅游圈，最大圈层为"海丝"沿线国家大文化旅游圈，该大文化旅游圈涵盖中国—东盟文化旅游圈、中国—南亚文化旅游、中国—西亚和东北非文化旅游圈、中国—欧洲文化旅游圈。中国应与圈内沿线国家提出建设 21 世纪海上丝绸之路大文化旅游圈的具体设想和方案，共同制定时间表、路线图，积极对接沿线国家和地区的文化旅游合作规划，积极参与中国—中南半岛旅游走廊、孟中印缅旅游走廊、中巴旅游走廊、中国—西亚等国际旅游合作走廊建设。以目标协调、政策沟通为主，强调高度灵活、弹性、多元开放①，加强与沿线国家旅游基础设施建设，联合申报世界文化遗产，推动海上丝绸之路邮轮旅游合作，精心打造异质互动、精彩纷呈的文化旅游线路，联合捆绑促销，推进旅游便利化，为游客提供安全、便捷、舒适的旅游活动。引导文化旅游公司和更多企业参与海上丝绸之路文化旅游产品的创意设计，发展海上丝绸之路文化旅游产业链，繁荣旅游经济，传承文明，最终形成一个陆海空全方位、立体化的海上丝绸之路大文化旅游圈②，使之成为世界知名的国际旅游目的地。

一、着力构建多元化和多圈层的海上丝绸之路文化旅游圈

在"1+4"多圈层的海上丝绸之路大文化旅游圈中，中国—东盟文化旅游圈又包含该区域之前提出的环北部湾文化旅游圈、泛北部湾文化旅游圈、南海文化旅游圈、环南海旅游圈、中越"两廊一圈"和泛南海文化旅游圈，涵盖中国—中南半岛旅游走廊，包括越南、马来西亚、泰国、印度尼西亚、文莱、老挝、菲律宾、新加坡、缅甸和柬埔寨等东盟 10 国，主要以岛国风光、异域风情、民族特色、宗教文化、沙滩风情等为主体③，打造成 21 世纪海上丝绸之路的民族特色风情旅游圈；中国—南亚文化旅游圈，包含印度、斯里兰卡、马尔代夫、巴基斯坦、孟加拉国等南亚国家，涵盖孟中印缅旅游走廊、中巴旅游走廊，主要以沙滩度假、岛国游玩、宗教信仰、热带植被、民族风情体验为主体，打造成 21 世纪海上丝绸之路独具特色的热带风情旅游圈④；中国—西亚和东北非文化旅游圈，包括伊朗、阿联酋、沙特阿拉伯、土耳其、埃及、坦桑尼亚、肯尼亚、

① 邹统钎. "一带一路"旅游合作愿景、难题与机制 [J]. 旅游学刊，2017（6）：9–13.

② 覃辉银. 建设 21 世纪海上丝绸之路战略下深化广东省—新加坡合作研究 [J]. 东南亚纵横，2015（7）：8–14.

③ 彭钊. 建设 21 世纪海上丝绸之路旅游圈 [N]. 广西日报，2015–05–12.

④ 彭钊，王新陆. 关于建设 21 世纪海上丝绸之路旅游圈的提案 [J]. 前进论坛，2015（4）：11–12.

埃塞俄比亚等西亚和东北非国家，主要以文化之旅、沙漠体验、特色建筑、历史古迹、古堡之旅、民族节庆为主体，依托埃及、埃塞俄比亚、阿联酋、沙特阿拉伯、土耳其等国的古文明资源，打造成 21 世纪海上丝绸之路的文明古国；中国—欧洲文化旅游圈，主要以博物馆、历史古迹和文化创意为特色，打造成 21 世纪海上丝绸之路的高端文化旅游圈。通过构建"1+4"文化旅游圈，在境内外文化旅游资源优势互补的基础上实现互利共享，将海丝文化旅游圈打造成为世界级跨国旅游目的地。

二、以"五通"推动海上丝绸之路文化旅游圈建设

要围绕"一带一路""五通"建设，不断拓展国际区域旅游合作，以海洋为载体，重点建设方向将从中国沿海港口向南，过南海，经马六甲、龙目和巽他等海峡，沿印度洋北部，至波斯湾、红海、亚丁湾等海域，即以东盟及其成员国为重点，辐射带动周边及南亚地区，并延伸至中东、东非和欧洲。21 世纪海上丝绸之路主要有三条通道，分别为南部通道，即中国沿海港口过南海—印度洋—欧洲和非洲；东南通道，即中国沿海港口—东海—南海—大洋洲；目前正在筹划的西南通道，即中国西南地区—印度洋—欧洲和非洲。要进一步加快上述贸易通道的相关基础设施建设，完善相关的法律法规，通过全面合作，推进贸易通道向经济走廊[①]和旅游走廊转变，使之成为沿线国家人民获益的文化旅游圈。21 世纪海上丝绸之路率先提出推进以"五通"为核心的互联互通，在此基础上推进与"海丝"沿线国家的互联互通建设。主要倡议如下：

（一）加强政策沟通，促进区域经济整合

"政策沟通"是沿线各国实现互利共赢的根本前提，目标就是促成沿线国家形成趋向基本一致的战略、决策、政策和规则，重点在于加强政府间合作，协商解决合作中的问题，突出项目合作。"一带一路"沿线国家在经济发展水平、制度体制、政策法规、文化认同等各方面，都存在较大的差异性。[②] 如从 2018

---

① 刘赐贵 . 发展海洋合作伙伴关系　推进 21 世纪海上丝绸之路建设的若干思考 [J]. 国际问题研究，2014（7）：1–8.

② 张言苍 ."一带一路"战略需要更好发挥国企互联互通作用 [J]. 唯实，2017（9）：56–59.

年人类发展指数（HDI）排名来看，排在前八名的国家是挪威、瑞士、澳大利亚、爱尔兰、德国、冰岛、瑞典、新加坡。海上丝绸之路沿线国家进入前 10 名的国家只有新加坡（第 8 名）一个。显然，海上丝绸之路沿线国家人类发展指数不高。从文化特征来看，涵盖佛教、伊斯兰教、基督教、道教等多种宗教文化。[①]发展环境的不同，不仅决定了各国发展目标的差异，也对发展方式的选择有很大影响。这要求中国以海上丝绸之路建设为契机，秉承"共商、共建、共享"的原则，与沿线各国就经济发展战略和对策进行沟通，共同制定推进区域合作的规划和措施，协商解决合作中的问题。把重点放在项目合作上，推动基础设施、经贸等方面重大项目的实施，并在政策、法律层面，为创新合作保驾护航。

（二）加快基础设施建设，实现道路联通

近年来，中国已经与"海丝"沿线国家有许多基础设施合作的项目，高速公路、高铁项目等基础设施互联互通逐步成为现实。比如正在建设中的印度尼西亚雅万高铁，在中国国家开发银行的金融支持下进展迅速，但这仍然不能满足发展中国家对基础设施的需求。中国目前致力于加强同东盟国家的互联互通建设，有必要以构建 21 世纪海上丝绸之路为契机，与海上丝绸之路沿线国家一起打通欧亚交通网、泛亚铁路网东南亚走廊、泛亚能源网、数字丝绸之路，构建横贯东西、连接南北的欧亚海陆立体大通道和数字互联互通。以东盟互联互通促亚太互联互通，以亚太互联互通补东盟互联互通，以海上丝绸之路连接亚太、欧亚与东盟，做到三个互联互通合作进程相互促进、协同增效。[②]

（三）加快贸易畅通，促进市场开放

贸易畅通是"一带一路"建设的重要内容。2017 年 7 月，中国国家主席习近平在首届"一带一路"国际合作高峰论坛开幕式演讲中宣布发起《推进"一带一路"贸易畅通合作倡议》，得到了"一带一路"参与国和国际组织的高度赞誉和积极响应。几年来，我国与沿线国家贸易畅通加快推进。在当前全球经济增长动力不足的背景下，越来越多的国家正在共享中国—东盟区域经济增长

---

① 张国防. 关于"一带一路"战略的思考 [J]. 中共太原市委党校学报，2018（1）：43–45.

② 方烨. 构建欧亚海陆立体大通道 [N]. 经济参考报，2015–06–26.

所带来的红利，坚持自由贸易，抵制保护主义。随着海上丝绸之路建设的推进，中国与沿线国家间市场更加开放，贸易便利化水平不断提高。

（四）加快资金融通，打造可持续融资体系

资金融通是"一带一路"建设的重要支撑。促进"一带一路"资金融通，不仅需要中方的努力，也需要"一带一路"相关国家共同参与。近年来我国与海上丝绸之路沿线国家的资金融通初步形成合作网络，亚洲基础设施投资银行正在营运，丝路基金投资项目不断推进。在新形势下，必须调动各类金融机构和"一带一路"沿线国家的各种资金来源，通过资金融通，提升中国资本在外来竞争性投资中的吸引力。第一，调动国家开发银行和中国进出口银行等政策性银行投融资的积极性。第二，加强与以亚投行和丝路基金为代表的新兴多边开发金融机构的联系，利用参与出资或发起的东盟基金、欧亚基金、中东欧基金等平台，对有关项目开展股权投资。第三，发挥国有大型商业银行投融资的作用，实现商业可持续发展。第四，加强与世界银行和亚洲开发银行等世界多边金融机构的联系。第五，发挥以中国出口信用保险公司等进出口信用保险为代表的辅助机构的作用。通过上述路径，打造市场化、多层次的可持续融资体系，创新投融资模式，构建与经济全球化相适应的金融体系。

（五）加快推进民心相通，促进人文交流

当今人文交流充当了东方文明在国际政治舞台上自信和复兴的有效途径，并成为中国与海上丝绸之路沿线国家和平崛起所依托的文化基础。近年来，我国与沿线国家和地区广泛开展人文交流活动，民心相通稳步推进，为深化人文领域合作奠定了坚实基础。民心相通能够有力增进相关国家民众的友好感情，推动相关国家的经济合作。[1]通过民心相通，培育沿线国家民众对于中国企业的认同感，为深化双多边合作奠定坚实的民意基础，使相关国家的人民共享国际区域合作的成果。[2]

　① 安瑞凡."一带一路"英文报道对比研究 [D]. 兰州：兰州大学，2019.

　② 贾若祥. 新时期我国国际区域合作战略重点及方向 [J]. 中国经贸导刊，2016（12·上）：60-62.

三、推动文化旅游发展的"四个"对接

21 世纪海上丝绸之路文化旅游合作层次高，覆盖范围广，参与国家多。推动中国与 21 世纪海上丝绸之路沿线国家文化旅游合作，就是要通过深入了解沿线国家的文化旅游资源和文化旅游业的现状，在区域产业定位及未来前景进行深度的科学分析，对文化旅游业各细分市场进行统计分析和行业预测，找出与海上丝绸之路沿线各国文化旅游合作的基础，提出文化旅游合作的方式，制定合作的总体规划，进而整合资源、发挥优势，建立互联互通的旅游交通、信息和服务网络，打造海上丝绸之路文化旅游品牌，完善多层次、多渠道、全方位的跨国文化旅游合作机制，创新文化旅游合作模式，构建大区域旅游线路和发展格局。[①] 中国要推动与海丝沿线国家和地区文化旅游圈建设，需要做好如下四方面对接。

（一）文化旅游发展战略对接

21 世纪海上丝绸之路文化旅游战略合作应以线带面，以重点港口为节点，以沿线中心旅游城市为支撑，共同建设通畅安全、高效的运输大通道，增进与沿线国家和地区的交往，将串起联通东盟、南亚、西亚、东北非、欧洲等各大经济板块的市场链，发展面向南海、太平洋和印度洋的战略合作经济带，以亚欧非经济贸易一体化为发展的长期目标。[②] 建设 21 世纪海上丝绸之路文化旅游圈需要包括中国和东盟、南亚、西亚、东北非和欧洲等国在内的沿线国家的共同努力，对接发展战略，做大共同利益，也需要各方的智慧和行动。文化旅游发展战略是关系到一国未来的文化旅游的顶层设计，具有全局性和引领性。文化旅游发展战略对接是国与国之间文化旅游方面的最高层次的政策沟通与协调，有利于增进政治互信和合作共识。[③] 要在尊重差异、平等相待的基础上做好发展战略对接，找准共同行动的方向，实现共同发展。利用原有的中国与东盟旅游合作机制，中国与南亚、中国与西亚和东北非、中国与欧洲相关合作机制，

---

① 覃辉银. 建设 21 世纪海上丝绸之路战略下深化广东省—新加坡合作研究 [J]. 东南亚纵横，2015（7）：8–14.

② 许尔君，海上丝绸之路的历史、现实与未来 [J]. 泰山学院学报，2016，38（5）：107–121.

③ 闻璋. 解决世界和区域经济问题的中国方案 [J]. 中国招标，2017（20）：9–11.

探索建立中国与海上丝绸之路沿线国家的旅游合作机制，联合对海上丝绸之路沿线国家文化遗存进行普查与保护，联合实施入境旅游全球战略合作伙伴计划，以航线＋高铁、邮轮＋高铁为载体，共同研发、设计、包装、推广一程多站式旅游连线产品，共同开拓入境旅游市场等。推进战略对接，就是要推动海上丝绸之路倡议与印度尼西亚"海洋战略支点"、越南"两廊一圈"、斯里兰卡"马欣达愿景"、泰国等相关国家的战略对接，推进旅游走廊建设，深化中国与毗邻地区合作[①]。

（二）文化旅游发展规划的对接

文化旅游规划成功与否，取决于规划的深度。科学的文化旅游发展规划，有利于稳定旅游企业预期、提高运行效率。[②]海上丝绸之路沿线国家对接文化旅游发展规划，就是在达成共识的基础上，发挥各国的文化资源和旅游资源丰富的优势，分步骤地实现文化旅游发展目标。21世纪海上丝绸之路文化旅游圈建设的整体规划应梳理文化板块和分析旅游资源，理清沿线国家与地区之间文化旅游的相同与差异，整合各国的文化旅游资源，优势互补，并在洞察游客需求的基础上，从旅游产品品牌规划和配套服务规划入手，着力实现文化旅游资源和现代旅游消费需求的双向对接，与沿线国家和地区共同布局一批重点文化旅游产业园区和文化产业示范基地，合力打造"海丝"旅游品牌，从而将海上丝绸之路文化旅游资源转化为优势产品和强势品牌，促进沿线国家和地区经济的共同发展，提升沿线国家和地区当地居民的幸福感。基础设施规划是文化旅游资源和旅游市场双向对接，提升消费者旅游体验，创造游客价值的一个重要方面。要围绕核心文化旅游资源，从空间布局体系、旅游要素体系和道路交通体系建设方面做出与之相适应的基础设施规划，并纳入到"食、住、行、游、购、娱、商、养、学、闲、情、奇"旅游产业价值链的整体当中，全方位满足现代旅游需求，完善和优化游客体验，从而将海上丝绸之路文化旅游圈建设从倡议变成实实在在的具体行动。

---

① 贾若祥. 新时期我国国际区域合作战略重点及方向 [J]. 中国经贸导刊，2016（12·上）：60–62.

② 闻璋，解决世界和区域经济问题的中国方案 [J]. 中国招标，2017（20）：9–11.

（三）机制与平台的对接

机制与平台对接，旨在与海上丝绸之路沿线各国构建顺畅的交流、沟通、磋商渠道和机制，及时解决合作过程中面临的问题和困难。目前我国与海上丝绸之路沿线国家合作尚未形成强有力的文化旅游合作机制。21 世纪海上丝绸之路建设要在平等互利的基础上，与沿线各国探讨建立适当的平台对接方式。这有赖于多元合作机制的优化。

1. 利用区域合作机制搭建战略平台

（1）利用 APEC 搭建平台。利用亚太经合组织（APEC）平台，把陆上丝绸之路经济带和海上丝绸之路两大构想连接起来，参与落实"21 世纪海上丝绸之路"新倡议。[①]

（2）利用 RCEP 搭建平台。借助 RCEP 签署带来的发展契机，我国可与海上丝绸之路沿线国家健全旅游合作机制，进一步加强友好对话，扩大文化和旅游交流规模，通过线上互动和交流等方式，深入探讨旅游合作新模式，不断深化文旅等领域交流合作。继续扩大在旅游投资并购等方面的合作，共同推出新的旅游产品。充分发挥邮轮产业对 RCEP 协议的推动与示范作用，大力推进 RCEP 框架下的邮轮产业发展，合力打造特色旅游产业链、邮轮游艇产业链。

（3）利用并整合现有功能性合作机制。中国加强与 21 世纪海上丝绸之路沿线国家的文化旅游合作是大势所趋，实施策略可以从利用现有区域合作机制着手，在现有机制上叠加旅游合作机制，推动合作不断走向深入。可以考虑借助世界旅游组织、世界旅游联盟等现有机制，将海上丝绸之路文化旅游项目植入"一带一路"文化旅游合作议题。也可以利用博鳌亚洲论坛、东盟博览会相关论坛、广交会等机制，搭建战略平台。在媒旅融合机制方面，借助媒体做好营销推广工作，为我国加强与海上丝绸之路沿线国家和地区之间的文化旅游合作营造良好的社会舆论环境。

2. 通过搭建平台推进文化旅游圈建设

（1）搭建相关平台。包括举办围绕海上丝绸之路文化旅游圈建设的各种国际研讨会，召开"文化旅游走廊"论坛，设立海上丝绸之路国际文化交流中心、

---

① 蔡鹏鸿. 为构筑海上丝绸之路搭建平台：前景与挑战 [J]. 当代世界，2014（4）：34–37.

开拓沿郑和下西洋路线巡航，积极主动融入海上丝绸之路文化旅游圈建设。对中国海上丝绸之路沿线四省（区）而言，可通过设立文化旅游产业发展母基金，引进社会资本合作，共同搭建涵盖旅游景区、文创等板块的资本运作平台和金融服务平台，以资本纽带整合资源和配置产业发展要素，理顺管理机制、经营机制和利益关系。

（2）设立文化旅游产业智库。设立"海丝"文化旅游圈高端智库研究机构，建设拥有一批科研骨干、学术领军人物、实用性技术人才的一流科研团队，取得拥有"海丝"文化旅游的一流科研成果，打造拥有高端智库的一流科研品牌，为"海丝"文化旅游圈建设提供智力支持。

（四）文化旅游项目的对接

推动"海上丝绸之路"文化旅游项目的建设，可以采取项目库的方式，项目的建立要有目标，分散实施，协同攻关，重点突破，并根据经济社会发展的重点和民众需求，协商确定文化旅游圈未来发展路径和合作方向。不仅着眼于基础设施等硬件，而且要涵盖学校、医院、环保等民生和社会公益领域。项目是实施战略与规划的最基本的单元和载体。海上丝绸之路文化旅游圈倡议最终需要通过基础设施、投资、金融、人文等各领域各个项目的实施来落实。应精心设置文化旅游重点项目推介，按照引进新标准＋研发新产品＋引进新装备的思路，通过引进国际标准，研发设计徒步旅游、邮轮游艇旅游、露营房车旅游等特色旅游产品，联合打造具有海上丝绸之路特色的文化旅游精品线路。

第二节　重点任务

一、分阶段实施文化旅游合作策略

随着海上丝绸之路文化旅游合作的不断拓展，内容单一的模式应向多层次、多元化的全方位合作模式转变，空间结构上从"点—轴"合作模式向"网络型"梯级合作模式转变。海上丝绸之路沿线国家旅游合作层次相对较低，需要从合作的初始阶段继续深化，以旅游资源整合、整体形象塑造、营销网络构建以及产品组合开发等为核心，以旅游企业的横向和纵向合作为重点，以合作组织建立、合作平台搭建、协调机制制定、基础设施建设、统一规划制定为支撑，从核心合作层面、支撑体系层面和企业合作层面构建海上丝绸之路文化旅游圈建设的综合合作模式。沿线各国经济社会发展处于不同的发展阶段，国情不同，这就决定了区域文化旅游合作有多种方式，可积极探索多极化、多层次、圈层式的多种区域文化旅游合作模式，多种机制综合协调、政府力量积极主导的旅游合作模式，主体多元化、行业综合性、区域联动式旅游合作模式。东盟、南亚、西亚和东北非各国发展不平衡，对于合作基础较薄弱的国家，可先行与之进行初级合作，等到具备一定的合作基础后，再进入下一阶段的合作。合作策略：

（一）初期策略：以点—轴发展模式为主

在文化旅游合作发展阶段，应适宜采取点—轴发展模式的决策，即中国与东南亚和南亚国家重点在于旅游资源整合，深度挖掘"海丝"沿线自然资源与文化旅游资源，通过品牌打造与客源市场的开发与培育，打造"海丝"文化旅游产业带。主要依靠政府主导、企业参与。海上丝绸之路沿线国家政府或文化旅游主管部门应发挥主导作用，加强与沿线各国的文化旅游合作，建立联席会商机制，逐步实现以旅游企业为主体的旅游客源互送、交流互联。

（二）中期策略：双核联动模式和政府与企业互助模式相结合

海上丝绸之路沿线各国文化旅游合作面临诸多挑战，最佳选择就是实施双核联动战略。沿线各国有必要进行文化旅游资源的整合，形成以主要资源或主要的旅游市场为增长极的联动模式[1]，使中国和东南亚及南亚的旅游业从各据一方到连线成片，在整体上促进区域旅游的快速发展。对于合作基础薄弱、市场相对不健全的国家，旅游合作发展中应当由初期阶段的政府主导、企业参与的合作模式逐步向政府与企业互助的模式过渡，即本阶段政府可能仍将发挥重要的推动力量，但更加偏向于服务企业，而旅游企业将在本阶段有更大的发展空间。[2]政府部门可共同筹划合作主题合作事宜。旅游企业和行业协会可积极发挥主体作用，以促进旅游要素有序流动。同时以基础设施为主导，搭建海陆空便捷通道，促进设施互联互通，积极开通海丝邮轮旅游航线。此外，加强基

---

① 曹晶晶 . 中哈旅游合作模式研究 [J]. 现代商贸工业 .2014（17）：57–58.

② 曹晶晶 . 中哈旅游合作模式研究 [J]. 现代商贸工业 .2014（17）：57–58.

于互联网 + 旅游和旅游 + 的合作，促进传统旅游企业向信息化转型，从而实现以互联网为平台的旅游合作发展模式。

（三）中长期发展方向：建设区域无障碍文化旅游圈

无障碍文化旅游圈可通过最大限度地消除区域壁垒，使旅游资源、旅游产品、市场和信息共享，能够保障旅游者在区域之间的旅游畅通无阻，获取最大的旅游价值，并以文化旅游交流为先导，推动文明交流互鉴、传播先进文化，使区域内游客在旅游活动中减少因签证等限制对人员跨境活动的影响。建设海上丝绸之路无障碍文化旅游圈，就是要开创国际文化旅游合作新模式，利用交通便利条件，以资源为基础，以产品为纽带，加强海上丝绸之路与粤港澳大湾区、中国—中南半岛旅游走廊、孟中印缅旅游走廊、中巴旅游走廊的文化旅游合作，实现国内循环与国际循环的联动发展，使"海丝"文化旅游圈成为国际著名的文化旅游黄金圈，使中国成为旅游强国。加强国际区域旅游合作则是海上丝绸之路文化旅游圈建设的先导产业和重要内容。文化旅游企业将真正成为区域旅游合作的主体力量，市场经济的力量将得到最大限度地发挥。在旅游合作成熟期，政府应起到宏观调节作用，并将在战略统筹规划、法律保障和政策支持下发挥积极作用，成立相关的协调监管机构，并对区域旅游产品进行整体形象的构建与推广、进行统一的宣传与促销。[①]旅游企业充分发挥市场主体性作用，拓宽融资渠道，保障文化旅游企业在区域内的无障碍经营，形成以政府宏观主导、旅游企业为主体、旅游行业协会积极引导的推进国际文化旅游合作模式。

二、加强文化旅游合作机制建设

区域旅游合作机制是区域旅游合作研究的一个核心问题。随着区域旅游合作的深入，政府协作的根本就在于以地缘经济为纽带，以打破行政区域界限与改变分别控制资源的割据状况为前提，以区域内旅游经济要素自由流动为依托，在区域范围内重新整合旅游生产力以更有效地参与区域竞争。[②]海上丝绸之路文化旅游合作开发是一项复杂、庞大的系统工程，必须在充分论证的基础上，

---

① 曹晶晶.中哈旅游合作模式研究[J].现代商贸工业，2014（17）：57–58.

② 梁平，唐小飞.区域旅游政府联合协作模式研究——基于渝东南、湘西、黔北的分析[J].现代商贸工业，2009（2）：50–52.

有步骤、有层次、由初级合作到高级合作地逐步推进文化旅游合作机制建立，积极探索旅游环境秩序共同维护管理机制、旅游诚信建设机制、旅游突发应急事件联合处理机制等，以更好地促进海上丝绸之路沿线国家的文化旅游合作有序运行，解决旅游合作过程中的突发事件和合作障碍。

（一）强化双边或多边高层间的对话机制

1. 加强和深化与沿线各国政府层面的合作

制度性安排和组织机构设置是推进旅游合作的关键，应建立包括旅游部长级会议、信息交互机制、利益共享机制和人才流动机制[1]。积极构建多层次、多类型的旅游合作跨国或跨地区联盟。21 世纪海上丝绸之路文化旅游圈建设需要在原有的合作机制基础上，形成多边共建的机制与平台。以现有合作机制为基础，推动建立 21 世纪海上丝绸之路沿线国家高层对话机制。通过定期与不定期召开政府磋商联席会议，共同推动海上丝绸之路沿线国家文化旅游行动计划的实施，共同应对文化旅游发展重大问题。在与沿线国家签署双边文化旅游领域合作谅解备忘录和协议的基础上，继续推动与更多国家签订双边或多边旅游合作机制[2]，探索建立文化旅游多边联席制度，建立沿线国家和地区共同参与的战略平台。强化政策沟通，本着共商和共享的原则，建立双边或多边的旅游政策沟通机制，重视国家间的旅游政策沟通合作，与沿线国家真诚沟通交流，理解对方诉求，满足对方关切[3]，逐步提升共识，实现旅游政策的对接和协调。

2. 设立国家层面的专业指导机构

在国家层面上，建立中国海上丝绸之路沿线国家文化旅游管理机构，建立包括高官会、旅游安全领域工作组在内的多层次官方合作机制[4]，涵盖旅行线路

---

[1] 董海伟，刘艳霞. 泛北部湾邮轮旅游的 SWOT 分析及开发举措 [J]. 法制与经济（上旬），2013（21）：69-70.

[2] 贾益民. 海丝蓝皮书——21 世纪海上丝绸之路研究报告 2017[M]. 北京：社会科学文献出版社，2017：145-165.

[3] 朱晓翔. 中国与"海上丝绸之路"国家间旅游流双向互动关系分析 [J]. 太平洋学报，2017（8）：81-90.

[4] 马超，张青磊. "一带一路"与中国—东盟旅游安全合作—基于亚洲新安全观的视角 [J]. 云南社会科学，2016（4）：19-24.

交流、旅游产品对接，酒店集团与旅游公司配套产品合作，航空公司与旅游公司包机合作，东盟10国旅游促进机构合作。如进一步建立旅游安全基础设施专家组、旅游安全事故责任认定专家组、旅游安全测评标准专家组、旅游安全事故救援赔偿专家组。[①]这些专业指导机构负责制定海上丝绸之路沿线国家文化旅游合作的战略方针、政策，完善管理制度和规定，实现相互间出入境旅游便利化，协调实施海上丝绸之路沿线国家旅游通关便利化，处理重大旅游事故和旅游纠纷等。专业指导机构下应建立日常工作机制，负责处理日常事务，共同制定合作协议、准则等合作制度；每年定期召开旅游论坛，安排下一年旅游合作事宜。同时，依托联合会会员城市，完善世界旅游城市联合会"一带一路"旅游论坛轮流举办机制。以建立孟中印缅文化旅游联合机制为例，发挥中印两国的主导作用，由中印两国推动四国文化旅游部门建立孟中印缅文化旅游联合机制，决定合作方式、利益分享机制，共同协商，统筹规划。在民间与地方互动层面，发挥现有文化旅游合作机制作用，做好地方机制与高层机制的有效对接。[②]加强旅游地接社、航空公司、酒店集团的洽谈合作，强化旅游投资项目对接等。举办文艺交流活动，开展影视剧、动漫项目的国际合作，互设文化贸易中心、建设国际营销网络等方式推动文化旅游企业走出去。

（二）建立和完善文化遗产保护与传承机制

1.建立强有力的主管机构

非物质文化遗产保护成本高、时间长，需要在政府机构、遗产所有者和公共部门的支持者之间进行大量协调。海上丝绸之路沿线国家地方政府和有关部门应将"海丝"文化遗产保护列入重要议事日程，成立省级文化遗产保护领导小组，定期研究文化遗产保护工作的重大问题。地方层面上也要明确一个统一的管理机构，把有限的财力、物力集中用于严格保护的重要方面。各地可成立历史文化名城保护委员会，形成以历史文化名城保护委员会为指导，文保部门牵头，规划、建设、城管、房管、文化、财政、执法等部门配合，志愿者、社

---

① 马超,张青磊."一带一路"与中国—东盟旅游安全合作——基于亚洲新安全观的视角[J].云南社会科学,2016（4）：19-24.

② 马超,张青磊."一带一路"与中国—东盟旅游安全合作——基于亚洲新安全观的视角[J].云南社会科学,2016（4）：19-24.

会和媒体参与并监督的全方位保护体制，为历史文化遗产的评估、保护、维修及使用提供咨询、监督和技术指导。完善历史文化遗产保护定期通报制度，健全公众和舆论监督机制，落实历史文化遗产保护责任制和责任追究制度。要通过成立国家和地方的非物质文化遗产保护工作专家委员会，积极吸纳社会各界、各方面的专家参与研究工作，也可以建立研究基地，组织非物质文化遗产代表性传承人、民间艺人深入开展研究，提高研究质量，以此推进非物质文化遗产研究取得更大成果。完善市、区县（市）、街道（乡镇）、社区（村）四级文保网络，实行分级保护管理，推动保护管理重心下移。充分发挥大专院校、科研院所及社会团体的作用，形成文化遗产科学保护、合理利用的合力。

2.构建完善的海上丝绸之路遗产联合申报机制

建立海上丝绸之路申报世界文化遗产联合工作机制。积极构筑国家"海丝"文化遗产保护网络，以政府、文物部门和博物馆为运作平台，并建立信息共享、政策互通、人才共育、遗产联展的联动协作机制，使各地"海丝"史迹的整合以及"海丝"线路的时空能够有效衔接。海上丝绸之路遗产联合申报是一个系统工程，要积极支持泉州牵头会同相关国家和地区的城市联合申报"海丝"文化遗产，推进"海丝文化长廊"建设。在推进广州、泉州、北海等9城市申遗进程中中央和国家有关部门应将钦州、防城港、玉林三市纳入申报世界文化遗产城市，将海上丝绸之路·北海史迹的合浦汉墓群等遗产点，连同防城港市潭蓬运河、钦州市西坑运河等遗产一并纳入中国海上丝绸之路申遗项目。[①]国家文物局要发挥主导作用，指导和支持海上丝绸之路申报世界文化遗产，对非物质文化遗产实行分级递进式申报，确保各种形式的非物质文化遗产都能得到合理的保护。同时，设立国际级海丝史迹保护研究中心，建立虚拟博物馆。充分发挥海上丝绸之路博物馆在申遗方面的作用，进一步确定博物馆在传承非物质文化遗产工作中的地位。以广东海上丝绸之路博物馆为依托，建设海上丝绸之路文物保护、研究与展示中心。

3.建立琼、粤、桂水下文化遗产保护合作机制

以各行政区划区域各自为政地保护与研究南海水下遗产的方式，实际上人

---

① 龚文颖，王春楠.夏宁委员：将北海史迹纳入海上丝绸之路申遗项目[N].广西日报，2019-03-06.

为地割裂了整个线性文化遗产的完整性，已不能适应文化遗产保护和研究的要求。应将南海海域的水下文化遗产视为一个相对的整体，从国家层面出发，建立大南海概念，突出"水下博物馆"特色，形成一个综合性的文化旅游产业品牌，从而更好挖掘3条沉船的文化价值，达到保护和开发的多赢的效果。"海丝"沿线各国应逐步建立有效的联合执法信息沟通机制和信息共享机制，联合开展水下文化遗产的日常检查和定期巡逻，及时地找到问题，采取有效措施，制止并且驱赶屡禁不止的破坏水下文化遗产的违法行为，坚决打击盗捞水下文物的犯罪势力。

4. 建立和完善两个机制

一要构建完善的传承人保护机制。非物质文化遗产项目传承人是延续民间优秀传统文化的重要组成部分，政府主管部门要建立健全相应的非物质文化遗产传承人保护法律制度，增大传承人保护力度，完善保护体系。二要构建完善的传承人认定机制。科学设置认定标准，把从事非物质文化遗产资料收集、整理和研究的人员也列入其中，增强传承人的扶持力度，并设立传承人奖励和激励机制，对传承人开展传承活动进行等级考核，调动传承人保护和传承非物质文化遗产的自觉性和积极性。在摸清传承人现状的基础上，继续对各级名录项目代表性传承人进行认定和命名[1]，支持、表彰、奖励有突出贡献的传承人及传承团体。

（三）建立和完善文化旅游通关便利化合作机制

可借鉴欧盟国家《申根协议》里一个成员国家所签发的签证在其他成员国被视为有效的经验[2]，通过出入境旅游的便利化，提升区域相互间的旅游市场关系。主动与"海丝"沿线国家未签订ADS的国家接触，尽快签署双边协议。充分利用"21世纪海上丝绸之路沿线邮轮旅游城市联盟"机制，在东盟国家和中国之间建立更加便利的签证政策、通关政策以及港口优惠政策，加快研究落实邮轮办理"多港挂靠"更加方便、快捷的办法，以创新无障碍通道，实现出

---

① 刘书勤.非物质文化遗产保护研究——以官会响锣的传承与发展为例[J].剑南文学：下半月，2011（6）：301-301.

② 朱晓翔.中国与"海上丝绸之路"国家间旅游流双向互动关系分析[J].太平洋学报，2017（8）：81-93.

入境便捷化。福建、广东、广西和海南应进一步对外开放，用足用好自由贸易区政策。广西以边境旅游试验区政策和自由贸易试验区建设为契机，积极探索"互联互通"的便利化的入境签证措施。东盟其他的国家如柬埔寨、缅甸、老挝等国，可以实行无纸化电子通关申请。①加强海关层面的合作，实现通关智能化、无障碍、即时化、网络化、昼夜化。加强旅游市场互换，积极将沿线国家列入我国相关城市 72 小时过境免签范围。积极寻求第五航权甚至更高层级航权开放政策，在海上丝绸之路沿线串联起多个目的地国家的"一程多站"式国际旅游产品，提升跨境旅游购物吸引力。②推动跨境旅游的异地办证、车辆互通、税收减免、货物互通、交通互联等。③重点突破跨境自驾车辆牌证互认，降低车辆过境费用。恢复《中华人民共和国出入境通行证（边境旅游专用）》赴越南下龙旅游业务，全力推进旅游通关便利化。探索口岸"单一窗口""两国一检""一站式"作业通关新模式。在安全形势挑战严峻的区域，应实现有限度的市场合作，以防止存在输入性安全威胁等风险。

（四）建立和完善文化旅游联合营销机制

依托"海丝"旅游推广联盟，与海上丝绸之路沿线国家和地区联合开发文化旅游精品，共同打造特色旅游线路，共同开展对外营销，将海上丝绸之路沿线国家和地区打造成为世界一流的跨国旅游目的地。海上丝绸之路文化旅游圈合作应组建有福建、广东、广西和海南沿线四省（区）参与的文化旅游合作协调机构——旅游联盟，共建旅游基础设施、共同开发旅游资源、共同设计旅游线路、共同制定市场拓展策略，联合开展营销。加快全方位落实"海丝"旅游品牌推广活动，为海上丝绸之路文化旅游圈沿线国家提供一站式、多元化的精准营销推广服务，助力沿线国家文化旅游产业优化升级，同时更加深入对接沿线目的地旅游资源，给游客提供更丰富、更独特的旅游产品。或创建旅游目的

---

① 贺静 . 中国与东盟跨境旅游合作的现状与推进新途径 [J]. 对外经贸实，2018（4）：84–87.

② 韩元军 . 外经贸实务基于"一带一路"构建全球旅游治理新秩序 [J]. 旅游学刊，2017（5）：10–11.

③ 韩元军 . 基于"一带一路"构建全球旅游治理新秩序 [J]. 旅游学刊，2017（5）：10–11.

地等多元立体的品牌体系，建立科学有效的品牌宣传推广体系。如提前制定北海、防城港、泉州、三亚、珠海等市文化旅游市场营销方案，统筹安排海上丝绸之路汉墓群、古运河水城、文化村、邮轮母港的市场推广方案，建立各方主体参与营销制度。特别是完善针对渠道上的奖励政策措施，增强其主动营销的诱惑力。强化新媒体的营销力度。新媒体营销是指利用新媒体平台进行营销的模式，包括利用互联网、移动电视、手机短信等一系列在高科技承载下展现出来的媒体形态。新媒体的营销思维也带来了巨大变化。表现在体验性、沟通性、差异性、创造性和关联性。新媒体营销主要有网站营销、微博营销和搜索营销。融合 IP、跨界等元素，探索文创 IP+H5 新媒体营销、线上 + 线下 + 体验、名人 IP+ 创意新媒体营销，提高国内旅游品牌的曝光度，有效输出双方旅游品牌。充分发挥大平台、大流量、大数据等优势，在产品、渠道、资源措施等方面全面推广"海丝"旅游产品，促进"海丝"旅游品牌做强做大做优。充分利用元宇宙等国际社交平台进行"海丝"旅游互动营销，还要邀请国际买家及境内外大型旅游批发商到成员省（区、市）踩线，营销"海丝"旅游产品和线路。

（五）建立和完善文化旅游信息共享机制

信息化是区域旅游创新发展的重要技术支撑。通过信息化手段，加强与沿线国家的有效沟通和协作，建立旅游信息服务平台，打破中国与海上丝绸之路沿线国家跨境旅游合作在信息发布平台建设维护不统一的局面，实现资源共享。实时更新旅游信息动态，推动智慧旅游的互动与创新发展。在技术上还应解决跨国异地支付结算等问题[①]，为游客提供多种信息载体的旅游信息服务。建立海上丝绸之路沿线国家电子商务服务平台，开展跨国旅游电子商务合作，提供综合旅游产品在线预订，推进景区票务合作。建设闽粤桂琼四省（区）海上丝绸之路旅游信息数据库，完善纵向和横向的信息交流与共享机制，共同构建开发旅游指南型的旅游 App，开通旅游微信，微博公众号，提供旅游指南，推广宣传旅游产品。

---

① 贺静. 中国与东盟跨境旅游合作的现状与推进新途径 [J]. 对外经贸实务，2018（4）：80–83.

（六）建立促进文化旅游投融资的合作机制

推动亚投行等多边金融开发机构成立，倡议建立海上丝绸之路文化旅游基金，为海上丝绸之路沿线国家区域文化旅游合作提供投融资服务。在布局对外旅游投资项目时，充分挖掘沿线国家的度假旅游资源潜力，加强对沿线国家度假资源投资的引导，在沿线国家和地区建设文旅产业合作园区、旅游度假区、自驾车旅居车营地等，以消化我国庞大的度假旅游需求。鼓励沿线国家和地区相互间请进来、走出去，支持中国旅游企业到国外上市。积极对接亚洲基础设施投资银行、丝绸之路基金等金融组织，搭建国际旅游投资平台，设立海上丝绸之路专项旅游基金。对于东盟国家，共同推进已签署文化旅游项目落地建设。对于南亚地区，要高度重视和引导我国旅游消费和投资进入印度、斯里兰卡等国家。更加需要重视沿线国家和地区居民的获得感，充分考虑到当地社区的积极参与。对于西亚和东北非国家，应在中阿产业投资基金和中非发展基金的基础上，成立相关发展基金或者互联互通合作银行等，以推进互联互通建设。

（七）建立旅游突发应急事件联合处理机制

建立健全旅游应急管理机制、增强旅游应急管理能力建设，是构建海上丝绸之路文化旅游圈一项艰巨的任务。构建旅游突发事件应急管理机制可分为过程性机制和保障性机制两大类，其中过程性管理应对机制包括预防与应急准备机制、监测与预警机制、应急指挥与协调机制、分级响应与救援机制、信息沟通与通报机制、恢复重建机制、总结评估机制。保障性应对机制包括建立应急保障机制（人力资源保障、物资保障和资金保障）、社会参与机制和舆论引导机制，通过构建两大类10个机制，全力解决旅游者和旅游企业遇到的各种困难和问题。加强邮轮国际联防联控体系建设。对发生的重大旅游安全事故提供积极有效的救援和善后处置服务。可以中国和东盟旅游合作为突破口，加强旅游突发事件处理合作，包括突发自然灾害事件应急救援处置、突发事故灾难事件应急救援处置、突发公共卫生事件应急救援处置、突发社会安全事件的应急救援处置等合作，探索建立旅游应急救援机制，以便更加高效预防和处置突发事件，切实维护游客权益。

（八）建立文化旅游诚信管理机制

旅游诚信是旅游企业的态度，是旅游企业行动的指标，也是构建"海丝"文化旅游圈的重要内容。首先要加强道德建设，提高旅游行业的诚信意识。要把强化诚信意识作为构建海上丝绸之路文化旅游圈建设的重要内容，建立诚信理念的教育培养机制和诚信为优的员工激励措施。充分发挥旅游行业协会的作用，组织旅游企业签订旅游行业诚信公约和旅游行业自律公约。建立信用信息联合发布机制，实现旅游行政处罚、旅游投诉等信用信息的联合发布。倡导游客理性消费，增强维权意识。

（九）建立文化旅游利益相关者机制

由于旅游产业涉及行、食、住、游、购、娱诸多行业，与文化旅游利益相关就包括各级政府、开发经营商、旅游者，居民、专家学者、社会媒体、非政府组织、企业员工、文物部门、环保部门、外围机构及组织、文化旅游代理商等多种利益相关者。旅游产业的利益相关者比较多，要加强利益主体之间的合作，寻求各利益相关方的共同利益，追求各方共同目标。应明晰政府职能，做好前瞻性和基础性的工作，引导旅游业发展，通过制定相关政策及其法律法规，把握当地旅游业的发展方向，规范旅游企业行为。政府部门需要对旅游产业进行控制、规范和引导，并协调其他利益相关者的目标和行为冲突，保障当地居民合法权益，促进旅游业健康有序发展。同时，重视居民参与，充分考虑当地居民的意见和建议，制定居民满意、各方获利的利益协调方式，提高其参与旅游积极性。旅游企业应坚持可持续发展战略，在尽量不对环境造成过多影响的同时合理开发旅游资源，倾听当地居民的意见，走合作共赢的发展道路。要建立利益博弈的公共平台，通过政府各部门和民间组织建立协调机构，寻找出对当地旅游业发展造成不良影响的问题，引导利益相关方进行良性循环，满足各利益相关者利益最大化，共同为推动当地旅游业发展做贡献。

（十）建立旅游资源的开发与环境保护机制

旅游资源大多是自然及人类文化遗留下来的珍贵遗产，保护社区的旅游资源尤其重要，可作为海上丝绸之路促进各国旅游合作的重要内容。应将旅游资源开发和环境保护放在重要位置来策划，构建包括旅游发展的相关政策和规划开发体系、环境评价体系、环境防治体系等的保障体系。应对一些重要景区进行功能分工并划定保护范围，核心区是整个保护区的绝对保护地段，缓冲区主要是保护核心区，作为开展科学考察和研究的试验区等，不影响旅游活动，可用线性开发方式，适当限制游客人数，以减轻游客对自然资源与环境的破坏。可通过组织游客到海上参观红树林这种旅游形式保护旅游资源。同时大力提倡绿色旅游，并与中国 NGO 组织一起探索绿色旅游。积极推动区域海洋环境保护，建立中国—东盟海洋环境保护合作机制，实施绿色丝绸之路使者计划，提高沿线各国海洋环境污染防治能力。加强旅游景区生态环境保护监管，坚决制止新的生态环境破坏。

三、着力推进海上丝绸之路文化旅游圈的形成

中国与东盟、南亚、西亚、非洲和欧洲等海上丝绸之路国家都具有良好的文化联结与发展共景。在新的历史文化背景下，从有利于全球文化旅游全局良性可持续发展的诉求出发，重新整合海上丝绸之路沿线文化旅游资源，使不同文化圈存在资源互补与文化交融，亟须建立文化联结与价值传递，形成以丝为点，以路为线，以文为面的海上丝绸之路文化网络，推动建设一批经济效益高、社会影响大的人文合作项目，推动文化和旅游领域的交流合作向更宽领域发展，为亚洲文明的传承发展贡献力量。

（一）拓展中国与东盟文化旅游圈的合作

东盟是海上丝绸之路的必经之路，中国和东盟有着广泛的政治基础和经济基础，东盟地处海上丝绸之路的十字路口和必经之地，将是 21 世纪海上丝绸之路倡议的首要发展目标，而 21 世纪海上丝绸之路文化旅游圈建设符合各方共同利益和共同诉求。因此，结合实际，分步推进中国与东盟国家的双边和多边的文化旅游合作势在必行。要从战略高度认识并重视东盟区域海上丝绸之路文化旅游重要节点，尤其是关键性节点的建设。要整合国家、民间、外交、经济等各方力量，整体发力，实现与东盟"海丝"文化旅游重要节点的合作建设。

重点打造南海邮轮旅游圈。从全球邮轮航线分布看，在世界上七大邮轮旅游圈中，以南海为主架构的东南亚邮轮旅游市场增长最为强劲，未来南海具有成为全球新的邮轮旅游经济中心的潜质。但由于南海地区开发较晚，目前远未

形成主题明显、长短结合的航线，迫切需要增加航线及航次，打造南海邮轮旅游圈，以适应国内外邮轮旅游业的快速发展。[①]21世纪海上丝绸之路南海海洋文化旅游圈，包括粤港澳大湾区海洋文化圈、海峡西岸海洋文化圈、海南岛—北部湾海洋文化圈，闽粤桂琼四省（区）应携手规划海洋文化旅游圈发展的总体蓝图。就粤港澳大湾区海洋文化旅游圈、海峡西岸海洋文化旅游圈、海南岛文化旅游圈和北部湾海洋文化旅游圈的未来发展做出总体规划。粤港澳大湾区是我国乃至亚太地区最具活力的经济区，粤港澳大湾区海洋文化圈源于古越文化，按行政区划可分为香港海洋文化区、澳门海洋文化区和广东海洋文化区。海峡西岸文化旅游圈是指台湾海峡西岸，以福建为主体，包括其周边地区。海峡西岸是我国传统海洋文化较发达的区域。海南岛—北部湾海洋文化旅游圈位于中国南部，是多元文化的交汇点。要规划这三个海洋文化旅游圈的总体空间布局，从旅游交通和通信设施及资源共享平台、旅游资源和产品的整合与协同开发、旅游品牌特色、旅游营销合作方面提出有价值的对策建议。粤港澳大湾区文化旅游圈重点规划旅游产品和旅游线路，结合广东游客消费能力强、自驾旅游比例高等特点，以广东海上丝绸之路博物馆作为该旅游区的龙头，将海陵岛、放鸡岛、湛江五岛一湾、徐闻大汉三墩等旅游资源作为主打产品[②]，规划广州（南海神庙、南越王博物馆）—江门（上下川岛）—阳江（海陵岛）—茂名（浪漫海岸、放鸡岛、冼太故里）—湛江（"五岛一湾"、徐闻古港）旅游线路。应整合闽粤桂琼等沿海中心城市旅游资源，规划筹建四省（区）邮轮始发港和停靠港，开辟南海丝绸之路旅游航线，逐年分段开发南海丝绸之路沿线各国怀古风情游，探索打造海上丝绸之路文化旅游走廊和环南海文化旅游圈。

　　要以"古代海上丝路之旅"为主线，加深中国与东南亚各国人民的相互认识和了解。目前已经开通有一些邮轮航线，如新马泰邮轮游、三亚到越南邮轮等。闽粤桂琼四省（区）与东盟各国可利用"海上丝绸之路"，共同打造面向国际游客的、更具东盟文化内涵的旅游品牌，目标定位为世界知名文化旅游圈和国

---

① 　门达明，吴肖淮．南海邮轮旅游圈战略构想——以海南省为基点 [J]．特区经济，2015（6）：127-129.

② 　黄晓慧，庄伟光．广东开发"21世纪海上丝绸之路"旅游的构想 [N]．中国旅游报2015-05-14.

际知名旅游目的地。加强福建、广东、广西、海南以及越南、泰国甚至印度洋沿海国家之间的旅游合作，打造"古代海上丝路之旅"，体验沿线地区的风土人情。如打造"郑和下西洋之旅"，欣赏沿线海洋风光，了解航海知识，体验历史的沧桑巨变。[①] 积极争取将创建泛北部湾国际旅游圈纳入 21 世纪海上丝绸之路文化旅游圈建设发展整体战略，重点推进四省（区）与东盟海上旅游合作，促使区域旅游产业转型升级与创新发展。针对沿线国家和地区主要语种建设配置多语种网站、宣传材料、指引标识等。

（二）拓展中国与南亚文化旅游圈合作

南亚在建设海上丝绸之路中具有重要地缘战略意义，也是重要的节点地区。南亚文化旅游圈包括印度、斯里兰卡、巴基斯坦、马尔代夫和孟加拉国等国家所构成的圈域。建设南亚文化旅游圈是为了圈内各个国家获得各方面的最大效益，以各国丰富的旅游资源为核心，以文化和经济的亲缘性为纽带，并通过旅游空间结构理论演变发展的模式。其特征是融合性、开放性和发展性。由于南亚国家关系复杂化，中国应因地制宜，制定方向性强的经济与外交战略，在促进自身经济发展的同时，让东道国在海上丝绸之路这一平台上找准自己的位置，加强与中国的文化旅游合作，共同促进地区经济繁荣。要在"中国印度文化交流计划""斯里兰卡中国文化交流中心"等机制上，对待越发疏远的中印关系，中国应积极寻找对策，减少对印度的资源依赖，把目光转向其他国家尤其是与东北非国家的关系，促进贸易关系多元化，这将减缓中印关系的政治风险和经济风险。"岛链"一词的正式使用是国际政治斗争的产物。[②] 面对美国的"岛链战略"封锁，中国应加强半岛国家的凝聚力，深化 GMS 旅游合作，推动大湄公河次区域成为统一旅游目的地。中国与南亚的跨境旅游合作大有可为。可通过

---

① 黄晓慧，庄伟光.广东开发"21 世纪海上丝绸之路"旅游的构想 [N].中国旅游报 2015-05-14.

② "第三岛链"是以美国夏威夷为中心，北起阿留申群岛，南到大洋洲一些群岛的一道防线。"岛链"是美国遏制亚洲国家向海洋发展的重要筹码，也是美军在西太平洋地区的重要依托，旨在围堵亚洲大陆，对亚洲大陆各国形成威慑之势。中巴经济走廊，连接世界岛中心（新疆），也连接世界洋中心（印度洋），帮助中国西北地区和中亚地区进入印度洋，抵达非洲、波斯湾、地中海，打通欧亚大陆的大动脉，突破美国海上联盟体系组成的三个岛链对中国的围堵。

深化与印度和巴基斯坦的旅游合作带动我国海上丝绸之路沿线四省（区）与南亚国家旅游合作，加强旅游促销，拓展旅游市场。合作重点为互相推介旅游资源，旅游客源互送，共建旅游集散中心，鼓励多种形式的旅游景点开发投资合作等。目标定位为海上丝绸之路南亚国际知名文化旅游圈。同时，加强与孟加拉国的旅游合作，联合打造国际旅游精品线路。共同建立孟中印缅和澜沧江—湄公河大旅游圈。有学者提出建设粤港澳大湾区 – 北部湾 – 孟加拉湾经济走廊构想，其海陆经济走廊是从印度东海岸金奈港出发，经印度洋、安达曼海到达缅甸土瓦港，再经陆路到达越南胡志明市，形成印度金奈—缅甸土瓦港—泰国曼谷—柬埔寨金边—越南胡志明市横跨印度洋到太平洋的海陆经济走廊①。以此设想开发为旅游走廊，拓展和创新了中国与南亚文化旅游合作的思路。通过旅游先行，大力推进民心相通和经贸合作，将为海上丝绸之路沿线国家文化旅游合作提供广阔的空间。

（三）拓展中国与西亚、东北非文化旅游圈的合作

鼓励西亚、东北非国家建立次区域组织，配合其他国际组织，共同处理当地事务，为海上丝绸之路文化旅游圈项目在西亚、东非国家的落实提供制度基础。依托中国—海合会战略对话，充分发挥中阿论坛、中非论坛的作用，推动四省（区）与西亚、东北非国家签订文化旅游合作框架协议，共同推动在旅游政策协商、旅游客流互送、投资融通政策共享等方面的合作，共同打造沙漠探险之旅、古堡之旅、观动物迁徙之旅、北非地中海风情旅游、宗教文化和古城文化之旅、阿拉伯民俗风情之旅等专项旅游产品，继续利用旅游展和"海丝"博览会契机，相互组织代表团参展，宣传旅游资源，推动中国企业和中东欧旅游企业对接，共同开发旅游产品，实现客源互送。针对沿线国家和地区游客开发入境旅游品牌和精品线路。鼓励与沿线国家和地区合作研发旅游演艺品。鼓励多元市场主体参与城市旅游形象的海外营销。支持旅游景点提升旅游服务环境国际化水平，对沿线国家和地区提供旅游投资、品牌、技术、管理、标准等援助。继续推动人员往来的便利化措施，推动增加中国—西亚、东北非国家之间的航班。

---

① 刘建文，廖欣　粤港澳大湾区—北部湾—孟加拉湾经济走廊建设构想与路径选择 [J]. 经济与社会发展，2021（01）：1—10

（四）拓展中国与欧洲文化旅游圈的合作

中国与欧洲拥有不同的文化传统和历史，属于不同文明，加强中国和欧洲的旅游合作，开启一个"善意、包容、便利、品质"的中欧旅游新时代，着力在可持续旅游、世界遗产开发保护、旅游与文化推广、旅游数据和信息交流、游客便利化与友好旅游环境建设等方面加强合作。海上丝绸之路沿线国家文化遗产保护目前面临着严峻的形势，仅依靠政府的力量难以形成有效的保护机制。为此，首先应学习借鉴欧洲在文化遗产保护方面的经验，将文化旅游中的文化遗产建筑设计甚至时装设计相互融合，提升对游客的吸引力。同时，结合我国文化遗产保护现状，让公众参与文化遗产保护。或是重视专门针对不同人群设计相应的旅游产品，并将当地的民间工艺品、语言文化、风俗文化等相互融合，确保文化的多样性。尤其要借鉴其在文化线路的展示利用方面的经验，以文化体验式旅游为主导，以徒步和骑行为主的绿色体验方式，辅以便捷详细的数据平台，开发以海上丝绸之路为主题的文化旅游产品和线路。继续发展和利用好双边、多边文化交流机制，搭建双方民众交流的平台，扩大中欧文化旅游合作和人员往来，促进文明对话和民心相通，推动中欧关系共同发展、互利共赢，为新时期中欧全面战略伙伴关系发展注入新动力。

四、加快邮轮母港建设，推进邮轮产业链本土化

（一）加快邮轮母港基地建设

依据正在完善的《中国邮轮旅游发展总体规划（2017—2025 年）》，明晰中国邮轮产业未来发展定位、发展方向、发展重点和发展目标，确定邮轮旅游发展试点城市，规划建设邮轮母港基地。经过 5 年至 10 年的积累，中国海岸线上将形成"一线三点"邮轮母港基本格局，即北部以天津港为中心，中部以上海港为代表，南部以厦门、三亚为核心，以东南亚和两岸为主的航线。大力发展邮轮游艇旅游产品。积极推进与"一带一路"沿线及周边国家邮轮旅游航线的开发，充分整合各地旅游资源，联合开发具有海上丝绸之路特色的旅游线路，积极探索"邮轮旅游""一程多站""邮轮 + 其他中转方式旅游"等多种经营形式。加强马来西亚皇京港、斯里兰卡汉班托塔港、巴基斯坦瓜达尔港、伊朗恰巴哈尔港、希腊比雷埃夫斯港等港口建设，以基础设施互联互通为着力点，大力发

展邮轮码头。如加快柬埔寨磅逊港 22 万吨国际邮轮码头建设，包括建设邮轮的油料补给、物流仓储、维修以及其他配套设施，建立邮轮维修保养中心等邮轮配套项目与设施。优化完善邮轮旅游规划。福建将以邮轮母港客运大厦及码头区域为邮轮旅游核心区，优化完善核心区邮轮母港港务、商业配套、娱乐休闲等业态布局，持续推进港口设施建设。广东将以南沙母港建成为契机，推动邮轮旅游事业发展。广西将逐步构建与国内主要邮轮旅游城市和东盟的邮轮旅游航线，2021 年至 2030 年，建成北海邮轮母港。防城港将发展成为邮轮始发港，完善钦州邮轮访问港建设，逐步培育远洋邮轮航线，将广西打造成为 21 世纪海上丝绸之路邮轮旅游枢纽。海南可利用好自贸区、自贸港建设的优势，对内加强多省份互联互通合作，对外探索和东南亚地区共同开发邮轮旅游产品，开发"邮轮＋"模式，培育邮轮旅游消费新热点，打造国际旅游消费中心。完成邮轮靠岸的配套服务设施建设，提升邮轮母港综合服务功能，促进邮轮港城建设。中国邮轮产业未来的潜力在南海，南海地区气候宜人，应加快建设南海明珠邮轮港，南海国际邮轮母港的建设和运营，充分考虑服务的综合性和功能的完备性，加强口岸联检设施和停车场地建设，完善商业、贸易、办公、休闲、娱乐、购物、住宿、会展、居住、银行等诸多商业配套设施，打造南海国际邮轮城。建设三亚市国际邮轮码头，在码头上建设国际邮轮的保税油供给服务中心和国际邮轮物流配送中心等后勤保障措施，把后勤补给基地打造成为集信息咨询、船舶维修、后勤补给、船供物流等多种服务功能于一体、具有国际一流水平的专业邮轮母港综合服务区，将三亚建设成为亚洲最大和最好的邮轮母港之一。粤港澳琼同处北部湾地区，北部湾港、广州港、香港、澳门都是北部湾沿海邮轮母港，四港所在地优势互补，错位发展，应打造战略联盟，开发黄金旅游线路，对外联合开辟通往东盟的国际邮轮航线。重点推动粤港澳游艇旅游和邮轮母港合作。

（二）加快邮轮制造业发展

积极发展邮轮装备制造业，进一步构建邮轮全产业链。邮轮作为高端制造业的一部分越来越受到国家重视，自主建造邮轮已提上日程。邮轮产业链涉及面广，包括邮轮设计与制造、运营、港口、旅游服务四个环节。可以通过共同开发、设计建造途径获得自己的邮轮，或推动国内有实力的造船企业与国外邮轮设计、建造企业开展技术和商务合作，尽快实现制船自主设计建造突破。① 建立邮轮设计与建造研发基地，坚持技术引进、合作和自主创新相结合，积极开展邮轮设计理念及外观、舱室艺术设计等关键技术研究，逐步形成闽粤桂琼邮轮设计和建造能力。② 加强与国际知名邮轮企业及机构的合作，鼓励国内外资金实力雄厚、管理经验丰富的大型邮轮公司参与邮轮项目的建设与经营，迅速提升中资邮轮船队规模和国际竞争力，打响国际邮轮中国品牌。鼓励企业建立自主创新机制，促进邮轮产业技术升级。建立国际游艇俱乐部，加强各城市之间游船公司的合作，尽快形成以邮轮游艇、维修、补给、驾驶训练、基地建设以及餐饮、娱乐、住宿、商务等设施完善的海上邮轮游船游艇产业。加强与国际邮轮配套企业的交流合作，逐步构建国内邮轮专业化配套体系，打造适合中国需求、有中国特色的邮轮船型，为中国东北亚、南海等不同海域提供不同的船型。③

五、构筑有利于海上丝绸之路文化旅游发展的法律法规和政策体系

（一）加强文化遗产法律法规建设

1. 抓紧出台"海丝"文化遗产保护的地方法律法规

加强文化遗产保护法律法规建设，推进文化遗产保护的法治化、制度化和规范化。④ 对现行法律中的有关条文进行修改或补充，突出可操作性，使文化遗产保护利用各方面皆有切实可行的法律、法规、规章，努力形成程序缜密的完整法律、法规、政策体系。加快制定博物馆管理条例，严格规范地管理好国有馆藏文物，鼓励非国有博物馆的建立，引导其规范有序地运作。沿线各国应陆续出台与法律法规相适应的规范、标准，增加完善水下文化遗产相关内容，逐步完成对沿线国家水下文化遗产保护法律体系的建设。将调查出来的海上丝绸之路不可移动文物尽快公布为各级文物保护单位，从法律上赋予其文物身份。

① 郭川. 六部委联合发文加快邮轮自主设计和建造 [J]. 珠江水运，2015（15）：59–59.
② 孙亮，王翠婷. 我国邮轮制造产业发展探析 [J]. 中外船舶科技，2009（1）：10–14.
③ 姚亚平. 中国邮轮产业：为未来积蓄能量 [J]. 中国远洋航务，2015（10）：28–31.
④ 朱兵. 我国文化遗产保护法律体系的建构 [J]. 中国人民大学学报，2011（2）：2–9.

加强对民间文物流通的管理，打击非法文物经营活动。[①]对各地非遗项目采取制定专门的地方性法规等方式加以特殊保护，并明确规定要建立非遗保护目标责任制和相关评价机制，将非遗保护纳入政府工作重要议事日程，将非遗保护作为重要政绩考核内容，提出刚性的目标要求。可借鉴《泉州市海上丝绸之路史迹保护条例》，对海上丝绸之路遗产进行细分并与申遗工作紧密结合，对已进入"中国世界文化遗产预备名单"并已在联合国教科文组织备案，应按要求划分遗产核心区和缓冲区。同时允许文物部门对新发现的"海丝"遗产划定保护范围，以免错过文物保护的良机。

2. 加快非遗方面的立法保护

尽快出台非物质文化遗产保护办法，使非物质文化遗产保护和发展与经济社会建设、城镇建设规划等相衔接。加强非遗的知识产权制度保护，制定相关的商标、专利法规，完善非遗申请政策，完善非遗保护、扶持、补贴等工作的监督机制。设立非遗主题公园或集中保护区，开通非遗旅游交通专线等。还可以结合节庆活动等契机，重点打造一些令当地居民耳目一新的非遗活动。

3. 法律保护是文化遗产保护中最有效的手段

海上丝绸之路妈祖文化遗产的保护措施需要法律的确认、推进和保障。妈祖是中外交流和沟通海峡两岸，密切同胞往来的和平女神，妈祖文化在福建、广东等我国沿海地区以及东南亚国家非常流行，这些地方建有不少妈祖庙或天后宫庙，拥有众多妈祖信徒。这种信仰让妈祖庙、天后宫庙成为海上丝绸之路的重要标志。如今，南海神庙和黄埔港等文化遗产，许多石碑、雕像等海上丝绸之路文化遗产濒临损毁，正逐渐从人们的视野中消失，急需保护和创造性转化，重点挖掘遗产独特的人文历史价值，通过数字创意产品设计进行创造性转化，有利于提高国人对其价值的认识。

（二）构筑有利于本土邮轮旅游发展的法律法规和相关政策

系统梳理有碍于邮轮经济发展政策层面的相关制度，逐步将其列入负面清单并加以清理和完善。进一步完善邮轮产业扶持政策，吸引更多国际邮轮公司

---

① 吴耀欢，赵文婷. 当前我国城市历史文化遗存保护存在的问题与对策[J]. 开封大学学报，2016，30（3）：10—12.

进入，营造邮轮母港良好的发展环境。地方政府相关部门要鼓励邮轮运营与航线开辟，运用政策优势拓展航线。可加强与外籍邮轮、沿海港口合作，开辟国际直达或中转、加挂国内母港城市航线，开发一程多站航线产品。① 加强邮轮旅游进入港口的政策对接，打造具有较强吸引力的海上国际邮轮航线。扶持邮轮旅游企业运营，对邮轮运营企业及招徕游客在当地登轮出游的组团旅行社给予奖励；进一步加大对邮轮公司运营扶持力度，无论是国际邮轮船队还是本土的邮轮船队，每一个航次都应该给予相应的资助，以提升邮轮母港的国际品牌地位和知名度。重点支持和扶持那些开辟 21 世纪海上丝绸之路文化旅游圈沿线国家邮轮航线的船队和邮轮公司，帮助他们解决航线初创时期的经营难题，同时建设一批邮轮旅游精品线路和品牌，为邮轮旅游的长远发展奠定基础。② 积极探索邮轮产业发展先行先试政策，争取在北海设立中国邮轮旅游发展试验区，争取邮轮旅游航线审批政策，争取有关部门对以北海港为邮轮母港新开辟的航线给予特批政策；支持构建广西北部湾至东盟沿线国家和地区的邮轮旅游线路，争取无目的邮轮线路许可政策。要争取旅游产业发展扶持资金的支持，尽快完成专用邮轮码头建设，配套以完整的口岸联检设施、宾馆、购物中心、饭店、超市、休闲中心、银行、邮局、卫生所、停车场等旅客综合服务设施，打造面向 21 世纪海上丝绸之路的邮轮旅游集散地。出台邮轮旅游的利好政策，放宽涉外旅行社准入门槛，简化审批程序，鼓励邮轮公司来中国开辟航线，既促进出境游，也促进入境游。加强域内主要邮轮港口城市之间的互通。执行统一的服务流程和通关便利化，继续探索电子船票制度，将现有船票条形码与"邮轮港快捷通关条码"合并，最终实现一张电子船票进港、寄存行李、通关、登船全程通用的"一码通"模式，使游客通关登船更便捷。取消游艇的路径管制，开通游轮航线，开通海南、澳门、香港游艇自由行。推动三亚开展公海游航线试点，在海口港等 5 个出入境口岸开通琼港澳游艇自由行③；建设符合国际邮轮配送商业模式和国际惯例的管理系统和规则，实现配送业务常态化。

① 王珏，张玉秀.加快海南邮轮旅游新业态发展的探讨 [J].南海学刊，2016（3）：113–116.
② 潘勤奋，范小玫.厦门邮轮旅游发展对策 [J].中国港口，2018（1）：29–31.
③ 梁振君.我省加快推进新旧动能转换 [N].海南日报，2019-2-11.

（三）以健全旅游规制为突破口，遏制低价旅游团

从国家层面上看，中国和东盟国家政府应不断完善旅游法律法规，尽早出台与东盟国家旅游合作的相关管理条例，规范旅游市场，从而避免旅行社恶性竞争。从省级政府层面上，发挥已经建立起来的中越合作相关机制的作用，双方共同制定跨境旅游服务等详细规制，统一旅游服务标准；制定跨境旅游纠纷的有效解决办法，有效维护旅游者的合法权益。同时强化对购物商店和景区的监督，落实导游薪酬保障机制，保障旅游者合法权益，提高游客自我保障意识。重点开展"不合理低价游"等专项整治行动，减少恶性低价格竞争，维护市场秩序的稳定。低价团现象阻碍了旅游业的健康发展，整顿低价团刻不容缓。游客在参团旅游时，除了要选择正规的旅行社，还要签订包含旅游项目、行程等详细约定的合同。进一步加强与菲律宾、印度尼西亚的旅游合作，做好顶层设计，智慧、平等、公平理顺各种关系，重视当地人的利益，不要把当地居民的怨言变成隐患，才能达到旅游业双赢目标。当务之急是整顿市场秩序，规范旅行社经营行为，完善相关法律法规，填补法律漏洞，同时创新监管手段，培养成熟理性的消费观。只有形成了健康有序的旅游市场，阻断套卖人头的做法，才能真正摆脱"低价团"的困境。同时，除了从小培养国民素质教育外，旅行社要加强对出境旅游人员文明礼貌的培训，出境前导游应对游客宣传文明旅游，尊重当地的风俗习惯、文化传统和宗教信仰，爱护旅游资源，保护生态环境[1]，让文明与旅游随行。只有这样，才能促进旅游业健康发展，实现"一带一路"的宏伟目标。

第三节　对策和措施

一、加强前瞻研究，全面谋划海上丝绸之路文化旅游圈建设

海上丝绸之路文化旅游圈建设是一项复杂和巨大的系统工程。应加强前瞻

---

① 全国人民代表大会常务委员会关于修改《中华人民共和国野生动物保护法》等十五部法律的决定 [Z]. 中华人民共和国全国人民代表大会常务委员会，2018-11-15.

性研究，从顶层设计上深度分析文化旅游业在海上丝绸之路沿线国家战略中的定位与作用，多视角、多角度地研究分析区域旅游合作的模式、实施步骤、路径和保障措施。要加强与不同国家间的具体研究，还要对影响区域旅游合作因素进行专题研究 ①，共同制定文化旅游圈科学的战略规划以及文化遗产的保护和开发规划，进一步凝聚对接共识。依托海上丝绸之路重要贸易通道，与海上丝绸之路沿线国家加强旅游合作，积极推进旅游规划对接，推动双边旅游业发展，打造国际精品文化旅游线路。

（一）高质量编制"海丝"沿线国家的地区文化旅游圈规划

做好"海丝"沿线国家和地区文化旅游圈高质量发展的顶层设计，高水平编制 21 世纪海上丝绸之路文化旅游圈发展总体规划和各类文化旅游发展专项规划。规划建设一批重点文化旅游产业园区和示范基地，推出一批重大文化旅游项目。同时，建立规划统筹机制和"多规合一"机制，加强文化旅游规划与经济社会发展、国土空间、城乡建设、生态环境保护等规划相衔接，发挥综合联动效益 ②，充分发挥规划的引领作用。

从沿线省（区）而言，科学合理地编制《南海国际邮轮母港和邮轮经济发展专项规划》，并将南海国际邮轮母港与周边区域的联动发展作为一个整体规划考虑，将南海国际邮轮母港建设与周边地区规划、产业规划、交通规划等有机衔接，整体解决南海国际邮轮母港周边交通组织、环境配套等问题，推进跨区域的交通网络建设，建立与中心城区及周边区域高速公路网的快速接驳系统，促进邮轮产业和南海国际邮轮母港持续健康发展。同时，编制粤港澳大湾区"海丝"旅游专项规划，推动粤港澳大湾区"海丝"旅游在一国两制下协同发展。可编制泉州、阳江、湛江、北海等市海上丝绸之路文化名城规划，通过重点打造一批亮点工程，为游客提供更多的"海丝"旅游产品和丰富的旅游线路，满足游客多元化的旅游需求。

---

① 朱晓翔. 中国与"海上丝绸之路"国家间旅游流双向互动关系分析 [J]. 太平洋学报，2017（8）：5–9.

② 关于加快文化旅游产业高质量发展的意见 [N]. 广西日报，2019–11–22.

（二）编制好"海丝"文化遗产的保护和开发规划

文化线路申遗的目的之一是促进沿线国家的旅游和经济发展。但是旅游量的增加又会给文化遗产的保护带来威胁，这种威胁来自游客主观或客观上的破坏。对古代海上丝绸之路遗产应保护为先，深度挖掘，有效利用。要根据历史遗产资源的不同级别，采取不同的保护措施。国务院应抓紧组织开展海上丝绸之路文化遗产保护和利用专项规划编制工作，从国家战略高度体现我国海上丝绸之路沿线地区文化遗产保护利用工作的整体性、协调性和长期性，解决各地存在的与海上丝绸之路历史文化整体关联性弱、部门协调不足和无序开发等问题。地方政府应尽快开展文物专项保护规划编制工作，以立法手段保护好文物本体及其历史风貌，使文物保护单位的日常保护、安全巡查、开发利用等得到可持续发展。要加强文化遗存保护传承与合理利用，做好文物保护和本地特色文化的环境整理。梳理、复原海上丝绸之路文化遗产的"文化线路"及其"文化空间"，在修缮过程中，不要过度加工建设，尽量保护好史迹点原有的风貌，保留原有的格局，确保古文物原汁原味，延续历史文脉，留住历史记忆，为国家实施"海上文化线路遗产"的申遗保护提供决策参考方案。发挥广东和海南水下文化遗产丰富的突出特色和优势，重点做好航线遗存的申遗工作，特别是"南海Ⅰ号"和"南澳Ⅰ号"两处水下遗产申遗，对目前国家预备名单中"海丝"类型独缺的航线遗存是一个重要的补充。如"南海Ⅰ号"在南海中的原址海域，与其相关的海洋文化遗产的点串成线，对其整体规划保护和利用价值巨大。

（三）整合资源，塑造宗教文化旅游品牌

应加强对海上丝绸之路宗教文化旅游资源的调研，充分发挥宗教文化资源的优势，加快编制宗教文化旅游发展规划，将其纳入海上丝绸之路沿线国家的旅游发展总体规划。主要就发展目标、空间布局、重点任务和保障措施等进行统一规划，包括完善宗教文化旅游基础设施和配套服务设施，挖掘其旅游吸引物，创新宗教旅游产品等。整合宗教文化资源，在食、住、行、游、购、娱等方面进行深层次的开发。如妈祖文化旅游发展进入关键转型时期，必须通过整合文化与自然资源，提升文化特色品位，策划参与性强的旅游项目，深度开发文化

内涵精致的宗教旅游商品。① 印度的比哈尔邦作为佛缘文化之旅的印度基地，是加强文化旅游合作的突破口。中国旅游企业可以学习借鉴印度佛教文化旅游开发的经营思路，开发中印佛缘之旅，将是旅游和文化融合发展的体现。中印两国基于佛文化而开展交流合作，是一种旅游合作模式的创新。

二、以旅游走廊为突破口，推动海上丝绸之路文化旅游圈建设

旅游走廊是在带状地域内旅游要素整合发展的一种空间组织形式，包括陆路走廊、空中走廊和海上走廊，三类走廊各有优势，相互配合，互为联动，形成功能完善、设施齐全、安全便捷的旅游走廊。旅游走廊现已被广泛运用于区域旅游发展规划理念之中。2017 年 3 月，世界旅游城市联合会亚太旅游论坛在马来西亚槟城举行。论坛旨在谋划"一带一路"旅游走廊建设，打造一批旅游节点城市，为世界旅游发展注入新的动力。世界旅游城市联合会希望通过加强会员城市之间的深度合作，发展 100 个城市会员，培育 50 个节点城市，推出 20 条精品线路，打造 10 个合作平台，把"一带一路"旅游走廊建设成为世界一流的旅游目的地。② 作为承担着旅游集散中心的重要功能的节点城市，将深入挖掘海上丝绸之路不同国家、不同地区、不同民族的文化传统，培育一批精品旅游线路，把"一带一路"打造成为世界旅游发展的一条大动脉。《愿景与行动》所述的"一带一路"六大经济走廊，即指新亚欧大陆桥、中蒙俄、中国—中亚—西亚、中国—中南半岛、中巴、孟中印缅经济合作走廊。③ 嫁接桥梁就是孟中印缅经济走廊和中巴经济走廊。经济走廊多是旅游资源的富集区，贯彻落实海上丝绸之路文化旅游发展战略，需要一个突破口和试验田，把经济走廊旅游合作示范区作为共同启动示范项目，务实推进旅游走廊建设。旅游业是国际公认的贸易壁垒最少的行业，在对外开放合作过程中，旅游业发挥排头兵和先导产业的作用,是国际区域经济合作的最佳引爆点。可通过加快旅游廊道建设，

---

① 王进宝 . 妈祖文化旅游发展及应注意的问题浅析 [J]. 中外企业家，2016（2）：253–254.

② 徐万佳 . 强化与上合组织合作，助推"一带一路"旅游发展 [N]. 中国旅游报，2017–05–12.

③ 刘宗义 . 我国"一带一路"倡议在东南、西南周边的进展现状、问题及对策 [J]. 印度洋经济体研究，2015（4）：92–109.

推动建设海上丝绸之路沿线国家经济走廊，形成沿线城市优势互补、区域分工、联动开发、共同发展通道经济带，构筑起海上丝绸之路沿线国家和地区文化旅游合作的大动脉。

（一）打造中南半岛旅游走廊

中南半岛属于亚洲南部三大半岛之一，包括越南、老挝、柬埔寨、缅甸、泰国、新加坡、马来西亚以及中国云南、广西，是世界上国家第二多的半岛。南北旅游走廊的范围，理论上可分为两个廊带：第一廊带，包括中国广西、云南、贵州、重庆、四川、湖南、广东、海南等全境，境外包括越南、老挝、柬埔寨、泰国、马来西亚和新加坡全境；第二廊带，包括中国广西、云南，越南、柬埔寨全境，老挝琅勃拉邦以南，泰国东北部、中部、南部，马来西亚和新加坡全境。第二廊带是构建南北旅游走廊的首选区域和重点区域，也是我们目前研究南北旅游走廊的重点。[①]2017年12月，中欧班列（中国南宁—越南河内）跨境集装箱直通班列成功双向对开，构建起中国与越南之间的物流黄金通道。国际陆海新通道建设为中国—中南半岛旅游走廊建设提供了新机遇。为此，应重点建设中南半岛旅游走廊、国际陆海新通道的旅游廊道及海上国际邮轮旅游精品线路，提高陆海空旅游网络之间的便捷通行能力。站在全球的高度打造一批世界级旅游项目，把中国—中南半岛旅游走廊建设成为世界一流、富有吸引力的旅游长廊。节点城市为南宁、河内、胡志明市、重庆、兰州、瑞丽，以及仰光、万象、曼谷、金边等。建设这一旅游走廊有"五利"，即有利于"点—轴"理论在国际旅游合作实践中的拓展，有利于中国与东盟旅游业的合作与发展，有利于培育和推进沿线各国的产业化和城镇化的发展，有利于缩小中南半岛沿线各国经济社会发展差距，有利于促进交流、增强互信、促进和平发展。

（二）打造中巴旅游走廊

中巴旅游走廊地处"四亚"（东亚、南亚、西亚和中亚）和印度洋之间，是贯通南北海陆丝绸之路的主要纽带。该走廊的提出基于中巴经济走廊的倡议。2013年7月，中巴两国签订中巴经济走廊合作备忘录。2015年4月，中巴两国

---

① 赵明龙，等.中国—中南半岛旅游走廊建设研究[M].北京：中国旅游出版社，2020：3-4.

再次签署了合作协议及谅解备忘录，涵盖基础设施及能源项目。2019 年 4 月，中巴经济走廊国际合作协调工作组首次会议在北京召开。会议鼓励两国智库、媒体、文化机构开展合作，为走廊建设提供智力支持，搭建政府与民众沟通的桥梁，营造良好的社会环境。期待通过两个国家的合作，成为互联互通整个连接的一个交通大枢纽。目前两国已经建立包括中巴外长战略对话、中巴经济走廊政党共商机制，两国政府部门、企业、金融机构和智库组成的中巴经济走廊联合合作委员会等共商和对话机制。中国和巴基斯坦都是旅游资源非常丰富的国家，巴基斯坦北部是美丽的高山、河谷、冰川，有洪扎、莫丽、卡干、斯瓦特、卡拉希、拉瓦拉科特等十大最美风景区，有的甚至可以跟瑞士的自然美景相媲美。建设中巴旅游走廊，携手合作开发两国文化旅游业，把中国的旅游业延伸到巴基斯坦全境，会给中巴双方带来巨大的经济效益和社会效益。建设中巴旅游走廊，有助于促进整个南亚的互联互通，造福全球经济。

（三）打造孟中印缅旅游走廊

孟中印缅旅游走廊基于孟中印缅经济走廊的倡议，位于东亚、南亚和东南亚之间，走廊主干道长约 2800 千米，是中国优先发展的重要经济板块之一。该倡议于 1999 年的孟中印缅地区合作论坛期间由中国云南学术界提出，并于 2011 年第九次会议上共同提出构建昆明—曼德勒—达卡—加尔各答经济走廊的概念。2014 年 7 月，中国国家主席习近平会见印度总理莫迪时提出推进孟中印缅经济走廊建设，得到了莫迪的高度认同。该走廊以旅游合作为重点，率先规划建设国际合作开发开放先导示范区。基于走廊的中国西南、印度东部、缅甸、孟加拉国均属于不发达地区，本着践行共商、共建、共享、共赢的合作互赢理念，走廊将打通孟加拉国、印度、中国、缅甸这条经济发展脉络，辐射带动南亚、东南亚、东亚三大经济板块联合发展。2013 年、2014 年、2017 年在中国昆明、孟加拉国科克斯巴扎、印度加尔各答召开了三次"孟中印缅联合研究工作组会议"，孟中印缅经济走廊进入了实质性的推进阶段。旅游业是贸易壁垒最少的行业，以"建设孟中印缅经济走廊旅游合作示范区"为突破口，对于进一步实施国家"一带一路"建议、推进孟中印缅次区域合作、加强人文交流、增进睦邻友好等具有重要的战略意义。结合国家中长期发展战略，积极引进社会资本，加快孟中印缅交通基础设施的建设。依托走廊沿线的昆明、曼德勒、皎漂、仰光、密支等重要节点城市，构筑中缅共同的旅游增长极，为交通走廊向旅游走廊转变提供有力支持。积极推动孟中印缅旅游走廊建设。通过孟中印缅经济走廊建设，向北延伸经巴基斯坦、伊朗、土耳其进入欧洲，形成第三欧亚大陆桥。打通泛亚铁路网的东南亚走廊，将中国与越南、柬埔寨、马来西亚、新加坡乃至印度尼西亚连接起来，覆盖整个东盟国家。并以此带动沿线国家文化旅游产业发展，提升相互依存度。应加大对昆明—皎漂—孟都—代格纳夫—科克斯巴扎尔—吉大港—达卡—加尔各答的线路考察。节点城市为昆明、曼德勒、达卡、吉大港、加尔各答等。

（四）打造蓝色经济通道旅游走廊

在《"一带一路"建设海上合作设想》中，第一条通道将与陆上丝绸之路经济带联系紧密，连接中国—中南半岛经济走廊，衔接中巴、孟中印缅经济走廊，意在打通经南海、孟加拉湾、阿拉伯海、阿曼湾、波斯湾、红海、地中海等地，连接南亚、西亚、非洲和欧洲地区等通道，促进我国与沿线国家在港口基础设施建设、临港产业园区等领域有广阔的合作前景。[①]第二条通道则与印度尼西亚、澳大利亚、新西兰等国家产生更多联系。第三条通道着力将东北老工业基地的振兴与深化东北亚区域合作相结合，意在经日本海、白令海峡，通过北冰洋，连接北欧沿海国家，打造"一带一路"的北部通道。[②]《设想》将支持福建21世纪海上丝绸之路核心区、福建海峡蓝色经济试验区建设，并加大海南国际旅游岛开发开放力度，打造成为"21世纪海上丝绸之路"的排头兵和主力军。[③]在蓝色经济通道大背景下，加快对接海上丝绸之路沿线国家旅游走廊，加强旅游城市国际合作，共建海上丝绸之路文化旅游圈。首先应加强战略性对接磋商，打造共商共建共享的旅游走廊。

目前，中国—中南半岛旅游走廊、中巴旅游走廊、孟中印缅旅游走廊建设的推进，为本地区的人民带来了利益，有着广阔的发展空间和巨大的合作潜力，对中国与南亚、东南亚国家意义重大。我们需要充分发挥四大旅游走廊的作用，

---

① 何广顺. 共建蓝色伙伴关系，串起海上朋友圈 [N]. 中国海洋报，2017-07-21.

② 何广顺. 共建蓝色伙伴关系，串起海上朋友圈 [N]. 中国海洋报，2017-07-21.

③ 胡文. 建设全球海洋中心，为何深圳排在上海之前，一带一路海上构想作出解答 [EB/OL].（2017-11-05）.https://m.sohu.com/a/202512640_752274.

完善现有工作机制，积极打造经贸合作，促进基础设施互联互通，进一步密切人文交流，推进四大旅游走廊建设迈上新的台阶。

三、推进与海上丝绸之路沿线国家基础设施互联互通

（一）强化基础设施合作

海上丝绸之路文化旅游圈的开发首先要抓基础设施的建设，这是保障旅游活动得已顺利开展的重要条件。基础设施的互联互通可以加强区域间的交通合作，提高交通便捷性，降低游客出游成本。海上丝绸之路涉及境外 30 多个国家和地区以及境内众多省（区）市，当务之急要进一步加强中国与东盟、南亚乃至欧洲各国的海路陆路大通道建设，重点推动中南半岛通道、中缅陆水联运通道、孟中印缅通道等国际大通道建设，加快推进中国南宁、昆明连接中南半岛各国的高速公路，加快跨越欧亚大陆的新加坡—南宁—霍尔果斯连接中亚的南北国际新通道建设。要在区域层面，大力支持"泛亚铁路计划"，推动高铁"走出去"。研究发展与越南、缅甸和老挝等国的电信和电力基础设施互通、电力资源共享问题。①

1. 加强交通基础设施建设

从国家层面尽快推动《联合声明公报》的中越互联互通统一规划方案，加快推进商签《中越跨境经济合作区建设共同总体方案》，排定建设时间表。应将"一带一路"倡议与东盟互联互通总体规划紧密契合，加强与印度尼西亚、菲律宾等国在基础设施建设领域的合作，同时加快中国与东盟地区的互联互通，从而带动东盟国家经济社会发展。加快与南亚、西亚和东北非的基础设施合作，打造人类命运共同体。

2. 加强港口建设

推动巴基斯坦瓜达尔港、希腊比雷埃夫斯港、肯尼亚蒙巴萨港、斯里兰卡科伦坡南港国际集装箱码头和汉班托塔港等港口基础设施和配套设施建设，推动缅甸国内仰光港、皎漂港等港口建设；与其合作投资建设港口，帮助发展临

---

① 贾益民，许培源.海丝蓝皮书——21 世纪海上丝绸之路研究报告 2017[M].北京：社会科学文献出版社，2017.

港产业和腹地经济，开辟安全高效的运输大通道。依托国内海口港、三亚港、洋浦港、北海港、防城港港等主要港口，打造区域性国际航运枢纽、物流中心和北部湾区域性国际航运中心。进一步加强港口合作，开通与泰国、马来西亚、新加坡等国海运航线，推动海上丝绸之路文化旅游圈建设。

3. 加强公路建设

东盟方面，加快中国与越南、老挝、柬埔寨、泰国、马来西亚、缅甸6国的陆路通道建设[①]；以"高铁换大米"为样板，推进"泛亚铁路计划"实施。近期新建凭祥—谅山—河内、东兴—下龙—海防—河内、龙邦—高平—河内、河内—万象、下龙—芒街、那桐—硕龙、崇左—水口等一批中国和越南接壤的高速公路等，加快解决交通标准及通达性问题。南亚方面，以亚洲公路网、泛亚铁路和印度—湄公河经济走廊为主的中线，以中缅油气管道、伊洛瓦底江、泛亚铁路为主的南线，以古代南方丝绸之路、布拉马普特拉河为主的北线确定空间走向，连接中国西南、东盟、南亚、印度洋的陆桥通道。同时，推动孟中印缅旅游走廊的规划项目实施。远期新建龙邦—高平、河内—胡志明市、胡志明市—金边—曼谷、昆明—临沧—清水河—腊戌—曼德勒—马奎—皎漂等高速公路。

4. 加强铁路建设

海上丝绸之路沿线国家尤其是东盟国家铁路基础设施薄弱，谋求铁路来振兴经济发展需求强烈，为此应从战略高度制定高铁"走出去"规划，参考国际铁路标准，积极推进铁路建设技术标准统一，加快提升越南、缅甸、泰国等周边国家的铁路基础设施水平，推动缅甸加快瑞丽至缅甸皎漂的铁路前期可行性研究，大力推动中国高铁走出去。近期将崇左—友谊关、河内—同登—友谊关2条线路提级改造为高铁；新建吉隆坡—新加坡城际高铁、万象—廊开—曼谷泰老高铁、沙湾拿吉—老保口岸越老高铁建设；远期：新建河内—胡志明市快速铁路、东河—穆达汉—曼谷快速铁路、瑞丽—曼德勒—仰光快速铁路、河内—万象快速铁路、胡志明市—金边—曼谷快速铁路、胡志明市—金边—曼谷快速铁路，提级改造曼古—吉隆坡高铁项目，新建泰老中高铁曼谷—清迈段。

---

① 贾益民，许培源. 海丝蓝皮书——21世纪海上丝绸之路研究报告2017[M]. 北京：社会科学文献出版社，2017.

国内沿线地区增开旅游城市和主要客源地之间的高铁和动车组次，或增设高铁旅游专列。

5.加强航空建设

着力建设面向东盟的国际枢纽空港，与东盟各省市开通更多空中直航或中转联程航班。提升两国主要城市间航班密度，探索新开两国旅游资源互补性的城市直航。以北京、上海和广州的枢纽港为主，包括沿海各个主要航空港，积极开通至东南亚和中东地区的航线，研究加快加密航班，大力发展航空货运业务。[1]鼓励仰光机场、内比都机场与中国南宁、昆明等机场的合作。增加福建、广东、广西、海南通往海上丝绸之路沿线国家首都和重要旅游城市的航线和航班。鼓励开展国际、地区航线航班旅游包机业务，加快推进通用机场规划和建设。

（二）强化旅游配套设施建设

1.推进景区景点旅游交通建设

建立安全便捷的文化旅游交通体系，优先通景公路建设。在规划建设主干线的同时，应超前建设旅游热点景区旅游交通设施，完善景区游道、港口、码头和机动车船建设。尤其是加强柬埔寨洞里萨湖、茵莱湖等水上机动游船、码头建设，建立安全、便捷的景区旅游交通设施。加大沿线各城市外部的旅游交通基础设施建设力度。

2.推进旅游接待设施建设

统筹规划，按照国际化标准提高酒店宾馆设施水平和服务标准，建设一批高等级滨海休闲设施和度假酒店群，积极发展各种业态的民宿群体。加快沿线国家如缅甸、斯里兰卡、埃塞俄比亚等国家宾馆酒店接待设施建设，提升旅游服务质量；加快旅游集散中心建设，高标准完善旅游资讯服务中心、应急医疗救助点等配套设施，搭建旅游驿站、旅游厕所、旅游标识系统、露营地、自驾车旅居地、房车营地等设施，规范实现多种语言旅游标识牌全覆盖，从而提升游客的体验感。尤其是推进越老柬缅四国新兴的旅游景区景点建设，提供完善、丰富、安全、便捷的旅游服务，以推进文化旅游圈建设。

---

① 贾益民，许培源.海丝蓝皮书——21世纪海上丝绸之路研究报告2017[M].北京：社会科学文献出版社，2017

3. 推进文化旅游公共服务设施建设

推进沿线国家和地区博物馆、自然博物馆、非物质文化遗产传承展示中心、公共图书馆等一批文化设施建设，加快景区重点公共场所5G全覆盖，切实把旅游公共服务覆盖到文化旅游场所及周边环境建设。尤其是要改善文化活动场所和文化活动条件，解决一些宗教文化活动场所——饮水难、用电难和行路难等历史问题。在不破坏文化遗迹原真性的情况下，完善道路建设、安全饮水管网、电网、环卫设施、广场及路灯亮化工程建设等，给游客提供休息和休闲场所。

四、积极探索中国与海上丝绸之路沿线国家文化旅游合作

（一）加强中国与东盟主要国家的文化旅游合作

东南亚和中国闽粤桂琼有文化相近或文化认同的优势，社会文化同源，地缘和民俗相近，社会文化的相近性或文化认同是旅游合作的一种重要驱动力。从这个意义上说，社会文化的相近性或文化认同有利于减少合作的障碍。

1. 加强中国与越南的文化旅游合作

（1）推进中越文化旅游规划的对接。为增进两国人民之间的了解和友谊，首先推进中国"一带一路"倡议与越南"两廊一圈"规划实现有效对接。文化旅游合作是中国与越南合作的重要领域之一，从顶层设计看，加强中越文化旅游合作。其次是加强中国广西与越南文化旅游规划的对接。围绕越南学界关注的"一带一路"倡议与"两廊一圈"战略对接问题，专题编制《闽粤桂琼与越南文化旅游合作十年战略规划》，并在旅游基础设施、旅游品牌培育、跨境旅游合作区建设、旅游市场拓展、人才交流培训、旅游环境保护方面加强战略对接，不断拓展合作的广度和深度。

（2）以提升双方消费为推手，促进旅游产品提档升级。首先，中国广西与越南要发挥各自优势，加快推动文化旅游产业融合发展，深度挖掘和打造一批文化旅游节庆活动、一批文化旅游影视作品、一批文化旅游特色街区等旅游产品体系，补齐产业链条短板。对现有文化旅游业态、产品进行更新换代，实施文化旅游景区提升行动、文物古迹活化行动，丰富景区的参与互动项目，打造高端体验产品，以此拉动旅游消费。其次，加快文化旅游产业与其他产业的融合，实施"旅游+""+旅游"战略，培育发展旅游新业态、新产品，满足人们日

益增长的旅游需求。积极开发特色旅游产品和自驾旅游、邮轮旅游、房车旅游、低空旅游等多样化旅游产品。当务之急是深化中越跨境自驾游合作制度创新，完善市场准入制，制定《跨境自驾车旅游服务规范》和自驾车房车营地等级标准。积极开辟多条跨境旅游线，推进东兴—芒街和凭祥—谅山两条跨境自驾游连成一条环线，游客可以从东兴和凭祥出入境，可去到越南更多的城市，对中国游客来说更有吸引力；而越南游客可深入中国广西和其他更远的区域旅游。深化旅游安全管理等方面的合作，积极培育跨境连锁型、网络化租赁车旅游服务企业，发展跨境落地自驾、异地租还车、分时租赁车等新业态。发展康养旅游，建设养老度假基地，集中建设一批体育示范基地和户外运动基地。在文化旅游产品和特色旅游产品创新、康体养生旅游、跨境自驾车旅游和邮轮旅游方面形成一批具有影响力区域性旅游产品品牌，打造具有世界影响力的旅游产品。

（3）继续推进中越跨境旅游合作区建设。以跨境旅游合作区为载体，共建区域性跨境旅游综合体，加快边境旅游试验区和中越跨境旅游合作区建设。重点推进中国德天—越南板约跨境旅游合作区建设，在保护和合理开发利用自然资源的基础上投资建设旅游区，工程建设时要遵守越南《国家边境法》和《越中陆地边界协定》，从越南高层方面尽快推动板约旅游区基础设施建设。同时，与广西协商制定旅游互免签证、互通车辆、自由换汇等方面更加便利的政策，争取早日实现中越两国居民凭身份证可进入合作区、两国车辆可自由进入合作区通行，成为无国界旅游示范区。广西应把跨境旅游合作区建设与当地城镇化建设结合起来，联合打造集生态、文化、创意和口岸建设及提供高品质服务于一体的跨境旅游综合体，为全国的沿边开发开放提供改革发展的范本。加快中国东兴—越南芒街跨境旅游合作区建设，推动中越两国政府层面将合作区建设列入议事日程，尽早签署合作区建设框架协议。着力解决旅游用地需求和基础设施建设问题，将合作区建设成为"两国一区"新型跨境旅游区、中国—东盟旅游合作示范区，成为形象鲜明、服务优良的国际旅游目的地。

（4）加快与越南国内主要旅游线路的对接。越南国内主要旅游线路有6条：一是东北3日游，包括：（东兴）芒街—下龙湾和（北海）芒街—下龙湾；二是北部湾5日游，包括河内—海防—下龙湾、芒街—下龙湾—海防—河内、谅山—河内—下龙湾—海防；三是北中部8日游，河内—顺化—岘港；四是北南一周游，即河内—胡志明市；五是南部一周游：胡志明市—头顿—大力；六是北中南全越 15 天游：河内—海防—下龙湾—顺化—岘港—胡志明市—头顿—大力。积极推进闽粤桂琼四省（区）旅游线路与越南国内旅游线路对接，打造文化旅游精品线路。

2. 加强中国与泰国的文化旅游合作

泰国作为湄公河地区的航空枢纽，有联通地区旅游路线的区位优势。打造以泰国为中心的东盟多国旅游产品，将延长游客在这一地区逗留的时间，增加旅游收入，有助于带动邻国的旅游业发展，深化东盟各国的旅游和经济合作。[①] 为进一步促进中国优质客源赴泰旅游，让外界了解泰国，泰国已做好迎接广大游客的准备。近年来，泰国政府推出"东部经济走廊"计划，该计划以打造成"东盟最佳和最现代的经济特区"为目标，连接缅甸土瓦深水港、柬埔寨西哈努克港和越南头顿港，未来将发展成为世界级旅游胜地及东南亚大门。芭提雅的乌塔堡国际机场将升级为一个国际大机场，芭提雅附近的 Sattahip 商埠邮轮停靠港口，也能连接泰国湾区的各大旅游胜地。按照规划，东部经济走廊计划需要在 2017—2021 年投入 440 亿美元，其中 80% 的资金都将来自私营部门，其余来自政府。闽粤桂琼四省（区）可加强与泰国的旅游投资合作，并利用闽粤桂琼四省（区）旅游资源与泰国旅游的差异性，共同打造以民族风情、历史文化和自然风光为依托的主流旅游产品。开发多种专项或特种旅游产品，促进旅游产品的优化升级。[②] 加大旅游品牌营销力度，对中泰旅游进行整体营销，最终实现资源共享、市场对接。主要旅游线路：普吉岛、攀牙湾、披披岛 5 日游；曼谷、芭提雅 5 日游；清迈、拜县、曼谷、芭提雅经典 10 日游；曼谷、芭提雅经典七日游；普吉岛、曼谷经典 7 日游；清迈、拜县经典 7 日游。

3. 加强中国与柬埔寨的文化旅游合作

柬埔寨基础设施滞后是中国和柬埔寨两国文化旅游业发展的瓶颈。西哈努克港是柬埔寨唯一的深水海港，西哈努克港经济特区是柬中"一带一路"合作丰硕成果的证明。金边—西哈努克港高速公路（金港高速）和新的暹粒国际机

---

① 明大军.综述：泰国着力打造东盟旅游精品线路 [EB/OL].（2017-10-03）. http://www.xinhuanet.com/world/2017-10/03/c_1121759932.htm.

② 佳娜，崔哲浩.中国与泰国旅游合作现状及对策探讨 [J].旅游纵览，2016（3）：89-90.

场的建成，将有助于发挥西哈努克港口的优势，带来更多的海外游客。航空方面，推动金边和暹粒国际机场的扩建计划，加快西哈努克国际机场、国公省和拉达那基省等地区的机场建设。加强供电、供水以及通信等基础设施建设。增加中柬直航线路和航班。重点建设吴哥窟、柏威夏寺和洞里萨湖。柬埔寨应重点开拓中国旅游客源市场，进一步加强在旅游投资、服务品质、旅游推广、旅行便利化等重点领域方面的合作。通过完善旅游设施、丰富旅游产品、确保旅游安全、提供出入境便利，不断提升柬埔寨旅游业国际竞争力。加强文化遗产的传承和保护合作，为两国全面战略合作伙伴关系更好更快发展注入新动力。主要旅游线路有：广州—金边—暹粒；昆明—暹粒；广州—胡志明市（越南）—暹粒；胡志明市—金边—暹粒—曼谷（泰国）；曼谷（泰国）—暹粒—胡志明市。

4. 加强中国与老挝的文化旅游合作

老挝历史悠久，佛教文化底蕴深厚，原生态民族风情独一无二，应在开发民俗游、原生态游等形式新颖的旅游产品的同时，更加关注人文遗产的传承和保护开发。抓住中老铁路通车的机遇，积极搭建两国地方旅游主管部门和旅游企业对话平台，推动双方共同设计旅游线路，打造老挝旅游品牌，促进中老双向旅游人数增长。[①]老挝重点建设琅勃拉邦古都、古巴色古迹文化。加快中国援老旅游培训学校的建设进度，为老挝多培养旅游专业人才；加强交流互鉴，积极推动中老两国旅游部门间的交流；支持老方针对中国游客的宣传推广工作，继续举办旅游推介、论坛、培训、文艺演出、美食推介等交流与合作项目。主要线路有：万象—万荣—琅勃拉邦；景洪—琅勃拉邦—万荣—万象；昆明—万象—沙湾拿吉—沙拉湾—占巴塞；景洪—关累—清盛（泰国）—清孔（泰国）—会晒（老挝）—琅勃拉湾（老挝）；河内—曼谷—万象—琅勃拉湾。

5. 加强中国与缅甸的文化旅游合作

中国是缅甸旅游业的重要市场，缅甸也认识到"一带一路"倡议是深化与沿线各国旅游业合作的重要契机，首先应改善缅中陆空交通网络结构，打通两国旅游信息交流渠道，深化双方旅游产业合作。支持和推动在仰光和昆明轮流举办"缅甸文化周""中国云南文化周"，继续深化教育合作、校际交流、留学生互派。缅甸将在项目规划、资金投入、机制建设等方面与中国对接，促进

---

① 赵珊. 旅游年带火出境新热点 [N]. 人民日报（海外版），2019-02-15.

共同发展，还将积极参与湄公河地区旅游合作，包括澜沧江—湄公河旅游城市联盟建设项目。目前，缅甸旅游相关产业开发能力不足，只依靠交通、酒店等单一产业创收，为此应丰富酒店资源，增加公共交通，降低在缅甸旅游消费成本，同时推进中缅饭店星级标准、景区质量等级标准和旅游基础设施标准化技术方面的交流与合作，联合打造旅游线路和旅游产品，以吸引更多的旅客，并形成一定规模的"回头客"群体。未来缅中两国应考虑改进签证政策，通过降低签证费或采用更灵活的签证方式便利双方游客互访；加强边境管理。主要旅游景点有：大金塔、皇家湖、翁山公园、莱茵湖、曼德勒、蒲甘、毛淡棉市、南方丝绸之路旅游、中缅边界旅游。

6. 加强中国与印度尼西亚的文化旅游合作

共建"一带一路"倡议与"印度尼西亚海洋支点"战略具有很多契合点，特别是21世纪海上丝绸之路与印度尼西亚"区域综合经济走廊"的战略对接，将会产生更多双方务实合作项目。比如基础设施合作方面，雅万高铁是中国与印度尼西亚战略对接的重点项目，将创造南南合作新模式。印度尼西亚的许多旅游景点尚为处女地，旅游业是印度尼西亚的生命线，中国和印度尼西亚在文化旅游方面有很大的合作空间，为此应整合印度尼西亚文化旅游资源，围绕十个"新巴厘岛"构建新产品体系。在媒体营销方面，重点打造海岛观光游、历史探访游、旅拍体验游等主题旅游线路，尤其是"巴厘岛海岛观光游"深受中国游客的青睐。共同策划营销合作，设计打造品类齐全的印度尼西亚旅游度假产品，吸引更多中国游客前往印度尼西亚旅游。在数据支撑方面，利用途牛大数据对客源城市、游客行为、旅行轨迹、交通出行等进行多角度分析，在为印度尼西亚旅游营销提供决策支持的同时，为用户打造更丰富、优质的印度尼西亚旅游产品和出游服务。可整合印度尼西亚与新加坡、马来西亚三国旅游资源打造旅游线路，与中国共同开发旅游市场。支持巴厘岛华人成立文化旅游中心，树立标杆和典范。借助2019年6月印度尼西亚针对中国游客推出"精彩印度尼西亚"的新项目——"旅游枢纽"计划，即利用新加坡作为旅游枢纽，以吸引更多中国游客前往印度尼西亚旅游为契机，积极开发新的旅游线路和旅游产品。主要旅游线路为：婆罗浮屠、普兰班南、日惹王宫、科莫多国家公园、多巴湖、民丹岛、独立清真寺、德格拉朗梯田、阿贡火山。

7. 加强中国与马来西亚的文化旅游合作

马来西亚目前已正式启动"马来西亚智能旅游 4.0"倡议的数码化旅游平台，放眼 2030 年带来约 4252 亿林吉特的旅游收入。"马来西亚智能旅游 4.0"平台是未来 10 年旅游大蓝图路线，旅游业者要改变思维与经营模式，在未来将旅游产业链接至平台，让海内外游客得以通过一部手机游玩马来西亚。首先，增加两国直飞航班。届时马来西亚的中国游客将可能会超出 1000 万人次。其次，通过微电影的模式大力推广马来西亚的旅游资源，让更多中国观众以真实纪录片式的故事情节刺激观众的感官体验，从而使马来西亚旅游资源特色深入人心，吸引更多中国旅客。第三，重点建设槟城、马六甲、姆鲁山公园、兰卡威、京那巴鲁公园和沙巴。第四，进一步挖掘游学旅游资源，深化打造游学主题品牌，创造多元化的旅游发展模式，为马来西亚的旅游爱好者及青少年营造良好的游学氛围。主要线路有：一是马来西亚吉隆坡、乐浪岛 6 天游，线路为广州—吉隆坡—乐浪岛—吉隆坡—广州；二是马来西亚邦咯岛 5 日游，线路为北京—广州—吉隆坡—邦咯岛—云顶—吉隆坡—广州—北京；三是马来西亚兰卡威岛休闲 6 日游，线路为北京—吉隆坡—槟城—兰卡威—吉隆坡—北京。吉隆坡附近一日远距离的观光线有：吉隆坡—马六甲、吉隆坡—花沙山、吉隆坡—云顶高原。

8. 加强中国与新加坡的文化旅游合作

长期以来，新加坡在旅游综合开发、旅游线路设计、文化创意、艺术设计以及新媒体等方面有深厚的历史积淀，拥有易于移植的先进经验和科学模式，双方合作的重点是旅游综合开发和文化创意产业。近年来，新加坡积极推广深度游和定制化旅游体验，吸引中国游客到访新加坡。他们把游客分为美食主义者、精品收藏家、城市探索者、极限挑战者、狂欢发烧友和文化爱好者六大群体，针对不同游客群体的需求，设计不同的旅游定制活动。如从亲子游到闺蜜游，再到 90 后新兴消费群等都分别推广相应的项目。针对城市 90 后游客推出的旅游定制项目中，以音乐节、派对、酒吧为重点，推出面向"狂欢发烧友"的夜生活音乐节、酒吧等，以展现新加坡热情洋溢的一面。针对"亲子游"的类别推荐如参观新加坡科学馆、滨海湾金沙艺术科学博物馆以及藏品丰富的李光前自然历史博物，增长孩子的知识，感受新加坡的科技魅力。闽粤桂琼应依托丰富的文化旅游资源，借鉴新加坡成熟的旅游业发展经验，重点发展文化创意产业，开发设计多元化的旅游定制服务，增强旅游综合开发和文化创意的吸引力和竞争力，吸引更多的客源。主要线路有：狮城人文之旅一日游和传统文化两日游。

9. 加强中国与文莱的文化旅游合作

文莱是一个有着多元文化的伊斯兰教国家，文化和自然旅游资源丰富，政治环境稳定。20世纪90年代中期以来，文莱旅游局一直致力于促进文莱旅游业的发展，其旅游资源主要围绕"伊斯兰文化、原始雨林和文莱皇室"展开，文化、遗产、自然风景、当代亚洲是文莱旅游业主打的四大旅游产品。近年来，文莱政府日益重视开拓中国旅游市场，希望更多中国游客能到文莱旅游观光。中国地大物博，旅游资源相当丰富，与文莱之间也存在着互相合作、共同发展的可能。双方的合作重点是加强旅游市场开发、旅游线路开辟、旅游产品推介、客源组织等方面的合作。2020年1月，文莱和中国启动"中国文莱旅游年"，以进一步推动两国旅游合作和人文交流。就文莱来看，未来旅游业的发展重点是继续做好旅游中转站建设，吸引游客延长在文莱旅游时间，增加特色旅游项目。

（二）推进中国与南亚国家的文化旅游合作

1. 加强中国和印度的文化旅游合作

印度目前还有很多优质的旅游目的地并不被中国广大游客所知，加强两国旅游业合作很有必要。中印两国人口相加超过26亿人，但从赴华旅游人数在印度出境游人数中所占的比例来看，占比并不高，为此，要开发新型旅游产品。新型旅游产品包旅游体验、互动旅游和融合旅游线路等。可开发瑜伽互动之旅，印度方面可以向中国旅游者推广研习印度瑜伽健身运动，在中国进行瑜伽相关投资，宣传印度的瑜伽文化，中国可向印度旅游者推广研习中国太极拳与少林拳的健身运动等旅游项目；也可开发佛缘文化之旅，印度文化神秘瑰丽，通过开展佛缘文化之旅，可加强佛学文化交流，中国旅游企业可以学习佛教文化旅游开发的经营思路。也可开辟印度—尼泊尔—不丹、印度—斯里兰卡—马来西亚等新的旅游线路。

2. 提升中国和斯里兰卡的文化旅游合作水平

中斯两国政治、经济、文化联系源远流长，两国可在旅游投资、旅游商贸、旅游产品研发等领域加强务实合作，共同打造高品质区域国际旅游精品，不断满足中斯广大旅游者对美好旅游体验的需求。尤其要加强演艺合作，在斯里兰卡中部地区的著名文化景点狮子岩推出实景演出，以演出方式宣传当地文化。

进一步加大双边的旅游人才交流和合作，共同推进双方在各方面的纵深发展。推动中斯两国签证简便化，以提升中斯两国旅游互通互访，并邀请闽粤桂琼旅游企业赴斯里兰卡参加旅行社峰会，互推旅游产品和旅游路线，共同开发双边旅游产业发展。

3. 提升中国与马尔代夫文化旅游合作水平

旅游是民心相通工程，惠及两国人民。中马两国旅游合作前景广阔，两国文化旅游部门和企业应通力合作，扩大合作领域，丰富合作内容，切实改善旅游环境、提升旅游体验及扩大旅游投资方。双方可在文化旅游、航线代理权、飞机租赁、第五航权等业务开展前期合作的同时，在岛屿交通、免税店、电子支付、酒店投资等多方面开展合作。此外，也可以加强旅游教育和研究交流，为中马游客提供更加便捷舒适的旅游环境，推动中马旅游交流与合作取得更多新成就。

4. 加强中国与孟加拉国的文化旅游合作

在孟中印缅旅游走廊框架下将创造更大的价值。双方应建立信息交换机制、加强宣传推广合作、促进双方专业人员往来、共同举办高端论坛等合作建议。下一步将在改善基础设施、加强游客人身安全和开通更多直航等方面加大力度，改善孟加拉国旅游条件，以便吸引更多的游客，为游客提供更好的旅游体验。

5. 加强中国与巴基斯坦的文化旅游合作

巴基斯坦有着极其丰富的旅游资源，但基本没有得到开发。以建设中巴旅游走廊为契机，中国可为巴基斯坦提供帮助，包括合作开发一些文化旅游产品，以及景区建设等，或是在巴基斯坦主干线送变电网络无法覆盖的一些偏远地区，为当地家庭发展风能、太阳能等，实现供电。在空中航线方面，如打通中巴空中航线屏障，缩短空中交通时间，布局航空公司与国内外旅游商的合作；两地互送客源，谋求双方互利共赢发展等。

（三）推进中国与其他国家的文化旅游合作

1. 推进中国和西亚国家的文化旅游合作

中国和西亚国家在地理上不相邻，旅游资源禀赋差异较大，目前中国来自西亚国家的游客数量占比还比较少，面向西亚的旅游客源市场仍处于培育阶段。中国和西亚国家开展文化旅游合作，有利于培育中西亚经贸合作新的增长点，开拓中国客源市场，优化入境客源国结构，提升旅游服务水平；同时，有利于推动闽粤桂琼提升四省（区）旅游产业国际化水平。依据两国旅游资源禀赋和旅游业发展现状，中国和西亚文化旅游合作宜采取互为旅游目的地和客源地的合作方式。由于西亚国家旅游业的发展很大程度上取决于地区政治安全局势的走向，因此应注意以下两个问题。

（1）理顺国家和地方政府的职责分工。国家作为旅游合作的主导者，主要做好旅游发展统筹，促进各国旅游发展战略与政策对接，依托中国—海合会战略对话，积极扩大旅游市场。地方政府完善地区旅游基础设施建设，推动旅游与相关产业融合发展，让旅游为其他产业赋能。发挥旅游企业和非政府旅游组织主体作用。承担开发旅游产品和旅游线路，联合旅游营销，提升旅游服务，制定伊斯兰旅游行业标准。或引入阿拉伯地区知名大型跨国旅游企业，加强与阿联酋的阿姆拉饭店集团等的合作，或通过与跨国旅游集团合作开通直达航线，提高双边旅游目的地的可进入性，推动旅游互访人数持续增长，推动双方互为旅游客源国和目的地，共同建设海上丝绸之路世界知名文化旅游圈。

（2）加快次区域合作，解决旅游发展水平参差不齐的问题。闽粤桂琼四省（区）应发挥各级地方政府的主导作用，分层次推进闽粤桂琼与西亚国家开展"一对一"的次区域旅游合作。重点加强与阿联酋、伊朗、土耳其、科威特等国的文化旅游合作，加强与阿联酋在会展、商务、高端定制旅游和数字化建设方面的合作，重点推动旅游零售、旅行服务、邮轮等产业合作，共同打造具有差异化和吸引力的旅游目的地产品，鼓励中国企业与阿联酋开展旅游合作，定位中高端市场。共同开展更多的旅游宣传和民间交往活动，促进双边旅游合作。提升四省（区）与土耳其在生态旅游、体育旅游、医疗旅游等多种旅游项目的合作，使其成为中国投资者和游客的优先市场和目的地。闽粤桂琼旅游主管部门应互相增设驻当地旅游办事处，有效推进文化旅游产品的设计、旅游规划的编制和改进旅游服务，负责推广旅游联合事宜，互为文化年，共同组织巡回路演、文化展览等文化推介活动；联合推出买家体验游等，推广精品旅游线路，提高双方文化旅游合作的针对性。同时，积极联手搭建旅游平台和区域性旅游宣传平台，创新签证及货币兑换政策，简化游客入境手续。完善在线旅游信息，利用互联网优势，开发针对西亚游客的网站和App，并建立旅游统计体系和旅游舆情网展，建立大数据库。双方可合作建立专科院校或设立相关专业，培养大量的精通汉语和阿拉伯语的导游，提高导游的服务质量。提升闽粤桂琼旅游知名度，提升闽粤桂琼接待西亚游客的旅游服务水平。积极开展宗教旅游方面的合作，开发伊斯兰教文化的探寻之旅等，并为西亚游客提供清真餐馆，规范清真餐饮相关标准，通过为企业提供餐饮补贴等，将更多企业纳入清真餐饮体系。

2. 推进中国和东北非的文化旅游合作

随着经济的快速增长，东北非各国旅游业的发展潜力逐步显现。今后中国应加强与埃及、肯尼亚、埃塞俄比亚、坦桑尼亚等国家的文化旅游合作，与东北非合作打造人类命运共同体。闽粤桂琼应建立协调联络工作机制，排出工作计划，抓紧推进闽粤桂琼与东北非签署文化旅游合作备忘录。合作方向是双方应遵循中非经贸博览会的主题，坚持政府引导、企业主体、市场化运作，从文旅部门、行业协会、文旅企业和人才培训机构等四个层面建立战略合作伙伴关系，务实推进闽粤桂琼与东北非文化旅游合作。

（1）搭建平台，促进互鉴互学。继续支持中阿文博机构在文化遗产保护修复、文保技术研究、博物馆管理方面的合作；推动中阿双方共同举办中阿城市文化和旅游论坛；推动在阿拉伯国家增设中国文化中心或旅游办事处，向阿拉伯国家的民众介绍中国文化，也向中国民众介绍阿拉伯文化，搭建中阿文明互鉴平台。东北非国家可借鉴中国在"厕所革命"、全域旅游、"旅游+"发展战略、旅游市场整治等方面积累的丰富经验，强化旅游基础设施建设，不断挖掘文化旅游资源，拓展文化旅游产业链条。如中国与埃及应在目的地营销、产品开发、增加中文服务、加强导游培训、提高服务质量等领域进行深度合作，共同整合埃及旅游资源，吸引更多中国游客来埃及旅游观光，提供给中国游客独一无二的埃及旅游体验。加大对旅游市场的管理力度，为游客改进服务和保障安全方面提供保障。埃塞俄比亚欢迎中国企业到本国投资旅游业，开发满足中国游客需求的设施。闽粤桂琼四省（区）也可以学习东北非在野生动物观光、国家公园开发与管理等方面的经验，为双方旅游交流合作提供重要基础。

（2）加强旅游投资合作，着力改善旅游基础设施。针对东北非地区基础设施薄弱、交通便利度不高的问题，积极推进铁路、公路、航空等交通基础设施投资方面的合作，不断完善景区、景点基础设施建设，加强酒店等旅游配套设施建设。通过文旅项目对接招商，促进一批文体旅游项目落地。

（3）拓展人文交流合作渠道，搭建人文交流合作平台。大力拓展对东北非文化旅游交流合作的渠道，抢抓中非经贸博览会召开的契机，充分发挥中非合作论坛的作用，增进各方的了解与信任，以此推动中非人民彼此理解包容。通过举办旅游文化节，联合东北非旅游行业协会和闽粤桂琼驻东北非四国商会的力量，共同搭建文化旅游交流合作联盟平台。充分利用闽粤桂琼近年来对东北非经贸合作取得的丰硕成果进行宣传推介，让东北非人民讲好海上丝绸之路中国的故事或讲好福建、广东、广西和海南的故事，全面提升闽粤桂琼与东北非文化旅游交流合作的水平。支持东北非国家加入海上丝绸之路联盟等机构、继续推动中非互设文化中心，共同争取有关各方支持，推动闽粤桂琼旅游景区协会联合东北非旅游行业协会和当地的中国商会，共同搭建中国与东北非文化旅游交流合作平台，进一步完善合作交流机制。增加互派留学生等工作，培养应用型国际化人才。

（4）开通航班持续深入推动旅游便利化。开通更多中非直航航班，共同推动以闽粤桂琼省会城市和主要旅游城市到东北非国家重要城市的直航，构建辐射肯尼亚、埃塞俄比亚和坦桑尼亚的东北非精品文化旅游圈，力争合作开辟更多的非洲连线旅游项目，如开辟埃塞俄比亚—苏丹—埃及三国游等，促进有关各方资源互补、产品互推、信息互享、客源互送和人才互动。

（5）规范市场秩序，加强安全保障和救援体系的建设。如中国和埃及双方应共同努力，加强沟通和信息共享，对两国旅游市场严格监管，制定合理的价格标准、服务标准和安全标准，更好地保障游客的人身安全和合法权益。

3. 推进中国和欧洲的文化旅游合作

近年来，中欧文化和旅游领域交流与合作呈现出机制化、多层次和全方位的发展态势。通过中欧高级别人文交流对话机制，增强了中国与欧盟国家的文化互信，为中欧共同应对国际文化多元发展环境创造了更多机遇，也加深了双方的合作。应继续发挥原有合作机制的作用，以"中欧旅游年""欧洲文化遗产年"为契机，通过举办各种丰富多彩的文化旅游促销活动，增进中欧双方的相互了解和认知，继续简化签证手续，便利人员往来，促进从标准化旅游产品供给到个性化服务转变。进一步加大在双方主流媒体的宣传力度，增加好感、释放善意。加强文化旅游企业之间的交流合作，为双方旅游业健康、可持续发展提供服务保障。

欧洲是文化线路的起源地，以"文化体验式旅游"深入民心，以徒步和骑行为主的绿色体验方式并辅以便捷的数字化平台,使遗产重新绽放活力与辉煌。城市旅游在欧洲国家旅游业中具有重要的作用,欧洲国家普遍把闹市区古典建筑作为重要的文化与经济遗产,制定了古建筑的一整套保护措施,并有相应的古典文化再塑政策,使城市古老的建筑在现代化进程中得以完整保存。欧洲文化线路的展示利用模式,对我国目前的遗产保护领域来说,具有现实意义。在文化合作方面,借鉴欧洲在文化遗产保护方面的经验,加强中国和欧洲国家在古建筑、大遗址、考古发掘,文物保护的规划管理等方面的合作。广泛开展合作彩绘木作保护修复、文化遗产预防性保护以及文物保护人才培养与交流方面开展的合作,不断提升合作的水平和层次。闽粤桂琼可在进行文化线路的发展研究和实施过程中,参考欧洲文化线路体系,并注重遗产保护与发展,从而提高遗产的经济效率,促进沿线整体发展。加强与意大利在文化遗产、电影、音频视频、现代艺术以及设计、食品、时尚等创意产业方面的合作。在旅游合作方面,提升旅游产品质量,提供适合不同旅游人群需求的旅游产品,特别是高端产品,如邮轮和游艇市场、高尔夫球场、潜水、钓鱼、体育赛事和蜜月婚礼市场、夏令营市场等。在与希腊旅游合作方面,拓宽深度游产品行程,使之成为主题游和体验游的新线路,或推出希腊百岛自助游计划等。

五、加强国内沿线区域的文化旅游合作

(一)加快与粤港澳大湾区的文化旅游合作

始于多年前的粤港澳三地旅游合作,目标定位为亚太旅游中心区和世界知名旅游目的地。澳门的旅游业以博彩业为基础,兼备东方文化色彩和欧陆风情;香港是世界大都会旅游中心之一;广东名胜古迹众多。粤港澳大湾区区位优势独特,是 21 世纪海上丝绸之路的关键节点,可以担当海上丝绸之路的枢纽。应落实 CEPA 和粤港澳服务自由化政策,推广"一程多站"旅游线路,打造粤港澳大湾区"海丝"旅游品牌,携手港澳共建世界级的休闲旅游目的地,把大湾区建设成为无障碍的旅游区,这对于服务国家"一带一路"建设具有重要战略意义。推动粤港澳大湾区内部"海丝"文化的深度融合。联合打造粤港澳游艇旅游和邮轮旅游的精品线路,推动游艇旅游和邮轮旅游快速发展,使其成为粤港澳旅游合作发展新的亮点。深化粤港邮轮旅游合作,争取粤港澳游艇在口岸

通关监督、游艇码头设置、游艇和驾驶员牌照互认、游艇活动范围等方面的政策突破。在精品旅游项目开发和旅游线路设计上，应构建特色鲜明、不同档次的多元旅游产品体系，旅游线路可涵盖邮轮旅游之旅、温泉之旅以及近代历史文化之旅等。[①] 加大粤港澳三地整体营销力度，推进粤港澳旅游合作示范区建设、粤港澳游艇旅游合作、粤港澳邮轮母港合作，加快"外国人144小时免签旅游团信息管理系统"建设。积极推动广州南沙、深圳前海和珠海横琴的粤港澳旅游合作区示范区建设。推进粤港澳旅游服务贸易自由化，完善粤港澳旅游合作协调机制，提升粤港澳地区旅游的国际影响力。

（二）加快与北部湾城市群的文化旅游合作

北部湾是中国中西部地区唯一一个重要的海湾区，毗邻东南亚，与粤港澳大湾区接壤，在"一带一路"建设的大背景下，北部湾有望成为21世纪海上丝绸之路新的增长点。发挥"北部湾城市群旅游协作联盟"作用，围绕"海丝"旅游资源，丰富"海丝"旅游产品供给。充分利用北部湾城市群丰富的滨海及海洋旅游资源，立足北部湾经济区国家战略拓展蓝色空间，重点开发打造北部湾滨海休闲度假游、北部湾海上游、北部湾海上跨国邮轮之旅等以海上丝绸之路为主题的滨海、海洋旅游，打造具有国际水平的亚热带滨海度假和海上运动休闲胜地。积极打造集游览观光、休闲度假、商务会展、康体养生、文化体验等功能于一体的国际旅游精品，打响"北部湾城市群海上丝绸之路"旅游品牌。紧密依靠中国海上丝绸之路旅游推广联盟各成员单位，积极整合北部湾城市群文化旅游资源与发展优势，与"海丝"联盟成员单位开展深层次交流和合作，创新与"海丝"沿线国家合作交流机制，共同助力21世纪海上丝绸之路文化旅游圈建设。按照打造"一湾双轴、一核两极"的城市群框架，强化南宁核心辐射带动和面向东盟的国际旅游集散功能，将南宁建设成为对接大湾区的北部湾核心城市。引进国内外文化旅游产业的投资和金融服务、创意策划、艺术设计、规划设计、商业咨询等一批战略合作者，培育一批文化旅游企业主体。以旅游景区为基地，创建酒店餐饮、文化产品和衍生品、演艺娱乐等专业支撑体系。

---

① 黄晓慧，庄伟光. 广东开发"21世纪海上丝绸之路"旅游的构想 [N]. 中国旅游报，2015–03–18.

依托北海、湛江、海口等城市为支撑的环北部湾沿海地区和北钦防、湛茂阳城镇发展轴，积极发展滨海旅游，打造国际精品旅游线路。支持演艺、动漫、创意设计、文博文物、传统工艺等行业与旅游融合，创作生产面向市场的特色文化品和国际旅游商品，开发具有地域特色和民族风情的旅游演艺术精品和旅游商品。联手打造"自驾游后备箱工程"，支持龙头企业在主要景区设立连锁经营店，推动旅游消费迈上新台阶。①推进湛江建设环北部湾旅游中心城市，加强粤桂琼及东盟国家旅游交流合作，建设国际知名的海洋旅游目的地。

（三）加强与其他区域的文化旅游合作

加强与丝绸之路经济带、京津冀协同发展和长江经济带等的文化旅游合作，这些区域拥有丰富的文旅资源、多彩的民俗风情。以高铁为纽带，加强与丝绸之路经济带各城市联系，促进陆海丝路城市旅游互动对话，共同开启"旅游＋高铁＋城市"合作之旅。借鉴丝绸之路经济带申遗的成功经验，与海上丝绸之路沿线国家联合申遗，力争通过多元化协作，推动我国与"海丝"沿线相关国家实现跨国联合申遗成功，同时，实现陆上与海上丝绸之路的跨越时空联合，提升中国文化软实力。②在区域合作的有力带动下，将聚焦聚力品牌打造，加快推动文化和旅游产业发展质量变革和动力变革，使区域独特优势更加鲜明，旅游业地位更加凸显。③本着强强联合、优势互补、资源共享的原则，加强文化遗产数字化保护、文化遗产预防性保护与关键技术研究、文化遗产展示利用等相关领域的深度合作。各方将在强化合作交流机制、联合促销、联合推出精品路线、加强旅游投融资合作和做好旅游资源保护联合等方面，深化区域旅游务实合作，促进区域旅游合作更有实效。

六、加强沿线闽粤桂琼四省（区）的文化旅游合作

福建、广东、广西和海南岛四省（区），应充分发挥古代海上丝绸之路始发港的优势，联合制定21世纪海上丝绸之路文化旅游品牌合作的实施方案，使

---

① 甘霖. 在构建"南向、北联、东融、西合"新格局中加快旅游业发展 [N]. 广西日报，2018–09–28.

② 晁瑞. 海陆丝路联姻做强文化旅游品牌 [N]. 中国旅游报，2011–04–18.

③ 睢泽昆. "9+10" 区域旅游合作开启区域旅游新征程 [N]. 河北日报，2019–10–13.

之形成各具特色的海上丝绸之路文化旅游圈。一是推动粤闽台旅游合作。以粤东地区为纽带,推动珠三角旅游区与海峡西岸旅游合作区的融合。充分整合广东、福建和台湾的旅游资源,共同打造海上丝绸之路东线黄金海岸线、东线邮轮精品线路、中国客家文化旅游区,完善自驾车旅游的配套设施和公共服务,以促进闽粤自驾车旅游的全面发展。二是推动粤桂琼旅游合作发展。以粤西地区为纽带,推动泛珠三角区域与泛北部湾旅游区的融合,共同打造北部湾地区旅游"金三角"。三是以争创国家级示范区为抓手,推进闽粤桂琼四省(区)积极创建国家级全域旅游示范省(区),推进各市积极创建国家和文化旅游产业融合示范区、国家夜间文化旅游消费集聚区、国家文化和旅游消费示范城市以及国家消费中心城市。

(一)福建

福建"海丝"文化旅游资源丰富,但"海丝"文化旅游品牌在国内外的旅游中的知名度并不高,旅游项目和特色旅游路线少,在构建"海丝"人文交流圈和旅游圈方面的力度还不够,海上丝绸之路文化及相关旅游资源整合不到位,应加大投入,全面规划好"海丝"文化旅游建设项目。加强与"海丝"沿线国家进行文化融合,凸显福建省在"海丝"建设中的地位。泉州是联合国教科文组织认定的"海丝"起点,发挥福州、泉州、漳州作为海上丝绸之路始发港的作用。应加快整合资源,创建具有一定规模的"海丝"博物馆,加强对外宣传,做大做强"海丝"文化旅游产业,扩大福建省在"海丝"沿线国家的影响,为福建融入"海丝"战略创造优势。筹办"海上丝绸之路论坛",并办成国际性的交流平台,吸引东南亚、西亚和南欧、东非国家参与。融入国家"海丝"建设,把厦门建成东南国际航运中心;依托厦门国际邮轮母港和平潭邮轮码头,开通厦门、平潭至东盟国家的国际邮轮航线。[①] 设计综合性的旅游线路,并注重与泉州市滨海旅游和宗教旅游相结合。开发专题性的旅游项目,深入挖掘泉州市宗教文化、陶瓷文化和妈祖文化。在此基础上,与东盟国家加强旅游合作,推进福建形成跨国旅游一体化发展格局。福建将以宗教旅游功能区为突破口,以

---

① 郑智敬,徐伟.福建港口加快融入"海上丝绸之路"建设步伐[J].中国港口,2015(1):27–29.

福州涌泉寺、宁德太姥山为特色品牌，整合开发其他宗教旅游资源；以莆田妈祖文化特色品牌，整合开发区内宗教旅游资源；以泉州开元寺、厦门南普陀寺、漳州三坪寺为特色品牌，整合开发其他宗教旅游资源，推动宗教文化旅游上一个新台阶。

（二）广东

广东省是全国首个旅游改革试验区，拥有绵长的海岸线，发展邮轮经济是广东发展现代海洋经济的战略突破点，可推动广东与东南亚和南亚的邮轮旅游合作，培育发展高端海洋旅游服务业。要拓展粤港澳邮轮游艇旅游航线合作，完善通关服务。继续深化与东盟各国旅游沟通机制，力争与南亚国家签订旅游合作框架协议。构建旅游合作的顶层制度设计。以中国（广东）国际旅游产业博览会为平台，进行东盟和南亚国家的旅游产品信息推介，同时整合资源，开辟国际旅游新线路。加强与相关国家和地区的旅游交流合作，邀请相关国家或地区在广东举办东南亚或南亚民族风情的美食节、文化节等活动。率先推进海洋旅游信息化建设。以原有的人文资源为依托，重点改造完善南海神庙旅游区，并在附近建设海上丝绸之路纪念馆（或博物馆），恢复古港口风貌，在黄埔村建设"古渔村镇一条街"，形成一个以海上丝绸之路为主题的旅游胜地。

1. 合力打造海上丝绸之路文化旅游品牌

充分发挥海上丝绸之路沿线历史文化遗迹的资源优势，将广东的文化遗产资源、南粤古驿道、爱国主义教育基地、古村落、古街巷等串珠成链，实现文旅融合，努力推进海上丝绸之路沿线城市联合申报世界文化遗产，共同打造海上丝绸之路整体形象和旅游品牌。进一步挖掘深圳赤湾历史文化，建设深圳海洋历史文化博物馆，将赤湾古代"海上丝绸之路"历史文化圈培育成为全市旅游经济新的增长点。打造都市商务会展旅游品牌，通过发展商务、会展、购物、主题公园等旅游产品，提升上川岛的圣方济各教堂、花碗坪遗址文化旅游品牌的知名度和品牌效应。

2. 构建广东华侨文化旅游圈

充分发挥广东省作为最大侨乡的优势，着力挖掘侨乡文化旅游资源，将侨乡文化与广府文化、客家文化和潮汕文化融合起来，以世界文化遗产开平碉楼与古村落为中心，着力开发华侨博物馆、侨乡、侨宅等旅游资源，借助广东国际旅游文化节、江门侨乡文化旅游节、汕尾妈祖文化节与国际客家山歌节为代表的华侨文化旅游节庆活动，打造海外侨胞寻根旅游线。积极构建以广府文化、潮汕文化和客家文化为核心的广东华侨文化旅游圈，包括福建、广西、海南、港澳地区的东南沿海华侨文化旅游圈以及海外华侨侨居地联合构建国际华侨文化旅游圈。要加强与华侨华人的沟通联系，积极组织引导华商、海外华侨华人回乡开展经贸、科技、文化等多方面的交流合作[①]；发挥华侨华人的桥梁纽带作用，为企业走出去牵线搭桥，营造有利于合作共赢的环境。

3. 打造一批文化旅游胜地

整合宗教文化资源，建设文旅小镇。继续推动宗教场所文化建设，继承弘扬优秀传统文化。重视宗教文物的维修保护，完善接待服务设施以及旅游公共服务体系。以举办学术探讨活动等形式，发掘整理宗教文化精髓，传承弘扬宗教优秀传统文化，探讨宗教文化与旅游业有机结合的最佳路径。

（三）广西

围绕《广西壮族自治区国民经济和社会发展第十四个五年规划和2035年远景目标纲要》提出建成全国文化和旅游产业发展先进省（区）、世界重要旅游目的地目标，促进广西文博会展业的发展，发展高端旅游产业，以"新海丝、新体验"为主题，吸引海上丝绸之路沿线东盟国家游客赴广西旅游，并将广西游客带入海上丝绸之路沿线东盟国家感受和体验海上丝绸之路文化。

1. 积极保护文化遗产

广西在与东盟开展海上丝绸之路旅游合作时，重点突出海上丝绸之路东盟各国、各民族的自然与文化遗产、民风民俗和非物质文化遗产等资源，建立海上丝绸之路沿线文化遗产联盟，创建文化遗产与非物质文化遗产保护、开发与人文教育方面的合作机制。在此框架下，着眼于海上丝绸之路人文历史的保护，寻找适宜的文化事项，联合申报世界文化遗产或非物质文化遗产，实施海上丝绸之路文化遗产标牌工程，借以扩大海上丝绸之路沿线人文传统与精神的影响力。

① 田丰，李翰敏，陈孝明.弘扬海上丝绸之路精神构建广东对外开放新格局 [J].新经济，2014（31）：39–46.

2. 持续开发"海丝"文化旅游项目

围绕海洋、海滩、海岛、海湾和海港资源，广西加大国家级和世界级文化遗产，国家级世界级旅游景区和度假区建设等工程创建力度。积极推进钦州、茅尾海三娘湾建设，加快北海涸洲岛、银滩开发建设，加快防城港京族金滩和江山半岛等休闲度假景区建设。北海市围绕打造"丝路古港"世界级滨海旅游品牌，以滨海度假天堂、南海丝路首港为突破口，依托合浦汉墓群、大浪古城遗址和草鞋村遗址等遗产点，积极开发海上丝绸之路始发港特色旅游项目，将北海打造成为融汉代丝路遗风、渔村人文风情、自然生态为一体的汉港丝路文化旅游城市。规划建设酒店、精品民宿、餐饮、演艺、娱乐、温泉浴场、沙洲浴场、海上运动等旅游配套设施，打造集海上丝绸之路文化体验、休闲旅游、渔业文化体验生态旅游、休闲度假于一体的复合型文化滨海度假旅游区。将廉州湾国际邮轮母港打造成为客运、旅游、运动休闲和航运服务功能为主的现代邮轮旅游业集聚区。高标准建设涸洲岛，将其打造成为国际一流的休闲度假的东方魅力之岛。同时建设北部湾影视基地，在北海老街、涸洲岛、罗马广场等打造高品质影视主题的文旅项目。

防城港市皇城澳古运河、潭鹏古运河是我国唯一的海上古运河水系，皇城澳古运河、潭鹏古运河通航后，基本形成防城港大水城格局，北至防城江，东至钦州七十二泾，西至东兴北仑河口。广西防城港市应将保护和传承融入防城港"大水城"建设之中。将皇城澳古运河、潭鹏古运河的通航功能转化为旅游功能，变保护为保护传承与开发并举。将"海上古运河"与明乡人文化作为城市文化建设的主线，将海上古运河与明乡人文化意象元素融入建筑、桥梁、雕塑、公园等建设中，提升防城港市城市建设文化品位。积极打造东方威尼斯。今后要将未达到通航标准的桥梁加以改造，改平桥为拱桥或拉索。疏浚皇城澳古运河和潭鹏古运河水城，疏浚防城江、暗埠江航道。建设一批旅游码头。开发一批景点，包括皇城澳古运河周边的皇城遗址、明乡会馆，潭鹏古运河周边的唐宋文化园、海战纪念馆，西湾的海洋资源。积极利用皇城澳古运河、潭鹏古运河及其沿线两岸，开辟东至钦州、西达防城港的八岛五湾（八岛：钦州半岛、龙门岛、企沙半岛、渔澫半岛、江山半岛、京族三岛；五湾：三娘湾、钦州湾、东湾、西湾、珍珠湾）的穿越海上古运河观光之旅，并借此发展旅游、养生、餐饮、文化及房地产等产业。加大宣传力度，积极对外推广。利用明乡人文纽带，弘扬中华人民传统友谊，促进越南、柬埔寨等东南亚华侨的民心相通，增进海外华侨的凝聚力。同时，将规划建设和打造伏波文化公园、伏波文化博物馆、伏波庙、伏波雕塑群等一批伏波文化旅游景点，用伏波文化包装城市街道和城市建筑，彰显城市文化特质。

3. 从顶层做好广西北部湾港三港的分工与协作

充分运用广西北部湾港三港各自的优势，南海国际邮轮母港采取组合母港的运作模式，从顶层做好广西北部湾港三港的分工与协作。跳出三港同构竞争的局限，形成"统一规划、三港互动"的发展机制，发挥邮轮码头组合的综合效应，将广西北部湾邮轮母港打造成为南海国际邮轮枢纽港和邮轮中心。目前，广西北部湾三港的码头建设已有一定基础，要按照国际邮轮港标准建设的要求，完善码头功能和设施，完善停泊设施。突出南海国际邮轮母港发展的整体布局要求，充分发挥政府在推动南海国际邮轮母港建设过程中的总体协调作用，实现三港与周边地区的统一规划，整体考虑产业、空间、功能等相关方面的布局。

4. 打造面向东盟的体育旅游示范基地。充分发挥山、海、港资源优势，积极开发滨海休闲、运动康复、文化体验等体育旅游产品，完善体育运动功能，打造一批体育旅游示范基地和自驾车营地项目。推进帆船、潜水、冲浪等海上娱乐项目建设。重点打造沙滩排球、帆船、帆板、拳击等赛事品牌，鼓励开发机器人大赛、电子竞技、桥牌等赛事品牌，将广西北部湾打造成滨海体育旅游休闲度假胜地、中国 – 东盟体育旅游示范基地。

（四）海南

海南是中国唯一全域型的国际旅游岛，应与东盟国家共建泛南海旅游经济圈。进一步深化海南与东盟各国的合作，充分整合各地旅游资源，共同规划开发南海旅游，开辟"一程多站"的跨国邮轮航。以旅游业为产业载体，以南海水下文物所承载的文化为灵魂，开发以海上丝绸之路为品牌的南海旅游产品，使南海成为世界著名旅游目的地。优先打造海澄文一体化综合经济圈和大三亚旅游经济圈。着力打造以海口为核心的琼北旅游圈，建立非物质文化遗产展示中心。将三亚打造成拓展三沙市战略腹地。强化三沙生态环境保护，推进三沙海洋国家公园建设。积极开发帆船、游艇及海钓旅游。借助"岛屿观光政策论坛"

的平台，探索实行岛屿经济体旅游通票、套票制度 ①，提供更加便利的岛屿经济体国家公园旅游服务。海南省还应加深对佛教、道教文化的开发利用，改善南山佛教等宗教遗址接待设施建设。大小洞天道教旅游景区应打造道教文化建筑设施，并开发道教文化旅游参与体验项目，可在三亚市打造伊斯兰特色回族风情街等。

七、实施"+旅游"泛旅游产业整合战略

依据产业融合理论，旅游产业与文化产业之间是相互关联、相互影响并能够相互作用的，由此，以实施"+旅游"战略为带动，深化区域一体化合作。以"+旅游""旅游+"拓展旅游发展新领域，丰富"一带一路"内涵，助推区域"五通"和一体化发展。

（一）文化和旅游产业融合的突破口

1.做好顶层设计和制度安排的融合指引

文旅产业融合的有效路径是产业资源融合、景城界域融合，当今产业融合已成为区域文化旅游创新发展的有效途径。区域内的大港口、大工业、大农业、大文化、大旅游、大商贸的多产业联动，有利于进一步提升旅游产业和其他产业之间的融合度，使区域经济实现整体性突破。在产业合作上，实现文化旅游产业合作和发挥"+旅游"产业带动效应，加大旅游合作深度。

2.选择部分领域作为融合突破口

在融合发展过程中，重点选择将博物馆旅游、旅游特色小镇、文化创意产业园等文化和旅游融合基础良好、前景可期的领域来推动，明确这些领域的发展方向和发展思路，制定针对性较强的引导政策。

3.培育和发展一批重点企业融合主体

进一步发挥旅游企业集团市场主体的作用，通过产品、项目、资本、技术等渠道，推动文化和旅游在具体经营层面的深度融合。支持旅游集团、出版传媒集团、演艺集团做强做优做大；要发展一批创新能力突出的民营文化和旅游

---

① 应验.南海生态保护与海洋维权模式研究——以设立南海海洋国家公园为例[J].生态经济，2019（1）：180–186.

企业在新三板、创业板上市。[①]

（二）培育"+文旅"的新业态

1. "交通+文旅"

以公路资源为基础，以旅游资源为依托，以"邮轮+旅游""高铁+旅游""公路+旅游"的发展模式，编制海上丝绸之路沿线国家和地区"邮轮旅游线""公路旅游线"和"高铁旅游线"规划。深度挖掘沿线的特色旅游资源，构建起"领略四季""走进异域""探寻秘境""畅游山水""穿越历史""追根溯源""体验民俗"等多个主题旅游线路规划，推进"交通+旅游"融合发展。

2. "科技+文旅"

文旅科技融合发展已成为推动传统文旅产业提档升级、功能重组和价值创新的重要手段。现代旅游正迈入以文旅云为代表的第三阶段，旅行社、景区、OTA平台等旅游业态在该阶段将以5G、大数据、互联网等信息技术为支撑，实现文化、旅游、科技三业态的深度融合，以"科技+文化+旅游"为发展理念的智慧文旅逐渐成形。拟依托5G等信息技术，对文旅产业各方面进行更新迭代，不仅催生更多新模式、新技术，同时也对用户生活消费习惯带来新的改变。如文化遗产与现代科技结合日益紧密，科技+文化IP方能打造独一无二的体验，尤其以IP为核心修建的主题乐园，更需要借助5G、AR、大数据、物联网等数字技术，在服务设施、沉浸式体验方面创新发展。如故宫可以把文化和旅游深度结合，将文物转化为内容，把出版、文物、数字体验综合在一起，形成一个空间，形成一个展览，甚至可以形成一种新的文旅内容形式。此外，基于AR技术，可以将旅游目的地的故事背景呈现在游客面前，提升游客旅游体验，而无人机和AI技术，可以应用到景区、住宿等服务性较强的地方。同时，对于文化遗产和历史遗迹的活化，可用"科技+文旅"的光影互动和人工智能产品，或通过声、光、电和仿古建筑将文化元素淋漓尽致地展现出来。在发展智慧旅游方面，智慧旅游是旅游业更高层次和更全面的指导策略，利用云计算、物联网、AR/VR等新技术赋能的智慧旅游，近些年逐渐成为旅游管理、体验、服务和营销的

---

① 宋瑞. 如何真正实现文化与旅游的融合发展 [J]. 人民论坛·学术前沿，2019（6·上）：24–34.

主要方式。政府大数据是智慧旅游的第一梯次，景区物联网建设是智慧旅游第二梯次，包括智能停车、安防传感、票务系统、Wi-Fi覆盖和其他等。智慧旅游的第三梯次是游客体验式交互，包括VR游戏、AR导览、AR导航、AR游戏、AR美术馆、AR明信片、全息投影，通过政府机构、景区、游客三个梯次的建设展现了科技与旅游的智慧结合，目前在游客互动梯次上，具有非常大的入场机会，未来想象空间极大。

3."宗教 + 旅游"

应树立开发宗教文化资源"一盘棋"的发展理念，重点实施"宗教 + 旅游"战略，打造宗教文化旅游品牌。宗教管理部门和文旅部门共同策划、包装、推介宗教文化旅游新亮点，合力将宗教文化品牌做强做大。闽粤桂琼应以整体合力创建宗教文化品牌，做到宗教朝拜、文化感悟与旅游体验的完美结合。大力开发标志性景区或宗教旅游节庆活动，通过标志性旅游项目来塑造海上丝绸之路的宗教旅游鲜明、独特、持续的形象，以品牌促进宗教旅游快速发展。[①]

4."文物 + 旅游"

推动文物与旅游融合发展，实施文物 + 旅游行动工程，全面完善文物旅游配套设施建设。加强对历史文化遗产的保护和活化利用。培育以文物保护单位、博物馆为支撑的体验旅游、研学旅游和传统村落休闲旅游。拓展"旅游 + 文物"消费空间，打造文物旅游特色产品，积极开展文物创意产品开发，全面创新"旅游 + 文物"营销体系。[②]

5."大健康 + 文旅"

发展大健康产业是满足广大人民群众对美好生活向往的需要。在"健康中国"国家战略背景下，康养旅游迎来发展机遇期。积极推进大健康医药产业与大旅游深度融合，抓住我国海上丝绸之路沿线省（区）如国家给予广西防城港国际医学开放实验区的机遇，依托壮、瑶等特色民族医药资源，积极发展中医药健康医疗旅游、养生旅游，丰富跨国旅游合作的业态和内容。通过"三避五养"的度假方式使"五养"得到充分的实现。积极构建健康产业链与旅游度假产业

---

① 林晓婕.福建省宗教旅游资源的开发构想[J].南京晓庄学院学报，2016（3）：97-103.

② 海南省旅游发展总体规划（2017—2030年）[EB/OL].（2017-12-11）.https://www.askci.com/news/chanye/20171211/092434113711.shtml.

链两大产业体系，打通 "研、产、购、医、养、游" 产业链，形成区域健康的生活方式，实现养生与大旅游的融合发展。

6．"文化创意＋旅游"

依托"海丝"文化旅游资源，培植本土文化，通过"文化梳理—文化提炼—文化挖掘—创意植入—文化活化的过程"，突破文化的静态展示模式、以创意元素的运用，打造文化旅游的深度体验，实现文化旅游的业态化创新。与沿线国家和地区合作开发数字化产品、动漫、网络文化、数字艺术展示、文旅装备等领域内容制作、技术研发、标准制定和传播渠道建设等合作项目。加强 5G、虚拟／增强人工智能、云计算、区块链等高新技术在文旅领域的应用。加强文化创作、生产、传播和消费等环节的关键技术合作研发。推广线上文旅产品展览交易会、旅游内容推广等新模式。孵化一批文创企业、创客，布局创意工坊、创业园区、文创集市等业态，并发挥设计师、手工艺人等民间高手的智慧，带动文化旅游体验的创新。

7．"体育＋文旅"

创新发展多元休闲体育产品，鼓励体育休闲娱乐创新，发展 体育演艺、 竞技表演等旅游产品，开发赛道赛车、帆船帆板、滑翔伞动力伞运动、游艇房车、山地自行车健康、 骑行等海陆空体育新业态项目。以品牌体育赛事为核心，培育职业体育俱乐部。积极开发全民性、全季节性体育旅游产品，促进体育旅游与全域旅游深度融合。

八、合力打造海上丝绸之路文化精品旅游线路

推进福建、广东、广西、海南四省（区）旅游资源整合，共同研发设计旅游线路与关联产品，打造国际精品旅游线路，形成跨国旅游一体化发展格局。中国与海上丝绸之路沿线各国旅游机构应充分整合自身文化旅游资源优势，依据游客的不同需求，合理规划文化旅游路线，精心设计文化旅游产品，以适应不同类型、不同层次游客的跨国文化旅游需求，提升沿线各国文化旅游竞争力。

（一）大力开发邮轮航线

中国邮轮旅游目的地过于单一，积极开辟邮轮旅游新航线是中国邮轮旅游的重中之重，换言之，就是要积极开辟 21 世纪海上丝绸之路文化旅游圈沿线国

家的航线，不断探索邮轮航线的多种模式①，与沿线各国联手打造海上丝绸之路的邮轮航线。围绕《愿景与行动》提出的泉州至威尼斯邮轮航线，福建厦门作为21世纪海上丝绸之路的战略支点城市，海上丝绸之路邮轮航线延伸到印度洋地区，波斯湾地区和亚丁湾地区国家，甚至与通往欧洲、亚洲地区的邮轮航线互联互通。广东作为"21世纪海上丝绸之路"的重要支点，肩负着重要的历史使命，应开辟多条以广东为始发港和重要停靠港的国际邮轮航线，以广州港、深圳港为龙头，联合珠海港、湛江港、香港港等港口，推动邮轮游艇旅游的多方合作。广西以北海、防城港为母港，加强与东盟国家的互动，整合相关资源，形成精品母港航线；积极争取邮轮多港挂靠试点政策，与相关城市共同开发海上"一程多站"式旅游产品和线路。充分发挥海南省三亚作为中国邮轮中心的作用，向西可以联通越南、泰国、马来西亚和新加坡，向南可以连接中国南沙群岛、菲律宾和印度尼西亚，向东可以连接中国台湾地区和日本的琉球群岛，向北紧贴中国福建、广东和广西的沿海港口以及香港②，邮轮与体验的航线安排可以涵盖适应不同游客需求的短线、中长线和长线等各种产品。

1. 积极开发中国海上丝绸之路古航行邮轮航线

主要整合海上丝绸之路沿线国家旅游资源，以泉州、广州、湛江、汕头、北海为始发点，途经香港、海南，到达新加坡、马来西亚、文莱、越南等国的邮轮航线，共同建设完善海上旅游大通道及配套旅游产品。具体线路为：一是湛江—珠海—广州—汕头—泉州；广州—珠海—湛江—北海—越南下龙湾；深圳—香港—三亚—菲律宾；深圳—香港—三亚—越南下龙湾；广州—湛江—越南；深圳—泰国—马来西亚—新加坡；汕头—印度尼西亚—文莱—菲律宾；广州（南海神庙、南越王博物馆）—江门（上下川岛）—阳江（海陵岛）—茂名（浪漫海岸、放鸡岛、冼太故里）—湛江（"五岛一湾"、徐闻古港）。此外，还包括重走郑和下西洋之路的特色线路，沿着当年郑和带领船队航行西洋的线路，设计特色的旅游产品，让游客进一步感受到当时的海上丝绸之路的背景和意义。

2. 着力开辟21世纪海上丝绸之路跨国邮轮旅游航线

（1）北部湾邮轮环线。海南积极开发海南（三亚、洋浦、海口）—广东（白

---

① 潘勤奋，范小玫. 厦门邮轮旅游发展对策 [J]. 中国港口，2018（1）：29–31.

② 芮雪，伏久者，必飞高. 中国邮轮布局上游产业链 [J]. 中国港口，2019（4）：30–32.

沙湾）—广西（北海—钦州—防城港）—越南（下龙湾、海防、顺化）—海南的海上跨国旅游线①；积极开辟赴泰国湾区域的国际挂靠航线。规划开发"三亚—砚港—胡志明市—曼谷—苏梅岛—新加坡—普吉岛—三亚"的母港航线，开辟国内游客海上体验东南亚风情的线路。

（2）"泛南海"邮轮航线。在打造泛南海海岛风情游线方面，从海南岛出发，推出往菲律宾、柬埔寨、泰国等地的循环航线。加快三沙旅游发展，加快完善三沙旅游基础设施，高水平开发邮轮和海岛度假旅游。积极发展无目的地海上游，推进邮轮旅游有序发展。一是与新加坡港、中国香港港和马来西亚巴生港等国际邮轮港口展开合作；二是以珠三角和环北部湾的东南亚邮轮港口群为依托，开发新航线；三是开辟中国（三亚）—越南（下龙湾、岘港、胡志明市）—泰国—马来西亚—新加坡—印度尼西亚—文莱—菲律宾—中国（香港—海口—三亚）的海上跨国旅游大环线②；四是开辟环南海岛屿航线，即北部湾国际邮轮港—永兴岛—东岛—中沙群岛—南沙群岛—北部湾国际邮轮港。

（3）南海跨国邮轮旅游环线。广西可考虑建设如下4条环线：一是开辟北海、防城港—三亚—越南—新加坡—文莱—马来西亚—菲律宾—广州南沙—防城港的南海跨国邮轮旅游环线；二是开辟防城港—三亚—柬埔寨—曼谷—文莱—马来西亚—广州南沙—防城港的南海跨国邮轮旅游环线；三是开辟北海、防城港—三亚—柬埔寨—新加坡—斯里兰卡—迪拜—马尔代夫—雅加达—南沙—三亚——防城港的南海跨国邮轮旅游环线；四是开辟北海、防城港—珠海—帕劳—巴布亚新几内亚—斐济—瓦努阿图（南太平洋岛诸国）—马尼拉—三亚的南海跨国邮轮旅游环线。

（4）环北部湾旅游航线。积极开辟由北海（防城港）—下龙湾—海防，北海—岘港—芽庄—胡志明市，新加坡—吉隆—普吉岛等多节点组成的海上旅游走廊③。东线开辟广西北海—涸洲岛—徐闻—海口—三亚—西沙游线。

（5）泛北部湾海上跨国邮轮旅游大环线。加强与海上丝绸之路沿线国家和

---

①　门达明，吴肖淮.南海邮轮旅游圈战略构想——以海南省为基点 [J]. 特区经济，2015（6）：127–129.

②　门达明，吴肖淮.南海邮轮旅游圈战略构想——以海南省为基点 [J].特区经济，2015（6）：127–129.

③　赵明龙.中国—新加坡旅游走廊建设研究 [J]. 广西民族研究，2014（10）：127–132.

地区沿海港口城市的交流合作，开展联合营销宣传，开辟北海—越南—柬埔寨—泰国—马来西亚—新加坡—印度尼西亚—文莱—菲律宾—香港—海口—北海的泛北部湾海上跨国邮轮旅游大环线①，并将其打造成为具有国际影响力和竞争力的跨国海上旅游精品。西线分段开辟广西北部湾至越南北部的下龙湾—海防游线、越南海防—胡志明市游线、胡志明市—新加坡—巴厘岛—雅加达游线、新加坡槟城—普吉岛—缅甸仰光游线②。

（二）积极开发特色鲜明的"邮轮+"旅游航线

以优势资源为轴线，将海上丝绸之路沿线自然、人文景点串联起来，发展适销对路的国际、国内旅游精品线路，开辟主题特色鲜明的邮轮旅游线路。

1."邮轮+文化体验"航线

重走"古代海上丝绸之路"是文化体验的核心，要重点打造徐闻、合浦、马六甲等古代"海上丝绸之路"的港口文化，让游客感受古代"海上丝绸之路"贸易的繁荣景象。线路为：东海岛—卤（凶）州岛—雷州—徐闻—合浦—北海—防城港—下龙湾—河内—海防—顺化—胡志明市—金边—芭提雅—曼谷—普吉岛—槟城—吉隆坡—马六甲—新加坡—巴厘岛—文莱—菲律宾—海南—湛江的"海上丝绸之路"文化体验旅游产品③；积极开展"寻找海上丝绸之路足迹"活动，把历史文化名城、名墓、名人、祠庙、海底遗产等串联起来，让游客体验和追寻古代"海上丝绸之路"的精神；着力打造东南亚风情文化体验产品，将湛江的民俗艺术、北海钦防的东南半岛风情以及东南亚国家的宗教文化、泼水节、南旺舞等有机结合，让游客领略异域风情。④

2."邮轮+休闲养生"航线

休闲养生是现代邮轮旅游的主打产品，凭借中国湛江、北海以及越南、泰

---

① 门达明，吴肖.南海邮轮旅游圈战略构想——以海南省为基点[J].特区经济，2015（6）：127–129.

② 赵明龙.中国—新加坡旅游走廊建设研究[J].广西民族研究2014（10）：127–132.

③ 庞莲荣，刘坤章."海上丝绸之路"视角下的湛江—东盟邮轮旅游通道构建[J].经济论坛，2017（8）：51–54.

④ 庞莲荣，刘坤章."海上丝绸之路"视角下的湛江—东盟邮轮旅游通道构建[J].经济论坛，2017（8）：51–54.

国、马来西亚等优美的滨海风光、独特的地质景观和海岛文化，规划滨海休闲、海底探险、休闲垂钓、水上运动等系列活动。依托路上服务基地，开展商务会议、森林养生、乡村休闲等项目。线路为：湛江南三岛—北海银滩—防城港十万大山深林—越南下龙湾—泰国普吉岛—泰国芭提雅—新加坡—马六甲—云顶高原—巴厘岛—南沙群岛—海口—湛江。

3. "邮轮 + 美食购物" 航线

泰国、越南和新加坡物产丰富，尤其是药物、保健品、珠宝、化妆品，种类多、品质好、价格低，一直以来深受广大游客的青睐。[①]

4. "邮轮 + 亲子教育" 航线

海上丝绸之路沿线国家和地区有多处物质（非物质）文化遗产和多处爱国主义教育基地，加上邮轮旅游的休闲特征，非常适合开发家庭亲子教育旅游。线路为：湛江泸州岛—合浦—北海—河内—曼谷—新加坡—马六甲—吉隆坡—海口—湛江。

5. 粤港澳精品邮轮游

立足粤港澳大湾区四大中心城市丰富的旅游资源，推出粤港澳精品邮轮游，一艘邮轮将广州、深圳、香港、澳门四个城市串联起来，旅客可以在每个城市下船观光，一站式感受广州的自然与人文风光、深圳的都市胜景、香港的美食与购物体验、澳门的休闲娱乐活动，更可成为湾区旅游新名片，吸引全国乃至全球的旅客。

（三）开发 "海丝" 体验多元文化之旅

1. 开发多元文化之旅

国内方面，积极开辟北海至高雄的粤、闽、台与沿海风光之旅。国际方面，开辟北海至加尔各答的连接太平洋和印度洋多元文化之旅，考察参观多元文化城市，访问沿途的民族村落，亲身体验多姿多彩的民族文化。东南亚文化多样性在世界首屈一指，举办体验多元文化之旅，是开发利用民族文化资源的重要途径。

---

① 庞莲荣，刘坤章 ."海上丝绸之路"视角下的湛江—东盟邮轮旅游通道构建 [J]. 经济论坛，2017（8）：51—54.

2. 广东海上丝绸之路文化之旅

一是文化名片之旅。以海上古丝绸之路始发港广州、湛江为基础，以南海 I 号和南澳 I 号古沉船为重点，充分展示广东海上丝绸之路历史遗迹与旅游文化，如湛江—阳江—广州—汕头。二是海上丝绸之路瓷器之旅。三是海上丝绸之路遗址写生创作之旅，包括粤东线（梅州松口古镇—潮州宋代笔架山窑—汕头樟林古港—揭阳惠来沿海"海丝"遗迹）、粤西北线（清远浈阳峡—湛江徐闻古港—茂名滨海新区海丝遗迹）、广深线（广州黄埔古港—广州十三行—深圳南头·赤湾丝路历史文化古迹），可画笔绘就新时代的"清明上河图"。四是历史人文古迹之旅。大汉三墩旅游点、雷州历史文化名城、赤坎古商埠、广州湾等是湛江市海上丝绸之路发展史中的重要资源节点，应不断完善湛江市区人文一日游、"五岛一湾"一日游、雷州半岛一日自驾游等旅游线路的内容，并推出新的旅游线路。

3. 开发宗教文化之旅

围绕宗教旅游中心点，根据民间俗神的生前轨迹、传教或传播路线在整个区域联合开发，将各个宗教旅游点串联成线[1]，开发宗教旅游专题线路。要着力把宗教文化参与体验式旅游和延长游客停留时间作为重点进行规划，积极开发如文化修学游等参与性的旅游活动。同时开发特色旅游线路，依托当地特色宗教文化所形成的旅游线路，赋予宗教旅游更丰富的内涵。如广东省依托佛教历史文化遗迹，结合海上丝绸之路沿线旅游资源，具体线路为：广州光孝寺、光塔寺—韶关南华寺—云浮国恩寺—肇庆庆云寺—新会玉台寺—中山集益寺、古香林寺—潮州开元寺等。

九、加强对海丝绸之路文化遗产的保护和开发利用

中国国家主席习近平一直高度重视文化遗产保护。2019 年 5 月，习近平主席在亚洲文明对话大会开幕式主旨的演讲中，提出了加强文明交流的"中国方案"，并表示中国将以实际行动率先垂范。保护文化遗产就是保护人类文化创造力，保护人类文化多样性，以互利共赢理念推动文化遗产保护共同体建设，这已成为国家和社会的共识。"利益共同体，责任共同体及命运共同体"的理念是中国领导人给予国际形势变化及全球治理困境提供的"中国方案"。这一

---

① 林晓婕. 福建省宗教旅游资源的开发构想 [J]. 南京晓庄学院学报，2016（3）：97–103.

理念是一种互利共赢的理念，是具有创造性和开拓性的非遗文化保护的理念，其内涵主要包括：在文化遗产保护领域，主张国际合作共赢，合理承担文化遗产保护责任，包容多元文化，实现利益共享，保护和传承各个国家及民族的非物质文化遗产，实现文明互鉴与文化包容。

（一）提高对"海丝"文化遗产保护管理工作的认知

1. 树立保护理念，加大海洋文化的宣传力度

要以习近平构建人类命运共同体为指引，将开展海上丝绸之路文化遗产保护行动作为实施这一外交政策的新途径，新动力。以积极的专业精神和高度的历史使命感，科学谋划，精心设计使之成为文化遗产保护、促进经济社会可持续发展、促进民心相通的新典范，成为海上丝绸之路文明交流互鉴的新航道。加强"海丝"文化遗产的保护和管理工作，首先应进一步统一思想，提高对保护和传承非物质文化遗产的宣传力度，有利于引起社会各界对非物质文化遗产的关注。"海丝"非物质文化遗产丰富多彩，要通过宣传，提高社会公众参与保护的意识。其次，提高沿线国家文化遗产的保护意识。加强非物质文化遗产的保护工作是一项持久的工作，应树立整体保护理念，合理地对历史文化遗产再利用赋予新内涵，从而焕发历史文化遗产的生机和活力。[①] 传承和保护文化遗产是增强沿线各国民族团结和社会稳定的重要基础。努力提高全世界文化遗产保护的意识，让人们重视在实践中保护非物质文化遗产，这样对非物质文化遗产本体和文化遗产保护事业的顺利发展都具有极其重要意义。[②] 充分发挥世界遗产价值共识的联通作用，以及遗产文化软实力的协和作用，把具有共识的世界遗产保护与利用作为沿线国家（地区）的合作基础，沟通彼此、联通亚—欧—非乃至全球，并通过进一步深化合作，使世界遗产保护与利用事业成为全球治理方面最具广泛认同的合作平台，助力构建信任、友好、和谐的世界新秩序。可通过举办非物质文化遗产讲座或有计划地以专题报道等形式对海上丝绸之路文化遗产进行宣传，形成影响力广的宣传网络。建立海上丝绸之路文化遗产网站，展示海洋文化、宣传海洋文化。要树立科学保护、体系保护和全民保护的最新

---

① 陈辉，刘松茯.哈尔滨历史建筑保护的艺术性与原真性[C]//建筑历史与理论第九辑——2008年学术研讨会论文选辑，2008.

② 黄彩媚.试谈非物质文化遗产的保护措施[J].大众文艺，2011（11）：284–284.

理念，以更好地推动非物质文化遗产传承与发展。

2. 摸清家底，加强对"海丝"文化遗产的研究

应重视和加强对南海丝绸之路相关史料研究、文物搜集与保护，在区域内开展全方位的调查、认定、登记、建档、保护与开发利用等工作。全面开展普查是非物质文化遗产保护工作的第一步，只有摸清家底，才能根据轻重缓急，制定科学的保护措施。首先要摸清家底，组织人员对当地具有历史、文化和科学价值的非物质文化遗产进行普查，厘清历史古港及城市在海上丝绸之路发展过程中不同时期的历史地位和发挥的作用，进而丰富"海丝"文化遗产的内涵。做好海上丝绸之路非物质文化遗产的普查，组织熟悉乡土文化的本土作家、艺术家深入挖掘非物质文化遗产的文化内涵，保护和传承才有根基。

（1）加大对海洋文化遗产调查和保护的力度。加快推进海上丝绸之路史迹点申遗工作。加大遗产保护管理力度，逐步实施相关遗产保护项目。结合本地遗存实际，建立一套"海丝"历史时期连续变化的基础地理信息库，为"海丝"研究者提供 GIS 数据平台、时间统计以及查询工具和模型。

（2）确立多元化的综合保护模式。各地应出台相关措施，鼓励社会各界通过捐赠、出资等形式支持非遗保护工作。建设海上丝绸之路文化研究、展示、交流基地或国家级海上丝绸之路博物馆。充分利用博物馆、文化馆站等展示平台的作用，做好非物质文化遗产项目及其传承人的实物展示、现场制作、表演，要宣传非物质文化遗产项目的文化内涵和艺术价值等，不断探索"海丝"文化遗产保护和管理的新路子。对不同类别的非物质文化遗产要分类指导、区别对待、合理发展、形成特色。

（3）加大对非物质文化遗产的保护力度。要针对非物质文化遗产跨领域、跨文化这一实际，打破学科壁垒，加强与不同学科之间的交流和对话，多元并重，相互融合。①

（二）利用科技手段开展文化遗产合作

文化遗产的保存、保护和监测是一项具有挑战性的工作，现代科学技术的使用是关键性因素。科学技术广泛应用于物质和非物质文化遗产的保护。如由

---

① 张雷.绿洲巴扎非物质文化空间及其保护研究[D].乌鲁木齐：新疆师范大学，2009（6）.

欧洲联盟资助，世界遗产欧洲之旅在线平台展示了该区域独特的文化遗产，在不同的旅游主题下，欧洲34个世界遗产地点通过1000多页面展现出来，这些页面具有强大的图像、故事、视频和互动地图等丰富资讯。又如利用数字技术改变人们旅行和体验当地文化的方式，并更深入地了解世界遗产和整个目的地，鼓励人们在这些地方停留更长时间。目前联合国教科文组织已将许多关于世界文化遗产的故事通过数字技术将文化与可持续旅游业发展联系起来，利用科学技术应用，游客可使用一些社交软件在自己的社交网络上分享最好吃的餐厅或者最棒的体验等各种内容。科学技术在改善游客的互动性和体验方面起着关键作用，许多内容都能通过科学技术转为数字化呈现。如意大利国家研究理事会开展的基础与应用研究，通过遥感技术来提高文化遗产记录。塞浦路斯科技大学埃拉托色尼研究中心下的"考古与文化遗产组"专注于支持考古研究的地球观测、遥感和地理信息应用与理论研究，最新的应用研究成果和新发展的保护策略将有助于对我们的共同遗产进行系统监测和保护。又如DBAR国际科学计划框架下的跨国合作为自然与文化遗产的成功管理、监测和保护带来了跨学科、跨领域互补的科技举措，通过推动空间信息技术在斯里兰卡自然与文化遗产保护、监测、管理与可持续发展中的应用。

（1）加强对文化遗产关键技术的研发。应在国家重点研发计划中设立"文化遗产保护关键技术研发与示范"专项，重点解决遗址保护、书画碑文保护、数字化展示等关键技术问题。在文化旅游示范产业园或文化产业示范基地将海上丝绸之路非物质文化遗产以体验产品、旅游商品、景观小品、文化符号等方式进行文化生产或再现，或通过人工再造的形式，建设具有文化体验功能的全新景观，或将"海丝"非物质文化遗产与旅游目的地文化核心区（如博物馆）高度融合，巧妙借用周边的商业环境和公共服务体系，以"海丝"非物质文化遗产为点缀，开展嵌入式旅游开发，以形成集休闲、娱乐、购物、科普于一体的文化中心。

（2）利用数字技术保护文化遗产。利用数字技术对文化遗产进行保护，既是对历史遗迹进行"重现"，也是用新理念、新技术和新模式迎接新的机遇与发展。非物质文化遗产的数字化保护作为一种新的方法，极其便利和先进。非物质文化遗产数字化实际上就是"采用数字采集、数字储存、数字处理、数字展示、数字传播等技术，将非物质文化遗产转换、再现、复原成可共享、可再生的数字形态，并以新的视角加以解读，以新的方式加以保存，以新的需求加以利用"①。一方面，除了可对非物质文化遗产进行录音、摄影、录像等旧手段外，另一方面，还可进行数据采集、数据保存、三维动态成像、虚拟现实以及计算机辅助设计系统绘图、数字化故事编排与讲述等现代数字化、科技化技术手段。通过对非物质文化遗产的数字化体系建构，确保能够将"海丝"的文化生态资源完整、系统地保护，进而促进非物质文化遗产的传承。②

（三）做好海上丝绸之路文化遗产的活化文章

传承是传统文化发展的前提要求，活化则是传承的最佳手段。文物的活力在于融入生活、回归社会、服务人民，文物领域活化利用 + 社会参与有利于海上丝绸之路文化遗产的传承。一是提炼民间文化。从阐述文化遗产的人文内涵出发，对相关资料进行梳理，并转化为文本，讲述成故事，使文化符号更丰满立体、有血有肉。二是利用文化遗产，提升文化创意产业。对于博物馆而言，通过艺术授权可以减少和剔除产品设计和生产环节，给消费者带来更优越的产品。对于演艺行业，可打造海洋文化为特色的沉浸式演出及体验式文化基地，通过多媒体、虚拟现实、三维实境等高科技手段，还通过这些高科技手与传统演出相结合，演绎出一场视听大宴，再现当年渔民生活的盛世繁华。建筑业也是文化遗产再利用的领域，通过合理利用、精心设计，就能为当代人提供新的使用价值。三是举办国际艺术节。举办海上丝绸之路国际艺术节，是世界人民相互了解和沟通的桥梁，从而更好地进行交流和了解，消除彼此间的隔阂以及文化上的冲突。长期以来，一些特色的艺术节以经济实惠、回归民间、小型多样、内容丰富的形式，受到人们追捧。节庆应以民众为主，重视民间文化交流的实质和形式，提倡原生态的表演，同时鼓励青少年参与，从而实现保护和发展传统文化的主旨。

在物质文化遗产——古村落活化利用方面，佛山市南海区积累了丰富的经验。该区修订出台了《关于历史传统文化保护奖励资金的实施细则》，并通过发放奖

① 周荣凤. 数字化时代巢湖民歌的传承与保护——基于口述史研究 [J]. 智库时代，2019（1）：78–79.

② 杨雪敏，陈婉仪，卢瑞珍，张媛媛. 新媒体下客家非物质文化遗产的保护与传承——以"席狮舞"为例 [J]. 青年与社会，2019（4）：90–91.

励资金，激发人们对南海传统文化的保护热情。对区内的重要文物古建筑，如康有为故居、字祖庙、百西潘氏大宗祠等文保单位，积极跟进或开展了修缮工程。同时完善古村落文化旅游功能。村史馆、图书馆、博物馆的设立，标志标识系统、旅游公厕、停车场等配套设施的完善，微信语言导览系统的建设，加上专职导览员的配备，让南海的特色古村落成为旅游新热点。松塘村活化升级工作采用"基建 + 文化"软硬兼施的方式，除发掘历史文化内涵，发动村民整理家规家训等，成立了松塘管委会，聘请中山大学的教授设计古村保护规划图，以及古建筑整理保护方案外，松塘村还从提升基础设施、完善旅游配套设施、生态保护、古迹修缮、文化整合等方面，突显翰林文化特色。如包括重修孔圣庙、青云路、翰林门、芳名碑等翰林文化建筑。加强对祠堂、书舍、功名碑群等历史文化遗迹的保护和利用，举办松塘翰林文化节、幼儿启蒙翰林游等一系列特色民俗文化活动，塑造了松塘村翰林名村的形象，提高了旅游知名度，聚集了旅游人气。该村先后获得"广东省历史文化名村""广东十大最美古村落""广东省旅游名村""中国历史文化名村""中国传统古村落"等殊荣。佛山市南海区的举措为海上丝绸之路文化遗产活化提供了成功的案例，值得沿线地区学习和借鉴。

（四）确立公众参与保护和管理的形式和渠道

海上丝绸之路是千百年来祖先为我们留下的独特的文化遗产，是历史文化的一块瑰宝。应通过举办听证会和专家座谈会等形式，听取公众对文化遗产的管理政策、总体规划和重大项目的意见，从而保证文化遗产管理的科学性，才能使历史文化遗产获得更好的生机和活力。引导和扶持社会力量参与"一带一路"文化交流与合作。加强海上丝绸之路文化机构和学术团体的交流合作，逐步建立海丝文化数据库，打造公共数字文化支撑平台。推动成立海丝国际剧院联盟、海丝国际图书馆联盟等，与"海丝"沿线国家逐步建立城际文化交流合作机制。

十、加强交流与合作，构建 21 世纪海上丝绸之路人文交流圈

习近平总书记说，文明因交流而多彩，文明因互鉴而丰富.文明交流互鉴，是推动人类文明进步和世界和平发展的重要动力。[1] 应充分发挥多种媒体平台

---

[1]　文明因交流而多彩 文明因互鉴而丰富 [N]. 人民日报，2019-05-15.

的作用，以节点城市和精品线路建设为支撑，积极开展海上丝绸之路沿线各国旅游文化交流活动、畅通便捷活动和投资互信活动，不断提升和扩大海上丝绸之路的文化旅游知名度和影响力。加强中国与东盟城市间的旅游文化合作，增进民间友好往来和文化互学互鉴；促进相互理解，相互释疑，增进民心相通；进一步加强中国与东盟城市间的青年交流，尤其是举办就业、创业、职业培训等合作项目；进一步加强中国与东盟城市间的公益合作。[①] 扩大民间交流，进一步夯实社会基础。大力弘扬历史与现代友谊，以传承好邻居、好朋友、好伙伴的精神和友好关系。加强执法安全合作，深化在打击跨境犯罪、非法网络赌博、电信诈骗等方面的合作。

（一）打造"海丝"文化旅游名片

深入挖掘我国 21 世纪海上丝绸之路的文化内涵，重新审视整理 21 世纪海上丝绸之路海洋文化内涵与旅游活动的互相融合，带动旅游产业的发展。21 世纪海上丝绸之路文化旅游圈的支撑是海洋文化，旅游业的发展需要挖掘厚重的文化的内涵，而目前中国的海洋文化旅游资源并未发挥应有作用，经济效益和社会效益尚未体现出来。因此，在构建 21 世纪海上丝绸之路文化旅游圈时，一定要融入海洋文化内涵，加强海洋文化旅游的本土影响力，打造具有中国特色的 21 世纪海上丝绸之路文化旅游名片。大力开发东南亚、南亚、西亚、东北非和欧洲等客源市场，在当地设立一批中国文化旅游推广中心，充分调动当地华侨华人的积极性，多渠道、立体化宣传推介沿线国家文化旅游资源及产品。

（二）加强与沿线国家的人文交流

深度挖掘南海丝绸之路历史文化内涵，组织福建、广东、广西、海南等省（区）南方沿海文化精品赴"海丝"沿线国家和地区展览展示，举办各类文化体育交流活动。策划开发一批反映南海丝路沿线国家和地区拓展的项目，增进各族群相互了解，推动民心相通。加强中国与东盟、南亚智库的合作与交流，支持智库合作研究南海丝路，推出有世界意义的合作成果，为推进海上丝绸之路建设提供理论支撑。盘点与活化海上丝绸之路文化旅游遗产，为开展海上丝绸之路旅游与文化活动提供基础性的资料与理论性的指导，为打造闽粤桂琼"海

---

① 罗霞，王培琳 . 深化合作 共促南海成邮轮旅游胜地 [N]. 海南日报，2018-04-10.

丝"文化旅游品牌提供相关的决策建议。

海上丝绸之路沿线国家拥有多处世界文化遗产,每个成员国至少有一处,这是各国共同开展跨文化合作的基础,沿线国家应在保护世界文化遗产等领域中互相借鉴经验,共同维护区域文化延续。积极推动海上丝绸之路国家通过开展联合表演、展览、艺术节、会议、联合研究等形式,促进双方传统艺术的传承和发展。例如可以充分借鉴中国皮影戏结合灯光呈现等各个方面的经验,让东盟国家的木偶戏与新媒体结合,带给观众完全不一样的视觉体验;东盟各国也可以形成合力,在剧院舞台灯光设计、设施建设等方面设置统一的标准,共同投入大量资金,切实提高演出的效果和水平;也可以建立高校科研院所联络等相关机制,加强中国与沿线国家大学、科研院所等研究机构之间的联系,通过举办专题研讨班、互派访问学者等方式,共同建立更为完善的保护机制,解决文化遗产传承和修复等难题,携手保护世界文化遗产,为共同建立世界文化遗产保护研究体系做铺垫。继续依靠各国文化中心等机构开展对口省份交流项目、非遗文化周活动,积极开展中国非遗文化交流活动,共同建设非遗项目研究基地。还可以从青少年入手,通过开展青少年文化赏析项目,让其较早接触传统艺术的表演形式,领略传统文化的魅力。

（三）举办相关论坛

举办海上丝绸之路文化建设论坛,专门组织省内外、国内外专家学者参与,开展深层研讨,编纂成书,大力宣传,将海上丝绸之路文化与海洋文化结合起来,以期激活整个海上丝绸之路文化旅游产业。通过举办传统文化的交流活动,促进人文相亲。相继举办一系列以21世纪海上丝绸之路为主题的活动,有利于发挥凝聚共识、深化海上合作的重要作用。

（四）举办各种体育赛事活动

支持社会力量举办各类体育赛事活动,打造一批有影响力的品牌赛事。培育国际性体育旅游精品赛事,打造一批体育旅游综合体、体育旅游示范基地和体育旅游线路。[①] 推动山地户外、水上运动、汽摩运动、航空运动、马拉松等

---

① 中共四川省委 四川省人民政府关于大力发展文旅经济 加快建设文化强省旅游强省的意见 [N]. 四川日报,2019-04-03.

项目建设，支持自行车世界巡回赛和申办国际高品质高尔夫比赛。进一步拉长体育产业链，通过策划举办各种系列活动，拉动旅游、展销、餐饮、体育用品销售等产业发展，形成体育产业消费链。

十一、积极开发宗教文化旅游

海上丝绸之路既是一条中外贸易往来的线路，也是一个世界宗教文化交流传播的通道。① 宗教旅游是一种以宗教朝觐为主要动机的旅游活动，它是旅游资源的重要组成部分。随着旅游业的发展，以探求宗教文化为目的的旅游为消费者所青睐。

（一）深刻理解宗教文化内涵，大力提升宗教文化旅游品味

宗教文化是历史文化的基本元素，也是促进文旅融合发展不可或缺的资源，开发利用好宗教文化资源，有利于促进旅游业的发展、增进对外开放和友好交流。现今宗教文化元素正逐渐被人们所追捧，其本身具有的时尚特色，吸引着众多爱好者进行研修。应完善宗教朝觐功能，深入挖掘历史文化内涵，将"养在深闺人未识"的宗教元素推向前台，逐步形成集宗教文化、人文历史于一体的文化景观，是打造宗教文化品牌的关键。海上丝绸之路宗传文化大多尚未开发，已开发的业态过于单一，导致旅游者的体验丰富度不够。对于宗教旅游而言，传播教义文化是初心，但合理的商业性开发也是维护宗教场所持续发展的必然选择。因此，针对现阶段社会的发展态势，找准主题定位，借助多种艺术文化形式与良好的生态环境的衬托，通过酒店、地产、休闲、综合服务、商业等实现盈利，开辟新的文化旅游体验，对于宗教文化旅游可持续性发展具有重要作用。旅游除了经济功能外，还具有文化功能、美育功能、认知功能、德育功能、康体功能等。② 国内旅游开发由于过于重视旅游经济功能的发挥，而忽视了旅游业的其他功能。应在宪法和法律规定的范围内，在不违背国家宗教政策的前提下，摒弃文化搭台、经济唱戏等功利性的旅游发展观念，树立经济社会和谐与文化繁荣发展的理念，将促进人的全面发展和构建和谐社会作为宗教旅游开发的终极目标，提升旅游者及从

---

① 张诗雨.海上丝绸之路上的宗教交流——《海上丝路叙事》系列之四 [J].中国发展观察，2016，136（4）：52-55.

② 高科.我国宗教旅游消费异化问题探析 [J].法音，2015（2）：28-33.

业者对宗教文化旅游的认识。如在整合妈祖文化资源，就是提升妈祖旅游文化体验，整合相关文化资源，提升其文化旅游品位。进一步提炼妈祖文化精神，将妈祖文化旅游资源与当地文化资源进行结合，以独特的建筑艺术展示和宣传妈祖文化。积极发挥国际政府机构、社团组织、民间人士的力量，不断深入挖掘妈祖文化精神内涵，梳理清晰的传承脉络，赋予妈祖文化的精神和意义，使妈祖文化成为民间文化交流和发扬海洋文明的重要载体。

（二）扩建宗教文化遗产博物馆

进一步丰富博物馆内的实物展品。例如，收集和展示能体现出妈祖文化的文物，通过妈祖文化博物馆，宣传妈祖文化，促进以妈祖文化为载体的文化旅游事业的发展。或打造妈祖文化及海上丝绸之路体验厅，将大众科普融入现代展陈设计中。陈列内容注重普及性及学术性，将弘扬妈祖精神、传播妈祖文化知识、体现海上丝绸之路重要精神作为目标。

（三）积极开发宗教旅游产品

1. 开发特色宗教旅游产品

加快开发新的专项旅游产品，旅游产品设计要充分挖掘宗教文化中的多样性元素，如建筑、音乐、绘画、节日、养生等都对游客具有极大的吸引力和感染力。另外，在产品设计上要考虑多种元素相融合，大胆引入现代科技，增加游客的旅游感受。如在营造妈祖文化氛围方面，可结合妈祖庙的诞辰日和升天日形成朝圣旅游不同的侧重点，开展集观光、度假、休闲、娱乐于一体的综合旅游，提高游客的参与程度，由单一朝圣旅游向多元化的体验式旅游方式转变，从而增加游客的逗留时间。

2. 继续发展宗教观光游

以禅宗寺庙为平台，吸引观光旅游，同时抓好这一品牌主产品和边际产品的生产与开发，形成核心竞争力，实现禅宗旅游收益最大化。以寺院的香客为客源，感受中国传统文化。以寺庙周边景观为基础，开辟旅游线路，糅合山、水、林、寺的优势，推进禅理与休闲疗养的结合。结合古代农耕文化展示，体验"一日不做，一日不食"的禅宗风范，做好祖庭朝觐、寻根与旅游观光相结合的文章。可开发"禅茶"文化游、佛道教音乐游等，以满足游客的多种体验。

十二、加大投入，做大做强"海丝"文化旅游产业

（一）加大对"海丝"文化遗产的投入

加大投入，建立健全各级政府文物保护工作经费保障机制。按照《文物保护法》，"海丝"文化遗产保护经费必须纳入各级政府财政预算，以保证国家文物保护经费的正常投入。要花大力气集中投入财力保护好当地的海上丝绸之路文化遗存，并进行合理开发和利用。中央财政应建立"海丝"文化保护传承专项资金，福建、广东、广西和海南四省（区）级财政可设立南海丝绸之路史迹保护专项经费，或者设立"21 世纪海上丝绸之路"文物专项资金，用于本省（区）海丝申遗，海丝史迹保护、利用与规划等。设立海上丝绸之路学术研究专项资金，吸引国内外考古研究机构、专家学者持续关注南海丝绸之路考古及相关学术研究，为海上丝绸之路建设提供智力支撑，并对海上丝绸之路的重要节点城市给予重点倾斜补助。政府在政策上明确"海丝"文化遗产所在地景区的门票收入和资源使用补偿资金的管理使用方向，确保这部分资金用在"海丝"文化遗产保护管理上。拓宽中国与东盟互联互通投融资渠道，鼓励沿线各国政府加大公共财政对互联互通基础设施的投入。

（二）出台有利于文化旅游发展的融资政策

目前中国旅游开发模式主要有政府财政投资、招商引资、设立旅游发展基金、借助资本市场加快发展等方式。鼓励采取政府和社会资本 PPP 模式参与文化旅游经营，鼓励民营资本和社会资本投资互联互通基础设施，支持符合条件的企业发行基础设施建设债券。充分发挥亚行、亚洲开发银行和世界银行等在互联互通方面的积极作用，通过 PPP 等方式广泛动员私营资本参与互联互通项目建设，提升基础设施项目建设的发展效益。支持符合条件的旅游企业通过发行公司债、短期融资券、股权融资、资产证券化等模式参与"海丝"文化旅游项目开发建设。积极探索 BOT 、DCT 等新型融资模式，不断应用于旅游开发项目上。支持文化旅游项目扩大特许权、景区门票收入质押担保等融资规模，鼓励保险公司推出各类旅游产品。支持文化企业进入主板、中小板、创业板、新三板及境外证券市场上市融资。引导商业性股权投资基金和社会生活资金共同参与海上丝绸之路文化旅游项目建设。

十三、营造环境，加强旅游人力资源合作

（一）加大旅游人才的培养教育和引进

人才是海上丝绸之路文化旅游圈建设的决定因素。要编制海上丝绸之路文化旅游人才发展规划，谋划发展目标和发展重点，以"不求所在，但求所用"的用人原则，广泛吸纳各方人才，营造用事业来吸引和凝聚人才的机制，不断引进和招聘高层次的人才，积极培养具有国际化视野的旅游人才。引进高端人才开展旅游新学科的建设，成立海上丝绸之路文化旅游研究院或相关研究机构，充分发挥高校的智库平台以及与地方政府协同创新的作用，将智库、政府、大学、学者、设计师等国内外资源进行跨学科、跨领域、跨文化的融合交流，为海上丝绸之路文化旅游圈建设提供经验与帮助。抓好创意、策划、文化遗产保护开发、管理、经营和服务、导游等人才队伍建设。进一步完善文化旅游人才激励机制和政策体系，出台引进和培养旅游人才的若干措施、指导意见等人才创新支持政策，着力推动人才政策向精准施策转变。依托重点院校、龙头企业、社会机构建设一批文化旅游培训基地，进一步提高文化旅游从业人员的专业化水平。[①]加强旅游企业与区内职业院校合作，支持开展各种形式的职业技术类社会办学。与海上丝绸之路沿线国家加强合作，建立中文导游长效培训机制，进一步提高导游服务水平。积极探索与粤港澳大湾区、东盟国家的区域性人才培训合作。

（二）加强文化遗产保护队伍的建设

大力推进文化遗产保护人才合作，提升区域人力资源开发水平，是海上丝绸之路国际合作、共建人类命运共同体的重要内容。文化遗产保护队伍是文化遗产保护的实施者、承办者。建设一支善于管理、上进心强、懂业务的保护队伍是做好保护工作的前提和基础。[②]从当前的情况来看，从事文化保护和文化遗产工作的人才不多，尤其是水下文化遗产保护的人才极少。应重视文化遗产保护和修复工作的人才需求等问题，可以考虑在各大院校建立与非物质文化遗产保护相关专业，培养专门人才，达到从根本上解决保护人才的来源问题。同时，

---

①　关于加快文化旅游产业高质量发展的意见 [N]. 广西日报，2019-11-22.

②　黄彩媚. 试谈非物质文化遗产的保护措施 [J]. 大众文艺，2011（22）：65-66.

加大对非物质遗产传承人群体的扶持力度。中国应与海上丝绸之路沿线国家，特别是与东南亚、南亚和欧洲国家联合推动文化遗产保护和人才合作，完善相关制度，建立人才合作交流机制，增强对区域内人才合作的吸引力，以促进互利共赢。同时，加强非物质文化遗产保护的专业队伍建设，可在世界各国建立保护中心，疏通进出渠道，逐步形成一支相对稳定的专业队伍。

（三）着力培育小语种人才

以培育东盟小语种人才和中文老师为目标，整合高等院校、旅游专科学校等东盟旅游人才培训资源，建立多元化的东盟旅游人才培训机制。以广西民族大学和桂林旅游专科高等学院的中国东盟旅游人才教育培训基地为平台，通过举办各种形式的东盟师资队伍的培训和导游培训，培养与东盟国家合作的各种旅游人才。同时，注重引进面向南亚、西亚和东北非的小语种人才。明确新时期国际化旅游人才核心价值和新观念，强化多边教育与培训机制，实现旅游人才互送培训。

（四）培养邮轮旅游人才

在邮轮旅游人才培养方面，鼓励国内高等院校与国际著名邮轮公司或邮轮旅游培训机构合作开展中高级人才培训；加快发展海洋高等教育和职业技术学院。[①]沿线省（区）应筹建海洋职业技术学院，为区域邮轮旅游提供智力支持和人才保障。人才培养是邮轮产业发展的关键，政府应该与高校、研究所合作，积极建设邮轮人才培训中心或者开设邮轮的经营管理、船务服务、设计制造等方面的专业，在教育上要对邮轮产业的发展给予大力支持。学校在开设邮轮业的本科学习基础上，可以进一步增加硕士点、博士点，让本校有能力、高素质的学生到国外高校去交流学习，使邮轮教育更加专业化和国际化。在学习的同时要通过考试对邮轮人员的资格进行认证，可以引进国外专门的资格认证如注册航游顾问和高级航游顾问，完善职业教育和岗位资格认证。

---

① 门达明.加勒比海与南海邮轮旅游比较研究——兼谈海南—南海邮轮旅游区域合作开发[J].现代商业，2015（18）：62–42.

十四、需要国家层面的支持政策建议

（一）加强实质性合作，成立相关协调组织

跨境旅游合作涉及的部门非常多，应争取国家给予政策上更多的支持，并争取国家给地方的授权。积极推动国家设立部长级的联席会议或者部长级的协调机制，通过部长级会议来解决相关的问题。在此基础上，设立国家级跨境旅游联合管理机构。建议由中越两地政府牵头，联合成立由旅游管理部门为主管，政府其他部门参与的中越联合管理委员会，委员会每季度定期召开一次常务会议，共同制订旅游发展规划及线路设计等合作计划，重点协商解决出入境口岸等有关问题，以及实施推进重大旅游基础设施和旅游项目等事宜。争取国家在保证国家安全和领土主权完整的情况下，赋予中国广西跨境旅游合作区更多的职能，通过借鉴防城港市边境旅游试验区经验，使之在跨境旅游合作方面先行先试，并积极探索促进人员通关、团体旅游、自驾车旅游往来便利化的举措。进一步发挥中越德天—板约国际旅游合作区的资源和跨国区位优势，推动建设中越德天—板约跨境旅游共同体。加快中越友谊关跨境旅游合作区等建设，打造一批具有特色的边境旅游产品，将中越德天—板约国际旅游合作区打造成世界知名的旅游目的地和国际旅游合作典范，使之成为中国东盟服务贸易合作的标杆，真正实现两国旅游资源共享，市场共拓，信息互通，客源互送，互利共赢。

（二）以自驾游为引擎，推动跨境旅游政策对接

以边关风情为引领，以边关自驾游为突破，以体验边关风情、领略边关风景为主线，打通全域交通网络，做强做大周边及边境自驾游市场，共同培育跨境旅游产品和线路，打造最美国际边关风情旅游目的地。一是研究调整双方政府陆路运输的协定，加入自驾游的相关内容。二是开通自驾车旅游绿色通道。通过升级口岸查验设备，实现自驾车游客无需下车，快速通关。三是实现跨境车辆车牌互认。加快与越南签署旅游相关车牌互认相关协议，实行旅游大巴、自驾车车牌互认。四是提供自驾车通行便捷服务，进一步简化跨境车辆办理流程。五是授予中越德天—板约国际旅游合作区管委会自驾车出入境旅游审批权限，实现自驾口岸"一站式"统管模式，保证自驾车便捷通行。

（三）从国家战略层面上推进海上旅游合作

尽快将广西与泛北部湾各国的海上旅游合作，纳入国家海洋旅游发展战略和中国与南海周边国家的海洋合作整体战略，从国家战略层面上保证广西与泛北部湾各国间海上丝绸之路精品旅游线路建设的顺利推进和运营期间的安全保障。在机制合作上，以澜湄合作机制为支撑，以东盟博览会为契机，建立广西—东盟跨境旅游合作机制，增强多边合作的稳定性。共同制定旅游发展规划，建立交流平台，维护旅游秩序。进一步促进"开放天空"政策、互免旅游签证、建立旅游文化中心等，共同打造海上丝绸之路特色文化旅游线路。

结论和建议

一、结论

1. 海上丝绸之路文化旅游圈的研究目标和意义

21世纪海上丝绸之路以构建人类命运共同体为目标，以"五通"为核心。构建海上丝绸之路文化旅游圈，有利于挖掘沿线国家和地区历史文化遗产；有利于塑造品牌，打造21世纪海上丝绸之路文化旅游线路；有利于掌握维护国家安全战略的主动权；有利于与沿线国家增强政治互信；有利于促进沿线地区间的交流合作和民心相通。

2. 海上丝绸之路文化旅游资源评价

中国海上丝绸之路沿线省（区）闽粤桂琼历史文化资源丰富，人文资源多姿多彩，区位优势得天独厚，滨海旅游资源丰富，具备良好的客源基础；文化旅游产品丰富，种类齐全；宗教文化资源历史悠久，文化旅游资源游憩价值高，非物质文化遗产独特；人文旅游资源组合好。海上丝绸之路沿线国家旅游资源空间分布广泛，组合度高，融自然生态、历史遗址遗产、人文民俗为一体。正是独特的文化旅游资源构成了中国与海上丝绸之路沿线国家和地区的文化旅游资源的深厚基础，这是构建21世纪海上丝绸之路文化旅游圈建设的重要人文旅游资源，也是海上丝绸之路沿线国家和地区文化旅游产业持续发展的区域优势。

3. 文化旅游合作基础好

多年来，中国与海上丝绸之路沿线地区的东盟、南亚、西亚、东北非和欧洲建立了良好的文化旅游合作的机制与平台，签订了文化旅游合作的备忘录，双方成为互为重要的客源地和旅游目的地。文化旅游合作已经成为中国与海上丝绸之路沿线国家和地区发展的一条重要纽带。

二、建议

1. 总体思路

21 世纪海上丝绸之路文化旅游圈建设应秉承共商、共享、共建原则，依托国际大通道，即以南海为主线，以东盟国家为重点，以重点港口为节点，以沿线中心旅游城市为支撑，以重点旅游产业园区为合作平台，以重大旅游项目为载体，共同打造建设多元化、多圈层海上丝绸之路大文化旅游圈。重点构建"1+4""海丝"沿线国家的多个圈层构成的文化旅游圈，最大圈层为"海丝"沿线国家大文化旅游圈，主要有中国—东盟文化旅游圈，中国—南亚文化旅游圈、中国—西亚和东北非文化旅游圈、中国—欧洲文化旅游圈构成。着力构建多元化和多圈层的海上丝绸之路文化旅游圈，以"五通"推动海上丝绸之路文化旅游圈建设，同时推动文化旅游发展的"四个"对接。

2. 重点任务

（1）文化旅游合作策略。初期以点—轴发展模式为主，中期为双核联动模式和政府与企业互助模式相结合；中长期发展策略就是建设区域无障碍文化旅游圈。

（2）加强文化旅游合作机制建设，包括国家高层间对话合作机制、文化旅游开发与保护机制、文化旅游通关便利化机制、文化旅游联合营销机制、信息共享机制、投融资机制、突发应急事件联合处理机制、诚信管理机制、利益相关者机制、资源与环境保护机制等。

（3）着力推进海上丝绸之路文化旅游圈的形成，积极拓展中国与东盟文化旅游圈、南亚文化旅游圈、西亚和东北非文化旅游圈、欧洲文化旅游圈的合作。

（4）加快邮轮母港建设，推进邮轮制造业发展，加快邮轮产业链本土化。

（5）构筑有利于海上丝绸之路文化旅游发展的法律法规和政策体系。法律保护是文化遗产保护中最有效的手段；加强文化遗产法律法规建设；以健全旅游规制为突破口，遏制低价旅游团；构筑有利于本土邮轮旅游发展的法律法规，并制定促进邮轮产业发展的政策规定。

3. 对策措施

（1）加强前瞻研究，全面谋划 21 世纪海上丝绸之路文化旅游圈建设。编制好"海丝"文化遗产的保护和发展规划，整合资源，塑造宗教文化旅游品牌。

（2）以旅游走廊为突破口，推动海上丝绸之路文化旅游圈建设，着力打造中国—中南半岛旅游走廊，孟中印缅旅游走廊、中巴旅游合作走廊和蓝色经济通道旅游走廊。

（3）推进与海上丝绸之路沿线国家基础设施互联互通建设。强化旅游基础设施合作，强化旅游配套设施建设。

（4）积极探索中国与海上丝绸之路沿线国家文化旅游合作。加强中国与东盟、中国与南亚、中国与西亚和东北非、中国与欧洲等国家的文化旅游合作。

（5）加强海上丝绸之路国内沿线地区的旅游合作。加快与粤港澳大湾区旅游合作，加快与北部湾城市群的旅游合作，加快与其他区域的旅游合作。

（6）加强闽粤桂琼四省（区）的文化旅游合作。

（7）实施"＋旅游"泛旅游产业整合战略，包括做好顶层设计和制度安排的融合引导、选择部分领域作为融合的突破口、培育和发展一批重点企业融合主体、实施"＋旅游"战略等。

（8）着力打造海上丝绸之路精品文化旅游线路。大力开发邮轮航线；积极开发特色鲜明的"邮轮＋"旅游航线；拓展"海丝"体验多元文化之旅。

（9）加强对海丝绸之路文化遗产的保护和开发利用，推动海上丝绸之路申遗进程，与沿线国家联合开展文化遗产保护和传承。

（10）加强交流与合作，构建21世纪海上丝绸之路人文交流圈。以打造"海丝"文化旅游名片为抓手，推进人文交流。

（11）积极开发宗教文化旅游，深刻理解宗教文化内涵，大力提升宗教文化旅游品位。

（12）加大投入，做大做强海上丝绸之路文化旅游产业。应拓宽文化遗产保护投入渠道，出台有利于文化旅游发展的融资政策，进一步推进人民币国际化进程。

（13）加强旅游人力资源合作。加大旅游人才的培养教育和引进，加强文化遗产保护队伍的建设，培育小语种人才，培养邮轮旅游人才。

（14）需要国家层面的支持政策建议。加强实质性合作，成立相关协调组织；以自驾游为引擎，推动跨境旅游政策对接；从国家战略层面上推进海上旅游合作。

三、创新与不足

本课题在借鉴前人研究的基础上，综合运用区域经济学、社会学、民族学与文化学、旅游经济学、系统学等相关理论，构建了海上丝绸之路文化旅游圈的理论体系，为海上丝绸之路文化旅游圈建设提供了科学指导，同时对进一步保护和开发"海丝"沿线国家和地区文化旅游资源具有重要借鉴意义。

（1）在国家"一带一路"建设指导下，确立了海上丝绸之路文化旅游圈建设的研究范围，国内以福建、广东、广西和海南四省（区）为研究对象，国外以越南、斯里兰卡、沙特阿拉伯、埃及、意大利等 31 个国家为研究对象，逐一介绍了各个国家的文化旅游资源以及中国与其合作进程，并提出相关策略。

（2）构建了海上丝绸之路文化旅游圈建设"1+4"的多元化多圈层的合作框架体系，提出以建设中国与东盟文化旅游合作为重点，构建以中国—东盟文化旅游圈、中国—南亚文化旅游圈、中国—西亚和东北非文化旅游圈、中国—欧洲文化旅游圈为主体的 21 世纪海上丝绸之路文化旅游圈。这是本课题的创新之处。

由于课题所涉及的沿线国家和地区多，研究范围广泛，加上课题组成员的学识有限，对涉及的区域不可能面面俱到，存在很多有待进一步完善之处。①资料收集整理亟待加强，调研工作亟待深入。由于课题涉及国内 4 个省（区）、国外 31 个国家，收集资料难度大，加上经费有限，故课题研究有待继续完善。②理论研究有待加强。课题在理论与实证研究方面需要深入，学课研究有待加强。

主要参考文献

[1] 董志文.话说中国海上丝绸之路 [M].广州：广东经济出版社，2014.

[2] 张一平，严春宝，林敏.南海区域历史文化探微 [M].广州：暨南大学出版社，2012.

[3] 国家文物局.海上丝绸之路 [M].北京：文物出版社，2014.

[4] 中国海外交通史研究会，福建省泉州海外交通史博物馆.海上丝绸之路综论 [M].北京：海洋出版社，2017.

[5] 赵明龙，张健，颜洁，等.南海丝绸之路与东南亚民族经济文化交流研究 [M].南宁：广西人民出版社，2016.

[6] 宋一兵，郭华，何向.21 世纪海上丝绸之路中国与东盟区域旅游合作研究 [M].广州：广东旅游出版社，2017.

[7] 贾益民，许培源.21 世纪海上丝绸之路研究报告 [R].北京：社会科学文献出版社，2017.

[8] 朱定局.21 世纪海上丝绸之路与智慧旅游 [M].广州：广东旅游出版社，2016.

[9] 张开城，卢灿丽.广东海上丝绸之路城市历史文化 [M].北京：海洋出版社，2018.

[10] 李爽，林德荣.21 世纪海上丝绸之路东南亚国家文化旅游 [M].广州：广东旅游出版社，2017.

[11] 东海与南海：海上丝绸之路与中华海洋文化的发展复兴论文集 [C].海南省社会科学院，台湾海洋大学，2015.

[12] 中国航海学会，泉州市人民政府.泉州港与海上丝绸之路 [M].北京：中国社会科学出版社，2003.

[13] 希拉里.迪克罗，鲍勃·麦克彻.文化旅游 [M].朱路平，译.北京：商务印书馆，2017.

[14] 李锋.文化产业与旅游茶叶的融合与创新发展研究 [M].北京：中国环境出

版社，2014.

[15] 林立群. 跨越海洋"海上丝绸之路与世界文明进程"国际学术论坛文选 [M]. 杭州：浙江大学出版社，2012.

[16] 林华东. 海上丝绸之路新探索——"第一届海丝文化国际青年学者论坛"论文集 [M]. 北京：中国社会科学出版社，2016.

[17] 徐书业，吴小玲. 海上丝绸之路视野下的广西海洋文化研究成果 [M]. 广州：世界图书出版公司，2015.

[18] 建设 21 世纪海上丝绸之路学术研讨会论文集 [C]. 福州：福建省发展和改革委，2014.

[19] 吕余生，等. 广西北部湾地区历史文化资源保护与开发研究 [M]. 南宁：广西人民出版社，2011.

[20] 黄建刚. "浙江舟山群岛新区·现代海上丝绸之路"研究 [M]. 北京：海洋出版社，2014.

[21] 李甫春. 中国广西与周边国家民族文化之旅 [M]. 北京：民族出版社，2012.

[22] 中国海外交通史研究会，福建省泉州海外交通史博物馆 [M]. 北京：海洋出版社，2017.

[23] 历史上中国的海疆与航海学术研讨会论文集 [C]. 中国·泉州，2013.

[24] Dallen J T，孙业红. 文化遗产与旅游 [M]. 北京：中国旅游出版社，2014.

[25] 21 世纪海上丝绸之路国家旅游合作研究 [J]. 中国海洋大学学报（社会科学版），2019（2）.

[26] 罗景峰. 海上丝绸之路文化遗产旅游开发适宜性评价的必要性和可行性分析 [J]. 重庆文理学院学报（社会科学版），2017（3）.

[27] 罗景峰. 泉州海上丝绸之路文化遗产旅游开发适宜性评价研究 [J]. 广东外语外贸大学学报，2017（1）.

[28] 邓颖颖. 南海文化遗产保护及其旅游开发利用研究——基于 21 世纪海上丝绸之路建设背景 [J]. 贵州省委党校学报，2017（2）.

[29] 柯彬彬，张镒. 海上丝绸之路文化遗产廊道旅游价值评价 [J]. 开发研究，2017（5）.

[30] 罗景峰. 泉州海上丝绸之路文化遗产旅游开发适宜性可变模糊评价 [J]. 开发研究，2017（4）.

[31] 杨兴华，黄运平 . 广西合浦海上丝绸之路历史文化遗产及其旅游价值 [J]. 旅游纵览，2016（11）.

[32] 李群群，方旭红 . 文化遗产类旅游产品品牌建设——以泉州"海上丝绸之路"为例 [J]. 广西经济管理干部学院学报，2016（3）.

[33] 颜妍婷，麦蔼文 . 广佛非物质文化遗产旅游资源的保护与开发 [J]. 广东技术师范学院学报，2015（9）.

[34] 赵倩 . 一带一路倡议背景下中国与东盟旅游合作研究——基于 AHP-SWOT 分析法的视角 [J]. 中国市场，2016（17）.

[35] 李薇，李晓峰 . "一带一路"背景下广州市历史文化旅游资源利用现状分析与对策 [J]. 广东经济，2017（7）.

[36] 王红 . 东南亚各国保护非物质文化遗产的措施 [J]. 东南亚纵横，2015（6）.

[37] 王爱虎 . 2015 从海上丝绸之路的发展史和文献研究看新海上丝绸之路建设的价值和意义 [J]. 华南理工大学学报（社会科学版），2015（1）.

[38] 韩炜师 . 海上丝绸之路的遗产价值探讨文化遗产保护的理念 [J]. 文物世界，2017（1）.

[39] 林明太，等 . 我国海上丝绸之路沿线城市妈祖文化的联合开发研究 [J]. 牡丹江大学学报，2018（11）.

[40] 林明太，连晨曦，赵相相 . 试析海上丝绸之路沿线国家妈祖文化旅游联合开发 [J]. 武夷学院学报，2018（5）：63-68.

[41] 王樊 . 我国宗教旅游产业发展存在的问题及对策 [J]. 武汉理工大学学报（社会科学版），2013（6）.

[42] 张检松，叶蕾 . 郑和宗教参与多样性及其对海上丝绸之路各国的友好影响浅析 [J]. 世界宗教研究，2016（5）.

[43] 古小松 . 2014 东南亚的儒释道教 [J]. 东南亚纵横，2014（2）.

[44] 孙省利，李星 . 徐闻南珠产业在 21 世纪海上丝绸之路的战略地位 [J]. 新经济，2014（11）.

[45] 李敏纳，蔡舒 . 闽粤桂琼与东盟滨海旅游业合作发展的 SWOT 分析与策略选择 [J]. 改革与战略，2017（9）.

[46] 李金明 . 中国古代海上丝绸之路的发展与变迁 [J]. 新东方，2015（1）.

[47] 徐文强，甘胜军 . 海上丝绸之路沿线国家邮轮港口合作存在的问题及对策 [J].

水运管理，2018（10）.

[48]陈平.多元文化的冲突于融合[J].东北师大学报（哲学社会科学版），2004（1）.

[49]黄宇.海南国家级非物质文化遗产体验型旅游开发模式探讨[J].特区经济，2015（1）.

[50]曹晶晶.中哈旅游合作模式研究[J].现代商贸工业，2014（14）.

[51]蒋思远.丝绸之路旅游区旅游合作模式研究[D].开封：河南大学，2016.

[52]梁平，唐小飞.区域旅游政府联合协作模式研究来源[J].现代商贸工业，2009（2）.

[53]司徒上纪.海上丝绸之路与我国在南海传统疆域的形成[J].云南社会科学，2001（6）.

[54]许同.基于 WSR 方法论宗教旅游开发研究[J].红河学院学报，2019（1）.

[55]陈东，黄丽桩，莫廷婷.海上丝绸之路文化遗产保护地方立法的问题与视野[J].地方立法研究，2018（4）.

[56]王心源，骆磊，刘洁，等."一带一路"文化遗产保护与利用的挑战与应对[J].中国科学院院刊，2017，32（Z1）.

[57]王秋雅，刘静暖.海上丝绸之路：琼粤旅游产业一体化共建研究[J].现代商业，2016（21）.

[58]宋迪涛，龙佩林，张磊.海上丝绸之路背景下龙舟赛事与休闲旅游发展研究——以中华龙舟大赛海南万宁站为例[J].四川体育科学，2016（1）.

[59]王力平，宋大庆.南海国际文化旅游圈[J].中国边疆史研究，1994（2）.

[60]李群群，方旭红.基于 RMP 分析模式的泉州市"海丝"专项旅游产品开发[J].黎明职业大学学报，2016（2）.

[61]韩宇昂，叶设玲，罗义静，等.地方宗教文化遗产旅游活化的价值与路径分析——以灵山胜境为例[J].遗产与保护研究，2019（4）.

[62]赵明龙.中国南宁至新加坡旅游通道建设构想[J].东南亚纵横，2010（10）.

[63]罗德里希·普塔克.海上丝绸之路[M].北京：中国友谊出版公司，2019.

[64]王琪延，曹倩，高旺,中美贸易战对中美两国文旅产业发展的影响研究精读[J].现代管理科学，2019（6）.

[65]赵明龙，等.中国—中南半岛旅游走廊建设研究[M].北京：中国旅游出版社，2020.

[66] 潮州市文学艺术界联合会 . 潮州：海上丝绸之路文化地理坐标 [M]. 北京：
文化发展出版社，2017.

[67] 刘凤鸣 . 东方海上丝绸之路——山东半岛 [M]. 北京：人民出版社，2007.

[68] 张国雄 . 开平碉楼与村落 [M]. 北京：中国华侨出版社，2011.

[69] 陈雪婷，等 . 国际区域旅游合作模式研究——以中国东北为例 [J]. 世界地理
研究，2019（3）.

[70] 阿尔文·托夫勒 . 未来的冲击 [M]. 蔡中章，译 . 北京：中信出版社，2006.

[71] 派恩，吉尔摩 . 体验经济 [M]. 夏良业，鲁焊，等译 . 北京：机械工业出版社，
2002.

[72] 保继刚，楚义芳 . 旅游地理学 [M]. 北京：高等教育出版社，1999.

[73] 胡汉辉，邢华 . 产业融合理论以及对我国发展信息产业的启示 [J]. 中国工业
经济，2003（2）.

[74] 麻学锋，张世兵，龙茂兴 . 旅游产业融合路径分析 [J]. 经济地理，2010（4）.

[75] 陆大道 . 关于"点—轴"空间结构系统的形成机理分析 [J]. 地理科学，
2002，22（1）.

[76] 许辉春 . 区域旅游合作模式与机制度研究 [D]. 武汉：武汉理工大学，2012.

后　记

　　本书源自 2014 年国家社会科学基金西部项目（批准号：14XGJ010），并获得广西社会科学院新型智库学术著作 2021 年度出版资助。为了做好课题，课题负责人袁珈玲和课题组部分成员于 2015 年 6 月赴福建省福州市、泉州市和厦门市开展调研。2016 年 1 月，课题组专程到广西壮族自治区北海市、钦州市、防城港三市实地调研和考察，在当地政府的大力支持下，召开了专题座谈会，与会人员就如何推进 21 世纪海上丝绸之路文化旅游合作展开了热烈探讨。同年 8 月，笔者带队赴沿线国家菲律宾和印度尼西亚开展科研考察，先后到达马尼拉、雅加达和巴厘岛等地，与当地大学和研究机构的教授、学者进行了深入交流。2018 年年初，课题组部分成员先后到广东省江门市、阳江市和珠海市调研。同年 5 月，课题组再次到广东省潮州市、汕头市和广州市实地考察。2018—2019 年，笔者随相关课题组到越南、新加坡调研。通过这些调研活动，笔者加深了对海上丝绸之路沿线国家和地区文化旅游资源的认知，为加强与沿线国家构建文化旅游圈提供了思路和策略。

　　本书第一章、第三章、第五章和第六章为袁珈玲撰稿，林学补充完善第三章。第四章由周燕撰稿；第二章第一、二节为覃海珊撰稿，黄家章补充完善。课题组成员陈红升、农立夫、刘深参与了课题调研，书稿的讨论、修改及数据的核定。全书由袁珈玲统稿审定。

　　本书在研究过程中，得到了广西社会科学院新型智库"中国与东南亚关系研究创新团队"首席专家赵明龙、广西社会科学院东南亚研究所副所长（主持工作）雷小华的热情帮助和鼎力支持。潘知凡、刘茂深、蒋燕丹在数据采集及资料收集方面做了大量工作。徐崇阳老师给本书提了不少好的建议。在此，我们深表谢意。愿我们的成果承载着"一带一路"倡议对人类命运共同体的期许，走向美好的未来。

袁珈玲

2021 年 10 月 17 日